PERMISO PARA SENTIR
Antimemorias 2

ALFREDO BRYCE ECHENIQUE

PERMISO PARA SENTIR
Antimemorias 2

Bryce Etchenique, Alfredo
   Permiso para sentir.- 1ª ed. – Buenos Aires : Planeta, 2005.
   616 p. ; 23x15 cm.

   ISBN 950-49-1399-7

   1. Narrativa Peruana I. Título
   CDD Pe863

Diseño de cubierta: Carolina Cortabitarte

© 2005, Alfredo Bryce Etchenique

Derechos exclusivos de edición en castellano
reservados para los países de habla hispana
de América Latina excepto Perú
© 2005, Grupo Editorial Planeta S.A.I.C.
Independencia 1668, C 1100 ABQ, Buenos Aires, Argentina
www.editorialplaneta.com.ar

1ª edición: 13.000 ejemplares

ISBN 950-49-1399-7

Impreso en Grafinor S. A.,
Lamadrid 1576, Villa Ballester,
en el mes de septiembre de 2005.

Hecho el depósito que prevé la ley 11.723
Impreso en la Argentina

Para Anita, siempre

"Nada ocurre realmente hasta que no se retiene en la memoria".

VIRGINIA WOOLF

"¡Qué cosa tan ondulante es el hombre! No solamente el viento de los accidentes me desvía según su inclinación; además me muevo yo mismo por la inestabilidad de mi postura; quien se mira con cuidado, no se encuentra dos veces en el mismo estado. Doy a mi alma ora un semblante, ora otro, según de qué lado me acuesto. Si hablo diversamente de mí, es que me miro diversamente. Se encuentran en mí todas las contradicciones. Vergonzoso, insolente, casto, lujurioso, charlatán, taciturno, laborioso, delicado, ingenioso, lelo, rencoroso, generoso, mentiroso, veraz, sabio, ignorante, y liberal, y avaro y pródigo: todo eso lo veo de mí, según de qué lado me vuelva; y cualquiera que se mire con atención encontrará en sí mismo e incluso en su juicio esta volubilidad y discordancia".

MONTAIGNE

"Mi relato será fiel a la realidad o, en todo caso, a mi recuerdo personal de la realidad, lo cual es lo mismo".

J.L. BORGES

"In tanti anni uno cambia, e cambiano anche i nostri ricordi, i ricordi di come era uno".

ITALO CALVINO

"El placer del texto es ese momento en que mi cuerpo empieza a seguir sus propias ideas, pues mi cuerpo no tiene las mismas ideas que yo".

PENTADIUS, S. IV A.C.

"Una vez más las trampas de la escritura quedaron situadas. Una vez más fui como un niño que juega al escondite y que no sabe qué teme o desea más, si permanecer escondido o ser descubierto. (...) W se parece tan poco a mi fantasma olímpico como ese fantasma se parecía a mi infancia. Pero tanto en la red que tejen, como en las lecturas que hago yo al respecto, sé que se halla inscrito el camino que he recorrido, el caminar de mi historia y la historia de mi caminar".

GEORGES PEREC

"Je n'ai jamais dit de mensonges, mais j'ai racconté beaucoup de fables".

ROUSSEAU

"La vida es perversa, sin solución. Lo único que vale la pena es estar a gusto con los amigos".

O. NIEMEYER

"La felicidad no existe. Hay que tratar de ser feliz sin ella".

JERRY LEWIS

"Pero el camino de la cabeza a la pluma es mucho más largo y difícil que el camino de la cabeza a la lengua".

KAFKA

"Es preciso escribir como si uno fuera amado, como si uno fuera comprendido y como si uno estuviera muerto".

H. DE MONTHERLANT

MI AGRADECIMIENTO INFINITO A UMBERTO ECO, por haber escrito en su *Segundo diario íntimo,* en el capítulo titulado "Cómo perder el tiempo", lo siguiente: "Cuando llamo al dentista para pedir hora y me dice que en toda la semana no tiene ni una hora libre, yo le creo. Es un profesional serio. Pero cuando alguien me invita a una charla, a un congreso, a una mesa redonda, a dirigir una obra colectiva, a escribir un ensayo, a participar en un jurado, y yo le digo que no tengo tiempo, no me cree. 'Vamos, profesor', dice, 'una persona como usted el tiempo lo encuentra'. Evidentemente, nosotros los humanistas –y, por añadidura, nosotros los escritores, claro está– no somos considerados como profesionales serios: somos unos holgazanes".

Nota del autor

Increíble. Sin querer queriendo, como suele decirse, empecé a escribir *Permiso para vivir*, primer volumen de estas antimemorias, en Barcelona, en 1986, y termino de escribir este segundo volumen, *Permiso para sentir*, a fines de 2004, también en Barcelona, y también sin querer queriendo. Han pasado dieciocho años, pero creo que aún puedo decir, hoy, a mis sesenta y cinco años, como entonces, que normalmente la gente escribe sus memorias estando ya tan vieja y con la muerte tan generalizada que apenas se acuerda de nada y apenas le importa aquello de lo cual sí se acuerda. Como no sea para hablar mal de otros, por supuesto.

Escribir memorias cuando uno piensa que, a lo mejor, aunque Dios no lo quiera, aún puede llegar a querer a su peor enemigo o consultar sus dudas con la gente que evoca, recibir su ayuda para confirmar algunos hechos, algunos datos, etcétera, es algo que contiene tanta carga lógica y vital como la ley de la gravedad, que, en este caso, llamaré ley de la seriedad. Pero, si es necesario ampliar aún más estas razones diré que hay en la escritura de cada uno de estos capítulos un temor oculto: mejor no podía andar mi madre física y psíquicamente, por ejemplo, tan joven de cuerpo y espíritu que sólo aceptaba por compañía a gente joven de edad y de espíritu (más un *lord* inglés un poquito más joven que ella, por novio, ay adorable *vieja indigna*, como la llamaba yo), cuando de pronto la sorprendió el siglo XIX como único tema de conversación, después fue el virreinato, que siempre le gustó tanto, y, en fin, digamos que así hasta la prehistoria y la noche de los tiempos, para no hacerla larga.

11

¿Que por qué antimemorias, como André Malraux, y no memorias, como todo el mundo? Pues exactamente por las mismas razones, ahora, en este *Permiso para sentir*, que, entonces, en aquel *Permiso para vivir*: porque uno ha leído demasiado sobre memorias, autobiografías y diarios íntimos (la cantidad de epígrafes citados sobre el tema es buena prueba de ello), antes de ponerle un subtítulo a esta sarta de capítulos totalmente desabrochados en su orden cronológico y realmente escritos "por orden de azar", en el caso de la primera parte de este libro, o dejándose arrastrar por los más ardorosos desfiladeros de la emoción y de la reconstrucción, *golpe a golpe*, cuando de *la patria* se trata, en la segunda parte. La tendencia a mezclar aquellos tres géneros, la tendencia a enrevesar memoria, diario íntimo y autobiografía es muy grande, a cada instante, aun cuando yo sólo me propongo narrar hechos, personas, lugares, que le dieron luz a mi vida, antes de apagarla después. Tal vez cuando yo sea como mi miedo a ser como mi madre, alguien tenga la bondad de entretenerme leyéndome todo lo que el tiempo se llevó. Tal vez logre reconocerme, sonreírme, cuando ya no logre ni retener quevedianas lágrimas o cacas que tampoco supe retener en mi infancia, como *tuttilimundi*. Estaré muerto en vida, o más muerto que vivo.

Pero, como escribí también en el primer volumen de estas antimemorias, nunca se está tan mal que no se pueda estar peor; Malraux dijo que las memorias han muerto, y muerto del todo, puesto que las confesiones del memorialista más audaz o las del chismoso más amarillo son pueriles si se les compara con los monstruos que exhibe la exploración psicoanalítica. Y esto no sólo da al traste con las memorias sino también con los diarios íntimos y las autobiografías. Las únicas autobiografías que existen son las que uno se inventa, además. Y, al igual que el volumen que lo precedió, este *Permiso para sentir* no responde para nada a las cuestiones que normalmente plantean las memorias, llámense éstas "realización de un gran designio" o "autointrospección". Sólo quiero preguntarme por mi condición humana, y responder a ello con algunos perdurables hallazgos que, por contener aún una carga latente de vida, revelen una relación particular con el mundo. Y a los lectores que estén a punto de matarme, al leer alguna de estas páginas, sólo les pido que antes de pasar a los hechos revisen uno por uno todos los epígrafes que pacientemente he anotado al empezar la primera y la segunda parte de este *Permiso para sentir*.

También, claro, creo que vale la pena detenerse unos minutos más en un hecho: en 1986, cuando empecé a escribir mis antimemorias, acababa de instalarme en Barcelona, dispuesto como nunca a empezar una nueva vida. Sin embargo, tan sólo tres años después, ya estaba empezando una nueva vida en Madrid, de donde pasé a empezar también una nueva vida en Lima, en 1999, y después otra vez en Barcelona, el 2002, y ahorita que estoy acabando de escribir estas líneas, en noviembre de 2004, espantado aún con la estafa que me pegó un tipo con las obras de este departamento al que vine, como quien dice, a morir, y casi lo logro mucho antes de tiempo, tal y como se verá en mi relato *Las obras infames de Pancho Marambio*, aunque a lo mejor lo que realmente está ocurriendo es que estoy nuevamente a punto de empezar una nueva vida, en...

Pues adivinen ustedes dónde, queridos lectores. Bastante les ayudará saber, eso sí, que, en su primera y segunda parte, este *Permiso para sentir*, que les ruego concederme, les contará absolutamente todo, de todo aquello, y cómo y por qué y cómo y cuándo una periodista peruana escribió, no hace mucho: "Alfredo Bryce Echenique, sin ires y venires, no es Alfredo Bryce Echenique".

¿Is that the cuestion?

13

POR ORDEN DE AZAR

Domesticando el sueño

En su vivaz, burbujeante, muy entretenido e inteligentísimo libro (¿novela, divertimento, audaz, sarcástico e irreverente ejercicio literario o todo esto a la vez?), *El loro de Flaubert,* el escritor inglés Julian Barnes pone patas arriba muchas de las verdades que los estudiosos de la vida y obra de Flaubert y el propio Flaubert quisieron dejar establecidas, *urbi et orbi,* para bien y para mal de las generaciones venideras de artistas y escritores. Son quince estas verdades, pero sin duda alguna la octava es la que merece mayor atención, no sólo porque podría contener a todas las demás sino porque es la que más nos lleva a rascarnos la cabeza a los que padecemos o hemos padecido el diurno y nocturno insomnio acerca de la clase de vida literaria y extraliteraria que deberíamos llevar, como si la primera se pudiese separar totalmente de la segunda y viceversa, gracias a una buena dosis de sentido común, de autodisciplina y de egoísmo.

La banalización con que Julian Barnes despacha este problema podría parecernos incluso irreverente si pensamos en aquellos maestros de la autodisciplina en la vida y en la obra de los que hemos aprendido tanto como de aquellos falsos escritores de los que nada había que aprender. "Para un escritor –afirma Barnes, con una soltura de piernas nada flaubertiana, en apariencia, pero más flaubertiana que el propio Flaubert y sus disciplinadísimos discípulos y demás deformadores endémicos o académicos–, no hay mejor clase de vida que la que le ayuda a escribir los mejores libros".

La verdad, pocas veces en mi vida he quedado tan agradecido con un escritor por haberme liberado con tan pocas palabras de la carga de preocupación y tristeza que me había producido leer (en muchos idiomas, con la esperanza de que en alguno de ellos sonara menos implacable y culpabilizador, de la misma manera en que *amigo,* por tener tres sílabas, suena menos entrañable que *ami,* en francés, por tener dos sílabas, y *friend,* en inglés y una sola sílaba, es la única manera de cantarle a alguien *the answer, my friend, is written in the wind,* sin que parezca que uno está evadiendo la respuesta, zafando el bulto, quitando el cuerpo, mostrando indiferencia y superioridad y altivez y hasta autocontrol y autodisciplina y autocomplacencia, en vez de franqueza en la incertidumbre y solidaridad y manga ancha y libertad de criterio con acompañamiento de armónica y guitarra a la luz de la luna, *my friend*) la frase de Flaubert que tan implacablemente había sido citada por muchos miembros de la literatura de partido único y servicio militar obligatorio: "Para pintar el vino, el amor, las mujeres o la gloria, es necesario no ser borracho ni amante ni marido ni soldado raso. Entremezclado con la vida, es difícil verla correctamente, la sufres o la gozas demasiado".

Esta verdad, que pesa tanto como una catedral iluminada día y noche, para unos, pero tanto también como una aterradora, parca lápida lapidaria, para otros, no podía no tener un lado risueño para Julian Barnes, diletante porque se deleita con Flaubert, amateur porque ama cada página de su obra y dueño del mejor humor británico porque sabe hacer eso que sólo los británicos saben hacer con el humor pero lo hace con el propio Flaubert, a quien coge, por decirlo de alguna manera, *por el loro,* para su mayor honra y gloria, además de todo, y para el mayor contento y agradecimiento de sus lectores y los de Flaubert, *in top of all.*

Hemingway, a quien las citadas palabras de Flaubert parecen haberle hecho más daño que el mojito, el whisky y el daiquiri, juntos, vivió desgarrado por aquello de la disciplina, una cierta falta de humor y un cierto sentido de la grandeza y el mito de Hemingway *at work* y Hemingway *at life*. *And all that bullshit*, como habría dicho él mismo, sin duda alguna, de haber tenido a su lado a ese Fitzgerald *cracked up and all messed up* al que evocó en las menos entrañables páginas de *A moveable feast*. Pero Scotty no estaba a su lado para responderle cosas como "Hace veintiún días que no me tomo un trago pero ya se acercan las navidades", cuando en *Las verdes colinas de África* Hemingway decidió tomar por las astas las palabras de Flaubert y repitió con un nada sereno matiz de humor que más sonaba a escarnio o desdén (dos mortales enemigos del humor y la empatía barnesianos) que "Los enemigos de un escritor eran el alcohol, la fama, el dinero, las mujeres, y la falta de alcohol, de fama, de dinero y de mujeres". Cito de memoria al maestro, pero como es inolvidable, creo que basta con el recuerdo imborrable que me dejaron esas palabras que, entre otras cosas, dejaban de lado a las escritoras y sus excesos o carencias del mismo grado o tipo y a los o las escritores(as) homosexuales que, no crean, yo tampoco me entiendo muy bien en estos temas, *my friend,* pero que también por ello son inolvidables, incompletas y sólo válidas para Hemingway, según parece decirnos, ahora sí con gran sabironía, Julian Barnes.

Ahora sí es en 1984, año de la primera edición inglesa de ese *Flaubert's parrot*, 1989, fecha de mi primera lectura de *El loro de Flaubert,* en su quinta edición en castellano y 1994, año en que me lo traje a la playa del Inglés, en el sur de Gran Canaria, para poderlo citar en mi descargo por andar nuevamente sometiéndome a unas muy vívidas y vitales vacaciones y a una diaria intoxicación de helados de vainilla, en vez de estar sometiéndome a una diaria sesión de remo de salón en mi departamento de Madrid, *corpore sano,* de tal forma que a mediodía pueda limitarme a un régimen en el que hasta las verduras estén desnatadas y hayan sido debidamente homogeneizadas de todo colesterol, de tal forma *bis* que me sienta totalmente *light* y *mens sana in* antes de sentarme a escribir como una bestia, a las cinco en punto de la tarde porque voy a escribir de toros sin haber sido toro ni torero pero sí puntual aunque a otras horas para, digamos, siguiendo a Flaubert, no entremezclarme.

Pero ya es hora de volver a Barnes y a su cita en mi descargo, aparte de que hace un sol maravilloso y en Madrid hacía un frío autobiográfico cuando salí hace unos diez días, abandonando nuevamente una novela, *No me esperen en abril,* aunque no hasta abril por supuesto, para no entremezclarme. Es enero y cito a Julian Barnes como a él le gustaría que lo citase, apuesto, o sea entre dos helados de vainilla. Lo cito, pues, entre dos estados de toma: "Esto no es una contestación de alguien que se declara culpable (se refiere, por supuesto, a Flaubert y su vida no entremezclada, o sea tal como ésta ha sido concebida, para confusión y extravío del Hemingway que todos llevamos dentro, por endémicos y académicos), sino la protesta de quien se queja de que la acusación esté mal formulada. ¿Qué quiere decir usted con eso de *vivir*? (...) ¿Se refiere quizás a la vida sentimental? Por medio de su familia, sus amigos y sus amantes, Gustave llegó a conocer todas las estaciones de ese viacrucis. ¿Quería decir usted quizá matrimonio? Una protesta bastante curiosa, pero antigua. ¿Quiénes escriben las mejores novelas, los casados o los solteros? ¿Son mejores escritores los filoprogenitivos que los que no han tenido hijos? A ver, enséñeme sus estadísticas".

Y entonces es cuando Julian Barnes cambia de párrafo con su habitual soltura de piernas y nos suelta aquello de que "Para un escritor, no hay mejor clase de vida que la que le ayuda a escribir los mejores libros". Y añade, refiriéndose siempre a Flaubert: "¿Estamos seguros de saber más de este asunto que él mismo? Flaubert *vivió,* por decirlo con las palabras que usted ha usado, mucho más que otros escritores: en comparación con él, Henry James fue una monja. Es probable que Flaubert haya intentado vivir en una torre de marfil...".

"Pero no lo consiguió". Y a Barnes le bastaría con la siguiente cita de Flaubert mismo: "Siempre he intentado vivir en una torre de marfil, pero una marea de mierda golpea sus muros y amenaza constantemente con derribarla". Pero insiste y amplía: "Aquí hay que dejar sentadas tres cuestiones. La primera es que el escritor elige –hasta donde puede– el grado de intensidad con que *vive:* a pesar de su reputación, Flaubert ocupó al respecto una posición intermedia. '¿Hay algún borracho que haya escrito la canción que cantan los bebidos?'. De eso no le cabía la menor duda. Por otro lado, tampoco es un abstemio. Es posible que la vez que mejor supo expresarlo fuese aquella en la que dijo que el escritor tiene que vadear la vida como se vadea el mar, pero sólo hasta el ombligo".

Esto último me encanta: *es posible que la vez que mejor supo expresarlo...* Me encanta que alguien se atreva a decir y, sin duda alguna con toda la razón del mundo, que Flaubert, que se pasó buena parte de su vida tratando de encontrar *le mot juste,* al escribir, en la vida repitiera varias veces la misma idea pero algunas lo hiciera con palabras más acertadas. Aparte de lo común y corriente que resulta que esto nos ocurra a todos en la vida y, a los que escribimos, en la vida y en la obra (perdón: uno siente cierto resquemor, cierta zozobra, al hablar de *obra* en momentos en que es, cual bolero en el litoral, literalmente *juguete de las olas,* aunque canarias y no acapulqueño-Lara-María Bonita, y feliz volverá a las arenas del Inglés en busca y captura de su *vanilla ice cream, bitte,* posado, reposado, bronceado y sin dar golpe... ¿Voy a hablar entonces de la obra, mientras disfruto tanto de la vida?), aparte de esto, ¿no resulta tremendamente real que un hombre como Flaubert repitiese muchísimas veces la misma idea pero algunas con *mots* más *justes* que otras y, finalmente, una con palabras exactas? ¿Y no sería genial y casi *happy ending* a tanta angustia vital que en ello hubiese un antiflaubertiano, desde el punto de vista ende y académico, entremezclamiento vida-obra más autobiográfico que la gran flauta?

Nada nos dice de esto Julian Barnes, desgraciadamente, y por consiguiente tampoco dice nada de esto y no debo yo ponérselo en boca suya, ya que hacerlo sería peor que plagiarlo y no sé si casi calumniarlo con una observación que, a lo mejor, a él le habría parecido muy pertinente y digna del más halagador de los plagios, o sea de aquel que consiste en poner en boca o pluma ajena algo que le habría encantado decir. En fin, un poco como sucede actualmente con Borges, a quien todos le atribuimos frases de Borges pero de la forma más cobarde del mundo. Decimos que son de Borges, la primera vez, y si tienen suerte y hacen reír porque tienen gracia, ingenio, irreverencia, la segunda vez ya las pronunciamos como nuestras, que es lo que en realidad fueron siempre. Sólo los borgianos tímidos o timoratos, los venéricos y por ende los ende y los académicos le atribuyen a Borges, también la segunda, la tercera, cuarta vez y *ad infinitum,* la correspondiente y afortunada frase de Borges de la primera vez, con lo cual sin darse cuenta están contribuyendo a hacer de nuestro Homero (la misma ceguera, la misma grandeza), más que el poeta de todas las cortes por donde anduvo con mil cuentos que siempre venían al cuento, un bufón de cortezuela.

Pero regreso a Julian Barnes para citar la segunda y tercera cuestión que deja bien sentadas en *El loro de Flaubert*. Segunda: "Cuando los lectores se quejan de la vida de los escritores: que por qué no hizo esto; que por qué no mandó cartas de protesta a la prensa acerca de aquello; que por qué no vivió más a fondo; ¿no están haciendo en realidad una pregunta mucho más simple y mucho más vana? A saber, ¿por qué no se nos parece más? Sin embargo, si el escritor se pareciese más al lector no sería escritor sino lector: así de sencillo".

"En tercer lugar, ¿hasta qué punto no está esta queja dirigida contra los libros mismos? Posiblemente, cuando alguien se lamenta de que Flaubert no viviera más a fondo, no lo hace porque sienta hacia él unos sentimientos filantrópicos: si Gustave hubiese tenido esposa e hijos, seguramente su actitud no hubiese sido tan pesimista. Si se hubiese metido en política, si hubiese hecho buenas obras, si hubiese llegado a director de la escuela de que fue alumno, seguramente no se habría encerrado tanto en sí mismo. Es de presumir que cuando hace usted esa acusación piensa que hay en sus libros ciertos defectos que hubieran podido remediarse si el escritor hubiese llevado otra clase de vida. Si es así, debe ser usted quien los declare. Por mi parte, no me parece que, por ejemplo, el retrato de la vida provinciana que hay en *Madame Bovary* muestre carencias que hubiesen podido ser remediadas si el autor hubiese entrechocado cada noche su jarra de cerveza con la de alguna gotosa *bergère* normanda".

Hace unas páginas que mencioné muy de paso y entre comillas al Hemingway que todos llevamos dentro, sin duda alguna por culpa de ese Flaubert que Hemingway nunca llevó dentro, pero que sí fue el centro de sus más genuinas y autobiográficas preocupaciones, por más paradójico que esto suene. Y creo haber llegado ahora al fondo de la cosa, al *quid* de la cuestión, que dicen los huachafos. Humildemente, Hemingway quiso estar a la altura de aquellas enseñanzas flaubertianas que Julian Barnes ha desmitificado, cogiéndolas por el loro académico y endémico y llevándonos al final de su búsqueda hasta la presencia de varias decenas de loros con los que Flaubert nunca tuvo nada que ver.

Pero Hemingway no supo o no pudo "estar al loro" de todo aquello. Carecía del humor necesario para tal empresa y muy caro habría de costarle, trágicamente. Se tomaba las lecciones de los maestros al pie de la letra, a pies juntillas y no a pierna suelta, que es como deben tomarse para que no las convirtamos en tremendas sinrazones. Digamos que donde leyó *disciplina* dijo DISCIPLINA mientras que el maestro, obligado sin duda alguna por su chancro, su epilepsia y otras justificadísimas razones más, decía *digo* con la misma facilidad que *Diego,* sin preocuparse para nada por *le mot juste* en estos casos autobiográficos, justamente. Lo que para Flaubert nació poco a poco del azar y la necesidad se convirtió en imperiosa necesidad de militante para el gigante más vitalista e indisciplinado del mundo literario contemporáneo, con excepción tal vez de Bukowski, Charles, aunque éste pertenece más bien al submundo, según propia libertad de expresión.

Hemingway, que tanto mintió acerca de Hemingway y que tantos negocios dejó por montar a costa suya, fue el gigante más honrado y candoroso que darse pueda, sobre todo en comparación a su alma gemela de Sanfermines, Españas, tauromaquias, comilonerías, bebezones y otros entrañables descomedimientos autobiográficos, Orson Welles. Y en *el triste acontecer* de estos dos norteamericanos de la desmesura, qué deliciosamente vital y juvenil parodia es *F for fake* y qué dolorosa parábola final *The old man and the sea*. "Hasta cierto punto dije Diego" y "Se acabó y punto dijo y digo".

Me emociona pensar en Hemingway como un hombre que trató de ser Flaubert, laboralmente hablando, y al que ello llevó a prematuras angustias de las que algún día habría de aliviarse de un escopetazo a la garganta *(Aveva amato troppo, domandato troppo ed aveva esaurito tutto... e... Cosí dunque si muore, tra bisbigli che non si riesce ad afferrare... Le nevi dil Chilimangiaro*, que así suena menos duro, *my friend)*, en el más desesperado y autobiográfico –lo había anunciado, incluso, para cuando perdiera sus facultades, y cumplió, digamos– gesto literario, el más digno de uno de sus muy dignos y heridos personajes, muy probablemente el que se había reservado aun en la literatura para sí mismo, para acabar con tamaña vida y obra. No es, por supuesto, el momento de culpar a Flaubert de nada, porque también tuvo *una su* muerte, como dicen los salvadoreños y viene muy al caso recordar ahora, en sincero homenaje al *mot juste,* y sobre todo porque se ha afirmado, faltando por completo a la verdad, por cierto, que también Flaubert se suicidó.

"Ser diverso sin ser desigual". Un hermoso y muy realista programa de vida, en la pluma de ese estupendo escritor y crítico taurino que fue don Gregorio Corrochano. Yo no sé si Hemingway lo leyó, lo dudo, pero tengo la convicción de que Flaubert sí que no lo leyó y sin embargo... como si lo hubiera leído y subrayado, lo encarnó...

Yo sería capaz de escribir cualquier cosa en este momento en que, hotel Eugenia Victoria, playa del Inglés, sur de Gran Canaria y el sol también se levanta mientras cito a Corrochano y le pregunto a mi esposa si fue completamente contemporáneo de Hemingway al punto de que éste, diverso pero no desigual, hubiese tenido que leerlo. Mi esposa está leyendo *El loro de Flaubert* y no logra salir de la duda ni yo quiero meterla más en ella, por lo que me pregunto si ambos escritores no fueron, al menos, incompletamente contemporáneos como las decenas de loros de Julian Barnes y Flaubert, para poder seguir adelante mientras los altoparlantes de la piscina anuncian, con pasodoble incluido, no sé qué sangre y arena en no sé qué plaza de toros, *bitte, tomorrow afternoon death in* y me veo en la obligación de iniciar párrafo y digresión aparte porque me siento terriblemente disperso y diverso...

... Pero ya pasó la música y ya lloró el primer niño en los últimos diez días y mi herodiana reacción me ha probado, una vez más, lo poco o nada desigual que soy. Hemingway fue diverso hasta la dispersión de sí mismo –facultades mentales y físicas incluidas en sus excesos... ¿de honradez?...–. Y esto es algo que puede arrastrarlo a uno, o no, hacia la total desigualdad con pérdida de norte... Y esto es algo que puede depender de la sinceridad, de la suerte y de ese 3% que los médicos suelen dejarle al milagro, qué sé yo... "Yo, que tantos hombres he sido, jamás fui aquel en cuyo abrazo desfallecía Matilde Ulbach". Borges, a quien acabo de citar profesionalmente, supo quién no era, además de todo. Pirandello, en cambio, fue el gran narrador y dramaturgo de los personajes diversos y desiguales hasta tal punto que, como Hemingway con su epicureísmo y mal catolicismo olvidado de la mano de Dios, según propia confesión, *in the wee, small hours of the morning, up in Pamplona,* terminó en busca del peor autor que hay, o sea del autor que fue. Y no fueron los daiquiris ni los mojitos ni los whiskies sino la manera tan literaria de consumirlos flaubertianamente, por más agotador que esto suene. No hay peores borrachos que los de las novelas de Hemingway. Sólo Jason Robards tuvo el talento para llevar a uno de ellos al cine. Para Errol Flinn fue un paso más *en su triste acontecer* hollywoodense... Y ninguno de los tres, quiero decir que Hemingway tampoco, logró escribir jamás la canción que cantan los bebidos. Ni siquiera llegaron a cantarla, creo yo.

Mi crianza literaria tuvo dos etapas muy definidas y una tercera que yo no llamaría indefinida sino más bien ecléctica e interminable. Culturalmente, fui amamantado por las más diversas nodrizas en casa, colegios y edad universitaria. Fue un largo proceso realmente rico y nutritivo pero que excluyó casi siempre lo latinoamericano contemporáneo. Merceditas Tola, la última, más completa, sabia, diversa pero exacta de mis nodrizas multilingües, cerró con broche de oro lo que fue sin duda una coincidencia a lo largo de mis primeros lustros educativos, pero que más bien pareció una orquestada campaña para dejarme en la total ignorancia de todo lo que fuera literatura latinoamericana contemporánea.

A la pregunta mía, que recuerdo como si fuera ayer, como siempre recuerdo a Merceditas: "¿Sabes que en París hay un escritor peruano que ha ganado el Premio Biblioteca Breve en Barcelona y ha producido un *boom* en la literatura latinoamericana?", respondió, con una sorprendente igualdad en el tono despectivo, y eso que ella era una persona sumamente considerada:

—No digas babosadas, Alfredo, por Dios santo. Los latinoamericanos son todos unos costumbristas vulgares.

Me hirió tanto en mi rebeldía que hasta me pareció que le había oído decir "vargasllosadas", en vez de "babosadas", pero no tuve tiempo de averiguarlo porque tanto ella como yo solíamos sumirnos, sobre todo en los meses anteriores a mi viaje a Europa, en profundos repasos del XVII francés, Manzoni, Goldoni, Pirandello, Goethe, Cicerón y Plutarco, Milton, Leopoardi, Montherlant, por todo contemporáneo, Daudet *et son moulin,* que fue donde aprendí que "en Francia todo el mundo es un poco de Tarascon", para desesperación de Merceditas –para ella, en Francia todo el mundo era un poco de La Sorbona–, y perfeccioné mi francés vía Corneille, Racine y Molière.

Total que a París llegué hablando un francés clásico y profundamente asubjuntivado, que jamás nadie entendió y que me hizo enviar a Tarascon al primer tipo que me dijo *Salut, mon pot, ça va?* y me hizo tomar el metro en la dirección contraria. Y llegué, sobre todo, porque no hay mal que por bien no venga, para descubrir la literatura latinoamericana contemporánea. Y más, aparte de Heinrich Böll.

Pero hay un dato curioso en mi primera crianza literaria y es, ahora que lo analizo bien, el que me permite dividirla en tres etapas: 1) La que empieza con mi madre y termina con mi madre poniéndome en manos de Merceditas Tola. Ya la he descrito de principio a fin, aunque mi madre leía a Nathalie Sarraute, Violette Leduc, *le nouveau roman*, también, y Merceditas no que yo sepa. 2) La universitaria, en las horas que no pasaba con Merceditas: los poetas y novelistas en el salón blanco, durante el día, con mucho café y jugo de papaya y, de noche, en el bar Palermo con bebidas y canciones escritas para bebidos, yo no sé, yo nunca estuve ahí. 3) La universitaria bis: que, a su vez, puedo dividir en A y B: A) Facultad de Letras: oigo hablar de Carpentier, Rulfo, Asturias, Neruda, Borges, Onetti, etc. Pero quienes los mencionan son personas que salen del salón blanco y entran al bar Palermo, mientras que los estudiantes estudiosos entramos o salimos de las aulas. B) Facultad de Derecho: la vida me ha enseñado a redescubrirla y revalorizarla.

Y es valiosísima esta etapa porque en ella aprendo algo elemental: siempre en el derecho, del tipo que sea, hay dos o más escuelas. La lombrosiana y la alemana y la francesa, por dar un solo ejemplo, dejando volar la memoria. Uno tras otro, los profesores nos enseñan siempre que no hay que rechazar ninguna de ellas porque en todas hay algo que aprender, a fin de poder adoptar luego la posición ecléctica, lo cual es además algo legítimo, algo a lo que se tiene todo el derecho. Es increíble comprobar hoy lo diversos y nada desiguales que fueron mis profesores de Derecho. Sin querer llegar a una conclusión acerca del carácter nacional ni nada que pueda parecer apresurado, debo dejar constancia de que mis compañeros de facultad y yo solíamos oír hasta el cansancio aquello de "En el Perú se ha optado por la posición ecléctica".

Fruto de tal cantidad de posiciones, en la primera etapa de mi crianza literaria, puedo confesar ahora que, aunque las apariencias engañaran, a París llegué, además de clásico y asubjuntivado, convertido en una persona terriblemente predispuesta al eclecticismo. Y éste ha sido uno de mis rasgos de diversidad psicológica más peruanos o más constantes o no sé qué, pero lo cierto es que yo me siento constantemente peruano al adoptar una posición ecléctica en todos los asuntos de esta vida y obra.

Además –esto sí que es autobiografía profunda, amén de una profunda coincidencia que lleva a otra y a otra y a muchas más, tanto que a veces me he preguntado si los seres humanos no elegimos nuestras propias coincidencias hasta convertirlas en destino–, el eclecticismo le calzaba como un guante a mis pies de futbolista infantil y juvenil que optó, siempre que no se lo impidieron falsas razones patrioteras o de exagerada rivalidad deportiva, por jugar el primer tiempo en un equipo y el segundo en el otro, al que por lo demás uno ve tan de cerca en el campo que resulta de lo más natural y humano quererle echar una manito, ¿no, manito?, y llegarlo a ver y sentir como un álter ego.

Pero a París llegué también tres años después del suicidio de Hemingway. Sin embargo, como uno parece elegir sus coincidencias, entre los recuerdos con que me embarqué en el puerto de San Juan, Marcona, a unos seicientos kilómetros al sur de mi casa, mis padres y hermanos, mis amigos y mis perros, hay uno que desembarca en este instante en la playa del Inglés, hotel Eugenia Victoria, Gran Canaria y cinco en punto de la tarde, puedo jurarlo. Es un artículo de Mario Vargas Llosa, escrito en la muerte del maestro.

Y también recién desembarcado en París, me topé con una nueva coincidencia: Mario Vargas Llosa, sentado en el café Odéon, Carrefour de l'Odéon, Odéon, noviembre de 1964. Ya he evocado este encuentro con quien había sido brevemente mi profesor, y excelente, muy exigente. Lo que no me he atrevido a evocar nunca fue la razón de mi rápida desaparición de aquel bistrot y un café express: Mario estaba esperando con puntualidad a Mario Benedetti y yo no había leído a ninguno de los dos pero con el agravante uruguayo de no saber quién era Benedetti.

Y no estaba dispuesto a odiar a Merceditas Tola, por más que todos los metros los siguiera tomando en dirección a Tarascon y ninguna de las librerías quedara ya en la dirección que mi última nodriza me había indicado. El París de Merceditas se había mudado íntegro y Racine y Corneille habían muerto. Sobrevivían únicamente De Gaulle y Malraux, a quien Merceditas, y yo tras ella, solíamos despachar con estas palabras: *L'aventure par lui même, bref, un aventurier,* que yo repetí un día en mi casa, a la hora de almuerzo, provocando un suspiro materno, acompañado de un comentario muy frecuente en aquellos maternos labios: *Il faut que jeuneusse se passe,* pero aquella vez seguido de una cita de Malraux, según la cual al final Oriente y Occidente, el mundo comunista y el nuestro terminarían por reconciliarse, tras haberse aportado cada uno lo mejor de cada uno. Mi padre, el más entrañable antiecléctico del mundo, concluyó diciendo, como siempre, que no había trabajado toda su vida para tener que oír semejantes sandeces. El almuerzo había concluido.

Mi eclecticismo ha sido fuente de inmensas satisfacciones, aunque a mí me haya hecho sufrir grandes fatigas dobles en busca de direcciones perdidas, tiempos idos, y me haya convertido en un ser totalmente desprovisto de sentido de orientación en la vida, la obra, el pensamiento y otras ramas del saber estar en este mundo. Suelo encontrar las cosas por coincidencia feliz, norte y mi propia casa incluidos, y me encanta esa canción de Sammy Davis, más geográfica que antifeminista, creo yo, en que le dice a una chica que, para él, ella es el norte, el sur, el este y oeste. Sammy Davis sí que era un tipo con total sentido de la desorientación y por ello, sin duda alguna, todo se lo tomaba tan a pecho, como la vez aquella en que, en un club de golf, le preguntaron cuál era su hándicap y contestó furioso que si no tenía ya suficiente con ser negro, enano, tuerto y judío.

Ser ecléctico no es fácil, pues, pero cuánto se goza y cuánto cariño se puede dar y cuánta riqueza recibir a cambio de nada más que fidelidad a la diversidad de todo tipo y tamaño. Puedo citar miles de ejemplos y recuerdos pero me bastará con uno de mis *rosebuds* favoritos. Cuando Merceditas Tola murió, su hermana Hortensia le entregó a mi hermana Clementina, otra gran aficionada a Merceditas, aunque por razones de música clásica, más que literarias, las cartas que tu hermano le envió a mi hermana para que se las vuelvas a mandar a París y todo quede en familia, Clementinita.

Conservo aquella correspondencia y cada una de mis cartas habla de todos los metros que tomé siempre en la dirección debida, de las obras de Molière, Racine y Corneille que, siglo tras siglo, seguían en la *Comedie Française,* de aquella tesis sobre Montherlant que empecé con Merceditas por un fallo de mi memoria y que debió ser sobre Maeterlinck, pero que en mi vida y obra siguió siendo para Merceditas hasta que, ya muerta ella, me doctoré en Montherlant, otro que se pegó un tiro en la garganta cuando perdió las facultades y que fue tan diverso como desigual y escribió sobre todos los seres que cohabitan en un mismo ser pero que, francamente, no era simpático y me trajo mil líos y grandes fatigas dobles, a cuenta de un solo *rosebud.*

Montherlant escribió por algún lado algo así: "La sirvienta me robaba y me cuidaba como nadie. Quien no entienda esto no habrá entendido nada de la vida". En Perugia, mientras escribía mi primer libro, la gorda y colorada campesina que me cuidó tanto el horario alimenticio, mi habitación y mi ropa, me robó y me adoró y yo escribí muchísimo y comí bien gracias a ella, y luego, en *Tantas veces Pedro,* la convertí en un entrañable personaje de mi vida y mi obra. Pero, volviendo a mis cartas a Merceditas, cada librería quedó donde ella me dijo y jamás encontré en París a nadie que fuera de Tarascon, una parada de tren que, años más tarde, siempre me produciría la más atroz y angustiosa pena. Los trenes nocturnos que, en el período más intensamente laboral de mi vida literaria y penoso de mi vida –injusto es decirlo, habiendo tenido en Montpellier tan excelentes colegas–, se detenían siempre en Tarascon:

—*Tarascon... Le train restara en gare trois minutes... Les passagers à destinadtion de...*

Ahí siempre moría Merceditas, no sé por qué. Tal vez porque jamás hubiera querido que me viera en ese estado de insomnio, desorientación y deseclectismo. Pero hoy París es para mí, gracias a mis cartas a Merceditas, *A moveable feast:* la ciudad en que cada cosa queda en muchos sitios, donde en La *Comédie Française,* cada noche, a la misma hora, se representa a varios y muy distintos autores, donde nada es difícil y todo es complicadísimo, donde el tiempo me va dando la razón porque en mis cartas mercedianas no hay porteras ni vecinos y hoy de las primeras ya casi no quedan...

... Y París es también la ciudad donde Maggie, mi primera esposa, y yo, fuimos al teatro todos las noches y comimos perdices y donde jamás nos separamos ni divorciamos ni se quejó ella de las palizas teatrales a que la sometí, tras haberla sometido a un intenso entrenamiento en inglés, sí, en inglés y no en francés, con Merceditas, antes de embarcarse a París para ser muy pobres y felices en una fiesta movible y el Harry's Bar...

El encuentro casual, durante mi primera visita a Londres, con quien sería mi entrañable amigo del primer París, Martin Hancock, es algo de lo cual, por supuesto, jamás le hablé en carta alguna a Merceditas, como tampoco le hablé jamás a Martin de una tal Merceditas que... Martin, un notable abogado, se había trasladado a vivir en París y el mundo de mi vida, en ese permanente estado de curiosidad que guía a los grandes desorientados, empezó a parecerse intensamente al de Hemingway. Había box, rugby, carreras de caballos, *bloody yanks* y el *Harry's Bar and Maggie in english, a beautiful girl out of nowhere, and Scotty, the gingerman and Pitty Dibós, who's actually Peruvian, his mother being actually English and Bob, the Canadian,* que el otro día me escribió contándome que ya se iba a retirar y preguntándome *Do you actually get this mail —or any mail at all— in Spain?,* en fin, un golpe terriblemente duro para la competitividad española... Pero estas son cosas que los eclécticos nunca contamos y así de fácil nos resulta llenarnos de *rosebuds...*

Hemingway había muerto y la pérdida de tiempo y energías que significaba la exaltada búsqueda de sus pasos perdidos, de su desaparecido París, podría significar cuando menos una total muestra de inmadurez por mi parte. Había trabajado en su obra, durante los años que precedieron mi partida a Europa, había obtenido el grado de Bachiller en Literatura con una babeante tesis sobre su narrativa, semanas antes de embarcarme. ¿Estaba adquiriendo ahora la experiencia que me ayudaría a releerla con mayor madurez o mis nocturnas incursiones en la place de la Contrescarpe y los preparativos siempre en marcha para asistir a los Sanfermines eran un permanente soñar despierto en excelente compañía anglosajona? Diablos, la noche, a esa edad, está hecha sobre todo para soñar y nada de malo podía haber en ello mientras yo continuara asistiendo con la maniática puntualidad heredada de mi padre a mis clases en La Sorbona.

Pero los meses pasaban y yo no escribía y para eso me había venido a Europa, para escribir. ¿Un asunto de disciplina o un inmenso temor que devoraba esa enorme fuerza de voluntad que, con razón, creo yo, la gente me había atribuido siempre? Dejando de lado la puntualidad con que asistía a clases, los firmes y extensos horarios de lectura que me imponía, ¿dónde estaban mi maniática autodisciplina y mi capacidad de orden? ¿Se los devoraba el miedo? ¿Los largos años de estudios de Derecho, en Lima, pensando en mí como escritor y proclamándolo entre amigos y conocidos pero, al mismo tiempo, sin escribir una sola línea, me habían convertido en un farsante? La situación tendía a ponerse dramática y los meses pasaban pero la bohemia anglosajona continuaba atrayéndome devoradoramente, sobre todo los fines de semana.

Y aún recuerdo esa nerviosa y culpable mañana de invierno en que Martín y yo aparecimos, apenas duchados, en su *local bar* de Neuilly. Necesitábamos algunos matinales tragos de cerveza, siempre más de los inicialmente aceptados por ambos, para apagar el incendio de la noche anterior y calmar nuestros temblorosos pulsos, antes de salir disparados, él a su oficina y yo a mis clases. Un cliente francés, impecablemente pequeñoburgués, tomaba su café con leche y su disciplinado *croissant*. Captó nuestro estado y soltó reproche generalizado y cómo no inmiscuyente, pero que clara y perfectamente se dirigía a Martin y a mí: *Chacun a ses idées.* Martin encontró tremendamente divertida la opinión del *little french guy.*

Pero no todo el mundo podía tener sus ideas y mis relaciones en el mundo diurno no cesaban de deteriorarse por culpa de las ideas de Montherlant. En La Sorbona, una tarde, una profesora me injurió en clase: "Miren a este peruano —les dijo a mis compañeros de muchas nacionalidades—, aún quedan misóginos y reaccionarios en el mundo. Aún quedan imbéciles para ocuparse de Montherlant".

La verdad, esa profesora no hubiera merecido saber jamás que un error me había llevado a ocuparme de Montherlant, en vez de Maeterlinck. Pero aún no había descubierto ese error y mi compañero de departamento, Allan Francovich, un excelente amigo del internado británico en que estudié la secundaria y al que había encontrado de la forma más casual en el primer metro que tomé en París, odiaba a Montherlant.

Allan, un norteamericano tan culto como desordenado y tan sartriano como brechtiano, por entonces, había empezado a mostrarme un cierto rechazo que para mí resultaba francamente doloroso. En el fondo de todo estaba Montherlant, pero Allan no me aclaraba esas cosas y yo temía un enfrentamiento directo con él porque era terco y nervioso y una ruptura en esos momentos me habría privado de su valiosa compañía y de una amistad nacida casi en la infancia. Los amigos de Allan me rechazaban aunque no abiertamente. Había más bien un tono de condescendencia en la manera en que me trataban, como quien perdona la vida. También por eso, pues, la bohemia "a lo Hemingway" me servía de refugio y de alivio. Además, ahí jamás se habló una palabra de literatura o de política. Y la literatura o la política o ambas juntas y revueltas eran fruto de nuevas tensiones en un nuevo frente que se me abría por aquellos meses: la izquierda latinoamericana de París.

Había leído ya *La ciudad y los perros* y había hecho amistad con Mario Vargas Llosa, o sea que acudí a él en busca de algunos buenos consejos. Pero, más que consejos, lo que encontré en él, aparte de una actitud franca y generosa, fue una especie de modelo francamente acabado y perfecto y tan sólido, tan de una sola pieza, que inspiraba una cierta reverencia, un gran respeto, pero también un cierto temor. A Mario, no sé, como que no había manera de tomarlo con eclecticismo. Era de una sola pieza y se bastaba a sí mismo y, con toda su simpatía y cordialidad a cuestas, era ejemplar. Y su ejemplo se seguía a pie puntillas o se convertía uno en muy mal ejemplo. Mario era un militante de todo lo que hacía y todo lo hacía con la mayor disciplina.

Era sartriano y cuando le pregunté por Montherlant me dijo que era un cavernario y nada le gustó cuando yo, citándole a Aragon y a otros escritores de izquierda (Grandes escritores –le dije–, recuerdo) que habían hablado maravillas de Montherlant, traté de llevarle la contra y sólo logré contrariarlo. Pero, en fin, no había ido a molestarlo sino a conversar acerca de mis "posibilidades como escritor", ya que mi vida y obra, hasta entonces, se resumían a mi propia persona, o sea a una especie de farsante, reaccionario, limeñito, frívolo, y últimamente rodeado de malas compañías anglosajonas en un mundo que, cada día más, empezaba a parecerme más fitzgeraldiano que hemingwayniano, más frustrante que edificante, y que empezaba a producirme una sensación de vacío que, cuando se llenaba, o era de alcohol o era de temblores y sudores de agonía tan estéticos como generadores de la más negra conciencia.

Pero no me atreví a tanto en mi autoinculpación y me quedé en lo de limeñito y frívolo, en fin, una persona que no tenía nada digno que contar. Entonces fue cuando encontré al Mario sonriente, abierto, acogedor y sumamente generoso. Aún recuerdo su sonrisa cuando me dijo con convincente franqueza que todo tema era bueno para la literatura. Yo sentí algo así como "incluso yo", y me emocioné profundamente y quise compartir algo de esa vida y obra con Mario: lo invité a comer en mi casa con otros amigos esa noche. Un "no" rotundo puso fin a mis últimas ilusiones eclécticas acerca de Mario y me dejó enfrentado al compromiso que, eso sí, adquirí con él y con su generosidad: le llevaría los primeros cuentos que escribiera.

Llegó el verano y con él mi partida a Italia, que no dejaba de estar cargada de una buena dosis de dramatismo. No había escrito una sola línea, en París, no me habían renovado la beca de estudios y había vendido mi billete de regreso al Perú y, con la franca oposición de mi familia, estaba tratando de vender unas acciones que me correspondían como futuro socio hereditario del Club Nacional de Lima. Eran mis naves y las estaba quemando una tras otra para financiarme los siguientes meses en Italia y Grecia. La noche anterior a mi partida en un tren veraneante que se dirigía a la Costa Azul, donde me esperaban, en mi camino a Italia y con casa alquilada en Cagnes-Sur-Mer, mis buenos amigos Susy y Pocho Portaro, se prolongó hasta el andén mismo de la

Gare de Austerlitz, ante un vagón realmente atestado de gente, al que yo debía subir sin billete numerado.

Martin, el grande y entrañable Martin, opinaba que yo simple y llanamente no debía embarcarme en un viaje que se anunciaba agotador, estando ya tan agotado. Pero había abandonado mi departamento y, en una maleta inmensa, estaba todo lo que poseía en Europa, menos la máquina de escribir virgen que habría de servirme de asiento hasta Cagnes-Sur-Mer y que, en ese momento de duda, temblor y sudor, colgaba de mi otra mano. Sinceramente preocupado, Martin estaba sugiriendo unas rápidas cervezas mientras lo pensábamos todo de nuevo –siempre podría alojarme en su excelente y espacioso departamento de Neuilly–, cuando el tren empezó a ponerse en marcha y yo pegué el salto decisivo de mi vida con maletón, máquina-asiento de escribir portátil y todo, porque eso era todo lo que tenía en este mundo. Unos días en Cagnes-Sur-Mer y adiós a todo eso. Aún recuerdo un tren de mala muerte que cruzaba la frontera italiana y aquella última cerveza que arrojé simbólicamente por la ventana.

Fue en Perugia, finalmente, en un descalabrado y bonito edificio de la vía Francesco Innamoràti 4. Por la obligatoria posición de los muebles en la pequeña y luminosa habitación, tenía que escribir contemplándome en una espejo. Sublime. Escribí el primer párrafo de mi vida y me gustó lo que contaba, casi también cómo lo contaba y lloré de emoción. Lo bien que me sentí mientras lo escribía me hizo escribir otro párrafo y otro más y siempre recordaré que gritaba, casi, mientras iba escribiendo: "Quién te dijo a ti que eras un farsante. Tú, ¿un farsante? Jamás de los jamases". Pocos días después ya estaba convertido en un monje de clausura literario con voto de silencio y capaz de someterse a unos ayunos feroces de los que sólo lo empezó a sacar una campesina gorda y colorada que le limpiaba la habitación, le robaba dinero y subía jadeante y casi agonizante a tocarle la puerta del cuarto piso porque le iban a cerrar ya el comedor de estudiante, primero, y después otro más barato que encontró, gracias a un providencial argentino: *la mensa popolàre*.

Después vino la temporada griega de Mykonos, puliendo un manuscrito y trabajando por las noches en una discoteca y, por fin, el retorno a París, vía Yugoslavia y Venecia. En París me robaron todo, la noche en que llegué. Habían desaparecido el monje y el escritor más disciplinado del mundo y todo parecía indicar que reaparecía el farsante. No tenía donde dormir, no tenía un centavo y debía buscarme un trabajo. Martin me alojó y me dijo que podíamos compartir aquel departamento estupendo cuyos gastos corrían a costa de su empresa. Acepté, por supuesto, pero, por supuesto también que esa primera noche el espíritu de Hemingway vino a tocarnos la puerta y, en vez de *A través del río y entre los árboles*, fue a través del río y directamente al Harry's Bar, un buen sitio para buscar trabajo y llorar las penas, además.

Pasaron semanas y empecé a llegar a clases en La Sorbona en estado francamente calamitoso. Además, no leía porque Martin regresaba cansado y sediento del trabajo, en busca de su compañero de hazañas. Un día le expliqué que esa situación era para mí insostenible y que debía intentar leer él también, aunque lo suyo no fuera precisamente la lectura, sobre todo a esas horas. Martin me entendió y me dijo que sí, que también él andaba con propósitos de enmienda y que se iba a comprar unas cuantas novelas sobre James Bond y se iba a acostar a leer temprano cada noche. Eso debió durar cuatro o cinco días. Cada uno con sus libros en su dormitorio hasta que, una noche, escuché a Martin gritar que no soportaba más y partir la carrera hacia el bar del departamento. James Bond no cesaba de tomar un vodka tonic, capítulo tras capítulo, y él no soportaba más.

Un golpe de suerte hizo que, por esos mismos días, consiguiera un trabajo de profesor de idiomas en un colejucho privado del Marais. En Perugia había perfeccionado mi dominio del italiano y, entre las cosas buenas que había hecho en París, estaba el no haber abandonado nunca mis estudios de alemán en el Goethe Institut. Empecé a enseñar italiano, alemán y castellano y alquilé la típica *chambre de bonne* del Barrio latino. Empezaba a dejar las noches hemingwaynianas con Martin y sus amigos y colegas para los fines de semana, recuperaba algunos libros perdidos y recordé que le debía una visita a Mario Vargas Llosa. Había cumplido con mi promesa de disciplina, había escrito y me lo habían robado todo. Pero no era un farsante.

Pero como si lo fuera porque el robo de mis cuentos casi no me había afectado y consideraba que el manuscrito era lo primero que debieron arrojar los ladrones al río, por ser lo menos valioso que había en mi maleta. Mario me probó que era lo más valioso del mundo cuando le conté mi historia. Me lo probó con unos sudores fríos y unos interminables lamentos entre los que se intercalaban, con asombrosa cronología y erudición, la lista completa de autores que habían perdido manuscritos y los títulos de éstos. Terminé consolándolo yo y diciéndole que no se preocupara, que se lo tomara con calma y que todo tema era bueno para la literatura.

Regresé a mi alta miseria, al techo del edificio en que se encontraba mi cuartito de servicio y empecé a escribir de nuevo, cada tarde. Desde entonces nunca pude cambiar la costumbre de escribir por las tardes. La disciplina, la miseria y la felicidad empezaban a llenar de emoción mi vida y no registré mi nueva y paupérrima dirección en el Consulado peruano de París por temor a que algún pariente apareciera por ahí y confundiera todo aquello con una poética muerte de hambre y desde el Perú me mandaran unas naves familiares en reemplazo de las que yo había quemado para siempre y, zas, de las orejas a Lima, muchacho loco.

Muchas y muy importantes cosas más habían pasado cuando empezó mayo del 68. Me había casado por primera vez, Martin había regresado a Londres, había ido dos veces a los Sanfermines y ya estaba bien, la izquierda latinoamericana había invadido mi vida, para bien y para mal, y me habían mudado del techo de mi alta miseria a un simpático, luminoso y pequeño departamento de la rue de Navarre, siempre en el Barrio latino y en las cercanías de la place de la Contrescarpe. Desde entonces habría de descubrir el horror que las vecinas malvadas me causaron hasta que abandoné París, tras haber cambiado una vez más de dirección y subido de categoría habitacional, gracias a mi paso a la enseñanza universitaria, el otoño del 68. En fin, estos eran los principales acontecimientos, en lo que se refiere a la vida, digamos.

En lo que a la obra se refiere, lo más importante había sido el descubrimiento de Camus y de los dos Julios: Julio Ramón Ribeyro y Julio Cortázar. Sin llegar a ser un ecléctico, en el sentido peruano de la palabra, por decirlo de alguna manera, Albert Camus era para mí lo que más se le podía parecer en Francia y hasta en Europa. Dudaba, lo cual ya era francamente maravilloso en un mundo de grandes certidumbres y definiciones, en el que Sartre era algo así como el sujeto, el verbo y el que ha predicado. Camus afirmaba que creía en la justicia pero que antes defendería a su madre, lo cual estaba muy mal visto en aquel mundo de síes y noes categóricos. Pero Camus había muerto y Sartre en cambio continuaba vivito y coleando y mantenía esa capacidad tan suya de dar grandes saltos mortales y caer siempre parado en medio de una nueva e incontestable certidumbre. Sartre era indudable y apoyaba todo lo que había que apoyar por entonces para mantenerse joven. Hice de *L'homme revolté* mi libro de cabecera y me refugié en Camus pero, a diferencia de Montherlant, no se lo conté a nadie, para poder vivir en paz.

A Julio Cortázar lo descubrí en La Mutualité, una noche en que había ido a presenciar un acto contra la guerra del Vietnam, en que los principales oradores eran Sartre y Mario Vargas Llosa. Aquella fue una de esas noches mágicas de mi vida o más simplemente una de esas oportunidades que se le presentan a uno para escoger sus coincidencias y convertirlas en destino. La verdad, no me importaba un repepino lo que iba a decir Sartre, por quien sentía una antipatía tan visceral como gratuita, aunque no del todo justificada: en su nombre, en nombre de su obra, había sufrido yo muchas humillaciones personales, yo y mi Montherlant, en fin... Quería oír muy atentamente a Vargas Llosa, aunque aquella noche la terminara persiguiendo bastante ridículamente a Cortázar por las calles que recorrió para regresar a su casa. Todo se debió a "la magia". Cuando Vargas Llosa dijo que él no había tenido la bondad ni la generosidad para irse con las guerrillas de su país, Cortázar empezó a aplaudir muy sonrientemente pero con una sola mano Zen o algo así que, lo juro, lo vi clarísimo, tan claro como que lo seguí en la oscuridad de la noche, como un idiota.

Reaccioné cuando Cortázar cerró la puerta del edificio en que vivía y desapareció. Corrí hasta mi departamento y empecé a leer cuentos suyos por primera vez en mi vida. Todo se me aclaró en un instante. Vi clarísimo el motivo por el que me gustaba lo que yo contaba en mis cuentos (acababa de reescribir, en la medida en que esto es posible, los cuentos que me habían robado a mi regreso de Italia y Grecia), pero no me gustaba la forma en que lo contaba. Yo escribía, por decirlo de alguna manera cortazariana, respetando demasiado el sujeto, el verbo y el predicado. Tanto que acababa siendo, casi, el que ha predicado tradición y formalidad. Cortázar, en cambio, escribía como le daba la gana, pésimo desde mi pésimo punto de vista, para crear un estilo libre y totalmente suyo y extraordinario.

Cortázar fue la gran influencia de mi vida literaria, aunque los logros hayan sido totalmente distintos. Me reveló lo que yo llevaba dentro, me enseñó a liberarme de todo estreñimiento literario y a usar la intuición y a ver el lado cómicamente grave de la realidad. Me hizo ver claramente que ese exceso de gravedad de los maestros del *boom*, bajo cuyo resplandor vivía yo, podía ser también una carencia, para mí.

Pero hay algo más, algo que sólo podría calificar de lúdico. Nunca me he liberado, gracias a Dios, de la inmensa y alegre emoción que sentí al escribir por primera vez en Perugia y del recuerdo, constantemente revivido, cada vez que me siento y empiezo a escribir, de la profunda satisfacción que me produjo darme cuenta de que no era un farsante. Es como un juego que siempre termina bien y que consiste en volverme a asustar a mí mismo, en los momentos previos a la sentada a escribir (aunque ande en medio de un largo proceso de trabajo y haya escrito todos los días anteriores y no se vislumbre una futura interrupción en las semanas o meses por venir), con la atroz sensación de ser un farsante.

Y como esta sensación estuvo siempre muy ligada, sobre todo en el Perú, a mi relación con los más entrañables amigos, ellos realmente se encuentran presentes a lo largo de esas horas de trabajo literario en que les voy demostrando, entrando en profundo contacto con ellos y con muchísimos amigos que han venido después, en mis andanzas por la vida, que no soy un farsante, que soy una persona honesta y que no hay nada más alegre y satisfactorio para mí en la vida, que irles dando muestras de honestidad con cada palabra que escribo. Escribir, en semejantes circunstancias, se convierte en una verdadera fiesta, en un juego que siempre termina bien.

Por eso no he podido experimentar jamás la mítica soledad ante la página en blanco. Yo escribo en excelente compañía y no regreso de la más grande soledad, de la literatura considerada como una tauromaquia (salvo que ésta me encuentre mirando los toros desde la barrera de la amistad), no regreso de ningún temor sino de una fiesta tan alegre como concurrida. Y si regreso como ausente, cansado y como quien viene de muy lejos, si me tropiezo con las cosas y demoro tanto en regresar, como afirman las personas que han vivido conmigo, es porque vuelvo de lejos, de muchos lejos, de muchos países y decenas de amigos a los que anduve demostrándoles que no era ningún farsante. Se puede regresar extenuado, claro está y tanto mejor.

El narrador oral bien vale un párrafo, cuando menos, y ya he afirmado en algún artículo que de él es el reino de los cielos, por su infinita y autotorturadora bondad. Hoy voy más lejos. Se habla del supremo egoísmo al que está condenado todo creador, todo artista. Ecléctico como siempre, no logro asumir todo esto *tan de cerca,* digamos. Y adhiero también a palabras como egotismo, egocentrismo y hasta egolatría cuando, sobre todo, de escritores se trata. Y traigo a colación un ejemplo que me viene a la memoria y que no debo ni puedo generalizar, porque de entrada excluiría a todos o casi todos los escritores que no son hispanohablantes. Entre éstos, sí, más de uno ha confesado su afición por los toros y hasta que le habría encantado ser torero.

¿La escritura como tauromaquia? Pues bien, sí, de acuerdo, pero siempre y cuando tomemos a los escritores por *ciertas* astas.

Creo que muchísimos son los escritores que sienten la torera inclinación a verse aplaudidos y unánimemente aprobados en el centro del ruedo literario, agradeciéndole al público su rotunda ovación y saludando con los brazos en alto como el Papa en San Pedro, Roma, también. Y siempre recuerdo a un inefable escritor que solía quedarse dormido en las ruedas de amigos y que despertaba con los brazos en alto y la satisfacción de una multitudinaria ovación reflejada en el rostro sonriente y agradecido, mientras agitaba manos y brazos toreros como quien pide más de lo mismo.

El escritor oral tiene mucho de esto pero *en entrañable*.

Ajeno a toda tradición de la que pueda venir, lo suyo es entregarse a su público en el acto más desesperado y muchas veces egocéntrico y hasta caprichosamente ególatra que darse pueda. La tragedia, equivalente a la cogida, ocurre, claro, cuando ya no puede prescindir más del público y termina por hartarlo, aunque no es siempre éste el caso ni aquélla la única ni más grave cogida. La peor, creo, es aquella que consiste en mantener al público encantado hasta que la realidad se impone sobre el embrujo de la palabra y la gente que escucha embriagada tiene, por ejemplo, que trabajar a la mañana siguiente. Y al pobre narrador lo dejan sin más embrujo que crear y agotado y lo que es peor pero muy frecuente también, bastante bebido.

Ese es el momento en que nadie se detiene para agradecerle a ese hombre su simpatía y bondad infinitas ni nadie tampoco se detiene un solo instante a pensar en el altísimo precio que aquel narrador ha pagado y seguirá pagando por lo que es, dramáticamente, su vida y obra. Si lo de la soledad terrible ante la página en blanco existe, y no tengo razón alguna para negarlo, sin duda alguna es el narrador oral quien mejor la conoce. Lo suyo debe ser esa misma soledad, pero a lo bruto. ¿Página en blanco, además de la noche en blanco?

Sin duda alguna por ello muchos narradores orales a los que he escuchado con tanta gratitud como pasión, suelen anticiparse a cualquier fatal interrupción del tipo "Pero eso debería usted escribirlo", con un terrible, por falso y doloroso, "Como tengo ya escrito en el libro en el que ando trabajando...". Normalmente, suelen tener uno o dos libros publicados hace cada vez más tiempo y nadie sabe muy bien cuándo se quedaron dormidos para siempre y empezaron a soñar que uno en la vida puede llegar a contarlo todo.

Este es el peor de los sueños para un escritor y el que arrastra a muchos a los excesos de disciplina, a vivir siempre pensando que van a morir sin haber escrito suficiente y a morir concluyendo que han escrito demasiado y no han vivido suficiente. Ahí nace, creo yo, el gran malentendido producido por lo que llamaré "el ejemplo flaubertiano", ateniéndome rigurosamente a los comentarios de Julian Barnes en *El loro de Flaubert* y a mis comentarios y divagaciones en torno a ellos y a mi vida misma de escritor frustrado y de escritor "ecléctico", a las diversas etapas (estoy por acabar con la segunda) de mi crianza literaria, sus maestros, sus temores, sus errores y hasta sus horrores y...

Y finalmente a la domesticación de mi gran sueño imposible de escritor, fruto de toda una empresa en la que, como se ha visto y seguirá viendo, la desculpabilización ha ocupado un lugar preponderante. La verdad es que hasta hoy me pregunto cómo una persona "tan ecléctica" pudo llegar a sentirse tan culpable de tantas cosas. Creo que ello fue fruto de esa tendencia a no lograr tomarme nada tan en serio, a ver siempre el lado cómicamente grave de la realidad, empezando por mí. Lo malo, claro, fue que ese "empezar por mí" me llevó a menudo a quedarme en mí y otorgarle a los demás una aplastante razón, hasta el extremo de que encontraba razonable eso de vivir aplastado, cómodamente aplastado razonablemente.

Y hasta hoy me ha quedado la ya pésima costumbre de acomodarme al peso de los demás, por más pesados que sean. Y cuántas veces no le habré dicho a un periodista, por las razones de peso que acabo de evocar, lo que yo pensaba o pesaba que quería escucharme decir. Me amoldaba a las circunstancias, salvo, claro está, que fuera sumamente impertinente, maleducado o deshonesto. Entonces el asunto podía estallar y yo quitarme un peso de encima a patadas.

Desde el punto de vista de las ideas, yo creo que ha sido la historia misma de la humanidad, en la ínfima parte que me ha tocado vivir, la que me ha ayudado a desculpabilizarme. Ante mis ojos han cambiado tanto de ideas y militancias mis amigos y maestros que, francamente, ya no puedo sentir culpa alguna de haber pensado que toda religión contenía algo bello y poético y toda verdad catedralicia algo sumamente falso, aunque no fuera más que la carencia de algún pespunte, como en la muleta de los toreros, que no acaba de convencerme, pues puntillista fui siempre, a pesar de las apariencias. Tal cosa me permitió salvar mil amistades, ser criticado por mil amigos más cuya amistad también salvé y haberme nutrido de todo tipo de anécdotas entrañablemente *rosebud*.

Esto se debió también, sin duda alguna, a que la vida me importó siempre más que las grandes verdades, y las grandes excepciones más que las grandes reglas, y los pespuntes más que las capas y muletas de los grandes escritores. Hace algunos párrafos dije que yo había vivido bajo el resplandor de los grandes maestros del *boom* de la literatura latinoamericana y de la suerte que había tenido de conocer al primero de mis dos Julios: Julio Cortázar. El segundo fue Julio Ramón Ribeyro, un hombre que para mí siempre había tenido una aureola tan entrañablemente mágica como lejana, casi inalcanzable.

En mis años de estudiante de Derecho, había visto unos quioscos en el Parque Universitario, donde quedaba mi dacultad, en que se vendían libros a precios populares. Encima de esos quioscos colocaban grandes ampliaciones de retratos de muchos escritores, realmente unos pósters. Y ahí estaba siempre Ribeyro con la mirada ausente, sin duda porque vivía en París. Conocerlo en esta ciudad fue para mí un honor, una alegría, la materialización de un sueño y, a la larga, el comienzo de un aprendizaje que sin duda me ayudaría mucho a pasar de la segunda a la tercera etapa de mi crianza literaria, la de la domesticación de mi sueño de escritor y la de mi eclectización definitiva, espero.

Vivía bajo el resplandor del *boom* y sus maestros y el influjo de lo que he llamado "el ejemplo flaubertiano", en el que ya hemos visto, gracias a Julian Barnes, lo poco que tuvo que ver el pobre Flaubert. Era la época de la disciplina en el trabajo literario, cosa que debió haberme preocupado mucho porque yo siempre fui bastante disciplinado, pero que me ha atormentado hasta hace muy poco, hasta que vi con claridad muchas cosas más.

Lo que generalizando mucho, en el afán de explicarme con ejemplos aplastantes, o sea autobiográficos, he concebido como la pésima influencia que, sin quererlo en absoluto, por cierto, tuvo Flaubert sobre el Hemingway que me aplastó, o sea el suicida, el que perdió las facultades y vivió tan culpablemente sus relaciones vida-obra.

Un hombre como yo, que ha antepuesto sus afectos privados a cualquier cosa y que concibe la tarea literaria como una feliz reunión de amigos, que sólo ha escapado a la literatura oral porque ésta no necesariamente se da entre amigos y cuando se da no están todos y quedan otros para los que también hay que escribir porque allá en Lima, en Londres o en California, también tienen que quererlo a uno más, tanto como uno los está queriendo a ellos en la playa del Inglés, Gran Canaria, por ejemplo, un hombre que ha hecho suya la divisa "Existe el amor, la amistad, el trabajo literario y nada más", tiene que sentir las presiones y tensiones que, precisamente, surgen de esa divisa, si lo de la disciplina se toma al pie de la letra y se empieza a pensar en lo de las facultades perdidas y la culpa del ocio y de los viajes y la conversación con amigos, entre mil cosas más.

Y yo viví lo de la disciplina al pie de la letra y terminé sintiéndome más culpable que nunca. El resplandor de los maestros del *boom* me llegó a cegar y, paradójicamente, el tiempo perdido en conversar con algunos falsos escritores me resultó utilísimo para tomar una distancia que, al fin de cuentas, me acercó a mí mismo. Y en medio de ese largo camino estuvo siempre la amistad con Julio Ramón Ribeyro, aquellos años parisinos en los que tanto aprendí de un escritor aparentemente nada ejemplar, aparentemente poco disciplinado, descuidado y negligente. Digamos que eran épocas de *boom* y que Julio Ramón era el escritor menos resplandeciente con que uno podía toparse.

Y, sin embargo, de la conversación casi ininterrumpida con él, entre 1968 y 1980, extraje más beneficios que de cualquier otro resplandor. Puedo fácilmente concluir diciendo que, a la sombra de Julio Ramón Ribeyro, logré encontrar amparo para los enceguecedores efectos de los todopoderosos maestros del *boom*.

¿Por qué sucedieron así las cosas? Me encanta responder a esta pregunta de la forma más sencilla que hay. De la forma más honesta, también, debo decir, pues no ha sido nunca otra la razón ni otra tampoco la respuesta que me he dado a mí mismo. Biográficamente ecléctico, como parece que he sido siempre, en el fondo, y condenado por desconfiado a observar el lado cómicamente grave de la realidad, por ello mismo, mi idea trascendental de la disciplina militar en el trabajo literario empezó a desplomarse risueñamente en favor de una relación más alegre y vital entre vida y obra cuando, tras haber querido inútilmente seguir los ejemplos de un Carlos Fuentes, de un García Márquez o de un Vargas Llosa, entre otros dechados de disciplinalidad, me topé con la poca ejemplaridad de Ribeyro y tuve que reconocer que, si uno observaba las cosas de cerca y las llevaba hasta sus últimas consecuencias, sobre todo en cuestiones de disciplina y vida y obra, Julio Ramón resultaba ser el más ejemplar de todos.

Carlos Fuentes, por ejemplo, se afirmaba para mi espanto, escribía a máquina y con un solo dedo de una sola mano, todo un récord histórico de velocidad con un solo dedo y de tabaquismo literario, ya que la otra mano la necesitaba para fumar tanto como Humphrey Bogart en sus mejores momentos. Un ejemplo inimitable porque yo había dejado de fumar cuando me lo contaron. García Márquez se vestía de obrero, se ponía unos mamelucos memorables para darle a su jornada laboral grandeza, sencillez y rudeza picapedrera y, al mismo tiempo, acercarse a la concepción de lo que debe ser un trabajador intelectual no desligado de su base popular. Traté de imaginarme haciendo algo que se pareciese siquiera en algo a todo aquello que me habían contado y había visto en fotos pero no me salió ni el lado cómicamente grave de la realidad. Vargas Llosa almorzaba ejemplarmente ligero para dejarles espacio a los demonios del escritor, hasta que éstos literalmente lo dominaban, se apoderaban de él, se lo devoraban y lo convertían en un buitre que se alimentaba de carroña hasta transformarse en un deicida con digestiones literarias en forma de magma. Parisinas y malvadas porteras y vecinas me hicieron llevar una vida realmente endemoniada, me dominaron, se apoderaron de mi máquina de escribir, incluso, se tragaron hasta mis horas de sueño, de la forma menos artística, disciplinada y productiva del mundo, y no conocí más carroña que la de los restaurantes universitarios, sobre todo el pescado de los viernes y las coles de Bruselas de los muy a menudo. Otro ejemplo inimitable, pues.

¿Cómo diablos podía uno disciplinarse boommente, cómo escribir tanto con tan pocos dedos, cómo sudar el mameluco como futbolista de izquierda, cómo alimentarse sólo de coles de Bruselas? La llegada de los que llegaron a París viendo entre el resplandor del *boom*, iluminándolo con un futuro genial, triunfador y bestseller de entrada, fue toda una revelación para mí. Aquellos muchachos que llegaban con una leyenda que precedía e incluso reemplazaba a la historia fue para mí toda una iluminación. Aquellos muchachos que en bares y cantinas, en hembritas e izquierdismo de turno iban a labrarse un porvenir glorioso, aquellos que iban "a escribir una novela, compadre, que tenga algo de Cortázar, algo de Fuentes, algo de Carpentier, algo de Vargas Llosa, algo de Rulfo y muchísimo éxito mío", eran realmente dignos de la mejor atención y yo la puse y gané horas y horas perdidas hasta llegar a la conclusión de que, de cierta manera, el daño que iba a producir en ellos el *boom* estaba profundamente vinculado a nuestra inmadurez y subdesarrollo.

En el mundo literario latinoamericano en el que, salvo casos realmente excepcionales, los escritores no habían tenido jamás la oportunidad de vivir de su trabajo literario, el estallido del llamado *boom* iba a despertar los más enceguecidos apetitos de gloria, de fama, de dinero, de estatus social. En fin, de todo tipo de arribismos, oportunismos y maquiavelismos que poco o nada tenían que ver con la literatura. Aquellos muchachos (y no tan muchachos) llegaban a París imbuidos de un gran destino literario y mercantil, y eran capaces de cualquier cosa, por ridícula, deshonesta o contraproducente que fuera, en su afán de relacionarse con editores, críticos, traductores y académicos.

Todos eran de izquierda, por supuesto, y recuerdo que aquel fue el campo de acción más propicio para que yo me convenciera de algo que mi primera esposa me había advertido inútilmente. Sin duda alguna por un reflejo de culpabilidad ligado a mi educación familiar y escolar, siempre me había costado trabajo vincular inmoralidad con izquierdismo y había quedado poco o nada convencido, a pesar de los numerosos ejemplos vistos y vividos entre mis propios amigos, de que por la izquierda se podía también hacer toda una carrera triunfal llena de sobonería, de claudicaciones, de falsos compromisos y de los más asquerosos acomodos.

Y dentro de esa izquierda parisina y post-68 se llegaba al fanatismo. Ya Mario Vargas Llosa, por ejemplo, no podía afirmar que él no había tenido la bondad ni la generosidad de unirse a la guerrilla de su pueblo, como en aquel acto contra la guerra del Vietnam, en La Mutualité, cuando descubrí a Cortázar. Pocos años después y muy poco después del 68, Mario apareció por casa realmente conmocionado por lo que le había ocurrido la noche anterior, en una mesa redonda en la ciudad universitaria. Una buena gripe me había impedido asistir, pero ya Maggie, que sí asistió, me había contado que para poner fin a tanto insulto y amenaza, Mario había afirmado que bueno, que entendía que la única manera de quedar bien en esa reunión habría sido haber muerto en la guerrilla. Apareció por casa espantado, a la mañana siguiente. Algunos peruanos airados lo habían seguido hasta su hotel y todo. Nada me extrañaba en un mundo en que una alumna mía, tan gochista como ignorante, pero esto último qué importaba, repetía a cada momento una frase que le causaba gran satisfacción: "Cuando alguien me habla de cultura, saco mi pistola". La frase era de Goebbels, ella no lo sabía, y además qué importaba.

Era obvio, por consiguiente, que el *boom* también habría de tener a este nivel efectos moralmente devastadores. Finalmente aquel estallido enceguecedor se había producido gracias a una coyuntura muy poco o nada literaria, sobre todo desde el punto de vista latinomericano. La revolución cubana había puesto a América latina de moda en Europa y, al mismo tiempo, las editoriales españolas continuaban bajo la férula de la censura franquista. Bastó, creo yo (o, en todo caso, bien puede servir de ejemplo), que un editor combatiente y sensible como Carlos Barral decidiera buscar al otro lado del Atlántico escritores con cuyas obras le sería menos difícil enfrentarse con esa censura.

Y esos escritores existían. Hacía años que existían. Un Asturias, un Neruda, un Rulfo, un Carpentier o un Borges, hacía décadas que escribían sin aspirar a nada que no fuera un destino meramente nacional, precarias ediciones, en general y, por supuesto, sin soñar con que algún día podrían vivir de sus libros. Aun los escritores más jóvenes, como Fuentes o García Márquez, tenían más de un libro notable ya publicado cuando estalló el *boom* y, si mal no recuerdo, Vargas Llosa fue el único escritor que se hizo famoso con una primera gran novela, en 1962, precisamente el año que muchos han aceptado como el del inicio de aquel célebre *boom* literario.

Y sólo Borges, entre todos aquellos escritores, era un conservador o, por lo menos, sólo él tenía el coraje alegre y provocador de manifestarlo abiertamente y a contracorriente, como digno heredero del ultradadaísmo que también era. "A Borges sólo se le publicará en Cuba cuando ocurra un lamentable accidente demográfico", me decía un poeta cubano, oficial y oficiante de la revolución. Me lo decía con la boca chica.

Creo que, en el fondo, esto era lo que todos los escritores latinoamericanos deseaban por aquellos años: que Borges se muriera para poderlo leer y alabar abiertamente. Y yo lo tomaba como el lado cómicamente grave de la realidad. Quiero decir que yo recordaba lo mucho que había deseado que Montherlant se muriera o *se me muriera,* por fin, para que la gente me dejara en paz, primero, y luego, en lo silenciosamente que leía al ya fallecido Camus.

Ahora recuerdo el *boom* como un fenómeno de izquierda dentro de una América latina que no podía ser sino de izquierda en una Europa conservadora y paternalista. Contra esa Europa se vivía muy bien y contra esa Europa y en esa Europa se vivía aún mejor. Y recuerdo también el *boom* con algunos ingredientes de nuevorriquismo, subdesarrollo, y con mucho de feria de triunfales vanidades. Recuerdo que, llevado por el entusiasmo que le producía el éxito de uno de sus escritores, un agente literario me dijo que el día anterior había ido a verlo ese autor y que estaba muy elegante. Cuando lo miré espantado, reaccionó: "Bueno, triunfalmente vestido", matizó.

Me encantaría tener razón cuando digo, desde un punto de vista centrado en Europa, en los setenta, y profundamente subjetivo, que el principio del fin del *boom* lo constituyeron la muerte del Che Guevara y la separación del dúo Simon y Garfunkel, por ser éstos quienes edulcoraron la buena conciencia europea contra la que tan bien se vivía autóctona y revolucionariamente en París, Londres, Barcelona, Roma, etc., con su rabiosamente pegajosa versión de *El cóndor pasa*. Yo probé de todo, por aquellos años en París, fuera y dentro de las aulas universitarias en las que, precisamente, mataba a mis lindas alumnas y arengaba a mis melenudos alumnos con novelas *boom*, tomas de posición *boom*, anécdotas *boom*, chismes *boom*, etc. Probé hasta decir a gritos que el autor de *El cóndor pasa* era un oligarca peruano que siempre vivió en el Ritz, de París, y que en su vida vio un indio. Inútil. Cien años de soledad.

Hoy de aquello nada queda y francamente debería quedar aunque sea un poquito para que jóvenes y excelentes escritores latinoamericanos pudiesen ser publicados en España y traducidos en Europa. Pero no, ya no es así, y el que no se hizo un agujero editorial y de público en aquel largo momento es muy difícil que hoy pueda publicar. Las excepciones son poquísimas y los escritores latinoamericanos han vuelto a vivir, escribir y publicar con la misma precariedad, el mismo tesón y el mismo amor al arte con que lo hicieron antes de 1960 un Asturias, un Carpentier, un Rulfo. Y, hablando de calidad, no son ni más ni menos, creo yo. Los hay excelentes y muy distintos, eso es todo, pero América latina ya no está en el candelero, "ya no se lleva".

El lado cómicamente grave de la realidad me hace recordar a aquel producto del subdesarrollo que quería publicar una novela "que tenga de García Márquez, de Carpentier, de Vargas Llosa, de Fuentes, en fin, de mucho éxito mío, compadre". Es un hombre moralmente asqueroso, hoy. Hablaba como hablaron muchos y yo lo escuchaba y sentía mucha pena. Pero eran los años en que *El cóndor pasa* podía todo contra mi visión de las cosas y si hoy recuerdo a ese tipo es porque es un tipejo con su obrita para engañar todavía a alguien. Increíblemente, aquel personaje no sabe todavía escribir en castellano pero siempre hubo una traductora francesa seducida o una alumna de Letras seducida y convertida en traductora de una forma u otra, y algún pequeño editor instantáneamente seducido y estafado para permitir que haya un escritor peruano con una inexistente obra en castellano traducida al francés.

Empezó en 1974 y picando alto. Usó mi nombre para colársele a Carlos Barral y volverlo loco durante unos meses y tuvo la osadía de intentar convertirme en cómplice de su sucia ambición. Desde Barcelona, me escribió una carta que conservo, el 10 de diciembre de ese año. Una sola perla de aquella carta: "Creo que Carlos Barral es un gran poeta y que sabrá apreciar el valor de un joven peruano que piensa que su obra es valiosa y que dará mucho que hablar en los círculos literarios mundiales" (sic).

El lado gravemente cómico de la realidad es que, como se decía entonces, "en el *boom* no están todos los que son ni son todos los que están". Sin duda alguna lo que queda es un paquete de grandes novelas y otras que se han caído del paquete sin que nadie se dé cuenta de ello o poco más o menos. En fin, lo de siempre, en estos casos, y lo único que hay que lamentar, hoy en que ya de todo aquello se escribe en imperfecto, son las injusticias del momento aquel. Grandes escritores se quedaron fuera de la gran foto de familia del *boom*. Aunque pensando que éste acabó "como el rosario de la aurora", a decir del crítico español Rafael Conte, sin duda muchos entre aquellos escritores que *eran pero no que no estaban* lo prefirieron así. Por decirlo de cierta manera, ya escribían como escribían desde antes de que existiese no sólo el *boom* sino la literatura misma y jamás escribieron con un solo dedo ni con el mameluco sudado ni con los demonios de 2 p.m. a 8 p.m., por ejemplo.

Estos hombres del lado cómicamente grave de la realidad son los maestros de mi tercera y espero que definitiva etapa de crianza literaria. La de la domesticación del sueño y sus alegres consecuencias. La del adiós al "ejemplo flaubertiano" y el mal trago hemingwayniano de la culpa. La del narrador oral y su tentación, su bendición y su condena en el poblado infierno de las mejores intenciones. La del escritor comprometido latinoamericano hasta la muerte y sus alrededores político-sociales y sus derivaciones claudicantes y arribistas y sus tristezas y consecuencias en mi vida hoy ya olvidadas. He hablado del Camus que creía en la justicia pero que antes defendería a su madre. Un poco como Camus, creo y he creído en muchas cosas pero he defendido antes a mis amigos. También he hablado ya de aquel Cortázar que, aplaudiendo con una sola mano Zen, me llevó hasta sus libros y me hizo descubrir al escritor que había en mí y olvidar al que, por decirlo de alguna manera, me tenía aprendido de paporreta.

Y también, por qué no decirlo, me he tomado un café o una copa con muchos disciplinadísimos escritores, precisamente en las horas en que, según declaraciones hechas a diarios o revistas, trabajaban como mulas. Y una tarde parisina de 1972, Neruda, viejo y enfermo, me consagró trabajosamente la hora de su disciplinada siesta y éste es un recuerdo imborrable, entrañable de vida que borra con sonrisa y cuenta nueva todas las declaraciones anteriormente recordadas. Hasta su muerte, el secreto de la juventud de Neruda estuvo en la curiosidad y, desde aquella memorable tarde de 1972, he creído que aquellos escritores convencidos totalmente de algo y monologantes en todo tienen muchísimo que perder. En la literatura, las grandes certidumbres, a cualquier nivel, enceguecen, ensordecen, y el mundo a nuestro alrededor se vuelve mudo e invisible. Horas ganadas se pierden y se gana mucho de las horas perdidas.

El verano pasado leí mucho y regresé a casa dispuesto exclusivamente a releer. Quería empezar por una dedicación completa a Balzac y, semanas después, unos cuarenta libros, de los más distintos orígenes y procedencias, han atraído mi atención y esperan lectura antes que Balzac. Siempre debería ser así. Siempre debería ser *antes que Balzac,* aunque llegue el día en que ya haya releído a Balzac.

Peguy se jactaba, al final de su vida, de no haber leído nada que no fuera francés. Peguy era cómodamente francés y estaba bien así para él, pero tal cosa no es posible en un escritor que, como el latinoamericano, está abierto a muchas culturas porque muchas culturas llegaron a través de los siglos hasta la puerta misma de su casa. Los escritores latinoamericanos somos escritores buenos o malos y punto, como todos los demás, pero siempre aspiraremos a la borgiana biblioteca universal que nos obligará muchas veces a sacrificar trabajosamente nuestra disciplinada siesta por culpa de la maldita curiosidad bendita.

Pero debo terminar con el asunto este del lado gravemente cómico de la realidad, para quedar definitivamente instalado en la tercera etapa de mi crianza cultural con domesticación del sueño incluida. No estaban en el *boom,* no eran del *boom* pero la suerte me llevó a ser amigo de ellos y la curiosidad a observarlos. Y hoy, con o sin *boom,* como siempre, omni-son y omni-están. Hace ya siglos, cuando la gente sudaba mamelucos, tecleaba con malabares y se endemoniaba con horario –son sólo tres ejemplos que traté, no de imitar, sino incluso de superar, con el consiguiente rotundo y ridículo fracaso–, descubrí que Julio Ramón Ribeyro era el único escritor en el mundo que escribía con un niño en los brazos y además no lo contaba. Tenía que ocuparse por entonces, muy a menudo, de Julito, su hijo, un niño aún. "Inimitable e inigualable", debió sonreírme el muy Zen de Cortázar, al oído y, una vez más en la vida, empecé a aprender, partiendo de cero pero con una sonrisa.

Sonreí otra vez cuando conocí a Augusto Monterroso, en 1974. Sólo voy a citar las palabras de un libro suyo que hace ya muchos años me escribió en una hoja de papel que coloqué para siempre al lado de mi mesa de trabajo: "Hay un mundo de escritores, de traductores, de editores, de agentes literarios, de periódicos, de revistas, de suplementos, de entrevistas, de congresos, de críticos, de invitaciones, de promociones, de libreros, de derechos de autor, de anticipos, de asociaciones, de colegios, de academias, de premios, de condecoraciones. Si algún día entras en él verás que es un mundo triste, a veces un pequeño infierno, un pequeño círculo infernal de segunda clase en el que las almas no pueden verse unas a otras entre la bruma de su propia inconsciencia".

He entrado en ese mundo, pero digamos que advertido por Augusto Monterroso. Y también, claro, queda aquel epígrafe de mi primer libro: "Hay que escribir como si uno fuera amado, como si uno fuera comprendido, y como si uno estuviera muerto". Es de Montherlant y miren ustedes por dónde aquel dinosaurio vuelve a mi memoria en su mejor forma... En fin, que no hay mal que por bien no venga, que algo queda siempre o, más simplemente, sin comentarios...

Regresé del verano listo para Balzac y para retomar una novela. A ello debía limitarme. No debía hacer absolutamente nada más. No debía moverme de casa. Terminé con cuarenta y en Cuenca, Ecuador, rodeado de escritores y amigos. En el camino había visitado a muchos más. Y un día, mientras hablaba de mis libros, de su gestación y de mi propia vida de escritor, ante un auditorio, viví la intensa satisfacción que produce un sueño domesticado. La idea y la sensación que la acompañó y que la acompaña aún me vinieron de golpe, como un gran respiro final, como un inmenso alivio. No debía angustiarme por viajar una vez más, por anteponer a los amigos a las horas de trabajo ni por andar llenando mi biblioteca de libros que no eran precisamente de Balzac. Finalmente, con las facultades perdidas o en pleno uso de ellas, la muerte tenía que llegar y algunas historias se quedarían sin contar. ¿Qué importaba entonces una historia más o una menos? Una historia antes o una después, la muerte tenía que llegar. Ya no tenía culpa alguna por haber sido un escritor frustrado o un engañabobos que se había autoengañado y que era incapaz de escribir y luego de disciplinar su disciplina como otros antes que él. ¿Para qué tanta culpa y angustia si de tantas cosas que me habían causado culpas y angustias tenían que haber brotado finalmente mis libros, buenos o malos?

Algún día iba a escribir algo sobre todo esto en un texto que se llamaría "El sueño domesticado". Por ahí tenía un libro llamado *El loro de Flaubert* y me parecía que en él había leído algo que, a lo mejor, venía al caso. El sol, en la playa del Inglés, Gran Canaria, preciosos días en un lugar soleado, y una habitación luminosa y muy confortable me cambiaron ligeramente el título: "Domesticando el sueño" me resultaba más placentero, por decirlo de alguna manera, como más reconciliatorio o algo así. Y me imagino que todo aquello tuvo mucho que ver también con la frase de Julian Barnes que escogí, entre tantas buenas: "Para un escritor, no hay mejor clase de vida que la que le ayuda a escribir los mejores libros".

El abuelo en Buenos Aires

Para escribir estas líneas he puesto uno de sus inmensos relojes de bolsillo sobre mi mesa de trabajo. Tuvo treinta y uno, porque siempre usó uno distinto cada día del mes. En fin, que al abuelo materno le gustaba eso que llamamos *las apariencias,* qué duda cabe, y treinta y un bastones tuvo y treinta y un pares de zapatos hechos a la medida, por el problema aquel de tener unos pies tan largos como trainera de regata Oxford-Cambridge y tan estrechitos como un alfiler. Le encantaba eso de ser muy flaco y tan alto y huesudo ya que por ello le llamaban El Caballero de la Triste Figura y era bueno hasta el punto de aceptar sin rencor alguno que su amigo don Felipe Barreda y Bolívar fuese bastante más alto que él, por la sencilla razón de que mi abuelo, al encontrarse en público con su amigo, no sólo se crecía ante la adversidad sino que literalmente crecía todos los centímetros que se rebajaba y encogía don Felipe hasta lograr esa mezcolanza de empate y pacto de honor de la que dan testimonio muchas fotos de aquellos años y, entre ellas, la que tengo aquí a mi lado también, junto al fabuloso Ulisse Nardin de leontina y oro, "Único Premio de Honor, Concurso Internacional de Puntualidad, Ginebra, 1876".

Yo quise con pasión y ternura a ese viejo que remaba a los ochenta años y que era capaz de cambiarse, sin que jamás nadie se diera cuenta, hasta tres dentaduras postizas en un banquete de palacio de gobierno. El tiempo le ha dado totalmente la razón en la única explicación que dio acerca de sus neuromaniáticas hazañas: "Yo siempre he tenido problemas con lo postizo". Y cuantísima razón le ha dado el tiempo al abuelo materno en otra de sus categóricas aseveraciones: "No trato de justificar mis dispendios. Sólo les aseguro que no soy lo suficientemente rico como para comprarme cosas baratas". En Francia, llevé una vez a limpiar su Ulisse Nardin, el veintiúnico entre todos sus relojes de bolsillo que ha quedado en la familia. Tras haber abierto, una tras otras, sus tapas y más tapas finísimas –parecía un libro redondo con páginas de oro–, y tras haberse asomado y hasta asombrado, el relojero montpellierino exclamó: ¡*Monsieur!*, y siguió exclamando con su acento regional que en su vida había visto joya tan magnífica y que, por ninguna razón del mundo, donde quedaban aún seres tan honrados como él, podría limpiar ese reloj sin antes pasar por un notario: "A mí me puede partir un rayo esta noche, *monsieur,* y no quiero morir con la conciencia negra de pensar que usted no ha recuperado su Ulisse Nardin". En fin, qué no pasó aquella vez en Montpellier, por haber querido yo sacar a pasear a Ulises para que me lo desempolvaran un poco.

En el reverso de la primera placa posterior de mi heredado tesoro, dice: "A don Francisco Echenique, sus compañeros del Banco de Londres y Río de la Plata, en ocasión de su enlace. Buenos Aires, 4 de mayo de 1912". He tiritado de frío, en París, he lavado platos, en Mykonos, no pude mandar una carta de amor a Lima, allá por el 65, he tenido hambre, en Italia, pero aquí sigue el reloj conmigo y a veces lo visito en su escondite y le doy cuerda mientras le cuento cómo y por qué nunca lo pude vender: "Tu dueño nunca fue lo suficientemente rico para comprarse cosas baratas", le explico con la garganta anudada y todo, mientras él me observa desdeñoso, semejante a los dioses. Después, ya para mí mismo, mientras cierro el escondite absurdo, tierno, sentimental e inútil, me voy diciendo, como quien se da ánimos: "Y tú nunca fuiste lo suficiente desalmado como para vender a tu abuelo tan querido, el de la increíble historia de por qué en Buenos Aires se enamoró de una peruana porque la oyó decir plátano, en vez de banana".

Llegué por primera vez a Buenos Aires en 1990 y, como era mi obligación y además porque lo deseaba de todo corazón, ya que es la gente más divertida y encantadora del mundo, fui a visitar a la familia de mi abuela materna. De los primos de mi edad, sólo estaba Beatrice. Sus hermanos Fernando y Miguel Ángel viven en Bariloche y en Salta, respectivamente. Laurita, su madre, viuda de mi tío carnal Guillermo Basombrío, decidió reunir a la familia, en mi honor. Beatrice se encargó de prepararlo todo porque hoy de todo aquel pasado tan sólo les queda Nanny, la gobernanta irlandesa, pero a Nanny más bien la gobiernan ellos por lo ancianita que está la pobre. De la encantadora mansión de la calle Ayacucho, hoy tan sólo quedan los encantadores parientes que se reunieron en un departamento de la calle Rodríguez Peña.

Desde ahí, Laurita, sin un solo empleado, una sola secretaria o un solo fax, administra fabulosas estancias de gente que prefiere confiar en sus ochenta y tres años (entonces) de amistad que en el mejor administrador de lo que sea. He llegado caminando desde el pésimo hotel Bauen, en la calle Callao. Como Vallejo cuando decía: "Me pongo la corbata y vivo", me he puesto mi Ulisse Nardin y he caminado loco de contento, emocionado y aleontinado, por decirlo de alguna manera que brille como mi relojazo chillandé por calles que caminó, señorón, don Francisco Echenique Bryce. Estoy en la puerta y procedo.

Y ya estoy adentro, sentado y familiar, y ya han sacado un ratito a Nanny, que se tiene que acostar temprano, para que salude al pariente peruano y se llene de recuerdos y temblor. La acuestan cuando la memoria se le va por Lima hasta su Irlanda natal y he quedado en una sala tocada por el XIX, ante una mesa baja y amplia sobre la cual

63

reposa el azafate con las empanadas y varias garrafas de vino. Lampedusa era un gatopardito al lado de lo que estoy viendo y oyendo, dulcemente acribillado por la nostalgia y el cariño. Habló, por fin, el tío Manolito.

"Era un tipo lindo, tu abuelo, pero aquí en Buenos Aires no pudo quedarse porque al final ya andaba quebrado. Con su odio por todo lo postizo, hasta interrumpió directorios de bancos para repetir aquello de que se decía plátano y no banana. Y al pobrecito el banana le caía pésimo pero diario entraba a un restaurant y, zuá, le soltaba al maître su eterno 'Tráigame usted un plátano, por favor, uno de esos que ustedes llaman banana'". La cosa acabó mal, pobre Francisco. Un día entró a una confitería con el dinero justo para un café. Pero lo descubrieron mil damitas de la sociedad y tuvo que invitarles de todo. Abrumado y sin que ellas lo notaran, siquiera, se dirigió a la caja a pagar con uno de sus famosos relojes. Y se topó con un mozo mucho más alto que él y que le dijo: "Mire, don Francisco, aquí ya todos estamos hartos de que se diga plátano y no banana, pero es usted un caballero y yo no le voy a aceptar su reloj".

Déjenme contarles yo mismo el desenlace porque, desde aquella noche con mis parientes de Buenos Aires, a mi abuelo simplemente lo adoro. Viéndolo nuevamente sentado en su mesa, el mozo mucho más alto que él le trajo un platito lleno de pesos, para que sus acompañantes creyeran que ya había pagado y que le estaban dando su vuelto. Generoso, como siempre, mi abuelito miró al mozo gigantesco y, acercándole serenamente el platito lleno de monedas, le dijo:

—Quédeselos de propina, nomás.

Martin

Mi padre no me autorizó a viajar a Inglaterra en 1957. Con la autoridad de un hombre que le desea el bien a su hijo, le paga los estudios, lo mantiene en la casa familiar, y lo mantiene también a propinas, decidió que yo era demasiado joven a los diecisiete años para saber incluso cuál era mi verdadera vocación. O sea que también eso lo decidió él por mí. Sería abogado, hombre de empresa, y, por qué no, un honorable banquero como él y mi abuelo materno. Al diablo pues con los proyectos que yo había puesto en marcha y que estaban a punto de concretarse. Y al diablo con eso de querer ser escritor en Europa y estudiar literatura en la Universidad de Cambridge. Por más que me hubiera preparado ya, y por más que mis compañeros de colegio me hubieran dado ya alguna comida de despedida, porque, como dijo uno de ellos: "Alfredo se va a Europa a estudiar para bohemio", a Europa sólo pude partir a los veinticinco años y con un título de abogado. Pero llegué a París, en 1964, y a Cambridge no llegué nunca. Como tantos otros sueños, esta universidad pertenecía a una mitología de adolescente que, por mi bien, mi padre se había encargado de mandar al baúl de las ilusiones no cumplidas.

Llevaba apenas dos meses en París y ya había empezado a preguntarme, con una nostalgia tan aguda como misteriosa, qué habría sido de mí en Inglaterra, en Cambridge, más precisamente, a partir de 1957. Y cómo habría sido mi vida desde entonces y para siempre. La nostalgia surge siempre de lo irrecuperable, pero posee al mismo tiempo una asombrosa carga de vida latente que la hace mucho más compleja que el recuerdo. Éste, en efecto, sólo puede ser bueno, malo, regular o indiferente, y, a lo más, alegre o doloroso. Pero está ahí, existe mientras no se lo trague el olvido. La nostalgia, en cambio, nos invade cuando el hecho que la motiva es irrecuperable o irremediable. O cuando fue mal vivido, vivido a medias o mal comprendido. Y, sí, yo había vivido entre 1957 y 1964. Había vivido en Lima y había estudiado en la Universidad de San Marcos. No había vivido, como en mis sueños de adolescente, en Inglaterra. Ni mucho menos había estudiado en Cambridge.

Pero en diciembre de 1964 llevaba apenas dos meses en París y, cada vez más, y cada vez más de golpe, también, la nostalgia me tendía una de sus misteriosas trampas. Mi presente parisino era invadido por una carga tan latente como irrecuperable de vida en Cambridge. Y aquello era, por decirlo de alguna manera, como preguntarme sin ton ni son quién diablos habría sido yo en inglés. Y cómo y por qué, de golpe, mi presente de estudiante en La Sorbona era invadido por el pasado inexistente, pero tan soñado, de Cambridge. Curiosamente, el resultado de esta mezcolanza determinaba mi futuro inmediato. Me ponía a leer libros de autores ingleses, me iba a ver películas británicas, tarareaba canciones anglosajonas, y, lo juro, aquel asunto de Cambridge me producía hasta un sentimentalismo británico, taquicardia en inglés, y alguna furtiva lágrima nada italiana.

O sea que al cabo de apenas dos meses en París, ya estaba de visita en Londres y camino de Cambridge. Y Cambridge, muy a su manera, también andaba camino de mí. Fue en una fiesta, recién desembarcado en Londres. No sé quién me presentó a Martin Hancock, en una fiesta. Era un hombre de mi edad, alegre, mucho más alegre que yo aquella noche. Yo conté una historia terriblemente peruana y en aquella concurrida fiesta

Martin fue el único que la entendió a fondo, como si al Perú y a mí nos conociera desde hacía muchos años. Martin fue también el único invitado que no me interrumpió, buscando alguna aclaración, o pidiéndome que repitiera algún detalle que se le había escapado. Y el único que me pidió que le contara muchas historias más, "así de peruanas", porque realmente le hacían muchísima gracia. Martin me invitó a su *pub*, al día siguiente, y me alojó en su casa de Stanhope Gardens, a mi regreso de un breve viaje a Escocia. Diariamente íbamos a su *pub*, mañana y tarde, cuando él regresaba de su oficina, y después tomábamos vino en su casa. París era el próximo destino laboral de Martin, por pura casualidad, y hacia la Ciudad Luz partimos juntos y sin que yo hubiera vuelto a sentir la necesidad de conocer físicamente Cambridge. Me bastaba con saber que Martin había estudiado ahí los mismos años en que yo... La maldita nostalgia es tan compleja y misteriosa que a mí me bastaba ahora con que él hubiera estudiado en Cambridge para recuperar lo irrecuperable y remediar lo irremediable. Y para vivir con la profunda convicción, que Martin compartía, pues la encontraba lógica, de que nuestra amistad realmente había empezado en 1957...

Tiempo después, a mi regreso de Italia y Grecia, me robaron todas mis pertenencias de estudiante en París, me quedé además sin un centavo, sin un techo, en fin, lo que se dice "en la calle", y Martin, enterado del asunto, inmediatamente me invitó a compartir su excelente departamento de Neuilly. Nos visitaron muchos ex compañeros de estudios de Martin, es cierto, pero el destino ya me había permitido tenderle una trampa a la muy tramposa nostalgia. Me habían robado todas mis pertenencias, todas las cosas que traje de mi pasado limeño y todas las que había adquirido en mi presente parisino. Pero había conocido a Martin y, a través de él, Cambridge, y el futuro nos abría las puertas de París, pero hablando en inglés día y noche.

Maggie, mi novia, entonces, llegaba de Lima dentro de pocos meses y yo le aconsejé que dejara de perfeccionar su francés porque en París, al igual que yo, iba a vivir en inglés. Lo recuerdo muy claramente. Y, en efecto, cuando ella aterrizó en París, el mundo en que yo vivía estaba integrado en su inmensa mayoría por ingleses y encabezado por el inolvidable Martin, a quien, además, ella ya conocía bastante bien a través de mis cartas. Y lo adoraba por haberme alojado, y porque, con la magia de las copas, la música, los ingleses tan locos del Harry's Bar, todos ahí recordábamos el pasado en inglés, compartíamos el presente con un buen acento de Cambridge –que a mí me salía por mímesis–, y soñábamos con un futuro al menos tan alegre y bien compartido como el presente.

Martin regresó a trabajar y vivir en Londres y yo anduve por varias ciudades del mundo. Nos visitamos cada vez que pudimos, eso sí, y nos escribimos siempre. Y mis libros empezaron a traducirse al francés, pero a Martin eso qué podía importarle. Qué podía importarle, por ejemplo, que, en *Un mundo para Julius,* mis descripciones de vivencias británicas estuvieran tan llenas de sentimiento como las de las vivencias peruanas. Martin no era un gran lector, ni mucho menos, y en todo caso habría preferido leer a su amigo Alfredo en inglés. Y yo maldecía siempre mi suerte porque ninguno de mis libros se traducía aún a ese idioma. Pero, en fin, ya llegaría el momento, y el gran Martin sería feliz con sólo ver una reseña sobre mis libros en el *London Times.* Era su periódico, como Cambridge era su universidad, y a mí me habría encantado que él viera el nombre de su viejo amigo peruano en su diario londinense. No sé cómo decirlo, pero sin duda ésta sería mi manera de agradecerle por aquella vida en inglés que empezó en 1957 y que él tanto me había ayudado a aclarar. En fin, lo aclaró tanto que ya nunca visité Cambridge para buscar allá el origen de ese misterio y lo complicado de aquella nostalgia siempre latente. Ya dije antes que Cambridge, entre 1957 y 1964, vino íntegra hacia mí en la persona de Martin, y en el preciso momento en que yo me disponía a llegar a Cambridge, por fin.

Y ahora mi vida en inglés y todo aquello han muerto bastante, aquí en Madrid, tras la llamada de Edward Idwall Jones, hace un momento, para avisarme que nuestro común amigo Martin acaba de fallecer. Martin... Fue loco y generoso, como pocos, dipsómano como nadie, creo yo, y genial como abogado, primero, y como hombre de empresa, en los últimos años de su vida. Entre copa y copa, Martin hizo una gigantesca fortuna, y la última vez que lo visité vivía con su tercera esposa en un formidable castillo, en las afueras de Londres. Se había alejado de la ciudad para no caer tanto en la tentación del *pub*, pero ello no le impedía, por supuesto, haber escogido, para comprar y vivir, un castillo que prácticamente tenía el *pub* del pueblo a tiro de piedra de su puerta principal. Martin me atendió como a un rey, durante aquella visita, y comimos siempre con los más grandes vinos franceses que he bebido jamás. Y, como si nada, me contó que estaba a punto de separarse de su tercera esposa y que, sin duda alguna, ese divorcio le iba a costar un riñón y parte del otro. A él, sin embargo, aquel asunto parecía no inquietarlo en lo más mínimo. Y, con lo loco, bueno y generoso que fue siempre, Martin soltó todo el dinero que le reclamó su tercera esposa, y, al poco tiempo, se casó por cuarta vez, con una muchacha colombiana llamada Alicia Perea.

Martin odiaba viajar, pero en esa oportunidad no paró hasta llegar a Bogotá, aunque en realidad con la secreta intención de volar hasta la frontera entre Perú y

Colombia, no bien hubiesen concluido las visitas proto-colares a la familia de su flamante esposa. Martin me escribió por primera vez con palabras en castellano, por aquellos días, aunque muy británicamente añadía, junto al abrazo de despedida, que le había bastado con echarle un vistazo al Perú (en plena selva amazónica, nada menos), para sentirlo *so very familiar.* Pocos meses después llamó Alicia para dejarme el nuevo número de teléfono de la pareja, en Londres. Yo no estaba en casa y el número quedó grabado en el contestador automático, pero, por más que llamé y llamé, lo único que logré comprobar fue que en mi contestador había quedado grabado un número equivocado. Y no tenía la nueva dirección. Pero el asunto no era tan grave porque Martin tenía mi dirección y ya me escribiría o me volvería a llamar, al ver que el tiempo pasaba y yo no daba señales de vida.

El asunto, sin embargo, resultó grave, mucho más grave de lo que yo hubiera podido imaginar, entonces. Y, algún tiempo después, Edward Idwall Jones, uno de nuestros viejos compañeros de Cambridge, formidable alcohólico que jamás tomaba una copa, por precaución, y compañero también de París *and all that,* me llamó desde Londres.

—Temo mucho decirte, querido Alfredo, que hace ya algún tiempo que nuestro amigo Martin estaba teniendo algunos problemillas con el cáncer... Y temo mucho decirte, también, que hace algunas horas que murió...

En fin, el intraducible y siempre añorado inglés de mis años en inglés. Edward Idwall Jones le pasó el teléfono a la esposa de Martin y ella me contó nuevamente aquello de la visita a la frontera de mi país y cómo, un día, al pasar ante una librería de Bogotá, Martin sucumbió a una trampa de la nostalgia y, con su incipiente castellano a cuestas, le pidió a la vendedora todos los libros míos que tuviera disponibles en ese momento. Añadió la

70

esposa de Martin que, todas las noches, cuando se tomaban sus habituales copichuelas, mi nombre volvía a mezclarse con los viejos tiempos, y que él alzó siempre su copa para brindar por mí, hasta el último día... Le aclaré lo del teléfono, explicándole que por eso no había podido llamar a Martin, hacía tiempo, pero ya no me atreví a contarle que tenía una novela recién traducida al inglés y que estaba esperando saber de él para enviársela. Finalmente, a ese gran amigo le debía, y le debo, el único triunfo que conozco sobre la complejísima e irrecuperable nostalgia. Martin, ese amigo tan caótico como genial, ese amigo tan distinto a mí, me aclaró la nebulosa noche de todos los años transcurridos entre 1957 y 1964. Hizo realidad mis sueños más queridos de adolescencia. Claro que, también él, terminó echándole una mirada al Perú y encontrándolo *so very familiar*. Y claro que, tras el añorado inglés que hablé hace apenas un rato con Edward Idwall Jones, también yo he muerto bastante, aquí en Madrid, esta patética tarde de domingo.

El último adiós de Françoise C.

Pasaron ya quince años desde que dejé París. He regresado pocas veces y por pocos días y, en más de una oportunidad, con distintos estados de ánimo, he recorrido la calles en que viví, curiosamente situadas todas ellas en los alrededores de la place de la Contrescarpe. Desde la *chambre de bonne* hasta el departamento que tantos amigos me envidiaron (digamos que tenía una excelente relación calidad-espacio-precio-situación), en la calle Amyot. He querido sentirme, más que imaginarme, metido cuerpo y alma, en cada una de esas viviendas, con el amigo o el pariente querido que alguna vez alojé, que durmió en el suelo o en un cómodo diván; y he querido, sobre todo, sentirme acompañado por las mujeres que por aquellas viviendas pasaron, se quedaron, se marcharon, y que algún día amé y hasta hoy son casi todas buenas o excelentes amigas. Pero nada ha pasado. No ha habido un olor, un color de cielo, una temperatura, no, no ha habido absolutamente nada; no ha habido tiempo perdido, ni siquiera ido; tampoco, por supuesto, recuperado.

Tanta indiferencia, tanta "neutralidad", ¿a qué se debe?, cuando uno ha amado y odiado París y en París, cuando uno ha vivido lustros y lustres ahí y ha tenido con ella la misma relación de aflicción que con su propia ciudad natal. La primera explicación, la más coherente y lógica, es que al viajero que soy le interesa cada día más la geografía humana y cada día menos el paisaje que no es del alma. Fácil resulta deducir, entonces, que, en mis retornos a París, las grandes alegrías las vivo al entrar en la casa de los grandes amigos que allí dejé y que poca alegría o ninguna siento al patear las calles en que habité.

Pero hay una segunda explicación, más compleja ésta, y es que no me gusta aproximarme a los lugares en que no viví con Françoise C. Y que estos lugares pudieron ser todas las viviendas que ocupé en Francia y en el mundo entero, a partir de 1972, es algo que sólo entendí una noche de 1994, en el restaurant La Colombe, situado en la calle del mismo nombre, no muy lejos de aquel Sena de incesantes aguas bajo los muelles del tiempo irrecuperable. Le rendía culto, aquella noche en La Colombe, a la muchacha que allí me citaba clandestinamente, aunque la verdad es que le rendía culto también al excelente *tournedos* que con ella comí siempre, con música de fondo época *François I* Hasta a aquella música de fondo le estaba rindiendo culto cuando, de pronto, el tiempo subjetivo se me convirtió en una suerte de chicle proustiano y el corazón se me llenó de intermitencias y me supo pésimo el *tournedos* y se estancaron malolientes las aguas de ese río sin puentes llamado Sena.

De golpe y porrazo, aquella noche de La Colombe, se bifurcó un sendero en el jardín putrefacto del más imperfecto de mis pasados. Por aquel lodazal caminaba linda, dieciséis años, y todo aquello que ni en sueños puede ya ser, ni siquiera haber sido, creí yo, en ese instante inagotable, torturándome, rechazando el *tournedos,* más linda aún caminaba, érase una vez, Françoise C., embelesándome con lo que entonces tenía de escolar y de Botticelli. La conocí y entré en su casa y fui amado hasta por su padre y su madre, por más que yo le doblara la edad con que iba ella todavía al colegio... Y te esperaba en la salida, colegiala Françoise... Pero, ¿cómo se llamaba aquella zona tan campestre que recorríamos desde tu escuela hasta la casa de tus padres, la casita blanca, luminosa, de cuidados jardines, en que tomábamos con tus padres una

73

suerte de *tea for two* ante una chimenea de amor, y, un poquito más tarde, el whisky para Alfredo, el joven escritor peruano...? *Never more, jamais plus, mai più,* nunca más... Y de golpe y porrazo, también, estaba odiando, copa de borgoña en mano y furtiva lágrima, a la muchacha del culto en La Colombe. La estaba odiando retrospectiva y ferozmente, con las aguas del Sena corriendo fétidas hacia atrás, ahora, y estancándose en la tarde de mi casa, 8 bis, rue Amyot, en que la muchacha del culto te encontró sentada en mi diván, amada y bifurcada Françoise, chiquilla enamorada, de padres cariñosos ante la chimenea, aquel invierno del 72. En todas mis calles habrías caminado y seguirías caminando, me aseguraba la sabiduría del borgoña y la música de fondo de toda una vida parisina y La Colombe. Y en todas mis casas habrías vivido. En cambio, *"la femme tournedos",* la que te aplastó, la que te hizo picadillo, la que te devoró en mi corazón, la que te envió por un sendero que jamás intenté recorrer en tu defensa, canalla de mí, ésa sí que me abandonó, y detestables fueron sus padres conmigo.

Dicen que fue la mujer que más me amó en mi vida. Que yo sólo fui un juguete en su vida, contradicen. Sucedió en París, a veces como en un tango, otras como en una carcajada, otras fue mueca amarga, después fue culto y *tournedos* y música época *François I* Más tarde he sido ese caminante indiferente y neutro de las calles en que habité sin la muchacha escolar y sin la mujer amada que, por una sola intermitencia del corazón, más una trampa de la nostalgia y aquella luz que se dio en las tinieblas de mi memoria, un instante, fue instantáneamente odiada. Y luego el tiempo, otra vez, y la fidelidad a una parte de aquellos años, o a lo que queda de aquel París. En fin, como dijo Borges: "Mi relato será fiel a la realidad o, en todo caso, a mi recuerdo personal de la realidad, lo cual es lo mismo".

Mykonos, otoño de 1965

Por entonces, a aquella isla aún no descubierta por el turismo, ni por turista alguno –puesto que yo era más bien una suerte de despistado total o de habitante precario–, por entonces, me parece recordar, tan sólo llegaba un barco de pasajeros al mes. Yo había aparecido por ahí unas semanas antes, procedente de la ciudad de Perugia, en la que había pasado varios meses estudiando lengua y literatura italianas y escribiendo algo por primera vez en mi vida. Me había enamorado de aquella ciudad italiana y estaba decidido a volver y establecerme ahí. Lo que me faltaba era trabajo y dinero para hacerlo, por supuesto, y por ello había aceptado la propuesta de un gringo loco de irme a trabajar en la discoteca que acababa de abrir en Mykonos, porque, según decía él, "los turistas estaban al caer" en aquella paradisíaca isla en la que incluso se venía anunciando la primera visita de los reyes de Grecia, para quitarse de encima la vergüenza de ni siquiera conocer entera la geografía de su país. Constantino, el rey, y su esposa, agregaba mi amigo norteamericano, eran como una avanzadilla de lo que vendría después, ya que por todas partes y en toda la prensa se hablaba y se hablaría de esa visita como de un nuevo descubrimiento de aquella isla tan maravillosa como olvidada, pero a la cual muy pronto se le haría justicia. Y justicia, en este caso, según mi amigo, quería decir que en menos de lo que canta un gallo la isla se habría llenado de turistas, de hoteles, de casinos y restaurantes, y que, por consiguiente, su discoteca, que era la primera de todas, la más auténtica –en ella bailaban cada noche los propios marineros de Mykonos–, y esto sí que atraía al turismo y con él las copas y el dinero para cerrar una caja llena cada noche. El tipo me convenció. Un par de años trabajando en su prometedora discoteca y ya podría volver yo a mi querida Perugia.

Y ahí llevaba ya un tiempito, trapeando, lavando copas, sirviendo copas, ofreciendo copas, volviendo a lavar y a barrer, y haciendo hasta de muy primitivo *disc-jockey*, cuando una noche vi que tres uniformados de anteojos, patillas y bigotes negros ingresaban a la discoteca, todo dentro de un ambiente algo *Casablanca*, aunque bastante más tirado y barato y sin historia de amor ninguna. Y, tras una breve conversación en voz muy baja con el gringo propietario, me clavaban sus anteojos asesinos al tiempo que dirigían sus autorizados y autoritarios pasos hacia mí.

—Deje la copa en su sitio –me dijo uno de ellos...

Eran tres, pero actuaban como si fueran seis contra uno.

—Sólo estoy terminando de secarla.

—Le he dicho que deje esa copa en su sitio.

—No suelo llevármelas al cuarto en que vivo –le respondí, entre la indignación y la sorna–; el cuarto es tan chiquito que ni siquiera encontraría dónde esconderla.

—¡Ya deje la copa en su sitio, oiga usted! –me dijo, amenazante, el jefe del trío que parecía sexteto.

—Acabo de hacerlo, capitán –le obedecí, sonriéndole más bien odio que ironía, y dejando lo más lentamente que pude la maldita copa sobre la barra.

—Sus papeles.

—En mi cuartito.

—¿Y por qué no los lleva con usted?

—Para qué. Nadie que yo conozca en esta isla lleva papel alguno consigo. Aquí todos nos conocemos.

—Sí, pero usted es peruano.

—¿Y eso qué tiene de malo?

—Pues todo. Ser peruano tiene todo de malo, en Mykonos, ¿no lo sabía?

—La verdad, no. Ni se me había ocurrido, siquiera.

—Pues sí. Tiene todo de malo, oiga usted.

—¿Y se puede saber por qué?

—Pues porque hay un solo peruano en toda la isla y
eso ya es bastante sospechoso.

—¿Y se puede saber por qué?

—Pues porque vienen sus majestades los reyes y un
solo peruano en toda una isla crea inseguridad, inquieta,
resulta sospechoso.

—Pues que no vengan sus majestades.

—Este tipo es peligroso –le dijo un policía al otro.

—Ya lo creo. Y es sospechoso.

—Y más aún: crea inseguridad.

—Inestabilidad.

—Desestabilidad.

Francamente no me lo podía creer, o sea que llamé al
gringo propietario de la discoteca, que tan bien se llevaba siempre con todo el mundo en la isla, para que diera
buena cuenta de mis antecedentes y me sacara de tan estúpida situación. Y hasta recuerdo que, recurriendo al
inglés, eso sí, le dije que estos tres cretinos me estaban
metiendo en el más estúpido y absurdo de los embrollos.

—Por favor, Frank –le dije–, explícales tú quién soy.

Frank les dijo que estaba muy satisfecho con mi trabajo, y que yo le había contado que era escritor y que era
peruano, y que había aceptado la propuesta que él me hizo en Perugia de venirme a Mykonos y ahorrar dinero para regresar a Italia y continuar escribiendo. Un par de
años trabajando de hombre orquesta en su discoteca y el
honrado amigo peruano podría abandonar Mykonos.

—Imposible –dijo uno de los tipos esos, agregando–:
No tiene más remedio que abandonar la isla cuanto antes.
Si hubiera otros peruanos, o por lo menos uno más, las

cosas cambiarían, qué duda cabe. Pero se trata de un peruano solo y eso crea inseguridad, suspicacias, sospechas...

—E inestabilidad –completó otro.

—Maldita sea –les dijo Frank, con un tono abiertamente burlón–; yo lo único que puedo decirles acerca de este pobre peruano solitario es que realmente vale por dos, ¿ah? Por dos peruanos. Este peruano son dos peruanos, ¿ah?

—Te estás pasando, Frank.

—¿Y qué van a hacer? ¿Se lo van a llevar? ¿Lo van a arrojar al mar? En todo caso recuerden que el próximo barco llega dentro de tres días y no debe irse antes de una semana.

—Tenemos una lancha guardacostas.

—¿Y?

—Y el resto se decide en la comandancia, no bien cierres la discoteca. Nosotros tres esperamos afuera, para que la gente no se haga ideas falsas y se ponga a hablar estupideces. Tú cierra a tu hora de siempre, Frank, y que el peruano lave y limpie como siempre. Y cuando los dos acaben nos lo llevamos a él.

—Maldita sea. ¿Y si yo fuera el único norteamericano que hay en la isla?

—Le harías compañía al único peruano, por supuesto. Pero ya hay como doscientos norteamericanos en la isla.

—Yo siempre dije que el turismo acabaría por llegar. ¿Y ya ven?

—Mala pata la de este pobre peruano, Frank, pero te juro que hemos peinado la isla y no hay otro más.

—Y eso crea inestabilidad, en vísperas de la visita de los monarcas.

—Pero, ¿qué van a hacer con él? ¿Y por qué diablos crea inestabilidad?

—Porque es sólo uno, Frank, y eso resulta particularmente extraño y sospechoso la víspera de una visita real.

—Miren, amigos... Por última vez, este muchacho se llama Alfredo Bryce Echenique, cumple a la perfección con todas sus obligaciones en la discoteca, y en sus horas libres nada, lee, escribe, camina y duerme. Ahora, por favor, explíquenme cómo diablos puede eso crear nada, y menos que nada, inestabilidad. ¡I-nes-ta-bi-li-dad! ¡Me pueden ustedes explicar, señores...!

—Eso se verá en la comandancia, no bien cierres la discoteca y recojamos el pasaporte de éste en la pensión en que vive. Si quieres nos acompañas y te enteras de todo, Frank.

—Maldita sea...

—Es que ser el único peruano que hay en Mykonos crea un ambiente de inseguridad, ¿qué más quieres que te diga, Frank?

—Y crea sospechas...

—Inestabilidad...

Recogimos mi pasaporte, en mi mísera pensión, y en la comandancia me dieron una de las mejores noticias que me habían dado en toda mi vida. La verdad, en el cielo Kafka debía estar partiéndose de risa. Me deportaban brevemente. Así, tal como suena. Me deportaban, y brevemente. Como Alfredo Bryce Echenique, de nacionalidad peruana, con pasaporte número tanto, expedido en Lima, Perú, en tal fecha y válido hasta tal otra fecha, y así etcétera, etcétera, era el único peruano que los servicios de Seguridad del Estado griego habían encontrado en todo Mykonos, en vísperas de la visita de sus majestades, se optaba por una breve deportación de dicho sujeto a la ciudad de Atenas, donde se alojaría en una suite del hotel Atenas Hilton, por expreso deseo de sus majestades, quienes, sin duda alguna, habían encontrado todo este asunto de una comicidad sin par, y que el pobre peruano, inocentísimo como parece que había revelado ser, qué menos se merecía que unas buenas vacaciones

79

pagadas por la propia Corona, en consideración no sólo de su total carencia de culpa, de su pésima suerte, y del susto que se había pegado, el pobre; en fin, qué menos que un buen hotel para ese pobre diablo, y, también, claro, por si el asunto trascendía, que trascendiera asimismo la magnanimidad y la bonhomía del joven rey Constantino, y la de la reina, también, por supuesto.

Por un error burocrático, sin duda alguna, y cuya responsabilidad se debía a la inefable Seguridad del Estado, pasado un tiempo de la visita de sus majestades reales a la isla de Mykonos, el único peruano que hubo en esa isla aquel otoño de 1965 se convirtió en el único huésped que se pasó cuatro meses en una suite del Atenas Hilton, escribiendo, engordando y disfrutando de la hospitalidad real. Además, mi muy generosa "bolsa de viaje", unida al hecho de que en ese hotel no me cobraron jamás nada, me permitió ahorrar lo suficiente para pasar otra larga temporada en Perugia, visitar media Italia, alojarme palaciegamente con una chica en Venecia, y retornar atrasadísimo a un compromiso parisino.

Nunca te dejes perdonar un año y medio de atraso a la cita que hiciste, desde Lima, para encontrarse ella y tú en París. Esa entrañable y generosa muchacha no tarda en convertirse en tu adorable y acreedora esposa.

Mi amigo Conrado

Como tantos cubanos, mi amigo Conrado pensó siempre que para qué tanto socialismo si lo que realmente importa en la vida es el socio*lismo, palabra mágica que también quiere decir amigo y hermano, y que aplicó siempre conmigo, allá en La Habana de los ochenta, sacándome de mil embrollos y consiguiéndome todo aquello que en Cuba jamás nadie puede encontrar.

—Eso no existe, Alfredo —solía decirme, pero sólo para agregar inmediatamente después—: No existe, mi socio, pero yo te lo consigo.

Y Conrado encontraba una aguja en un pajar, en menos de lo que canta un gallo.

Cubanísimo y patriota cien por ciento, Conrado ama la vida tanto como a La China, su esposa, y a sus hijos Michel y Giselle, que nunca supe de dónde sacaron esos nombres, ya que La China es bastante china y algo más, pero nada francés, y él, tremendo guajiro. Conrado, el hombre más dotado del mundo para enderezar entuertos, arreglar cuanto automóvil, motocicleta, reloj, encendedor —o lo que sea— malogrados o inservibles aparecen en su camino, el más grande encantador de serpientes burocráticas, en fin, el mayor *desobstaculizador* del mundo, es un hombre grande y fuerte y luce un bigote "Pancho Villa" que en su momento hizo temblar al propio Pinochet, de visita en Cuba allá por los sesenta, muy militarote él, cuando derramó a propósito un vaso de ron sobre el único pantalón limpio de mi socio y éste se lo mandó lavar y planchar *express* y con sus propias manos, ante las barbas del propio Fidel. También el Comandante se achicó ante mi socio una noche en que yo creí que me lo mandaban al paredón y todo. Fue por un asunto de ropa, también. ¡Dios mío! ¡Para qué le dijo Fidel a mi socio que no andaba lo suficiente bien trajeado para aquella ocasión *jet set,* en casa de un ministro del régimen, nada menos! Conrado se puso de pie, con ese bigote suyo con más pelos que la entera barbazón del Comandante, y que, según afirma él mismo, ufanísimo, llevó al propio Sartre a escribir que "Un hombre sin bigote es como un huevo sin sal". (Conrado ignora el resto de la obra sartreana, de pe a pa, lo cual no impide que Sartre siga siendo su socio, y un genio, por siempre jamás). ¡Para qué le dijo nada Fidel, Dios mío!

Conrado le espetó que ni él ni su China ni sus hijos Michel y Giselle le debían absolutamente nada a la revolución, que su casa se la había construido solita su alma, con sangre, sudor, ron, y puros de fabricación casera, que él de socialismo nada y de sociolismo todo, ídem que de patriotismo, y remató su faena con una frase que a mí literalmente me lanzó en busca de García Márquez, tan generoso siempre para interceder ante el Comandante en casos de vida o muerte. Pero el gran Gabo, que hasta hace un instante había estado ahí, sin duda había puesto los pies en polvorosa para no tener que asistir a lo que sólo podía desembocar en un fusilamiento inmediato. Y confieso que también yo estuve a punto de picármelas detrás suyo, pero la verdad es que la frase de mi socio había sido tan acertada que valía la pena exponerse a lo que fuera para seguir oyendo el eco. Y hasta el día de hoy sigo oyendo al bigote machísimo de Conrado decir:

—¿Sabe usted lo que es tener fe en la revolución, Comandante? ¡Coño! Tener fe en la revolución es tener un pariente o un socio en el extranjero.

Increíblemente, Troya no ardió aquella noche y yo creo que esto se debió a que hasta el propio Fidel se quedó paralizado ante el coraje del pueblo cubano, encarnado esa noche por un simple guajiro llamado Conrado. Lo cierto es que al día siguiente el gran Conrado ya estaba haciendo otra vez de las suyas, y siempre por ayudarme a mí. Recuerdo, por ejemplo, aquella urgente llamada que necesité hacer a Madrid y que jamás habría *entrado*, pues era total la inoperancia y vagancia de la operadora del hotel en que me alojaba. Sin embargo, a mi socio le tomó un instante enamorar a aquella mujer, de teléfono a teléfono, con argumentos tan sencillos como una promesa de matrimonio, aunque, eso sí, hecha con toda la gracia y salero y bigote del mundo. En un instante *entró* la llamada y pude por fin comunicarme con Madrid, pero ahí no terminó todo. Yo acababa de colgar cuando Conrado volvió a levantar el auricular, esta vez para sugerirle a la operadora una serie de lugares paradisíacos para la inminente luna de miel, para *hacérselos vivir*, literalmente, con la dulzura de sus palabras de amor bañadas en daiquiris y echaditas en una hamaca bajo el sol y la luna del Caribe, al mismo tiempo, ¿o no, mi *amó?*, todo a cambio de un *favocito má, y es que tú, mi negra, me pases la cuenta de esta llamada a La Casa de las Américas, poque aquí mi socio peruano...* Con un millón de dólares yo no habría conseguido absolutamente nada.

Pero en la vida suceden cosas increíbles, absolutamente inimaginables, y en el fondo profundamente lógicas. Y es así que en 1992 invité a Conrado a Madrid y mi socio, de ser el hombre con mayores recursos para enfrentarlo y arreglarlo todo en este valle de lágrimas, o más bien en ése, pues me estoy refiriendo a Cuba, pasó a ser un niño, un niño con antojos de niño y alma también de niño.

—¿Qué te provoca hacer hoy, Conrado? —le preguntaba yo, cada mañana, a este hermano que tanto y tanto me había ayudado en Cuba, en lo más nimio y en lo más importante.

—Hermano —me respondía él— llévame a ver embotellamientos.

Y casi todas las tardes tenía que llevarlo yo a la Gran Vía, más o menos entre las cinco y las siete. Era lógico. El hombre estaba acostumbrado a los automóviles cincuentones y desvencijados que circulan por las calles de La Habana y realmente era feliz contemplando todo tipo de vehículos de último modelo. Y a la mañana siguiente quedaba fascinado porque le conseguía una motocicleta para que la manejara con un casco en la cabeza. Una motocicleta nueva y con casco. Un casco con una motocicleta nueva.

Conrado en el país de las maravillas.

Y maravillado viajó por Córdoba, Sevilla, Huelva, Cádiz, metiéndose a la gente al bolsillo con su simpatía natural y su sobrenatural deslumbramiento. Dicho sea de paso, arregló todo lo que hubiese que arreglar en todas las casas por donde fue pasando. Lo que en España se llama un manitas, un *bricoleur* hecho y derecho, como debe serlo todo cubano que vive o ha tenido que vivir en la Cuba de Fidel.

El niño Conrado fue tan regalado que, al final de su estadía en España, había acumulado sesenta y siete siete kilos de exceso de equipaje. Me partía el alma que llegara el día de su regreso a La Habana y tuviera que dejar tantas cosas indispensables para él y su familia. Pero esto no lo inquietaba en absoluto: claro, iba a regresar en un vuelo de Cubana de Aviación y en el aeropuerto el personal de tierra era todo cubano. Verlo llegar a Barajas, verlo acercarse al mostrador de su línea aérea y verlo recuperar su edad adulta fueron cosa de un instante. El inmenso equipaje de mi socio se bañó en daiquiris y gardenias, en palabras dulces y sonrisas de envidiable coquetería, y fue facturado íntegro y gratis. Mi socio había renacido y más bien era el socio madrileño el que ahora contemplaba todo aquello con ojos de menor de edad.

Pero mi socio siempre me volverá a sorprender, siempre me hará reír de nuevo, y siempre será capaz de conmoverme, de tocarme el llanto y la risa con las cosas esas

84

de su inconmensurable cubanidad a toda prueba. La última ha sido el feroz atropello del que fue víctima mientras, una noche, buscaba comida para llevar a casa, en su motocicleta antediluviana, aquel cachivache de moto con sidecar que él conservó siempre impecable y que guardaba como su gran capital, ante una emergencia. Un turista italiano, absolutamente borracho, lo arrasó. Han sido meses de hospital, de ayudas de amigos, de socios inquietos y envíos de los productos más increíbles, pero indispensables para su recuperación.

Pero no voy a esto, porque hoy Conrado galopa de nuevo y hasta ha regresado a España, estando yo ya en el Perú. A lo que voy es a una llamada que le hice para saber si aquel turista italiano había tenido al menos el gesto de visitarlo en el hospital y ofrecerle una ayuda, en los días siguientes al accidente, en los momentos graves, duros y dolorosos. Yo sabía que el italiano había salido ileso de un automóvil alquilado y que iba en compañía de una formidable jinetera de raza negra total y bellísimos e inmensos ojos azules. Yo sabía incluso que el italiano se había prendado de esa mujer y deseaba llevársela con él a Roma.

—Pero dime, Conrado, ¿ese hombre te visitó, siquiera?, ¿te ayudó?, ¿te indemnizó?

—Él trató, mi hermano. Sí, sí quiso ayudarme. Pero yo no podía aceptarle. Ese hombre a mí me daba mucha pena, ¿sabes, mi socio? ¿Tú te imaginas lo cara que le iba a salir esa hembra, allá en Italia, así tan negra y escultural y con esos ojazos azules? ¿La cantidad de cuernos que le iba a poner...? No, mi hermano, no hubiera sido correcto de mi parte... Ese hombre necesitaba mucho mucho dinero, mi socio. Porque tú no te imaginas la calidad de prostituta que el pobre se estaba llevando pa' Italia...

Todo esto lo decía una persona a la que le quedaban pocos huesos sin yeso, de pies a cabeza. Ah... Mi hermano... Mi socio... Mi amigo Conrado.

La voz a usted debida

Corrían felices y despreocupados para los limeños de las clases A y B los años cincuenta –los apachurrantes años cincuenta, como se les dio en llamar–, en palacio de gobierno habitaba por segunda vez don Manuel Prado y Ugarteche, alias El teniente seductor, nuestro afrancesado presidente, el equipo peruano de fútbol –siempre bastante falto de físico, debido a su pertenencia a las clases C y D, de muy mal y muy poco comer–, le había ganado con golazo casi de media cancha al nada menos que mundial Brasil, en el campeonato sudamericano jugado en Lima, y el vicepresidente USA Nixon, en triunfal gira del imperialismo yanqui por su patio trasero, se acababa de quedar con los crespos hechos en la puerta de la cuatricentenaria Universidad Nacional Mayor de San Marcos, donde el estudiantado perteneciente a las clases C, y, a veces, hasta D –o sea el de izquierda–, ametralló guerrilleramente a escupitajos al *Yankee go home* ese, impidiendo que se llevara a Washington un doctorado honoris causa, para nuestro deshonor patrio de izquierda. Digamos pues que en los apachurrantes años cincuenta, las clases A y B continuaron participando de nacimiento en el festín de la vida, que ambas incluso bailaron un poquito sodo-gomorramente el mambo de Pérez Prado, creador y rey de aquel diabólico ritmo afrocubano, que a Lima llegó con toda su orquesta y con los auspicios de la Coca-Cola, la pausa que refresca, y fue ipso facto excomulgado por nuestro cusqueño e inquisitorial cardenal primado monseñor Juan Gualberto Guevara (nada que ver, por cierto, con el otro Guevara, el alias Che, que no tardaba en aparecer a finales de la década de los cincuenta, vía Sierra Maestra y Cuba y Fidel y Batista) y que también estas clases A y B siguieron domina que te domina el Perú entero y exporta que te exporta nuestras riquezas, de la manera más vendepatria que darse pueda, a decir de las izquierdizantes clases C y D, aunque sin incluir en ellas a futbolistas como los que le ganaron con hazaña al mundial Brasil, porque ya empezaban a ser profesionales y a cobrar buen billete y eso aliena, según el vocabulario marxista también de las clases C y D, de la Confederación General de Trabajadores y del Partido Comunista del Perú, escindido o no.

Las clases A y B, pues, nos dieron siempre vergonzoso despilfarro patrio, mientras que las C y D salvaban a cada rato –como cuando lo de Nixon escupido, por ejemplo– la dignidad nacional. Y los futbolistas, alienados o no, se encargaban más bien de la felicidad peruana y de traer de vez en cuando algún laurel para las páginas casi en blanco del deporte nacional.

Resumiendo, ahora. A favor de los apachurrantes años cincuenta se podría decir que, a diferencia de lo que ocurre en el Perú, desde hace unas tres décadas –y salta a la vista, hoy, y también nos asalta en plena ciudad, en plena calle y casi en cada semáforo, ayer, hoy, y mañana– las clases sociales se limitaban a ser cuatro, o sea A, B, C y D, mientras que hoy tenemos ya clases sociales E y F, que serían incluso clases antisociales, más bien, y cuyo comportamiento, en todo caso, no es ya ni siquiera de clase sino de lumpen. Su panorama vital es el hambre y la miseria y su existencia una prueba más del fracaso del Estado nacional y de que hubo un momento, sí, en que el Perú se había jodido, como piensa Zavalita, en *Conversación en la catedral*, la célebre novela de Mario Vargas Llosa sobre una buena parte de los años cincuenta, precisamente. Lima era el Perú, entonces, y en buena medida lo sigue siendo hoy, todavía. O sea pues que poco o nada hay que decir a favor o en contra del Perú de los años cincuenta, en este aspecto. Porque entonces y ahora, hablar del Perú mencionando sólo a Lima y dejando de lado al resto del país, ha sido, creo yo, la única forma de serle fiel a la deforme realidad.

Pero, bueno, ya que me he acercado a la literatura, al mencionar una novela de Mario Vargas Llosa, voy a aprovechar para coger el toro por las astas y empezar a recordar todo lo fielmente posible lo que para mí fue la escena literaria nacional, o sea la limeña, entonces. Yo estudiaba Letras, especialidad de literatura –contra los consabidos deseos de mi padre, al que sin embargo le cerraba boca estudiando también Derecho, para tranquilidad de todos, empezando por mí–, y ya había podido constatar en los patios de la cuatricentenaria Universidad Nacional de San Marcos –la del pueblo unido nunca será vencido, la de los patios y las fuentes y estudiantes de las clases C y D, de Lima, más los feísimos de las clases B, C y D, de provincias–, y la primera gran conclusión a la que había llegado es que entonces era prácticamente requisito sine qua non no pisar jamás un aula de clases ni seguir curso alguno ni estudiar tampoco asignatura alguna, para poder ser poeta o escritor peruano. En cambio, en el café Salón Blanco, de día, y en el bar Palermo, de noche, se juntaba casi íntegro el entonces futuro de la poesía y narrativa del país. El poeta César Calvo, con el que hice buena amistad por aquellos días, fue el único que se dignó dirigirme la palabra, pero para mí aquello fue un contacto del tercer tipo, más bien, ya que por lo general yo me limitaba a asistir muy puntualmente a mis clases en aquellos patios y apenas me atrevía a mirar de soslayo a esos seres deslumbrantes y misteriosos, a la vez. Llegaban hacia el medio día, porque la literatura, en general, y la poesía, en particular, no eran muy madrugadoras que digamos, más bien lo contrario. Y llegaban con bufandas y andares de pereza congénita, e incluso había algún abrigo, me imagino que para que Lima pareciera Buenos Aires o París. En fin, llegaban cansinos y poéticos y más bien feos y se reunían en las pilas que adornaban esos patios sanmarquinos y ahí hablaban horas y horas quedamente, como si conversaran en verso o con militantes códigos secretos antiinfiltrados, porque, eso sí, todos ahí eran de rotunda izquierda, aunque escindida y con desviacionismo individualista pequeñoburgués, debido sin duda alguna a un bohemio y agravado noctambulismo cervecero en el bar Palermo. La verdad, esto último no es más que un juicio de valor, o más bien de muerte y paredón a la cubana, extraído por mi memoria de los anales del marxismo criollo peruano de mediados del siglo XX. Aplicable, pues, a los poetas y novelistas en flor, de entonces, tan años cincuenta. De entre ellos salió César Calvo, que ya por entonces era el poeta joven del Perú, con premio y todo, y que lo siguió siendo, creo yo, hasta bien entrada la década de los setenta. Me dirigió la palabra por dos razones totalmente contradictorias y que yo acepté por necesidad vital y porque siempre he creído a fondo en la incoherencia de los seres humanos. César Calvo me dirigió la palabra porque sin duda le apenaba mi soledad silenciosa y tan puntual por aquellos patios y también porque a través de mí podía acceder a todo un sector A y B de las musas que sus orígenes sociales D le tenían hasta entonces vetado. También él, valgan verdades, podía alcahuetearme el camino hacia alguna dimensión desconocida de las musas, pero en sentido contrario, digamos. Por lo demás, César Calvo nunca jamás puso pie en un salón de clases sanmarquino.

Yo, en cambio, era un puntual asistente a cuanta clase de Letras o de Derecho me tocara. Y en casa, mientras tanto, mi padre no cesaba de expresar sus caricaturescas opiniones sobre los escritores en general. Eran borrachos, tísicos, siniestros, rateros, vagos y comunistas. Yo jamás le mencioné a escritor alguno de los que me daban clases en San Marcos o de los que, como César Calvo, frecuentaban los patios y las fuentes de la Facultad de Letras. Mucho menos le mencioné mi sincera amistad de entonces con este último. Y callé por completo la terrible mañana en que el doctor Alberto Escobar, extraordinario como profesor y como persona, me dijo en qué cafetín del centro de Lima podía yo ver con mis propios ojos al mítico poeta Martín Adán, que escribía versos sin par en servilletas de papel, sentado en oscuros rincones, bebiendo oscuros ajenjos nacionales, matándose en vida por todos nosotros. El doctor Escobar había dictado horas de clases magistrales sobre la poesía de Martín Adán y, cuando terminó, le expresé mi deseo de conocer al poeta. No debí ir jamás, creo yo. Entrar en aquel antro y ver a aquel pobre hombre fue darle en la yema del gusto a mi padre. Aunque, claro, yo jamás se lo conté.

Tampoco le conté, por supuesto, de la buena relación que tuve por aquellos años con el escritor Carlos Eduardo Zavaleta, que acababa de regresar de Europa y dictaba clases en San Marcos. Muy pronto, aquella relación empezó a darse también fuera de las aulas, en el departamento que el escritor y Tita Ugarte, su esposa, habitaban entonces en el jirón Moquegua, en pleno centro de Lima. Tita y Carlos nos invitaban a Maggie Revilla, mi enamorada, y a mí a aquel departamento y también en más de una ocasión nos fuimos de picnic a alguna playa del sur de la ciudad. La familia de Maggie era propietaria de los vinos Santa Marta y los dos siempre nos aparecíamos por donde los Zavaleta con un buen par de botellas de aquel tintorro peleón como él solo.

Y por ahí surgió la historia verdadera que aquí recojo y que he titulado *La voz a usted debida*, parafraseando el poemario *La voz a ti debida,* que, en 1933, publicó el español Pedro Salinas. Y ya verán por ustedes por qué. Y se enterarán de lo mal que la pasé, también. Porque si la visión del extraordinario poeta Martín Adán empinando el codo con ron de quemar, en un cafetín de mala muerte, una mañana limeña de invierno, había calzado como un guante en la opinión que mi padre tenía de los escritores, habría que reconocer que los narradores peruanos que entonces conocí dejaban también mucho que desear y le daban una vez más razón a ese viejo cascarrabias y lleno de prejuicios.

¿Tendría razón mi padre? ¿Me estaba yendo yo por la senda del mal? ¿Debía yo ser escritor? ¿Y escritor peruano, además?

Entonces apareció por casa la inolvidable señora Catalina Podestá, con su tardía vocación de escritora. La señora Cata, como la llamaban, era una mujer muy guapa, de larga cabellera roja, piel canela, temblorosa voz e impresionante silueta. Como usaba a menudo pantalones y era divorciada –y aunque tratándola siempre con especial deferencia–, mi padre la había condenado a una suerte de purgatorio social que consistía en invitarla mucho, porque mi madre la adoraba, pero a unas horas en que jamás se invitaba a nadie. Y aunque doña Cata compartía con mi madre –y en muy buen francés– la devoción por Marcel Proust, más pudieron la gran cabellera roja, la piel canela, los pantalones ceñidos y su divorcio, en el apodo que le puso mi padre: La domadora. Catalogar a la gente con un apodo era la forma en que mi padre ordenaba y clarificaba su visión del mundo, con precisión de entomólogo. Por mucho francés que hablara y por refinada que fuera de sentimientos, modales y cultura, con esa tez tostada y esa cabellera roja, esos pantalones y ese divorcio, doña Cata sólo podía provenir del circo y, de preferencia, de entre las rejas de un león. To-

91

do esto era muy injusto, la verdad, pero nadie se imagina hasta qué punto el que todos aceptáramos que doña Cata provenía del mundo del circo y que La domadora era el apodo que más le convenía, hacía que mi padre, que siempre había tenido un infarto, durmiera mejor, mucho mejor.

Pero resulta que un día doña Cata me preguntó si en la universidad yo tenía algún profesor que fuera escritor. La respondí que más de uno, pero que con el doctor Carlos Eduardo Zavaleta era con quien mejor me llevaba.

—Y tú, Alfredo –me preguntó doña Cata–, ¿podrías preguntarle a ese profesor si puede enseñarme a escribir cuentos?

Me moría de vergüenza, pero no pude negarme. En cambio, el que sí podía negarse y, de hecho, lo hizo muy categóricamente, fue Carlos Eduardo Zavaleta. Poco más o menos me dijo que no estaba dispuesto a perder su tiempo en una ricachona aburrida. Maquillé esta rotunda negativa como pude, y se la expuse a doña Cata. No pareció afectarle demasiado, la verdad.

Pasaron unos meses y en la televisión peruana se lanzaron dos grandes campañas publicitarias de la cerveza Cristal. La primera era una serie titulada *Kid Cristal,* que alcanzó una notable audiencia para aquellos años. Narraba las hazañas pugilísticas de un muchacho de barrio y estaba salpicada por actuaciones de conjuntos tan populares como Los troveros criollos. Predominaban los valsecitos y las polcas. Semana tras semana, el público televidente vibraba con los altibajos de su crack y se reía a muerte con el humor de Agustín, su amigote y fiel consejero. El otro programa tenía pretensiones más altas, más cultas, y bastante estimulantes para los escritores peruanos del momento, siempre con dificultades para nivelar el mes. Se trataba del Festival Cristal del Cuento Peruano, un concurso que tendría un ganador y un finalista cuyos cuentos serían escenificados ante las cámaras de la televisión. El presidente del jurado era Ciro Alegría, el más reconocido escritor peruano de aquellos tiempos, un hombre algo mayor, ya, y que llevaba un buen tiempo sin publicar. Su inolvidable y famosa novela *El mundo es ancho y ajeno* se publicó en 1941. Ciro Alegría había regresado al Perú en 1957, tras haber residido largos años en los Estados Unidos, en Puerto Rico y Cuba. Era la persona ideal para darle prestancia tanto al jurado como al concurso. Claro que nadie sabía –y yo muchos menos que nadie: bien callado que se lo tenía la señora domadora– que hacía ya unos meses que Ciro Alegría venía enseñándole a escribir *un* cuento a doña Catalina Podestá. Y he escrito *un* porque en efecto fue un solo cuento el que nos dio a conocer en toda su vida doña Cata. Su título: "La voz del caracol", y ni una línea más, nunca. Y por supuesto que ganó el importante premio que otorgaba la empresa productora de la cerveza Cristal. Y como el voto de Ciro Alegría, presidente del jurado, no lo olvidemos, había sido decisivo, desde entonces en adelante nadie en mi familia se refirió a ese cuento sino como *La voz a usted debida, don Ciro.* Y por supuesto que en segundo lugar quedó un cuento de Carlos Eduardo Zavaleta: "El suelo es una flor". Y por supuesto también lo único que le interesó a mi padre fue saber que ese segundón era mi profesor de literatura. Hasta una señora que venía del deplorable mundo del circo era capaz de escribir mejor que esos cangrejos a los que su hijo, lo mataría, pretendía emular. En fin, la vida y opiniones del caballero Francisco Bryce Arróspide, señor del infarto.

Y, para terminar, por hoy, con la vida y opiniones de mi viejo, la verdad es que a veces las tenía geniales. Como también es verdad que, luego, enfrentado a uno de estos personajes que mentalmente tanto lo enfurecían y contra los cuales era capaz de tronar, era un hombre buenísimo, un ser incapaz de matar una mosca, como se dice. Supimos, por ejemplo, lo mucho que quiso al poeta Alberto Ureta, que había estado casado con una parienta my cercana tanto de mi madre como de él. Ya viejo, el poeta Ureta reunió su obras completa en un lujosísimo volumen que fue vendiendo entre la familia. Su título: *Las tiendas del desierto*. Era un libro de bellas tapas, de muy fino y caro papel. Pero se pasaban páginas y páginas en blanco, antes de que apareciera por fin un brevísimo poema, seguido nuevamente por más páginas en blanco.

Y así. Por supuesto que mi padre recibió personalmente a don Alberto Ureta, el día que vino a venderle su libro, por supuesto que le ofreció su mejor whisky, y por supuesto también que le compró el libro de la manera más cariñosa que pudo. Pero, no bien abandonó la casa el poeta, puso el grito en el cielo. "¡El colmo! ¡El colmo era que un cangrejo como Ureta viniera a venderle todo ese despilfarro de papel en blanco! ¡Y con el cínico y estafador título de *Las tiendas del desierto*. Este libro debió haberse llamado, en honor a la verdad, *Robo en despoblado*. Tal cual". Nadie en la familia recordó más el título que el poeta Ureta le dio a su libro. *Robo en despoblado* se llamó y se llama en mi familia hasta hoy.

Pero volviendo al Premio Cristal del Cuento Peruano: todos en casa disfrutamos con la escenificación en la tele de "La voz a usted debida", de nuestra querida señora Cata, La domadora. Y la semana siguiente el doctor Carlos Eduardo Zavaleta nos invitó a Maggie y a mí a asistir, en el propio *set* de un canal de televisión, a la puesta en escena de su cuento "El suelo es una flor". Después había comida y copas en su departamento del jirón Moquegua y nos invitaba también.

El cuento narra la historia de un hombre que *teje* alfombras de flores para que sobre ellas pase una procesión. En una pequeña ciudad de los Andes, ésta es una

94

vieja costumbre y los barrios o las cofradías –no recuerdo bien– apuestan por uno de estos floristas. Pero un grupo de estos apostadores y participantes en esa festividad religiosa se siente estafado por un *tejedor* que se emborracha con el dinero que le han anticipado y les falla, el día de la procesión. Por supuesto, será castigado con una ejemplar golpiza. En el *set* del canal, y ante los asombrados ojos de Maggie y míos, el actor Luis Álvarez, que hacía de florista tejedor, tuvo verdaderas dificultades para ponerse de pie cuando terminó la obra. ¿Le pegaron de verdad? ¿Líos gremiales? ¿Un pequeño y oculto arreglo de cuentas artístico? Sólo recuerdo que Luis Álvarez no asistió esa noche a la comida en casa de los Zavaleta, y que, digamos, algo flotaba sobre el agua aquella noche.

Pero también flotó, y más, la rabia que Zavaleta venía conteniendo por lo que consideraba una trampa. Y la verdad es que el pobre tenía sus razones para sospechar y para estar furioso, ya que entre otras cosas se había perdido un premio de cincuenta mil soles, de los de entonces. Y la verdad es que también yo tenía razones para súper sospechar, pero no dije esta boca es mía, y me limité a llegar a la comida con la linda Maggie y varias botellas del tintorro familiar. Dios mío, qué bárbara, cómo bebía la narrativa peruana reunida aquella noche. Yo temía hasta una trifulca entre los viejos y los jóvenes narradores, pero pronto me di cuenta de que entre ellos las mejores puñaladas eran las verbales. Y el asunto se estaba poniendo muy desagradable para mí también, porque de pronto la narrativa reunida decidió ser muy moderna y esto consistía en que Maggie se desnudara y se pasara el resto de la noche de pie sobre una mesa, a manera de lámpara carnal.

La defensa de Maggie la asumieron las mujeres, y de paso también la mía, que realmente no sabía qué cara poner, y que además no tenía obra ni siquiera inédita, y era, por consiguiente, mucho menos que nada. Todo se confundía, además, porque la esposa de uno de ellos, arrastrada por los celos, contó que su marido esperaba la llegada de la inspiración, noche tras noche, y que por eso se acostaba por si acaso con los zapatos puestos: para estar listo y seguir el dictado de las musas. Y el zaherido, un cuentista, que la escuchaba furioso, pronunciaba una frase "de genio":

—Los grandes escritores dejan al morir más de una viuda. Y tú no eres más que mi primera esposa.

Dios mío, si mi padre sospechara dónde he venido a parar. Luego, otro narrador –inédito y perturbado– le agregaba leña al fuego y la tensión subía cada segundo. Y por ahí aparecía otro narrador más, aunque esta vez de reconocido prestigio, que intentaba nuevamente convencer a Maggie de que se desnudara y se trepara a esa mesa. Recuerdo que hasta se transó en que bueno, que a la mesa sí se treparía, pero tan sólo descalza. Por supuesto que ni Maggie ni yo transamos en nada, pero lo malo es que ella era tan sólo una estudianta muy linda y yo ni siquiera eso, no, yo no era absolutamente nadie.

Nos salvó la música y el ansia con la que la narrativa allí reunida decidió bailar el ritmo de Pérez Prado. Y copa y más copa, también, pero la verdad es que la cosa se había animado bastante cuando, de pronto, el tocadiscos dejó de funcionar. Todos intentaron repararlo, una y otra vez, hasta que, al ver que iban fracasando uno tras otro, alguien por ahí dijo que yo tenía cara de electricista y que, ni modo, yo tenía que arreglarles ipso facto ese aparato. La suerte que tuve fue inmensa, porque lo primero que vi al acercarme al tocadiscos era que se había desenchufado, sin duda por un tirón que le dio alguien al cambiar de disco. No dije nada, claro, y me agaché, fingí estar haciendo algo especial, al cabo de un momento enchufé ahí atrás y listo, se hizo la música, y me incorporé con cara de que acababa de escribir un cuento. Me felicitaron y todo. Y el bailoteo narrativo siguió hasta altas horas de la madrugada.

Días más tarde, en pleno centro de Lima, me topé con Ciro Alegría, que me miró como si me recordaba de alguna parte, pero sin la certeza total.

—La voz a usted debida –me atreví a decirle, como quien pronuncia las palabras mágicas, las que todo lo van a aclarar.

—El muchacho de la electricidad –se limitó a pronunciar el célebre narrador, pero también sin la certeza total.

Érase una vez París

Tres largos lustros han pasado desde que abandoné París, pero yo aún me veo –sí, me sucede a cada rato– caminando por primera vez por el Barrio latino, sin saber muy bien por dónde ando, ni mucho menos por qué diablos me siento tan extraño, y como ligera y ocultamente decepcionado. Horas antes he desembarcado en Dunkerque, con mi buen amigo François Mujica, y desde aquella ciudad portuaria nos ha traído en su automóvil Pepe Bentín, un primo de François que lleva ya un tiempo en París.

En realidad, fue Pepe Bentín quien nos dijo a François y a mí que estábamos ya en el corazón del entonces mítico Barrio latino y, aunque nunca he sabido el efecto que le hicieron estas palabras a mi compañero de viaje, por aquello del milenario refrán oriental ("Cuando dos personas caminan por el mismo jardín, cada una ve su propio jardín"), mi propio Barrio latino aquella primera noche era también la primera de las mil y una noches de asquerosa lluvia otoñal que me tocaría ver en la vida, viniendo como venía yo de mi Lima natal, una ciudad sin lluvia ni sol verdaderos, jamás de los jamases, *eternamente cubierta por el velo de la angustia,* para citar de memoria a Herman Melville, en su novela sobre el demente capitán Ahab y su diabólica ballena blanca, gigantesca y hermosa como lo fue el mal para Baudelaire, poeta maldito del *spleen* de París, y ciudad sin cielo y hasta sin ciudad, según afirmara uno de sus más limeños y renombrados escritores.

Pero, por más asquerosamente lluviosa que sea una noche otoñal en aquel Barrio latino, o en cualquiera de

98

los otros barrios o distritos que conforman, que *son* París –veinte en total–, y por más que uno alce la cara e intente buscar un cielo impresionista, y fracase, un cielo al menos cubista, y fracase nuevamente, un cielo siquiera abstracto, y fracase por completo y por tercera y definitiva vez, y en cambio sólo logre empaparse aún más el desanimado rostro de caminante nocturno y recién llegado, de París jamás se podrá decir –como de Lima, o de cualquier otra ciudad del mundo que posea un clima con tan poca personalidad y sentido común–, de París jamás se podrá decir, repito, que bajo ese maldito, invisible, y empapado cielo, no existe una muy inquietante ciudad que, además, un lugar común universal ha dado en llamar Ciudad Luz, nada menos, y no precisamente porque ella diera a luz, con parisina cigüeña y todo, a los hermanos Lumière, craso error, ya que los inventores del cinematógrafo fueron ambos naturales de la fría y oscura ciudad de Besançon, a pesar de su cálido y luminoso apellido.

Bien. Muy bien. Pero, por las cosas que vengo diciendo, habrá deducido ya el lector que los muchos y muy provechosos años que viví en París no transcurrieron todos, como en un anticuento de hadas, o como en la más atroz pesadilla, durante una primera, eterna y asquerosa noche de lluvia otoñal en el Barrio latino. En este barrio habría de vivir siempre, eso sí, y estudiando para bohemio, como solían afirmar, burlona e incrédulamente, de mí, en aquella Lima que año tras año se alejaba más, y también menos –que de esta contradictoria materia está compuesta la nostalgia–, mis cada vez más antiguos, y geográfica y epistolarmente más distantes compañeros de colegio. Ellos conformaban mi pasado, ya, y según eso debía olvidarlos, pero según eso cada día era mayor el espacio que mi nostálgica memoria les iba reservando.

Y mayor era también ese creciente espacio a medida que el estudiante de bohemio iba cumpliendo, sin darse

99

cuenta siquiera, pero con ejemplar seriedad, con los hemingwaynianos requisitos de ser joven y pobre en París y de trabajar muy disciplinadamente mientras se enamoraba loca y noctámbulamente *de* y *en* París *by night,* con vino tinto en el Harry's Bar, y, más entrada la noche, con otra copa de vino en La Coupole, y, aún más entrada y maravillosa la noche, con una última copa de vida en el Rosebud. Y luego, cual dichoso tributario del alba, con paseo de besos y tiritar de frío y de amor por los muelles y puentes de un Sena exacto a sí mismo en su mejor póster gigante a todo color noche de ronda. Y ya de amanecida, con arribo a la place de la Contrescarpe y desayuno con diamantes y *croissants* como lunas menguantes, en La Chope, y, *s'il vous plâit, monsieur,* otro *grand café-crème,* que tengo que decirle hasta esta noche, *mon amour,* a esta *jeune fille,* antes de salir disparado rumbo a la ducha pública, fría, muy fría y copiosa y prolongada, que ya mañana dormiré, porque lo que es hoy...

Hoy me toca seguir trabajando, tecleando en mi Hermes portátil, con horario de verano e invierno juntos, pero no revueltos, en uno de esos rincones junto al cielo lluvioso pero ya no asqueroso del otoño, y también junto al cielo azul príncipe de París en primavera, en uno de esos altísimos y enanos rincones llamados buhardilla, con poesía, o *chambre de bonne,* con prosa, vale decir en uno de esos cuartuchos de techo con gotera directamente en la punta de la nariz sin calefacción.

El tiempo iba pasando y pasando hasta que pasó ya del todo y el muchacho que caminó por la asquerosa lluvia nocturna de su primera noche de otoño en la Ciudad Luz iluminada con una estúpida mezcolanza de faroles de película Hollywood con Fred Astaire y Gene Kelly y una verdadera superabundancia de neón y los primeros McDonald's, el muchacho aquel es ya un cuarentón que deambula sin norte fijo entre los primeros Kentucky Fried Chicken, o lo que sea, ya. Aún sabe sonreír, eso sí, y lo hace sólo con el corazón cuando recuerda haber vivido literalmente a Yves Montand cantando *Les feuilles mortes* y *Paris canaille*. También a veces muequea una sonrisa con sorna, el cuarentón muchacho aquel, cuando recuerda haberle preguntado a un profesor de La Sorbona, durante un curso de poesía francesa contemporánea, en pleno 1966, qué lugar ocupa, qué significa Georges Brassens en la poesía francesa de una actualidad en la que se sigue hablando de Verlaine como si aún se le pudiese encontrar sentadito en un bistro del bulevar Saint-Michel. ¿No hay nada, después de Verlaine, profesor?

Acto seguido, y por toda respuesta, le espeta aquel sabio pedagogo que qué tiene él en la cabeza, ¿un queso camembert?, y que dónde cree que está, ¿en un barrio árabe o algo así? "¿Brassens en La Sorbona? ¿Brassens en el templo? ¡Habrase visto cosa igual!". Ya en la calle, sus condiscípulos le dan toda la razón: el profesor ese es un imbécil. Y en el aire está escrito que pronto tendrá que haber un mayo del 68...

Y el cuarentón aquel, que es aún un muchachote cuando sonríe, concluye, mientras cierra el equipaje de su partida, hace ya tres largos lustros. Concluye que París es más sabia por vieja que por diabla. Que aquella asquerosa lluvia de su desconcertante llegada fue embelleciendo a medida que mil autores, a menudo extranjeros, le hablaban con amor y de amor en sus hermosas páginas sobre París. Aunque Camus, que él amaba y ama aún, con el más profundo respeto, era un argelino al que no le convencía mayormente París, pero que engrandeció a Francia entera. Que Picasso aún reinaba, cuando él llegó a París, y que él mismo se había acostumbrado a llamarlo Picassó, con acento en la o, como si fuera francés. Que, después, Carlos Saura, el cineasta español que él había descubierto en sus primeros viajes a Madrid y Barcelona, de pronto renacía en París con la aureola de llamarse *Sorá*, y que en los años setenta París supo nacionalizar e internacionalizar –enorme mérito de esta diabla vieja y bruja– ese gran cine italiano de los maravillosos Gassman, Tognazzi, Sordi, Mastroianni, Vitti, Risi, Scola, Comencini, y pare usted de contar. Y sonríe el cuarentón muchachote cuando hoy, ya cincuentonzote, se imagina que el españolísimo y universal Almodóvar debe llamarse en la Ciudad Luz Almodovár... Que Dios bendiga a París... Y a Georges Brassens, que hace rato descansa en grandiosa paz en el cementerio casi marino de su Sète natal.

Y que Dios bendiga a todos y cada uno de los parques, bulevares y cementerios de París, a esas galerías de tiempo detenido que Julio Cortázar describió como nadie, y a la placita Furstemberg, que tantas veces el muchacho y el muchachón escogieron para sus citas de lujo. Y al café La Chope, en su siempre añorada y hoy irreconocible place de la Contrescarpe, la de sus desayunos con diamantes, antes de meterse a la ducha pública de sus años mozos y de subir a sus altos techos de estudiante de bohemia con mucho frío y un poquito de hambre, de tarde en tarde... Hoy la cuarentona *jeune fille* desayuna diamantes con rubíes. Pero aún lo recuerda y le escribe. Y le obsequia siempre las cosas más baratas que encuentra. No vaya a ser que lo ofenda. No lo vaya a despertar mientras sueña despierto que aún se sabe de paporreta las palabras aquellas del maestro Hem, que todo muchacho que se respeta –y él se respetó en París– debe llevar grabadas siempre en el corazón: "Si tienes la suerte de haber vivido en París cuando joven, luego París te acompañará, vayas adonde vayas, todo el resto de tu vida, ya que París es una fiesta que nos sigue...".

En fin, digamos que érase una vez París... Y que cuando aquellas mil y una noches suyas de muchacho y de muchachón y de asquerosa y adorable lluvia otoñal...

Pasalacqua y la libertad

El de Pasalacqua volando es uno de los primerísimos recuerdos de mi idea de la libertad y de la forma alegre y mágica –o cuando menos sumamente aérea– en que me enfrenté a un nuevo estreno del mundo. Y no creo que vaya a tener que rastrear mucho en mi infancia para encontrar las razones que hacen de ese recuerdo visual una de las cosas más entrañables e inolvidables de mi vida.

De mi vida infantil decía mi madre dos adorables medias verdades que me la hacían realmente adorable... Además, mamá debía ser muy joven y guapachosa, por aquellos años en que uno aún no entiende de esas cosas, por más que tienda a tocar esas cositas; en todo caso, cuando debuté de lleno en la adolescencia y *la force des choses* me obligó a comparar sus blusas, chompas o escotes, con las chompas, blusas o escotes de Hollywood, Cinecittà y la Lima de entonces, mamá quedó francamente bien, para mi desvergüenza y para mi gran vergüenza pudibundamente católica, que así es de sutil y complicada la vida...

Adorable, mamá decía estas dos grandes y adorables verdades acerca de mí en mi infancia: 1) Nadie se enferma tan adorablemente como él. 2) Nadie es tan adorable como mi hijo Alfredo cuando decide dejar de ser la pata de Judas y pide que lo amarren. Al decir la primera de estas dos cosas, mi madre se refería a lo dócil y simpático que me ponía yo cada vez que me enfermaba, y eso que dos de los grandes males de mi infancia fueron una dolorosa otitis, que desapareció solita al alcanzar yo la mayoría de edad, y un tremendo y frecuente dolor en la boca del estómago, de origen nervioso sin duda, como tantos males en mí.

Ese dolor desapareció al llegar la adolescencia y, aunque parece que nunca pasó de la boca del estómago, lo recuerdo como atroz. Y desde entonces, creo, he tratado de encontrar a alguien en este mundo a quien también le duela o haya dolido la boca del estómago, pero ya estoy bastante convencido que no han existido más dolores que el mío, con ese nombre, o que mi mamá se equivocó con mi anatomía, o que quiso quitarle realce y prestancia a determinados sufrimientos míos, dejándolos en la boca del, o, más bien, en la puerta del horno, como un pan que se nos quema, o como si mi máxima aspiración infantil hubiera sido sufrir aún más para mostrarle lo dócil y simpático que podía llegar a ser –al comparárseme por ejemplo con mi hermana Clementina, mujer de mucho carácter, y una fiera, no bien se sentía mal– cada vez que me enfermaba y a pesar del cólico y todo.

Con su segunda media verdad adorable mi madre se refería a lo insoportable y agotador que llegaba a ser yo cuando ponía en funcionamiento mi conducta ante la adversidad y a la forma en que, de pronto, como que tomaba conciencia de ello, me autoarrestaba y me entregaba solito a las autoridades. No era, precisamente, que yo pidiera ser amarrado a la pata de una cama (un verano, en La Punta, cuando La Punta era aún un balneario chic, lo pasé casi todo amarrado a la pata de mi propia cama, bastante feliz y hasta cómodo o satisfecho de mí mismo, me parece recordar), como decía mi madre. Creo que más bien era que yo le mostraba mi más profundo acuerdo a mi madre, cuando me miraba exclamando: ¡La pata de Judas! (esto sí que es enteramente cierto: me lo *exclamaba* a cada rato) y afirmaba exasperada que no le quedaba más remedio que amarrarme.

Mi madre, paradójica como en todo, encarnaba como pocos seres de mi entorno esa terrible incapacidad familiar para enfrentarse con la realidad, para convivir con ella, sobrevivir en ella, para responderle con realismo, y para no hacer de la vida misma una huida tan inmensa como irreal y por consiguiente muy dolorosa. Esto, por un lado, ya que por el otro solía reaccionar con un tan expeditivo como increíble sentido práctico. A la soledad que siguió al despertar angustioso de las primeras borracheras de mi vida, respondió con el envío inmediato de mis perros más queridos a mi dormitorio. Ella sabía que me cuidarían y acompañarían mejor que nadie en esos trances, sin criticarme sobre todo. También me clavó, sin avisarme ni nada y más de una vez, una inyección calmante a través del pantalón, al ver que ni los perros bastaban. Y, encontrándose gravísima, en una oportunidad, se dio tiempo para calmar al médico y decirle paso a paso todo lo que debía hacer para salvarle la vida, dejándolo realmente turulato. Nunca vi a un ser tan nervioso calmar a tanta gente.

En fin. Yo creo que la idea de amarrarme, a pesar de mi autoinculpación, autoarresto y entrega voluntaria y tembleque, se debía a que mi madre creyó siempre en la posibilidad de contraataque de mis estados de rabia o excitación nerviosa. Estoy seguro que ella pensaba que yo siempre podía volver a las andadas y sorprender a la familia entera con una nueva respuesta totalmente desproporcionada a un agravio o a la realidad de una mañana en La Punta en que había viento norte y nadie se podía bañar en el mar, por la cantidad de inmundicias que éste le devolvía al verano o le traía desde los barcos de la Marina del Perú y los que iban o venían por el horizonte nublado. Como la leña verde, yo era muy difícil de encender y una persona o la simple realidad podían volverme loco o abusar de mí durante horas, sin que reaccionara. Hasta que, como la leña verde, también, por fin me encendía y entonces sí que era muy bueno para arder y dificilísimo de apagar.

Y el incendio, curiosamente, fue la respuesta favorita de mi infancia a la rabia, a la impotencia y al abuso. Y mi madre me amarraba porque desconfiaba de mí más que de la leña verde, una vez que el mundo y yo empezábamos a arder. Por eso me amarraba, claro, y a lo mejor por eso también me dejaba amarrar yo, tan fácilmente. Pero no era porque se lo pedía, en todo caso. Lo que sí, una vez amarrado, devenía en el mismo ser dócil y súper simpático que era cuando estaba enfermo, como si ya limitada al máximo mi capacidad de contraataque, las aplastantes aguas de la realidad volvieran solas a su cauce, o como si yo poseyera en esta vida una gran capacidad para el autocontrol, siempre y cuando se me diera una ayudita antes.

Aún hoy siento que, el haber pasado muchísimas horas de la infancia simpáticamente amarrado, según mis recuerdos de aquellos años al este del paraíso, da una idea de la frecuencia con que los mejores diálogos entre mi madre y yo tuvieron lugar durante esas numerosas pero nunca largas horas de cautiverio gentil (el tiempo, ya se sabe, es algo muy subjetivo). Como siempre, a mí me parecía que el medio sí se correspondía con el fin, con el origen, con la causa y con todo. Y a mi madre le parecía que no. Pero, muy a menudo, ella estaba dispuesta a aceptar que todo podía ser una cuestión de matices o de puntos de vista, siempre y cuando yo continuara amarrado unas horas más. Claro que ella volvería a visitarme siempre, a la pata de la cama, dentro de un rato.

O sea que yo podía tener razón en haber querido incendiar la casa de invierno de Chosica, aquella vez, pero siempre y cuando permaneciera amarrado unas horas más. Estoy seguro que ése es el secreto de lo bien que soportaba estar amarrado. El fin justificaba los medios, y estar simpática y dócilmente amarrado era la mejor manera de haber tenido razón en intentar incendiar la casa, por ejemplo.

106

Como la vez aquella de la casa de invierno de Chosica, en que me engañaron como a un niño cuando quise unirme a la expedición familiar que partía a subir un cerro. La encabezaba "la mama Maña", al cuidado del grupo integrado por mi hermano Eduardo, mi primo Pepe García Bryce, y Peter Harriman, el hijo de un gran amigo inglés de la familia. No bien entendí que se habían escapado, que ya eran inalcanzables y que ya podían haber atravesado el gran pedregal por el que se llegaba a la falda de los cerros, sentí la profunda humillación de haber sido inútilmente engañado, sobre todo en vista de que luego, cuando me explicaron las razones del engaño, las encontré totalmente inútiles. De habérmelo explicado razonablemente, yo habría aceptado que aún no estaba en edad de trepar un cerro tan grande.

Me hirió ese engaño, pues, y corrí en silencio a incendiar la casa por la parte de atrás, la más fácil para empezar un incendio del tamaño de mi rabia. Pero después, como siempre, pensé en lo mucho que trabajaba mi padre para darnos de todo y otras sensiblerías típicas de mi carácter y consideré que con haber arruinado ya la puerta del dormitorio de Juana, la cocinera, tendría que resignarme. Mi madre me ató, como casi siempre, cuando me presenté ante ella ya del todo autoarrestado.

Algo hay pues en mí de excelente marinero en tierra, cuando menos, o de sereno pez fuera del agua. Quiero decir que puedo soportar tranquilamente estar bastante tiempo amarrado a algo. O a lo mejor esto de dejarse amarrar o aplastar tanto rato, por las buenas, es una resignada y católica manera de saberla pasar en este valle de lágrimas. En cambio, en el aire sí que no me ataría nadie y desde muy niño me di cuenta de que la imaginación que yo poseía era aérea. Siempre me ha encantado que me dejen solo con mis ideas, que por lo demás no he querido imponerle a nadie, precisamente porque pienso que no sirven para la tierra sino para el aire, que no sirven para andar sino para volar como voló aquella tarde Víctor Pasalacqua en el Estadio Nacional de la Lima de mi infancia, pequeño, de mucha madera, como de pueblo o de club pobre, y que tenía, creo, hasta tribunas que al Perú le regalaron otros países o la colonia inglesa de Lima o algo así, en algún gran festejo tipo Centenario de la Independencia.

Algo hay de cierto en todo esto del estadio, estoy seguro, pero tampoco voy a insistir mucho en ello ni en verificarlo ni nada porque se trata de un recuerdo terrenal, o de tierra, en todo caso. No se trata, de ningún modo, de un recuerdo aéreo y volador, libre, entrañable e inolvidable como aquellos ratos en que se me deja darle rienda suelta a la imaginación y escribir en paz, por ejemplo, como aquellos ratos en que nada ni nadie me interrumpe mientras escribo y siento que voy a seguir escribiendo más allá de la muerte.

Así, inmenso y lleno de aire y de libertad o del aire de la libertad de inventar y crear por encima de toda amarra, así es el recuerdo de Pasalacqua, el arquero del Ciclista Lima Association aquella tarde de mi infancia en que Carlitos Iturrino, hijo de amigos de mi familia, mucho mayor que yo, me llevó por primera vez al estadio y, no bien llegué a la tribuna de Occidente de entonces, vi a un hombre volando.

Juro que al empezar estas páginas no recordaba que Pasalacqua –un apellido que me suena a Acquaviva y a lleno de vida e imaginación, creo que sólo porque me da la gana– se llamaba Víctor. Y juro también que nunca me importó que fuera Ganoza, otro gran arquero, trágicamente fallecido, el que se quedaba con el apodo de Pez Volador. Pasalacqua era hombre y volaba, en todo caso. Y del gran Ganoza puedo seguir escribiendo horas y horas sin que su nombre regrese jamás a mi memoria. Tendría que verificarlo, como sucede con el recuerdo terrestre del Estadio Nacional. Ganoza volaba y era pez, o sea que no me importa tanto como Víctor Pasalacqua que volaba y era hombre.

También estoy seguro de que aquella tarde, después del fútbol, regresé a mi casa más dispuesto que nunca a permanecer, dócilmente, simpáticamente, atado durante unas horas, cada vez que mi madre me lo impusiera. Y también cada vez que la vida, gracias a Pasalacqua, por supuesto, me lo impusiera. Y es que aquella tarde el Ciclista Lima Association fue derrotado, como si a fuerza de volar su mágico arquero hubiera desaparecido del estadio...

Después, cuando yo ya era más grandecito e iba solo al estadio, vi también cómo mi equipo desaparecía de primera división, luego de segunda, y así sucesivamente hasta que, nada menos que un gran amigo, el poeta, novelista y sociólogo Abelardo Sánchez León, afirmó que yo era hincha de otro equipo peruano, como si el Ciclista Lima Association y yo jamás hubiésemos existido uno para el otro... ¡Qué grave error, mi querido Abelardo! Desaparecieron el Estadio Nacional aquel y tantas cosas más. Pero... ¿El Ciclista Lima Association desaparecer del fútbol peruano y de mi corazón..?

Y tú mismo lo reconoces, querido Abelardo, cuando rectificas aquella equivocada aseveración y escribes que el Ciclista Lima Association ha reaparecido décadas después en el fútbol de toda la vida, exacto que antaño, lleno de *sportmen* que juegan sin cometer faltas, ajenos al aire enrarecido de las tribunas, pidiendo disculpas por ganar, escéptico y sin ambiciones, como yo, sin barra gritona y chillona y malera y maleada, asumiendo como toda la vida su papel de decano del fútbol peruano y con ese uniforme que el Juventus italiano le copió, según te aseguré la tarde en que Pasalacqua, mi equipo, y yo, volvimos a volar juntitos, para ti aquella vez, y ahora en que lo cuento con la palabra Víctor ya también en libertad...

La ciudad que nunca fue

Ya se había cantado su ocaso y ruina definitiva en decenas de valses, de esos tan limeños y alegres en su ritmo, pero, al mismo tiempo, hasta fúnebres en sus versos. Y, en efecto, hasta hace menos de una década, la vieja Lima fundada por el conquistador extremeño Francisco Pizarro, la ciudad damero, la de las innumerables casonas, iglesias, patios, zaguanes, escondidos huertos, la ciudad cuyos balcones eran verdaderas veredas aéreas por las que transitaban de casa en casa los vecinos, era para los propios limeños sinónimo de caos e inseguridad, de vendedores ambulantes y zarrapastrosos, durante el día, y refugio de gente del peor vivir, paupérrima Sodoma y Gomorra, durante la noche.

Parecía imposible rescatar lo que el historiador César Pacheco Vélez definiera como "El sabor andaluz de sus patios, la fragancia de sus huertas y *chacarillas* que dan a la ciudad nombre, sabor y resonancia de fruta fresca y jugosa. El multicolor testimonio de su destino de crisol de sangres; gracia y levedad de pescadores y alfareros yungas; señorío y reciedumbre de incas, castellanos y extremeños; donaire andaluz; imaginación y constancia de ligures y otros pueblos mediterráneos; fuego africano; vieja y misteriosa solemnidad china; jovial disciplina japonesa; y ese inasible sello del Cercano Oriente, morisco y bizantino...".

Pero ha bastado con el tenaz empeño de un alcalde y Lima ha renacido de entre sus cenizas, ochenta años después de que aquel dandy, poeta y provocador llamado Abraham Valderomar lanzara su inolvidable frase y dardo: "El Perú es Lima; Lima es el Jirón de la Unión; el Jirón de la Unión es el Palais Concert; y yo soy el Palais Concert".

110

Duras y sabias palabras las de aquel hombre de su tiempo, pues encarnaban la trágica distancia que separaba al país, lejano y dormido, de su capital. Pero esa Lima de portadas barrocas y toques rococó, aires andaluces y pinceladas francesas –ciudad nostálgica de su pasado, enamorada de sí misma, atenta a las modas de Europa–, había inventado su espíritu. Y ese espíritu, hecho de tradiciones, leyendas, conversaciones, y una gran tradición culinaria, era una impalpable y singular presencia: lo limeño.

Pero los años llevaron a Lima hacia un cambio endógeno, a medida que sus pobladores se trasladaban a los balnearios del sur y los signos y símbolos de la vieja ciudad virreinal fueron cayendo uno tras otro en el olvido, cuando no desapareciendo víctimas de un progreso especulativo, sin arraigo ni norte.

El Perú de hoy, cada vez más interconectado y activo, comienza a ser otro país. Y, de hecho, la recuperación de la vieja Lima histórica corresponde a esta realidad. La actual calificación de "centro histórico" se basa, según el crítico de arte y ensayista Carlos Rodríguez Saavedra, "en un nuevo concepto: el uso urbano tiene por límite el respeto y la conservación de los valores del pasado. Una ciudad nueva y a la vez antigua está, de este modo, en trance de aparecer, está en ciernes. A través de nuevos estilos de vida pervivirá entonces el numen del pasado, el ser de Lima".

Y la ciudad vieja y nueva a la vez –iglesias barrocas que son joya de América, edificios de cristal y acero, pasos a nivel y casonas con balcones y celosías de incuestionable embrujo árabe y andaluz, como el sabor de tantos dulces limeños– pagará también inevitablemente su tributo a las leyes formativas de la ciudad antigua: el cielo gris, encapotado, y la garúa siempre fina pero penetrante, la suavidad del clima, la blandura del suelo y la humedad eterna.

Esta es la Lima que sus habitantes ya ni visitaban y la que hoy, como si fuera un milagro, los vuelve a convocar, donde nuevamente se dan cita para comprobar que no sueñan despiertos y que ahí está el color de iglesias como La Merced, San Pedro, Santo Domingo, San Marcelo, San Francisco, y tantísimas más; que ahí están siempre los balcones que sobrevivieron a la rapiña urbanística y que aún adornan el exterior de las casas ricas y pobres del centro limeño; la estación ferroviaria de Desamparados, desafiando a los viajeros con su nombre inefable; los patios escondidos, los zaguanes, los huertos y su aroma de jazmín, de hierbabuena, de buganvilia; y ahí están siempre las más bellas rejas que "en el mundo han sido", en casas como la de Barbieri, el palacio de Torre Tagle, las casas de Oquendo y Osambela y cuántas señoriales mansiones más que hoy brotan de sus cenizas llenas de los más variados ocres y pasteles, de los más atrevidos colores, siempre en contraste con su cielo de plomizo tul.

El visitante asombrado se detiene en los patios de las casas coloniales de esa "Lima que casi se nos va, pero no, gracias a Dios", como bien podríamos decir hoy, y sólo por reconocer el mérito gigante de su último alcalde, el hombre que triunfó en la que todos creyeron la más perdida de las causas. Y gracias también a sus muros de azulejos, mosaicos antaño importados, retorcidos y fabulosos altares de pan de oro, imágenes sacras de los templos, claustros inimitables en América, como el de la iglesia de San Francisco, justifican que Lima haya sido elegida Patrimonio Cultural de la Humanidad, para orgullo de los antes incrédulos limeños y los siempre maravillados visitantes foráneos.

Pero he hablado de color y de forma, tan sólo, lo cual creo que es una enorme injusticia cuando de Lima y del Perú, en general, se trata. Y ahora recuerdo que, hace ya por lo menos un par de décadas, La Regnière, el célebre cronista culinario del periódico francés *Le Monde*, se refirió a la cocina peruana, y muy particularmente a la costeña y limeña, como una de las tres grandes cocinas de la humanidad, al lado de la china y la francesa.

Sin olvidar que en el Perú se come deliciosa comida china, enriquecida con nuestras especies americanas, quisiera mostrar aquí mi total acuerdo con el crítico literario peruano José Miguel Oviedo, cuando hace poco escribía, al cabo de una visita a Lima: "Lo interesante es descubrir que en restaurantes caros o en sitios más humildes, hay una calidad básica. Una poderosa imaginación para usar e interpretar fórmulas que aprovechan al máximo cada sabor, cada textura. Eso, en el caso del pescado, puede tener resultados asombrosos. Por lo general, la culinaria no es un arte que se coloque a la altura de los otros, tal vez porque es perecible y fugaz; no puede haber museos de la comida. Pero, precisamente por estar hecho para ser consumido con placer y provecho, es, como la arquitectura, un arte con el que vivimos, un arte humanístico cuya modestia es sólo aparente. Una pregunta: ahora que estamos tan preocupados por mejorar la imagen del Perú en el extranjero, ¿se le habrá ocurrido a alguien un lema del tipo: 'Perú, capital de la buena comida?'".

Pues sí, señor Oviedo. Eso mismo es lo que dijo el gran crítico culinario La Regnière, mandarín viajero y universal en estos menesteres. Lo dijo de Francia, su país, pero también de China y del Perú. Y eso mismo es lo que practicó el genial poeta chileno Pablo Neruda, premio Nobel de Literatura y gran gourmet y gourmand, cuando cada vez que sobrevolaba los aires de nuestra América, hacía obligatoria escala en Lima, para beberse un buen pisco sauer ("Pero hecho a la peruana, querido Bryce", me repetía en la Embajada de Chile en París, allá por 1970) y darse el gustazo de saborear (el poeta se relamía, recordando, saboreando casi, allá en París) la comida peruana. "Como no hay dos, querido Bryce", concluía el poeta, en su despacho de embajador en Francia.

Carlos, siempre Carlos

No se acordaba de que me había citado, la vez que lo conocí. Creo que ni siquiera vinculaba mi nombre con el de mi primera novela, sobre la cual me había escrito, sin embargo, que "era su última ilusión sudamericana", algo que después escribió en algún volumen de sus memorias. Y todo esto se debió –aunque yo entonces no podía ni siquiera imaginarlo– a que me había citado en uno de los peores momentos de su vida, el de su salida de la Editorial Seix Barral, en dolorosas condiciones, y en un despacho que ya ni siquiera era suyo.

Cuando por fin ató cabos y reaccionó, cuando por fin se dio cuenta de que yo era el autor de la novela con que iba a emprender su nueva aventura editorial –algo que aún estaba en pañales–, llamó a Ivonne, su esposa, le recordó que tanto ella como él tenían una cita conmigo y, de la breve y entrecortada conversación que mantuvo con ella, deduje que tampoco Ivonne recordaba esa cita, o era que tal vez el propio Carlos se había olvidado de mencionársela.

Conociéndome, y viendo la contrariedad que le estaba ocasionando, estoy convencido de que no reaccioné como alguien que se siente ofendido por haber tomado un tren de París a Barcelona para acudir a una cita que nadie ahí parecía recordar, sino más bien como una persona que detesta molestar y que no puede ocultar lo mal y lo impertinente que se siente. Es indudable que debí titubear en todas mis palabras y hasta en mi manera de quedarme de pie en aquel despacho repleto de libros, como quien espera la primera oportunidad que se le brinde para disculparse y salir disparado de regreso a París.

Sin embargo, el almuerzo tuvo lugar y fue sumamente cordial. Ivonne apareció bastante pronto y los tres, Carlos, ella y yo, fuimos a algún restaurante cuyo nombre y situación me es imposible establecer, sobre todo por lo mal que conocía yo Barcelona por entonces. Y, ahora que lo pienso, ni siquiera recuerdo el año de aquel encuentro que sería el inicio de una larga amistad con Ivonne, con Carlos, y, poco a poco, con toda su familia. *Un mundo para Julius,* el primero de los tres libros míos que se publicaron en el sello Barral Editores, fue el título número uno de la colección Hispanica Nova de aquella empresa que, desgraciadamente, no llegaría a buen puerto por problemas administrativos, creo yo. Y aquel primer almuerzo, poco profesional y muy amistoso, debió tener lugar, por consiguiente, el otoño de 1969. Ivonne, Carlos y yo brindamos con cava, al terminar, y algo que sí recuerdo con gran precisión es que Carlos me explicó, con lujo de detalles, en qué consistía todo eso de la denominación catalana cava, y cómo y por qué no podía tratarse de un champán.

Y una larga década después, cuando ya Barral Editores había dejado de existir y yo había publicado con otras editoriales y residía en Montpellier, tras haber abandonado París definitivamente, el teléfono de mi departamento sonó y era nada menos que Carlos, anunciándome que nuevamente volvía al ruedo editorial y preguntándome si tenía algún libro nuevo. Le dije que sí, que acababa de terminar una larga novela titulada *La vida exagerada de Martín Romaña,* todo un tocho, mi querido Carlos. Él me dijo que ese libro "ya era suyo", y bueno, así fue, para bien o para mal. Y yo recordé entonces que Carlos ya había presentado una novela mía publicada con otro editor, en Madrid, y que en aquel acto de presentación se había referido a mí, tan irónica como afectuosamente, como un autor que siempre había pertenecido al establo de Carlos Barral. Y terminó agregando que, por el momento, yo andaba en manos de otro editor, pero bueno, que con el tiempo esta situación volvería a arreglarse y que las aguas volverían a su cauce...

Cena, infierno y primavera en Roma

No todo en Roma es eterno y el Trastevere es más bien sucio, barato y casposo. Éste era, digamos, el punto flaco de aquella invitación que me permitía alojarme varios días y sus noches en la Academia de España en Roma, un lugar con tanta historia como maravillosas vistas, ubicado en una de las zonas más bellas y antiguas de la ciudad (aunque también en lo alto del populoso Trastevere, que había que cruzar al subir y bajar), sobre el Gianicolo o Monte Aureo, bastante cerca de vía Aurelia, dominando desde sus terrazas el panorama total de Roma, a la que se une a través de sus puentes más próximos, como el Sisto, el Sublicio, o el maldito puente Garibaldi. Pronto sabrán por qué.

Yo andaba con algunos kilos de más, al llegar a Roma, producto del buen yantar anegado en tintos de calidad que había caracterizado mi escala anterior, en Lisboa, y de lo que se trataba ahora era de caminar y caminar, como aquella vez, en 1986, durante un viaje que realicé con escritores tan entrañables como Juan Benet, Manuel Vázquez Montalbán, José Saramago, Manuel Vicent, Eduardo Mendoza y Álvaro Pombo. En aquella oportunidad no sé de dónde venía, aunque igual había engordado y mucho más que esta vez. Pero me puse un terno con chaleco, en realidad me calcé un terno con taurinas contorsiones y distorsiones de la realidad y, lo juro, salí de mañana de un excelente hotel cercano a Villa Borghese, y salí gordo, en fin, bastante gordo para lo que suelo ser, y regresé por la noche bastante más flaco de lo que normalmente había sido siempre. Y no saben la felicidad que sentí cuan-

117

do, delante de ella, me puse la preciosa camisa para un viejo y flaco amor que me trajo, en tren proveniente de Milán, la *Principessa* Sylvie. Hay recuerdos maravillosos que se ajustan a la verdad, señoras y señores. Con ampollas en ambos pies y unas catorce horas de caminata ininterrumpida, es cierto, pero se ajustan a la verdad. Aunque sea con las justas.

Dieciséis años más tarde, y después de haberme despedido una vez más para siempre de ella en otras páginas escritas y, también, hace un buen par de años, o tres, en Madrid y Córdoba, heme aquí en Roma, fiel a mí mismo, sobre todo, y vuelto a citar con la *Principessa* Sylvie, nuevamente proveniente de Milán, nuevamente en tren, y seguro que esta vez también, y como por siempre jamás, con un regalo estrecho para un hombre que nunca cambiará. O sea que ese hombre –yo, más entre lo sublime y lo ridículo que nunca– corre-corro ahora por las calles de Roma, ciudad eterna para una eterno cariño, ciudad en la que la primavera está estallando para embellecer un escenario feliz, al cual ella, Sylvie, va a llegar siempre exacta a cuando llegaba a mis clases, menor de edad y amor prohibido, aunque últimamente, la verdad, la voz se le ha afilado y nasalizado en exceso y francamente pienso que, así como yo corro como un cretino desde el noreste hasta el sudeste de Roma, para caber en la camisa que seguro me trae de regalo y, de paso, en el tamaño de nuestro recuerdo, también ella debería cantar horas y horas en la ducha fría y enfriarse la garganta hasta quedarse ronca, o por lo menos ronquita, porque a veces, cuando ríe, chilla, y cuando pide la carta en un restaurante parece un jilguero con altoparlante.

Mientras todas estas cosas van a suceder mañana a partir de las 14:30, hora de su llegada a la estación Termini, yo sigo con mi trote romano y una ampolla a la altura de la vía del Babuino. Pero ahora mi trote se ha

118

hecho lento porque busco aquel departamento donde, hace unos malditos treinta años, todo en la vida era posible con ella todavía. La Editorial Feltrinelli tenía en esa calle una librería y en los altos aquel pequeño y muy correcto alojamiento para sus escritores. Goce triste el de buscar aquellos recuerdos cuyas únicas huellas las llevamos en el alma. Pero me sorprendo a mí mismo: ¡Qué viejo! ¡Qué desencantado estoy! Ni siquiera una furtiva lágrima italiana ha asomado a mis ojos a lo largo de toda la vía del Babuino, desde la Piazza del Popolo hasta la Piazza di Spagna. ¿Dulce derrota o amarga victoria del tiempo?

Son las seis de la tarde, oscurece, estoy cansándome, y me da la impresión de que no he perdido ni un solo gramo. Y, maldita sea, hasta me da la impresión de que me estoy hinchando y de que el pantalón me aprieta en la cintura, correa de miércoles. Después son las nueve de la noche y siento que tengo hidropesía. Hidropesía aguda. Me caen "michelines" rellenos de agua hasta de los codos. Además, ustedes no saben cuánto pesa descubrirse tonel, es algo así como Gregorio Samsa despertándose insecto. Difícil de asumir. De abordar, sobre todo.

Pero en Italia uno siempre tiene recursos y ya me veo leyendo y releyendo aquel relato de Luigi Pirandello, "Remedio, la geografía", en el cual un hombre se concentra en un punto lejano al de su malestar y logra aliviarse totalmente. En mi caso, el relato al que me aferro se titula "Remedio, Perugia". En esa inolvidable ciudad viví solo y feliz. En esa entrañable ciudad, capital de la Umbría, escribí cuentos por primera vez en mi vida. En esa ciudad feliz, apenas hablé con tres personas, a lo largo de meses. Y Sylvie, la *Principessa*, debía ser una bebe de pecho que ni soñaba con conocerme. ¿Qué les dije? Sí, esto: "Remedio, Perugia". Sylvie ni soñaba con conocerme, todavía. La pobrecita.

O sea que Sylvie al diablo, al menos por esta noche. Y a Perugia se dijo. Perugia es la voz.

Por llegar a Perugia, terminé perdido y sin reflejos ni olfato ni memoria de mí mismo, en el barato, sucio y casposo Trastevere, pasadas las diez de la noche. Callejuelas en las que nadie recoge la basura ni tampoco a esos mozos insolentes que quieren meterlo a uno de un jalón de brazo, de cabeza a un restaurante. Y a otro y a otro. Más el olor a pizza y más pizza, eso sí, que de golpe me abrió de par en par el apetito, y a gritos, porque la verdad es que no había comido ni bebido absolutamente nada desde Lisboa. Pero no estaba dispuesto a comer en una *spaghetteria* cualquiera. No, eso sí que no.

—Concéntrate –me escuché decir, desfalleciente.

Mi caminar era lento y estúpido cuando, ya las once de la noche, crucé el maldito puente Garibaldi, creo que por tercera vez. Las dos veces anteriores me había metido en un lío mental producto del cansancio y el hambre y la aparición de un lugar que era, al mismo tiempo, con chillonas y relampagueantes letras eléctricas de mil colores, todo esto: BIRRERÍA, PIZZERÍA, ANTICO CAFFÈ, BRUSCHETTERIA, SPAGHETTI POMODORO, GELATERIA, INSALATERIA, GASTRONOMÍA. Se llama NARSEE, y existe, sí, pero logré huir.

Y en mi loca carrera topé con otro restaurante, anunciado éste por una placa sumamente relajante, sumamente blanca, sumamente de mármol. Digamos que un menú muy diferente. Tan diferente como se los cuento: QUI NACQUE, IL 17 FEBBRAIO 1919, AGOSTINO LIPPI, SOTTO TENENTE DEI BERSAGLIERI, MEDAGLIA D'ORO, CADUTO EROICAMENTE IN AFRICA ORIENTALE, IN UNA LUCE DI GLORIA ET DI VITORIA SULLA POSIZIONI DA LUI CONQUISTATA. 17 AGOSTO 1940.

Un poco más allá había un restaurante bastante más conocido, el FORZA ITALIA, cuyos platos más sabrosos parecían ser el BERLUSCONI ALLA CARTA, UNA ITA-LIA PIU SICURA, Y ANCORA E SEMPRE DI PIU UNA SCELTA DI CAMPO.

Me parecía muchísimo más al insecto de Kafka cuando llegué por enésima vez al puente maldito llamado Garibaldi. Me arrastraba perdido y medianochero, pero, allá abajo, la veía siempre entre las columnas del puente como la había descubierto por la mañana en el plano de Roma, y estaba verde y luminosa, la isla Tiberina. Y aquella callecita, allá abajo, también, pero al borde mismo del río, con los farolitos encendidos para mi descanso, mi copa de vino tinto, mi excelente polenta, por qué no, Gregorio Samsa también podía tener un capricho. Y enderezarse digno, muy digno y seguro de sí mismo. Redignificado, más bien.

Pero ya estaba escrito que aquella noche conservaría, hasta un final de infierno, mi condición de insecto. Porque me estaba enderezando ya del todo y dirigiéndome al puentecillo que cruza la isla iluminada, verde, maravillosa, con un farolito a cada lado de la puerta del restaurante, al borde del río, y con una carta a escala humana, cuando sonaron todas las sirenas de la misma ambulancia loca y furibunda, muerta de nervios, y todas las bocinas de todos los autos sorprendidos y haciéndose a un lado, espantados, y no sé para qué ni por qué corrí tanto si yo no era ni siquiera un Fiat Cinquecento. Y entonces me vino el vértigo, la atracción fatal al vacío, la fuerza total que me jalaba con ferocidad desde el río convertido en abismo, y justo a la mitad de un maldito puente llamado Enésimo Garibaldi y que además me estaba tratando a patadas y empujones.

No me arrojé/caí porque unos kilitos sí tenía que haber perdido con tanto trote y horror y trastorno del pánico. Y porque Gregorio Samsa también fue un gran coqueto y, en mi calidad de él, yo no podía ser menos.

Mañana, a las 14:30, cuando el tren proveniente de Milán se detuviera en el andén 18 (no se puede correr el riesgo de dejar a una *Principessa* plantada en un andén: hay que averiguarlo todo concienzuda, neurótica y previamente –*kafkamente* sería la palabra exacta, creo–), yo tendría toda una historia que contarle. En fin, lo que se llama toda una historia que contarle.

Pero aún faltaba lo mejor. O lo peor. Ustedes dirán. Las sirenas habían callado, el vértigo se calmó como vino y, a medida que tomaba la precaución de alejarme de todo borde alto y mirada hacia abajo, y avanzaba a paso lento pero erguido, a paso humano y delgado y compostura total y gourmet, poco a poco me acercaba a la gran casona iluminada y arboleada, cubierta de enredaderas muy verdes, y poco a poco, también, dominaba mi vida y dominaba la situación y el mundo, aquella noche. Y también veía y sorbía, ya, entre los farolitos y el follaje, el glamour de una copa de tinto en la isla Tiberina, mientras se espera feliz el retorno de un pasado que ya dejó de ser triste, a fuerza de voluntad, a fuerza de humor y amistad, a fuerza de cariño, de respeto mutuo y de muy buen gusto.

El restaurante se llamaba PRONTO SOCCORSO (entre los dos lindos farolitos ribereños, sí), y seguro que allí desembarcó a su muerto o herido la ambulancia loca de mi vértigo. Entraban urgentísimas camillas al restaurante del borde afarolado de mi río, y todos ahí parecían incluso haber reservado una mesa con meses de anticipación y corrían de un lado a otro con una impresionante cara de emergencias. Después, claro, del lado menos bonito del río, estaba la entrada principal del OSPEDALE FATEBENEFRATELLI. Y en la placita del mismo nombre había también una placa blanca de mármol y paz, y tal vez daban de comer al hambriento y de beber al sediento los FRATELLI esos tan BENE, por qué no. Pero no. Porque en la placa decía, con letras de oro, algo que no tenía nada que ver con el asunto hambre y sed: CESARE CIPOLETTI, NATO A ROMA IL 11 NOVEMBRE 1843. INGEGNERE IDRAULICO INSIGNE CHE STUDIÓ LA NAVEGABILITÀ DEL TEVERE E CON GENIALI REALIZZAZIONI TENNE ALTO IN ARGENTINA IL NOME D'ITALIA.

Después, en un restaurante enano, llamado *Il Giardino,* tragué, no comí. Y como lo hice dormido ni cuenta me di. Salvo por el momento ese, claro, en que empezó a pasar delante de mí una interminable fila india juvenil que imposible que cupiera ahí. Se tenían que meter a algún hueco secreto o algo así, todos esos chicos y chicas. O yo estaba loco. Ustedes dirán. Todos eran horrorosos y punk de rapada y eso, pero una chica altísima y linda, sumamente linda, la única con cabellera de ángel y rubísima, se detuvo maravillosa, sonriente, lectora absoluta de mis libros y hasta besuqueante, ante el campo de batalla perdida, con honra y todo, que era mi mesa. Agotado, vergonzante y sin reflejos, ya sólo se me ocurrió estirar mi tenedor de restaurante –de un solo tenedor, además, pero ya qué diablos– y ofrecerle un tembloroso y tierno tortellini, cual desolado resto de un gran naufragio... Pero la muchacha me dio un beso y me dijo que era española y muy lectora y que había venido para la graduación de su novio rapado. Y me lo presentó. El punk era gigantesco y horrible. Exacto al diablo. O el diablo era exacto a él, más bien. Indignado, retiré mi tenedor con el tortellini en la punta. Yo respeto los noviazgos, y mucho, pero el dichoso tortellini estaba dedicado a ella. O en todo caso a mí, hasta que ella..

Sábado 10 de marzo. Se siente, se aspira, se inhala el estallido de la primavera. A las 14:30 hizo su entrada el tren proveniente de Milán. Andén 18. Perfección y puntualidad por ambas partes. Lo malo, claro, es que a las 14:33, y del andén 17, partía un tren rumbo a Perugia.

123

Pero la *Principessa* no podía salir disparada a Perugia, porque era sumamente esperada en el *palazzo* No Sé Cuántos, por Viva y Raffaele, que son un encanto, Maximus-Alfredo, vas a ver, y te quieren ver y juntos mañana vamos a ir a ver una exposición extraordinaria de Caravaggio, sólo para socios o algo por el estilo, y estrenarás la camisa que te he comprado y ahora mismo tomamos un taxi porque quiero que veas una plaza sensacional, un escenario y una iglesia maravillosos, un lugar imaginado y pintado por genios de la pintura y el diseño y el humor y, ahí, en ese escenario único, como tú, te daré la camisa, que no sé si te va a quedar bien o no, pero en todo caso ahí anda toda arrugada en el fondo de mi bolso Ken Scott 1964.

La plaza y la iglesia, locas, divertidas, increíbles, según la hora del día y la luz, se llaman ambas San Ignacio. Pero yo también le había llevado su regalito a la *Principessa:* un casete con la ópera *San Ignacio,* nada menos, de Domenico Zipoli y Martin Schmid, también conocida como *La ópera perdida de los jesuitas de la Amazonia.* Había vuelto la calma, nos reíamos de tanto San Ignacio, pero el ataque de risa nos vino cuando, aparte de un entrañable almuerzo en el *palazzo* de sus amigos, jamás logramos comer en un restaurante que no se llamara *L'Archetto.* Y en perfecto orden, además: *L'Archetto I, L'Archetto II* y *L'Archetto III.* Como por encanto, cada vez que sentíamos hambre aparecía, muy pertinente y de gran calidad y cantidad de tenedores, un *L'Archetto* más.

Y Perugia quedó para la próxima vez, para cuando los trenes funcionen con el debido respeto y no corran uno detrás del otro como en la vida esos estúpidos que corren y corren y nunca tienen tiempo para volverse a ver. Y ni siquiera se les ocurre, que es lo peor.

Aviones de ida y vuelta

Y pasaron dos años de aquel regreso al Perú, al cabo de casi siete lustros de ausencia. Todo lo calculé con bastante detalle, a partir del día de julio de 1995 en que, en el norteño balneario de Pimentel, tomé la decisión de volver a mi país. Desde aquel momento, prácticamente todo lo que hice estuvo en función de aquella decisión, y, aunque viví momentos de cierta impaciencia, los tres años y medio que tardé en alzar con bultos y petates y aterrizar en Lima transcurrieron de acuerdo a un detallado plan que me tuvo trabajando en lugares tan distintos como New Haven, Las Palmas de Gran Canaria, Montpellier, Formentor y Palma de Mallorca. Y la víspera de mi partida se concretó la venta del departamento madrileño en que viví mis últimos diez años en Europa. No olvido aquel día de notarios y bancos y el controlado desastre de una mudanza perfecta.

Pero, definitivamente, uno no puede calcular nada, cuando de emociones y sensaciones se trata. Y ahora recuerdo la cantidad de respuestas con que me enfrenté a la curiosidad de amigos y periodistas, hasta el día mismo de mi partida. A aquellos que aseguraban que a Europa volvería antes de lo que canta un gallo, solía neutralizarlos con estas palabras: "O sea que, en el fondo, tú lo que deseas es que me vaya pésimo en el Perú". Y a aquellos que querían darle un contenido dramático –y hasta heroico– a mi decisión, los tranquilizaba recordándoles que todos los días sale un vuelo de Lima y aterriza en Madrid.

Pero he tomado este vuelo Lima-Madrid-Lima varias veces ya y, la verdad, creo que siempre será una fuente de

125

inagotables sorpresas, de tremendas emociones y sensaciones. Para empezar, el tiempo se vuelve totalmente subjetivo y elástico. Pasado, presente y futuro se mezclan una y otra vez, incontrolable y agotadoramente, agradable y detestablemente. Uno es atravesado por ruidos que ve, por olores que escucha, por visiones que paladea. Recordaré toda la vida mi primer retorno a Madrid, que, en muchas formas, lo era también a todas las ciudades y países y casas o departamentos en que viví. Durante un tiempo inmenso, estuve en mil lugares y escuché tantas voces y mis ojos se perdieron en un desfiladero de miradas y por ahí también apareció en el puerto de Dunkerque un tipo llamado igual que yo aunque más parecido a otro tipo igual con tremendo abrigo y una pipa y la boina que traje de Lima a París o... ¿O que llevé de Lima a París en 1964...?

Ese mismo tipo, que ya van siendo como tres, o cuatro, o mil, recogió una maleta, abandonó un aeropuerto, tomó un taxi, dio una dirección y llegó a un edificio en el que había un portero. Con un gran cansancio, ese mismo tipo repartido –o más bien desparramado– intentó una suerte de reunificación de sí mismo, pero su rotundo fracaso fue más que palpable en el momento en que la puerta de un ascensor se abrió y un portero detrás de él le dijo:

—Bienvenido, don Alfredo...

Y le dio una mano sonriente.

—Bienvenido, sí... Pero usted se fue en febrero y estamos en mayo. Y arriba ahora vive la señora Kathy.

Casi le pregunto a Pedro qué quiere decir *ahora* para usted, Pedro, porque lo que es para mí *ahora* y un chicle son igualmente elásticos, pero habría tenido que apelar a Proust y a Bergson y a Esteban, que fue mi portero antes que Pedro, y a Rosi, que fue mi asistenta y es hija de Esteban, pero resulta que Esteban se jubiló y Rosi se casó con Pedro que heredó la portería poco tiempo antes de

126

regresar yo al Perú y ahora a Madrid... En fin, el maldito *ahora*, el inexplicable...

Saludé muy cortésmente a Pedro, llamándome nuevamente yo, pero una sola vez (y sin boina y sin pipa y sin Dunkerque y sin 1964 y un millón de *ahoras* más), recordé el nombre y la dirección del hotel en que tenía una reserva y salí en busca de un taxi, maleta y cara de imbécil en mano.

Y ese día, lo juro, me fui realmente de Madrid, de España, de Europa. Ese día, ese *ahora*, viví la tristeza terrible de una partida que había tenido lugar tres meses atrás. Ese atardecer que además transcurría en un hotel en el que me había alojado alguna vez, en algún ahora objetivamente anterior, probablemente cuando vivía en Barcelona y viajé para algo a Madrid. Ahora: tiempo cronológico y objetivo.

Ahora: tiempo íntimo y subjetivo. Suele pescarlo a uno totalmente desprevenido, pero es indiscutible.

Con nombres, apellidos, y DNI, decidí llamar a algunos amigos y citarlos en el mismo restaurante que había frecuentado tanto mientras viví en la dirección en que ahora vivía la señora Kathy y ahora Pedro era el portero y Esteban ahora sólo había sido el portero hasta que se jubiló, etcétera.

Una hora más tarde los amigos comentaban que el peruano sí que tenía manías, que toda la vida el mismo restaurante, que cualquiera que recién baja de un avión anda cansado y cita a los amigos en su hotel, pero que el peruano dale con seguirlo citando a uno en el mismo lugar de siempre y que el peruano parecía el mexicano ese de la ranchera, el que está siempre en la misma ciudad y entre la misma gente y en el lugar de siempre...

—Me llamo el peruano, tengo manías, y parezco el mexicano ese –le dije a Juanito, el mozo que me atendió un millón de veces y ésta. Y lo vi con pelo y ya calvo.

127

—¿Qué tal por la tierra? —me saludó Juanito.

—Elástico, Juanito —le dije—. Como un chicle, como una goma de mascar.

—¿Y es verano o invierno?

—Esa es una pregunta a la que los peruanos nunca hemos sabido responder. Y menos los limeños, como yo.

Juanito nos dejó el menú sobre la mesa y se retiró como quien no quiere meterse en profundidades.

Pero hay una hora en que los restaurantes cierran, uno está agotado y los amigos empiezan a cansarse. Sólo los hoteles permanecen abiertos siempre. Ahora y siempre. Y ya sólo nos queda el sueño, esa inmensa posibilidad. Como aviones de ida y vuelta...

¿Todavía no te has ido?

A diferencia de aquel lindo tango que Carlitos Gardel cada día canta mejor (en esto de cantar mejor, a Gardel parece que lo gana Daniel Santos, pues según Luis Rafael Sánchez, en su excelente novela *La importancia de llamarse Daniel Santos,* éste canta *siempre* mejor), yo no *adivino el parpadeo / de las luces que a lo lejos / van marcando mi retorno.* Ni tampoco estas luces serán *las mismas que alumbraron / con sus pálidos reflejos / hondas horas de dolor.* No. Nada de eso.

Yo partí a Europa de un puerto minero que no sé si aún existe y, en todo caso, partí en el barco de una empresa que, con toda seguridad, hace décadas que dejó de existir. Además, lo más probable es que regrese en avión, y que Lima, allá abajo, mientras aterrizo, se vea tan horrible como siempre, si es que se ve, por lo del velo aquel de angustia y neblina que la cubre siempre, según Melville, en *Moby Dick.*

Y hace la edad de Cristo que, en el puerto sin luces ni parpadeos iluminados de Marcona, nos embarcamos rumbo a Francia, y punto, un grupo de estudiantes de postgrado. Quiero decir que no sólo no hubo más luz que la de esa mañana, en aquel destartalado puerto de carga, sino que nuestros familiares y amigos se habían despedido de nosotros días antes, incluso, pues no se sabía la fecha exacta de la llegada y partida del carguero Allen D. Christensen, y lo mejor era esperarlo en las cercanías del puerto, no vaya a ser que largue sin mí.

Nuestros familiares y amigos se habían despedido allá en Lima, a seiscientos kilómetros al norte de distancia, y, la verdad sea dicha, no había dramatismo alguno en aquella partida, ni mucho menos *hondas horas de dolor* en nuestros equipajes sentimentales.

Yo incluso me sonreía para mis adentros, al pensar en lo compleja y rica que es la vida. Debí haber partido siete años antes a estudiar literatura en la Universidad de Cambridge, pero siete años antes yo era aún menor de edad y mi padre se opuso radicalmente a aquel sueño mío y me obligó en cambio a estudiar Derecho en la Universidad de San Marcos. Me sonreía para mis adentros, porque las consecuencias de la decisión de mi padre, lejos de ser dramáticas, me permitieron disfrutar de todo un inmenso aspecto de la vida peruana que yo desconocía (o conocía apenas y mal), ahí en aquellos inolvidables patios de la vieja casona de la Universidad de San Marcos: el de Derecho, en que le di gusto a mi padre, y el de Letras, en me di gusto a mí, estudiando literatura, mientras que en ambos frecuenté a centenares de personas venidas de otros departamentos y regiones del Perú, de otros medios sociales y económicos, también de distintas razas y hasta religiones. Y esos años sanmarquinos fueron hermosos, alegres, intensos, inmensamente importantes para mí.

En realidad, los problemas que tuve que enfrentar vinieron de mis entrañables amigos del colegio San Pablo. Entre ellos, había tomado la decisión de irme a Europa y convertirme en escritor. Con toda la buena intención y el excelente sentido del humor que caracteriza a ese grupo de amigos de toda la vida, algunos se habían burlado del "excéntrico del San Pablo", como me consideraron siempre. Lucho Peschiera, quien por entonces ponía en duda la seriedad de mis sueños, de mis decisiones, y de todo lo que yo hiciera y dijera, solía tomarse aquel asunto vocacional como una más entre mis tantas excentricidades, y afirmaba que lo único que a mí me interesaba era vivir un año en París y después regresar al Perú, para palanganear el resto de mi vida con lo de aquel año de vida parisina. Alfredo Díez Canseco lo resumía todo así: "Dice Bryce que se va a Europa a estudiar para bohemio".

Tenía pues que irme rápidamente a Europa, si deseaba que mis compañeros de colegio me tomaran por fin en serio. Pero, bueno, no me fui. No me fui, y los años pasaron y hasta había habido, al terminar recién el colegio, una comida con los amigos más cercanos, una despedida a Bryce que se nos va para siempre a Europa, o al menos eso dice él. Y después vinieron esos siete interminables años de bromas y más bromas que entonces sí que me dolían, y mucho, lo confieso. Mis ex compañeros de colegio ignoraban aquel asunto tan duro, tan personal, tan familiar, de la oposición de mi padre a mi partida a Europa, y cada vez que nos volvíamos a reunir, para almorzar o comer juntos, y hasta cuando me los encontraba de casualidad por la calle, me soltaban aquello de:

—¡Cómo! ¿Todavía no te has ido? Pero si los del colegio hasta te dimos una comida de despedida, porque te nos ibas de bohemio y escritor... Y de eso hace ya como tres años... Púchica, compadre, usted siempre tan, pero tan, especial...

Lo dejaban a uno con una muy triste sensación de pan que no se vende, de pan que no se vende ni se venderá nunca en la vida. Lo dejaban a uno tan triste y despistado, con una tarde de domingo metida en el alma, aunque fuera sábado por la mañana y el sol brillara por todas partes.

De todo aquello han pasado treinta y tres años, esta mañana de domingo en que escribo, y ahora resulta que me encuentro exactamente en la misma situación, pero al revés. Y nuevamente todo se debe a un malentendido, o a la forma que tienen algunos periodistas de transcribir lo que uno dice. Durante una rueda de prensa cometí el error, hace ya un par de años, de expresar mi deseo de regresar a mí país. Dije, incluso, lo recuerdo bien, que no quería volver a morir al Perú, sino a vivir allá el resto de mi vida. Yo, que nunca he sido un gran nostálgico, que he trabajado y me he integrado perfectamente bien en los muy diversos países en que he vivido, y que siempre he podido regresar a mi tierra por unas semanas, o meses, cada vez que se me ha antojado, acababa de estar en el Perú y había sentido, de golpe, el deseo de retornar, de volver a vivir en mi país, aunque no sin antes terminar una serie de proyectos laborales, que incluía dos novelas, a las que hoy, además, se ha agregado un libro de cuentos, ya prácticamente terminado. Ni siquiera hablé de un plazo mínimamente aproximativo, para que mi deseo pudiera llevarse a cabo, puesto que no creo que exista un solo autor serio capaz de afirmar cuánto va a demorar en escribir un libro. Además, no sólo me quedaban esos libros por escribir, sino también una serie de obligaciones públicas y privadas por cumplir. En fin, todo esto afirmé en aquella rueda de prensa y hasta hoy se lo sigo diciendo a quien me quiera escuchar.

Sin embargo, desde que hace un par de años, algunos diarios convirtieron mis deseos en realidad, anunciando que me regresaba al Perú y punto, o sea como si la partida fuese para mañana, sin escribir novela alguna (ya he publicado la primera) y sin cumplir con todos mis demás compromisos públicos y privados, mi vida actual ha vuelto a parecerse como dos gotas de agua a los años que precedieron mi partida a Europa. No faltan, ni siquiera, los que piensan que, en los dos años transcurridos desde que algunos diarios anunciaran mi inminente partida, ya he regresado al Perú y ya me he hartado y vuelto a regresar del Perú. Y me abrazan y me dan la bienvenida y todo. Otros, en cambio, me dicen:

—Pero, diablos, peruano, ya estoy hasta las narices de tu partida al Perú.

132

Otros, dramatizan un inexistente drama de corte histórico, y viven mi partida un poco como la de Colón, o como la del gran conquistador español que, para quedarse ya para siempre en tierras americanas, quemó sus carabelas. Y ni lo oyen a uno cuando les dice que, por lo menos, tres o cuatro vuelos semanales unen Madrid y Lima, aparte de que tengo aquí a todos mis editores, mil amigos, y hasta he aceptado ya compromisos laborales que me obligan a retornar a España, cuando esté ya bien instalado en Lima. Pero la frase más frecuente, y la que más me hace reír y rabiar, al mismo tiempo, es la misma que escuché tantas veces, hace casi cuarenta años atrás, cuando aún soñaba con venirme a Europa:

—¡Cómo! ¿Todavía no te has ido?

En fin, para reír o llorar, y, la verdad, ya sólo falta que alguien tome la atroz iniciativa de organizarme una comida de despedida.

Josep Marfá

Conocí a Josep Marfá a comienzos de los setenta, en Barcelona. Era un tipo altote y fornido, con muchísimo pelo, piel muy blanca y un autoritario vozarrón. En aquellos años la llamada *gauche divine* trasnochaba y bebía ginebra en la elegante barra del Boccaccio y se enfrentaba a la decadencia del franquismo desde todos los posibles rincones. Escritores, poetas, humoristas, periodistas y editores solían pasarse buenas horas en las comisarías del régimen o sin pasaporte para poder viajar al extranjero. Yo llevaba ya varios años viviendo en París y veraneando en España, aunque mis vacaciones solían empezar después de mi paso por Barcelona, ya que en esta ciudad me reunía con serios amigos catalanes, como el antropólogo Josep Llobera, con quien años atrás había estudiado alemán en un pequeño Instituto Goethe situado en las afueras de Múnich. Y en Barcelona aprovechaba también para visitar a escritores como Gabriel García Márquez y Mario Vargas Llosa –que por entonces residían en la ciudad condal–, y a Juan Marsé o Carlos Barral. De aquellos años data también mi amistad con editores como Beatriz de Moura y Jordi Herralde, que solían visitarme en París cada vez que caían por ahí.

Las décadas de aislamiento en que había vivido España y la tremenda censura franquista, hacían que el ansia de salir, de viajar y respirar, de ponerse al día con el mundo, se confundiera un poco con un cierto complejo de inferioridad ante lo que venía de fuera, y todo aquello de la *gauche divine* tenía un cierto provincianismo que se acentuaba aún más cuando uno llegaba a ciudades como

Zaragoza o Madrid. Y, la verdad, a mí que llevaba ya un buen lustro viviendo en París, realmente no me parecía que hubiera tanto que envidiarles a ciudades como Londres, Roma, Milán, que también conocía bastante bien, y mucho menos a esa Ciudad Luz que con su mayo del 68 ya bien liquidado empezaba a languidecer culturalmente en todo lo que no fuera su intocable belleza histórica y su vocación de museo.

En 1970, ya con este pequeño bagaje cultural a cuestas, acerca de lo que era la España de entonces y, en particular, aquella Barcelona que tanto llegaría a amar, publiqué mi primera novela en Barral Editores, la empresa editorial que Carlos Barral acababa de fundar tras su ruptura con el grupo Seix Barral, cuyo catálogo gozaba ya entonces de un sólido prestigio en Europa y Estados Unidos. Por supuesto que aquel catálogo era el resultado de mil valientes escaramuzas y enfrentamientos con la censura franquista. Creo yo que su valor histórico y artístico era entonces inmenso y que aún hoy mantiene su calidad y mucha actualidad.

Pero Carlos Barral era todo menos un empresario y la nueva editorial empezó a darle dolores de cabeza desde el comienzo. Sin embargo, Carlos miraba todo esto con cierta ironía y con un aristocrático desdén, y al mismo tiempo iba recurriendo a gente a veces bastante increíble, para todo tipo de menesteres. Así apareció aquel ingenuo e inefable buenazo llamado Josep Marfá.

De dónde salió Marfá es algo que jamás sabré, aunque era indudablemente un producto del medio y algo así como un sensible atrabiliario que había confundido a la *gauche divine* con el paraíso y cuya máxima aspiración en la vida era estar *in,* como se solía decir por aquellos años. Sin duda alguna, para él Carlos Barral y su leyenda de editor, poeta, navegante, santo y bebedor –todo muy cosmopolita– eran simple y llanamente *demasié.* Y Carlos

Barral acababa de emprender otra heroica aventura editorial, a trancas y barrancas. Y yo era el primer autor que iba a publicar, como editor independiente del grupo Seix Barral. Y yo era peruano, además, o sea del mismo sur que el Che Guevara con boina y puro. Y encima de todo vivía en París, como mayo del 68. En fin, que entre Barral y Bryce, Josep Marfá tenía *weltanschauung* para rato.

Y maldita la hora en que Carlos Barral, tras haberle confiado la traducción de algunos libros que luego hubo que corregir con carácter de urgencia, no encontró mejor manera de ahorrarse el cuarto hotel que me ofreció para mis visitas a Barcelona vinculadas a la publicación de aquel primer libro y algunos más, que recurrir también a Josep Marfá con carácter de urgencia.

Lo menos que se puede decir es que en casa de Marfá se vivía ruidosamente, a pesar de que su santa esposa trataba de darle a todo aquel sonido y furia un toque de burguesa amabilidad catalana y buena repostería. Pero él lo que quería era acompañarme a sol y sombra, como se lo había pedido Carlos Barral, aunque tan desmedidamente como todo en él. Y yo no podía salir a la calle porque me seguía con esa mezcla de perro rabioso y de perrito faldero que lo caracterizaba en sus relaciones conmigo, pues quería, por un lado, ser poderoso dueño y señor de mi persona y su significado *in,* y por el otro que yo fuera su amo y señor en mi calidad de cosmopolita y guevariano sobreviviente parisino de las huestes del 68.

Josep Marfá era un desesperante desesperado que siempre tenía lágrimas de niño por algún recoveco de sus gigantescos y exaltados ojos negros, pero que al mismo tiempo era capaz de hacerle perder el niño a Nuria, su esposa, que ya había perdido varios y tenía unos complicadísimos embarazos que además solían coincidir con cada una de mis visitas. Con enorme tino, por ejemplo, le contó que acababa de ligarse a una tía en un momento en que la pobre Nuria y su embarazo no soportaban ni el vuelo de una mosca. Nuria perdió el bebe, su padre militar se enteró de la razón, y una noche en que Josep volvía a casa fue recibido con un reincidente bate de béisbol y quedó más golpeado que tambor de circo.

Huir de Marfá, escapándome a la calle, me resultó siempre imposible. También me resultaba imposible salir a la calle con él, pues hasta el propio Carlos Barral partía la carrera cada vez que me veía con su traductor y estrecho colaborador. Y hubo noches en que, harto ya de tanta hospitalidad "a lo Marfá", decidí huir de él en su propia casa, diciéndole que deseaba tomar un largo y prolongado y solitario baño de agua muy caliente, para meditar acerca de mi destino literario. Siempre fue inútil. Tras haberme llenado la tina y derramado en ella mil sales aromáticas, Marfá se instalaba a un lado, sobre el váter, para seguir discutiendo conmigo acerca del porvenir de la literatura y el jazz.

El jazz y la literatura habían sido fuente de un largo intercambio postal entre Josep Marfá y yo. La idea era suya, por supuesto, y yo en un principio había pensado que, puesto que él me ofrecía enviarme novedades literarias de Barcelona a París, a cambio de discos de jazz, un buen truco para librarme de él podía consistir en pedirle libros carísimos, enciclopedias enteras, por ejemplo. Me mandó carísimas enciclopedias enteras, también, por ejemplo, y en más de una ocasión su suegro militar volvió a molerlo con el bate de béisbol, cuando fue descubierto en pleno robo en alguna importantísima librería de Barcelona y trasladado a una comisaría.

Por fin un día Marfá me pidió doce flamantes *long-plays* de doce genios del jazz, algo nada fácil de encontrar y de enviar, y, como yo pensaba ir a Barcelona en las semanas siguientes, decidí jugarle una mala pasada y librarme de una vez por todas de él y de su maldita hospitalidad. Decidí avisarle que los discos que me había pedido ya estaban en camino y que también yo pensaba ir pronto a Barcelona, pero tan sólo por unas horas, haciendo una escala en mi camino a Zaragoza. Mi idea era la siguiente: caerme por el departamento de Marfá intempestivamente, preguntarle si le habían llegado unos discos que jamás le había enviado y, al obtener su respuesta negativa, decirle que ya estaba hasta la coronilla de sus encargos y de todo, que me había hecho recorrer todo París en busca de doce incunables, que me había hecho perder una fortuna con sus caprichos y que ¡Al diablo! ¡Al diablo Nuria, tú, el bate de béisbol y el suegro militar!

Mas no fue así, porque a la pregunta: "¿Recibiste los doce discos, Josep?", hecha por mí mientras nos instalábamos en la sala de su casa, Marfá respondió: "Claro que sí, hombre. Mira, ahí están, en la parte alta de la discoteca".

Y el resto de mi vida me lo habría pasado evitando Barcelona, huyendo de Josep Marfá, si no es porque Jordi Herralde, director de la Editorial Anagrama, me contó que, siguiendo las modas y los años y siempre en su desesperación por mantenerse *in*, Marfá se había declarado *outsider*, primero, gitano, después, consumidor de drogas blandas, luego, de drogas duras, enseguida, y así por el camino y ya sin hogar ni Nuria ni hospitalidad que ofrecerle a nadie nunca ni militar tampoco que le atizara una buena paliza de béisbol cada vez que sacaba los pies del plato. Ahora Marfá vivía simplemente fuera del plato y muy lejos de Barcelona. Alguien lo había visto con una chiquilla, pero eso había sido más bien por Tarragona, tal vez por Lérida...

Esta información me permitió llevar una vida sosegada y agradable durante los años que residí en Barcelona. Y ya vivía en Madrid cuando me enteré de que Marfá había regresado a la ciudad condal y que deambulaba por las Ramblas, con nocturnidad. Y sí, fue una noche, después de una de esas maratones del día del libro, en Barcelona, firma que te firma de una librería a otra, como tantos otros escritores, cuando me tocó detenerme en una librería situada en el paseo principal de las Ramblas. Y por ahí vislumbré a Josep Marfá. Llevaba atuendo de pirata, mezclado con guiñapo humano. Me rogó que lo visitara, que lo fuera a ver, pronto, muy pronto, desesperadamente. Y me ofreció toda su vieja hospitalidad de toda la vida. Y anduvo insistiendo en ello a gritos, mientras yo me alejaba por las Ramblas, tras haberle dado un abrazo, un beso, y algún dinero, y tras haber comprobado que el atroz Josep Marfá había gritado y gritado pero sin decirme jamás adónde lo debía visitar, desesperadamente. Poco después supe que había muerto en el infierno *in* en que lo pescó su destino completo.

El cóndor sigue pasando

Atahualpa Yupanqui solía almorzar, o comer, en un pequeño restaurant de la rue Lacépède llamado El Inca, cuyo propietario, cocinero, y único mozo, era un viejo lobo de mar que respondía al nombre de Páris, con acento en la a, y que afirmaba haberle dado la vuelta al mundo varias veces. En todo caso, Páris conservaba una idea muy remota de lo que eran los platos típicos de algunos países, y la verdad es que lo más auténtico de su comida peruana, por ejemplo, era una relación calidad-cantidad-precio que con las justas superaba a los atroces restaurantes universitarios de París. En resumen, en El Inca se comía muy poco, muy mal, y baratísimo.

Pero una serie de factores de tipo coyuntural e histórico hicieron que, de la noche a la mañana, América latina se pusiera alarmantemente de moda en París y en medio mundo, y que, para muchos, mayo del 68 fuera algo así como una prolongación francesa de la revolución cubana, mientras que Daniel Cohn Bendit, alias Dany el Rojo, por su roja cabellera y por su descabellado afán de tumbarse a la burguesía, empezando por el mismísimo general De Gaulle (la verdad es que éste habló siempre de la enorme dificultad de gobernar un país como Francia, que posee más de trescientos quesos distintos), venía a ser una suerte de reencarnación colorada del recientemente fallecido y permanentemente llorado comandante Che Guevara.

Nada les gustó tanto a los latinoamericanos de París como estar de moda en París, entre otras cosas porque no había francesita que se resistiera, y porque al fin se superaban los récords de popularidad de *Un americano en París,* por ejemplo, que de golpe y porrazo pasaba a ser una arma tan sutil como feroz del imperialismo yanqui, y merecía, cómo no, el desprecio absoluto de un Jean Paul Sartre procastrista y pro todo lo que sonara a golpe de gracia a los discretos encantos de la burguesía tercermundista. América latina tenía guerrillas y guerrilleros por doquier, aunque derrotados todos, también por doquier, pero con una abundantísima cantidad de artistas y escritores para cantarlos y llorarlos en plena Ciudad Luz y en versión original. En fin, que acababa de estallar el *boom* de la literatura latinoamericana, en París y donde se le pusiera, y acababa también de alzar su vuelo mundial *El cóndor pasa.*

Y Atahualpa Yupanqui ya no tuvo que comerse, casi diario, la comida para pobre gente de París que el tal Páris servía en *El Inca,* en vista de que ahora le llovían los contratos a todo aquel que fuera capaz de entonar aires rurales y andinos con un arte tan auténtico, fino y poético como el suyo. Lo malo, claro, es que los artistas de la talla del gran Atahualpa no abundaban en París y que, en cambio, la Ciudad Luz se empezó a llenar de grupúsculos folclóricos de arpa, quena, charango, y zampoña, y de pésima calidad. Pero, en vista de que todos aquellos *nuevos indios* aprendieron a querer y llorar como nadie al comandante Che Guevara y, acto seguido, a permitir que el tan mentado cóndor alzase el vuelo y continuase su incesante pasar, y en vista de que el pobre Jean Paul Sartre parecía estarse quedando ciego y sordo, pero no mudo, no hubo manera de evitar que París se convirtiera en la ciudad con mayor número de guerrilleros de café y conjuntos folclóricos latinoamericanos por metro cuadrado del mundo.

Una enorme falsificación –que ha continuado hasta nuestros días– empezaba a ponerse en marcha, en lo que a América latina corresponde. Y por más que en la universidad, yo me mataba explicándoles a mis colegas y alumnos que en el caso peruano, por ejemplo, se estaba prefabricando lo andino precisamente en un momento en que la división entre el Perú criollo y el Perú andino empezaba a borrarse, ellos me miraban como a un agua-fiestas llegado a París con el único fin de asesinar al más hermoso de todos los cóndores. Y las ciencias sociales en nada me ayudaban en mi intento de desmitificación, en vista de que también ellas colaboraban en la construc-ción de una simbólica barrera que la cambiante realidad nacional se estaba encargando de hacer desaparecer.

Inútil. Todo era inútil contra el inmortal cóndor y el lloradísimo Che Guevara. No había manera, por ejemplo, de comer en paz unas buenas ostras con vino blanco, en compañía de una chica francesa y en el más francés de los restaurantes. Uno no había logrado aún que el maître to-mara nota de su pedido, cuando ya había hecho su ingre-so al local un grupito de cantantes guerrilleros urbanos con sus rurales instrumentos andinos. Y lo peor de todo es que también la chica que uno había invitado sucumbía a la seducción del cóndor, e ipso facto se olvidaba de las os-tras, del vino, de París, y de uno. En fin, de todo se olvida-ba la chica menos de la muerte del Che Guevara.

Y por París pasó el Ballet Nacional del Perú, que aca-baba de ganar premios mundiales de música y danzas ne-gras, nada menos que en Cuba, y nada menos también que en varios mismísimos países de África. Pero, para que asistieran cuatro gatos a las funciones que dio el ballet en el mero Palais Chaillot, hubo que pegar gigantescos pósters andinos en las paredes del teatro y que contratar con carácter de urgencia a toda una columna guerrille-ro-andina, de quena, charango, arpa, zampoña, y varias armas de fuego revolucionario más.

En fin, que el Ande lo perseguía a uno por todo Pa-rís, así uno fuera tan poco andino como un venezolano de origen canario, un hijo de inmigrantes italianos de Buenos Aires o Montevideo, o un nieto de alemanes de Santiago de Chile. Ni siquiera los escritores del *boom* se escapaban de la avalancha andina. Y cuentan de uno que se estaba comiendo una tremenda langosta en un elegante restaurant parisino, cuando entró un periodista que se le acercó precipitada y entrevistadoramente.

—¿Y no piensa usted en sus indios mientras come la langosta? –le preguntó el periodista, como quien busca una noticia sensacionalmente amarilla y acusadora.

—Mire usted –le respondió el agredido, con tanta ironía como malhumor–, no sólo pienso en ellos sino que, cuando lo hago, se me oprime el pecho, se me anuda la garganta, se me chorrean las lágrimas, se me caen el plato y... Y me arruinan la langosta.

En fin, que por más que uno les insistía –y hasta les rogaba que le hicieran caso– a sus colegas y amigos y alumnos franceses, nada había que hacer. *El cóndor pasa* continuaba siendo la quintaesencia del explotado indígena que había que salvar a quenazos y charangazos de las malvadas garras de un pérfido patrón imperialista y, de preferencia, yanqui, por más complicado que resultara encontrar un gringo terrateniente en el sistema latifundista andino. Y por más que ya hasta Perry Como y Simon y Garfunkel hubieran traducido al inglés el vuelo del sacrosanto cóndor pasajero, en millones de discos neoimperialistas.

Y por más que uno suplicara, ya de rodillas, un poquito de paciencia, para explicar que *El cóndor pasa* formaba parte de la zarzuela del mismo nombre, compuesta por Daniel Alomía Robles, un hombre de formación más bien europea, y autor asimismo de una ópera titulada *Illa Cori*. Y que el maldito cóndor voló por primera vez en 1913, en el teatro Mazzi, de Lima, ante un nutrido grupo de damas y caballeros de alta sociedad y cuna, y de al-

143

curnia y *jet set,* que además aplaudieron a rabiar las tres mil veces que esta obra se interpretó, durante cinco años de clase superior limeña.

Yo no sé si el *boom* de la literatura latinoamericana se acabó cuando Simon y Garfunkel se separaron, por fin, y nunca más hicieron volar al cóndor de mi desesperación, en el París de los años sesenta, setenta y hasta ochenta. Sólo sé que en el año de mi desgracia de 1996 tuve que regresar a Francia, para participar en unas jornadas universitarias paralelas al Festival Internacional de Cine Latinoamericano, en Biarritz. Y sólo sé que, no bien llegué al dichoso festival, decenas de indígenas latinoamericanos se arrancaron a llorar a mares por un Che Guevara del que hoy ya ningún francés se acuerda, revolucionariamente hablando, y que al mismo tiempo emprendieron raudo vuelo por la que fuera corte de Eugenia de Montijo y es hoy capital internacional del surf europeo. Y que, mientras permanecí en Biarritz, millones de cóndores andinos con visado francés y hasta Schengen sobrevolaron las playas pobladas de surfistas.

Una habitación con vistas

En realidad era una suite con comedor y todo, y me parece recordar que eran cinco los balcones que daban a la realidad nacional, por el sector histórico de la ciudad que los limeños hemos conocido siempre como la plaza San Martín. Más que con vistas, yo quería que fuera una habitación con visitas, pero no pude impedir que lo primero se mezclara con lo segundo porque hacía mucho tiempo que mis invitados no iban al centro de Lima, o que iban por algo realmente indispensable, casi furtivamente. Estar ahora en esa plaza, en esa bellísima suite del hotel Bolívar, convocados a último minuto por el pariente o amigo recién llegado de Madrid que permanecería apenas cuatro días en la ciudad, los lanzaba de lleno a una suerte de cóctel de sentimientos, trago dulce y amargo en el que se mezclaban la alegría de un reencuentro con la nostalgia de un mundo desaparecido, cuyo último Gran Hotel en la Lima que se fue los convertía en seres extrovertidos y nerviosos, siempre al borde de la más amena anécdota sobre un pasado pluscuamperfecto y la evocación europea.

"Fue nuestro Ritz", dijo, por fin, un invitado a la europea. "Bueno, pero no tiene por qué no seguir siéndolo", le replicó, con dramatismo casi ideológico, la invitada rubia de carácter fuerte. Chabuca Granda y los invitados sociológicos callaron. Propuse otra rueda de pisco sauers y cócteles de algarrobina, y maîtres y mozos, venerables abuelos de los mozos de hoy —éstos son tan informales que pueden lograr que desaparezcan, guerrillera y vietnamitamente, toallas y batas que uno recupera con un

145

propinazo nacional y una cara de idiota realmente internacional–, maîtres y mozos de antaño acudieron al instante con bandejas de plata, compostura de oro y sonrisas bolivarianas. Lindo y *La flor de la canela,* que también es un lindo vals sobre aquel ayer.

Pero sonaba al mismo tiempo el teléfono y era precisamente aquel amigo mayor que, siendo yo todavía un adolescente impoluto, me habló por primera vez en la vida de Marx. Le recordé que esa conversación había tenido lugar treinta y cinco años antes, allá abajo, en un desaparecido café norteamericano de la plaza San Martín, pero él me explicó llorando que quería llorar más bien por la vida entera, que se le había anudado de golpe en la garganta. "La próxima visita avisa con tiempo que llegas", se quejó, preguntándome qué amigos o parientes había en la habitación, porque él sabía que mi habitación tenía vistas y que seguro había gente que no entendía nada de todo aquello. Prefería, por consiguiente, llorar antes que venir. Lo escuché con lejano y telefónico fervor, porque tenía que seguir atendiendo a mis otros invitados y, la verdad, también, porque era muy mala la comunicación.

Fueron tres días de parientes y amigos muy diversos pero siempre divertidos. Solían acompañarme hasta las cinco de la tarde, hora en que me echaba un rato y luego corría a pegarme el duchazo refrescante que me permitiría llegar con la mente y el cuerpo metidos en un traje ajeno, a las citas laborales que me habían llevado a la Lima peruanizada de hoy. Regresaba en la noche, ordenaba los libros y revistas que los generosos amigos iban depositando sobre la mesa de trabajo, y luego acercaba un sillón al amplio balcón del dormitorio. El Perú de allá abajo, el de la eternamente bulliciosa plaza San Martín, me atraía hasta robarme las más necesarias horas de sueño. En cambio el otro Perú, el que se limitaba estrictamente a mi europeo sillón, estaba tan muerto como yo estaba muerto de pena y de cansancio. Y eso tenía que tener alguna explicación.

De Pizarro a Fujimori, titula el estudioso peruano Ernesto Yepes la mejor explicación a todo lo que los balcones pusieron ante los ojos de mis invitados y los míos. Ellos, viejos limeños todos, van al centro de Lima menos que yo, creo, y yo vivo en Madrid. Hay en todo aquello hechos tan contundentes que Yepes apenas si los sugiere en su artículo. Por ejemplo, que en las últimas elecciones los partidos políticos tradicionales apenas lograron captar un 30% del electorado nacional, en un país en el que el voto es obligatorio. Y todo, según el articulista, habría empezado con Pizarro: "La coyuntura que vivimos constituye el prólogo, la iniciación del momento terminal de un larguísimo ciclo que empieza con la Conquista y que para buena parte de la población, sobre todo la andina, ha significado quinientos años de pervivencia, de resistencia, a una irrupción permanente en sus formas de existencia. Ello ha significado que sus modos de organizar el espacio, el tiempo, los recursos, la economía, fueron violentados por la presencia de otras formas no siempre adecuadas a su entorno natural y social".

En fin, todo un mundo indígena al que se le impusieron patrones de vida, consumo, producción, en cierto sentido artificiales, puesto que poco o nada tenían que ver con las peculiaridades de su entorno colectivo. Y esta imposición fue particularmente brutal en el medio andino, que literalmente quedó en la periferia de la periferia. Lima y el mundo costeño, en cambio, vivieron la ilusión de la modernidad exportadora. Hasta nos llegamos a creer que éramos un país hecho y derecho. La guerra con Chile nos mostró, por vez primera, a finales del siglo XIX, la infinita vanidad de nuestras ilusiones, y, más tarde, la gran crisis de 1929 nos demostró que apenas se nos había permitido retener y usufructuar una parte mínima del mundo europeo y moderno. Nuestra modernización era tan dependiente como precaria y apenas si se había extendido a unas cuantas zonas de privilegio.

Y, puesto que esas dos crisis habían obedecido a factores externos (la guerra con Chile y el sistema capitalista mundial), lo que ocurre hoy es que estamos ante la primera crisis realmente nacional. Ante un Perú cuyo Estado ha quebrado, como proyecto nacional, como ordenamiento oficial, para cederle espacios al país real que viene abriéndose paso a lo largo de siglos y que en las últimas décadas ha empezado a expropiarle sus ciudades, sus barrios y plazas (y sus vistas, ¿por qué no?) al iluso mundo costeño y moderno. Corremos pues hacia una final andinización de un país que fue siempre andino. Y, por primera vez, el mundo privilegiado ha empezado a pagar también el precio de vivir en un país tan desgarrado como artificial. Los periféricos de ayer han invadido hasta invalidarlo, con sus prácticas informales y populares y sus rostros y atuendos nada europeos, el viejo esquema de una economía exportadora que también ha caducado en el nuevo orden internacional.

Y quienes creyeron que el Gran Hotel Bolívar seguiría siendo nuestro Ritz, eternamente, confiaron demasiado en nuestras instituciones para limpiar esa simbólica plaza San Martín de las vistas que, desde bellísimos balcones, miraban absortos, nostálgicos, críticos sin argumentos, y hasta dramáticamente ideológicos y tradicionalistas y pasatistas. Por el Jirón de la Unión se llega de esta plaza a la plaza de Armas. Y en ésta se halla el palacio de gobierno, y en éste, tras las últimas elecciones, por primera vez, no un jefe de Estado descendiente de europeos, o por lo menos con olor a criollo, mestizo, u hotel Ritz. *De Pizarro a Fujimori* el camino ha sido ancho y ajeno, a menudo, pero de ninguna manera ha sido fortuito o casual. Y ya no se puede mirar por ningún balcón y decir que los de abajo son peruanos de segunda o tercera categoría.

Cito a Ernesto Yepes, que tanto me explicó acerca de las reacciones de mis invitados con vistas: "Naturalmente esto ha ocurrido dentro de una compleja secuencia andina de expropiación de los símbolos y de redefinición de ellos. Esto significa que en el caso del presidente de la República no es tanto la condición de ser descendiente de orientales lo que está en juego sino que la condición de un oriental la que de una forma u otra ha pasado a representar la nueva dimensión política de un país en dramática redefinición". Más claro no puede estar: el *terremoto* o *maremoto* Fujimori –como se le llamó en un primer momento– fue visto por esa inmensa mayoría electoral que se le escapó a todos los partidos tradicionales, de izquierda, centro, y derecha, como algo mucho más cercano al país informal, provinciano y pobre, de rostro oscuro, al que de una forma u otra se le enseñó primero un idioma y después se le contó la lengua.

Mis parientes y amigos a la europea, los serios sociólogos, los poetas y escritores del futuro ya no vinieron a verme al cuarto día. Tampoco la amiga alemana que era la única que no parecía asombrarse con las vistas de mis balcones. Ni hablar del Ritz que fue y se fue, ni nada, para ella. Me iba ya, y tenía que hacer las maletas, pensando en Pizarro y en Fujimori, frente a la estatua del libertador San Martín, que le cedió el paso andino al libertador Bolívar. El Gran Hotel Bolívar sigue siendo una joya, un rasgo histórico y occidental al que no podemos renunciar, pero cuya más hermosa definición pertenece al señor Zegarra, el viejo chofer negro que vino a acompañarme al aeropuerto. Tocó la puerta a la hora indicada para bajar mis maletas, le abrí, y ni caso hizo de la suite impecable de los muchos cortinajes. Se fue de frente al balcón de la sala, echó una ojeada a la plaza, giró su rostro amable y sonriente y me dijo: "Linda vista, ¿no, señor?".

Encuentro de culturas

Andaba ya instalado en New Haven, la fea, peligrosa y deprimida ciudad en que queda la Universidad de Yale, cuando recibí un sobre dirigido al Profesor Visitante Mr. Alfrido B. Echenique, un apellido que los norteamericanos pronuncian tan increíblemente que no sólo le quitan íntegro su origen vasco sino que, además, lo transforman en algo que suena más bien a griego: Ekenaiki. Y esto tras haberme suprimido el apellido paterno Bryce, que, por su origen anglosajón, les resultaría sencillísimo de pronunciar. Pero, en fin, qué se le va a hacer, puesto que se trata de un problema de insalvables diferencias de idioma, de costumbres, y de desencuentros culturales.

Bueno, pero lo importante ahora es que abrí el sobre y que en él encontré una breve nota en la que se me citaba para darme los resultados de un análisis de sangre y orina. Firmaba el doctor Collins, el médico generalista al que yo había acudido quejándome de un cierto cansancio cuyo origen conocía de paporreta. Acababa de pasar un par de meses en el Perú, al cabo de cinco años de ausencia, y la jarana había durado casi tanto como mi estadía en mi país. Hubo días, incluso, en que empezó en el desayuno y terminó horas antes del desayuno siguiente. Como decía yo mismo, sin faltar un ápice a la verdad, "me había comido y bebido todas mis nostalgias, a cada uno de los miembros de mi familia, e íntegros a mis entrañables amigos de toda la vida, amén de alguno que otro amigo nuevo por semana, más o menos". Y ahora sentía una brutal nostalgia de esa intensa y emotiva visita a mi pasado, mi presente, y mi futuro, lo cual explicaba fácilmente el decaimiento. Y en cuanto al cansancio, creo que cualquiera lo hubiese sentido al cabo de dos meses de jarana, con noches en blanco y todo tipo de excesos más. Somos seres humanos, absurdamente condenados a morir, desde que nacemos, y, así como sucede con el mal del refrán, tampoco hay felicidad que dure cien años ni cuerpo que la resista.

Y ahora era un cansado profesor visitante en una famosa universidad, situada en esa horrible New Haven, y quería cumplir con mi deber a la perfección y además poner en marcha mi nueva novela, *Reo de nocturnidad*, para lo cual era necesario estar en plena forma. Y lo mejor para ello era someterse a un chequeo médico, comprobar que todo andaba más o menos bien, o más o menos mal, y que en cualquiera de los dos casos el médico le recetara a uno un buen golpe vitamínico, por ejemplo. Siempre ha sido igual en mi vida de hombre y de escritor, como cuando de niño jugaba el primer tiempo de un partido de fútbol en un equipo y luego, en el segundo, me las agenciaba para terminar jugando en el equipo adversario. Es una manera que tuve de estar en este mundo, por lo menos desde que fui futbolista infantil en el colegio, y que sigo teniendo ahora con la vida, en general, y con la literatura, en particular. Tras una etapa de bárbaro y maravilloso desorden vital, me recluyo en algún lugar en que no me conozca ni me reconozca ni yo mismo, y tras someterme a una breve cura de reposo con chequeo médico incluido, si siento que es necesario, caigo en el orden y la disciplina totales. Y, mientras lloriqueo al ver que el amor y la amistad han quedado suspendidos, lejanos y abandonados, escribo novelas o cuentos e incluso artículos tristísimos, pero que no sé qué diablos tienen que me hacen reír a mí mismo.

Bien. El doctor Collins me había citado, por lo de mis análisis, y ahí estaba yo ahora en su consultorio, escu-

151

chándolo decirme muy amablemente que todo andaba normalito, menos lo del sodio. Me faltaba mucho sodio y prefería enviarme donde un endocrinólogo, para que averiguara mediante nuevos análisis el origen de esa carencia. Y ahí fue cuando el doctor Collins me pegó el susto de mi vida, porque cuando a uno le falta sodio puede padecer de una enfermedad de la que jamás había oído hablar y que tiene un nombre tan largo y complicado que siempre lo llevo escrito en un papelito, para que no se me olvide, con su traducción del *English* al *Spanish* y todo: síndrome de secreción inapropiada de la hormona antidiurética. Pronto, muy pronto, recibiría un nuevo sobre con una nueva cartita para una nueva cita, pero esta vez en el cuarto piso del Yale Medical Center y ya no en el primero, porque ahí en el cuarto se encontraba la sección Endocrinología, en vista de que el maldito síndrome ese está asociado a varios tumores, sobre todo en el cerebro y en el pulmón.

—Que tenga usted buen día, míster Ekenaiki –concluyó el doctor Collins, mientras me extendía su sonrisa y la mano del *good-by,* que también se escribe *good-bye,* por la sencilla razón de que también aprovecho esas serenas y ordenadas estadías en países donde no me conozco ni reconozco ni yo mismo, para repasar los idiomas que he aprendido, leer todo lo que puedo acerca de ese país, e intentar ponerme al día en su literatura. Y para todo ello utilizo un buen diccionario y en él descubro cosas como lo de la ortografía doble del *by bye* ese, que, como todos sabemos, es un uso más familiar y amistoso que el *good-by.*

Me citaron de Endocrinología una mañana en que tenía clases, pero felizmente a una hora en que me daba tiempo para caminar tranquilamente, al terminar por ese día mi curso sobre Manuel Puig, desde el edificio en que quedaba el aula hasta el Yale Medical Center. El doctor Collins había hecho llegar los resultados de mis análisis a manos de un especialista y bastaba con que me presentara puntualmente y preguntara por la señora Roberta Smith, en el cuarto piso, sección Endocrinología. Esa señora me atendería, para todas las cuestiones de tipo administrativo, y enseguida pasaría a un consultorio.

A mí siempre me salen mejor las clases cuando hay una chica bonita entre el alumnado, cosa que, por lo demás, estoy segurísimo que nos sucede a todos los profes de este universo mundo, y también a las profes con los alumnos bonitos, no seamos hipócritas. Y esa vez de Yale tenía por lo menos cuatro chicas bien bonitas en mi clase y, entre ellas, Jennifer Morgan era lo que realmente se llama un bomboncito. O sea que estaba cumpliendo a la perfección con mi deber en la universidad y las clases me salían cada día más redondas. Y con justicia distributiva, además de todo, porque hasta la chica más fea del curso –y todos los varones también, por supuesto– salían ganando con la alta calidad de mi docencia, mi puntualidad, y mi total entrega y disponibilidad para todo lo que ustedes necesiten, jóvenes y jóvenas.

—Y nunca duden en consultarme cualquier duda que tengan, dentro y fuera del aula.

Y como a mí los alumnos me pierden el miedo y esa especie de hipócrita *contigo a la distancia* que suele predominar en la relación profesor-alumno, ya desde la segunda o tercera semana de clases Jennifer y yo nos tomábamos nuestro cafecito conversado, a la salida del aula, y ya yo le había contado a la pobre lo de mi síndrome y sus posibles consecuencias y que estaba francamente aterrado ante la posibilidad de morirme en un sitio tan feo, peligroso y deprimido como New Haven. Lloró y todo, mi alumna más bonita, y lloró tanto, además, que yo mismo tuve que consolarla de mi muerte.

—Siempre hay que verle el mejor lado a las cosas, Jennifer –le dije, explicándole que mi muerte en New Haven

153

nos brindaría una oportunidad con la cual jamás habíamos soñado, cuando llegué de profesor invitado por un semestre.

—¿Qué oportunidad, Alfredo? —me preguntó la pobrecita, mientras intercambíabamos los kleenex flamantes que yo le pasaba por los que ella me devolvía empapaditos en llanto, para poder usar el siguiente.

—Pues la de cumplir con aquello de *juntos hasta la muerte,* en vez de separarnos como un profesor y una alumna cualquiera, en cuanto acabe el semestre.

Tras haberme mirado absolutamente sorprendida por la lógica de mis palabras y por aquella maravillosa oportunidad que nos podría brindar mi muerte, ese semestre, Jennifer me miró con una de las sonrisas más lindas y tiernas que he visto en mi vida. Y así también, mientras viva, nunca jamás olvidaré la forma en que aquella sonrisa empapadita en llanto se borró de un solo plumazo cuando ella captó que una cosa muy bella es la literatura y otra muy terrible la realidad de la muerte. Y redobló las campanas de su llorar por mí y nuevamente arrancó el intercambio de kleenex.

—Mira, Jennifer —le dije, en un último intento de consolarla, porque también yo estaba a punto de soltar el llanto que llevaba enjaulado entre pecho y garganta, y entonces sí, cómo diablos íbamos a hacer para seguir con el intercambio de kleenex secos y empapados—. Mira —le repetí, con todo mi corazón, aunque sin atreverme a tocarle ni la punta de un dedo, porque no bien llegué a Yale recibí una circular exhaustiva acerca del acoso sexual—. Mira, querida Jennifer —le concluí—, pensándolo bien, morir en New Haven es aplicar literalmente aquello de *pasar a mejor vida,* que se dice cuando la gente se muere, porque no me digas que esta no es una ciudad tan deprimida y fea y peligrosa que aquí nadie puede vivir bien.

Recordaré mientras viva la nueva sonrisa empapadita en llanto de aquella chica que nunca más he vuelto a ver, desde que terminó aquel segundo semestre universitario de 1996. Y recordaré también el miedo y la angustia que sentía al salir de clases, la mañana aquella en que, en vez de tomar nuestro cafecito conversado, Jennifer me acompañó a mi primera cita en Endocrinología, en el Yale Medical Center. Fueron muchas citas y muchos escáners y todo salió perfectamente bien, al final, y hoy ya ni tengo el maldito síndrome ese, pero la primera cita es la que siempre recordaré, por lo mucho que nos reímos Jennifer y yo, a pesar de lo aterrados que andábamos.

Pasamos al consultorio juntos, por razones que se aclararán dentro de un instante, y un médico muy joven y simpático nos recibió y nos hizo tomar asiento e inmediatamente empezó a explicarnos lo del síndrome –que Jennifer y yo ya sabíamos, pero por si acaso y por seriedad profesional, el médico prefería repetírnoslo todo, de pe a pa–, y enseguida se arrancó con un breve interrogatorio:

—¿Fuma usted, míster Ekenaiki?

—Por supuesto que no, doctor –le mentí yo, que acababa de dejar al Perú sin cigarrillos negros y que, desde que llegué a New Haven, me estaba sometiendo a una disciplinada cura de desintoxicación, según le constaba a Jennifer.

—¿Y bebe usted?

—Por supuesto que no –le volví a mentir yo, que acababa de dejar a Lima sin vodka Absolut y que también andaba desintoxicándome de eso, según le constaba muy bien a Jennifer.

—¿Y nunca ha bebido ni fumado, míster Ekenaiki?

—No, nunca doctor...

Estaba terminando mi farsante frase cuando el médico me puso una impresionante cara de pícaro y me lanzó la pregunta que, clara, clarísimamente, me decía que no me creía ni un pepino de lo que le había contado:

—Y la señorita es su hija, ¿no?

Entonces lo comprendí todo. De anglosajón, el doctor Silvio Inzucchi no tenía un pelo. Bastaba con recordar su nombre para captar que, aunque ya nacido y graduado en los Estados Unidos, debía seguir comiendo pizzas y espaguetis con *il suo padre* y *la sua mamma,* los domingos familiares, y un latino como yo no le iba a meter el dedo en la boca así nomás. O sea que le desembuché íntegra la verdad y hasta con alguna palabra italiana, de vez en cuando, para que viera que lo nuestro era un verdadero encuentro de culturas y que, por consiguiente, él podía entender perfectamente que yo acababa de estar de visita en mi país, al cabo de cinco años de ausencia, y que mi maldito síndrome se debía sin duda a que había meado como loco y perdido sodio en cantidades, puesto que, arrastrado por la vida, allá en el Perú, me había bebido íntegra *a la mia famiglia,* y uno por uno a todititos mis *amici...*

La revolución bohemia

Después del mayo francés, a quién le iba a importar en París que Aznavour cantara *La bohème* o *Comme c'est triste Venise.* Aquello era música burguesa y decadente, de la misma manera en que en los Estados Unidos los bonos de Frank Sinatra andaban por los suelos. La apoteosis de los Beatles era total y mundial y el pobre Papa de Roma se andaba debatiendo entre la vida y excomunión porque, estadísticamente hablando, no les faltaba razón a los intrépidos intérpretes del *Submarino amarillo* cuando afirmaban que su popularidad superaba a la de *Jesucristo Superstar.* Y las contestatarias canciones USA de Bob Dylan y Joan Baez eran purita contracultura marihuanera con marginales como *El preso número 9* –ya lo van a fusilar– que iban por el mundo cual *rolling stones.* Estaba prohibido prohibir, por supuesto, y nadie quería parecerse al *Hombre unidimensional,* del profeta Herbert Marcuse. Y para lograrlo, nada mejor que liberar la libido, tal y como lo explicaba el mártir Wilhelm Reich en *La función del orgasmo.* Tampoco quería hacer nadie la guerra del Vietnam y todos queríamos hacer el amor. Con una vietnamita, de preferencia.

Este era un poco el ambiente en que le tocó morir al pobre general De Gaulle, cuyo ideal de *la grandeur de la France* a todos les importaba un repepino, en aquellos viejos buenos tiempos, aunque a mí mi general De Gaulle, con su narizota esa tan *grandeur* como la de Cyrano, me continuara seduciendo. A escondidas, por supuesto, porque estaba prohibido prohibir. El viejo generalote era capaz de hacerme revolcar de risa cuando soltaba frases como "A Voltaire no se le puede meter a la comisaría", porque algún prefecto de policía le pidió que detuviera a Sartre, en su nueva faceta de manifestante callejero, con adoquín y todo.

Y también era capaz de hacerme desternillar de la risa, mi general, cuando, de golpe, se convertía en un cronista de prensa del corazón que hasta la propia *Hola* hubiese envidiado hoy, y le soltaba a Malraux, tras su encuentro en Washington con el presidente Kennedy y señora, que la tal Jacqueline esa terminaría panza arriba en el yate de un magnate griego (textual). O cuando el mismo Malraux le hacía recordar su increíble clarividencia rosa, porque ya la viuda Kennedy andaba *topless* por el mundo con paparazzis del magnate Onassis, y el viejo general, ya retirado, ni se acordaba de haber soltado tremendo vaticinio *jet set*. Y mientras jugaba ajedrez en la soledad total del poder perdido, soltaba otro comentario radiológico sobre lo que Tom Wolfe iba a llamar, contraculturalmente y con nuevo periodismo, *beautiful people* e izquierda exquisita: "¿Yo dije eso de la viuda panza arriba y el armador griego? Pues ni me acordaba, mire usted, Malraux. Y hoy más bien diría que la tal Jackie podría terminar casándose con Jean Paul Sartre".

Así, en efecto, era por aquel entonces la aldea global de los magnates y los terroristas: un pantera negra se raptaba a una pantera rosa multimillonaria, y el asunto ni siquiera terminaba con liberación y final feliz. No, qué va. Terminaba en *love story*.

Y cómo robábamos los ciudadanos revolucionarios de a pie, en vista de lo prohibido que estaba prohibir, y en vista de que robar era alcanzar la meta leninista de "A cada uno según sus necesidades". Imagínense ustedes el ideal aquel del líder de la revolución de octubre, en plena sociedad de consumo. Todos nos convertimos en una suerte de Arsenio Lupin y Roldán. Robábamos en las mismas narices de los propietarios de la propiedad privada y éstos ni cuenta se daban. Y fueron los propios revolucionarios de la izquierda radical parisina los que quebraron La joie de lire, la librería más progresista de París. Era tan *in* esa librería, que poco faltaba para que le regalaran a uno más libros, el día en que lo pescaban abandonando el local sin pagar, con un abrigo de doble fondo repleto de obras completas.

Clarito me acuerdo, por ejemplo, de un peruano manco que a diario salía de la librería con una tonelada de libros bajo la manquera. Y de otro que se instalaba en una mesa del café La Chope, con un gran cuaderno en el que anotaba los pedidos de robo en La joie de lire, que le hacían sus clientes, a cambio de una modesta comisión. A ése casi lo manda al paredón un revolucionario al pie de la letra, por tratante de libros y explotador de explotados lectores contestatarios.

Y recuerdo también la vez aquella en que Mario Vargas Llosa pasó por París y Federico Camino –nuestro común amigo filósofo y tan alérgico que se perdió cuanta barricada hubo el 68, porque se enronchaba pequeñoburguesamente con los gases lacrimógenos, desde mucho antes que los perros de guardia civil de la burguesía los arrojaran– y yo lo acompañamos a La joie de lire. Mario escogió cuatro libros, se los puso bajo el brazo sin ocultarlos ni nada, y tras haber ignorado por completo a la cajera y a los demás dependientes, abandonó el local con pasmosa serenidad. Lo suyo era un robo pluscuamperfecto, y Federico y yo casi lo aplaudimos, no bien llegamos a la esquina y comprobamos que nadie nos seguía.

Pero, oh desilusión, justo en ese instante Mario se dio cuenta de su distracción, de que por hablarnos tanto de Flaubert se había salido de la librería sin pagar y, por más que le explicamos que ladrón revolucionario que roba a ladrón capitalista ha alcanzado el ideal de una sociedad sin clases, regresó corriendo a La joie de lire, a dar un millón de explicaciones y a pagar, como un perfecto idiota latinoamericano.

A mí, la verdad, jamás me falló mi sistema de robos antiburgueses. Y eso que robaba siempre en el mismo almacén de la esquina de mi casa. Entraba con mi gran maletín negro de viaje, soltaba el habitual *Bonjour, messieurs-dames,* recogía la canasta de plástico en que se colocaban los productos que iba seleccionando el cliente –desde chocolates hasta whisky, pasando por frascos de Nescafé y detergentes–, y justo a la altura del espejo retrovisor antiladrones, hacía que se me rebalsara la canasta. Entonces, ante la vista y paciencia de todos, metía el producto del rebalse en mi negro maletín, escondía todo lo que me era imposible pagar bajo una inmensa toalla de playa –me la regalaron por mi matrimonio y, a veces, durante el invierno, nos servía también de frazada a mi esposa y a mí–, volvía a llenar la canasta con algunos productos baratieri, como los que había dejado encima de la toalla –papel higiénico y cosas así–, y al llegar a la caja le decía al cobrador que esperara un ratito, porque en el maletín tenía varias cosas más que pagar. El tipo se quedaba feliz con la honradez del cliente extranjero de eme, y yo salía aún más feliz con una botella de whisky, otra de champán del carísimo, dos o tres del mejor burdeos, entre otras exquisiteces de la sociedad de consumo de eme.

Pero a mis amigos andaluces, pícaros y audaces como nadie, mis robos les parecían cosa de niño de pecho. Ellos no sólo se robaban primero la maleta en que iban a meter el botín, sino que de frente se dirigían a las galerías Lafayette o La Samaritaine, cuyo propio eslogan publicitario lo afirmaba con meridiana claridad: ahí se encontraba de todo. O sea que se podía robar también de todo, y ellos empezaban por la maleta. Que

160

dicho sea de paso cada día era más grande, e incluso, cuando regresaban de visita familiar a Almería, por ejemplo, ya no era una maleta sino todo un juego de ellas. Después arrasaban revolucionariamente con media sociedad de consumo y había que ver el fiestón que se armaba cuando llegaban donde sus padres, llenos de regalos y contándoles lo bien que les iba en París: "Estamos triunfando, mamá. Y París es la rehostia, papá".

Cosas así les dijeron a sus padres y hermanos hasta el día en que cayeron en desgracia, porque a su mamá le habían llevado un frasco de cada uno del millón de marcas distintas de perfume francés que hay en Francia. Y que aquí, en este pueblo infame de Almería, qué se van a encontrar, mamá. Y abrieron un tremendo maletón y la madre lloró de emoción cuando vio un Channel número no sé cuántos, con el que había soñado toda su vida. Y lo abrió feliz, mientras su esposo abría los perfumes *pour homme* y las hermanas de los triunfadores parisinos se caían de nariz en cuanto frasco *pour elle* abrían.

Y así hasta que los andaluces revolucionarios aprendieron en carne propia –yo me reía a carcajadas, cuando de regreso a París me contaron el gran chasco, el tremendo papelón– que un capitalista siempre será mejor sabueso que un socialista tan utópico y bohemio como lo fuimos todos nosotros durante un cuarto de hora, en aquellos breves años en que estuvo prohibido prohibir e iban a haber uno y mil Vietnams antiimperialistas. Los grandes almacenes no sólo incluyen en el precio de los productos el costo de los robos, sino que además tientan al cliente poniéndole a tiro de piedra consumidora carísimos frascos de perfume llenos de agua para andaluces ladrones, como mis amigos. Y los pobres confesaron ante sus padres y hermanos y todo. Y los botaron de casa y de Almería hasta el año siguiente, en que sí regresaron con perfumes que olían a aquel París-*la bohème* de toda la vida y de Toulouse-Lautrec. Aquel mismo París en el que Hemingway se metía a los jardines del Luxemburgo con un coche de bebe vacío, que un buen rato después salía cargadito de sabrosísimas palomas "a la luxemburguesa", para llenar el hambre. Y para luego escribir que quien no ha sido joven y feliz y revolucionario en París, no sabe nada de la vida. Y quien no ha sido un poquito ladrón, tampoco, se le olvidó decir al maestro.

Relato de familia con 98

Yo andaba aún por los nueve años, o sea que mi tierna edad tan sólo me permitió asistir en calidad de espectador a la tan fría como entretenida aunque algo cruel guerra que se desató en mi familia cuando el cincuentenario del 98, o sea en 1948, un año en que mi hermana Cristi, adolescentísima y realmente torturada porque, en cada mirada al espejo –un millón al día–, no le quedaba más remedio que darle toda la razón a las envidiosas enemigas de su pelo rubio platino como un tesoro, esto sí que sí, pero en cambio cuánta razón tenían en eso de encontrarla exacta, pero lo que se dice detestablemente exacta, a la odiosa y empalagosa y melosa June Allyson; en fin, un año en que la pobre Cristi, además de todo, se debatía entre una fidelidad casi bíblica a Clark Gable y la debutante pero qué dulce y acariciadora voz de Frank Sinatra, un esqueleto sin el menor atractivo físico, y sin embargo... Y sin embargo, desde que por primera vez lo vio en el mejor cine de Lima, el Metro, que además de todo había construido nuestro tío Rudecindo Galindo, el del nombrecito, pobrecito, como solían decir, casi en coro, y por más lejos que vivieran unos de otros, todos los miembros de mi familia, ante la sola mención de su nombre y apellido...

—Lo demás en él está bastante bien –comentaba siempre la tía Carmela–, y además ha hecho muy feliz en matrimonio a nuestra prima Raquel, pero, con ese nombrecito, pobrecito, es como si de pronto todo en él y en Lima se viniera abajo.

O sea pues que nada más ajeno a la familia que el asunto aquel de España y la trágica pérdida de Cuba y el fin de un imperio colonial y el nacimiento de otro. Además, según el cine en tecnicolor del imperio americano, ya súper establecido en el Perú por aquellos años de dictadura Odría –la que a todos nos convenía, como afirmaba una y otra vez mi padre–, La Habana era la ciudad de los fines de semana felices y el amor a flor de piel entre palmeras y hamacas y brisa y Caribe. Sus cantantes dominaban los micrófonos de todas las radios de América latina y sus orquestas y bailarinas sexy los escenarios de tantos teatros en los que el pueblo coreaba alegremente un sueño popular:

> *Yo me voy pa' L'Habana y no vuelvo más.*
> *El amor de Carmela me va a matar...*

Para qué pues la tristeza con que llegó un día viernes mi hermano Bobby del colegio usamericano donde cursaba el cuarto de secundaria, casi todo en inglés de Norteamérica, por supuesto –hasta la natación, diría yo–, salvo un poquito de geografía, historia, y literatura, en castellano, y como quien dice sólo para que cuando crezcan y hereden las fortunas de sus padres, sepan al menos que nacieron en un país llamado Perú. Para qué pues la tristeza con que llegó Bobby esa tarde, un día viernes de habitual reunión familiar.

—¿Por qué viene tan cabizbajo, mi hijito? –le preguntó mi mamá, con esa dulzura, con esa suavidad, con esa ternura, incluso, que le aplicaba a todas las cosas y situaciones de esta vida, y que no significaban absolutamente nada, creo yo, salvo tal vez una manera de distanciarse al máximo de las cosas de este mundo, de desaparecer casi en el corazón mismo de la realidad, de la realidad peruana, en todo caso, y de seguir metida cuerpo y alma en ese estado de ensoñación que le permitía continuar viviendo como una reina, en París, los interminables meses

164

limeños durante los cuales iba convenciendo a mi padre para que le financiara un nuevo viaje a Europa.

—El curso de literatura me tiene triste, mamá. El profesor es español y...

—Los españoles son todos tristísimos, Bobby, pero eso no debe preocuparte en lo más mínimo. Ten paciencia y ya verás: algún día serás un hombre hecho y derecho y leerás a Proust.

—¿Proust es alegre?

—Ni alegre ni triste, mi amor. Simplemente grandioso, como todo en Francia.

—¿Y Cervantes, mamá?

—Vulgarón, mi amor.

—¿Vulgarón?

—Chabacano, en todo caso, pero esta noche viene tu abuelito y te ruego que no le vayas a decir que yo he dicho nada de esto. Él adora a Cervantes, tú sabes. Y es que, en el fondo, también al pobrecito se le secó un poco el cerebro en aquel viaje a Madrid con mi mamacita...

—¿De qué te ríes, mamá?

—De tu pobre abuelito entrando al hotel Ritz, en Madrid, y descubriendo que medio mundo, ahí en el amplio vestíbulo, lo había tomado por Alfonso XIII. Fue tan feliz con la confusión, que desde aquel día no ha hecho más que buscar la manera de acentuar ese parecido, y, cada mañana, me cuenta tu abuelita, se afina y recorta el bigote mirando un millón de veces la foto que les tomaron al rey y a él juntos. Se está horas en el baño con lo de la foto y el espejo y otra vez la foto y Alfonso XIII. Y todo se debió simplemente a una confusión y a la suerte que tuvo de que el rey se enterase de la que se había armado en el Ritz, con el caballero peruano exacto a él como dos gotas de agua, y lo invitara llevado por la curiosidad que sintió de conocer a su gemelo ultramarino.

—¿Y por eso sólo lee a Cervantes?

—Tanta foto y tanto espejo, mi amor, y además sus ochenta años, ya. Se le ha secado el cerebro como a Don Quijote. Yo, en todo caso, he fracasado totalmente en mi intento de hacerlo leer a Proust, a Gide, a Mauriac; en fin, Bobby, a todos los escritores del mundo.

—¿Y Unamuno, mamá, tú has leído a Unamuno?

—Si no es francés no lo he leído, mi amor. Ni tengo por qué leerlo, tampoco, porque sencillamente no se es escritor si no se es francés. Pero bueno, ¿es ese tonto de Unamuno el que ha hecho que mi adorado hijo regrese tan cabizbajo del colegio? A ver, cuéntame por qué.

—El profesor García, que es español, dice que a Unamuno le dolía España, desde la tragedia del 98. Y como que lo ha probado. Dice que tenía el alma triste hasta la muerte.

—A los escritores españoles les duele siempre todo, mi amor, por eso es que son tan pesadotes.

—Pero, mamá...

—Mira, mi amor: como hoy llegan Alfonso XIII y tu abuelita, que sólo lee a un tal Azorín, me parece, esta noche debes aprovechar la oportunidad para preguntarles por qué a Unamuno y al profesor García les duele tanto España y el alma.

Observé como loco, aquella noche, y la verdad es que mucho más aprendí sobre mi familia que sobre ningún 98. La fecha y su significado no existían para unos, y, para los que sí existían, o eran algo absolutamente positivo para la historia de la humanidad, o eran unos momentos sin la más mínima importancia, en todo caso en el Perú este del diablo en el que nos ha tocado vivir.

—Entonces para qué discutir sobre cosas sin importancia —dijo el tío Otto Burmester, esposo de tía Carmela, la hermana menor de mamá.

—Bueno, Ottito —intervino tía Carmela—: Discutamos siquiera un poquito porque el tema de Unamuno y el 98

166

trágico lo tienen tan interesado como triste al pobre Bobby.

—De acuerdo, mujer –le dijo su esposo a tía Carmela–, pero pongámosle un límite de tiempo a la discusión.

—De acuerdo –dijo mamá–, no bien Bobby se alegre un poco y nos diga que se ha enterado de algo, terminamos la discusión.

—Fue una guerra triste y trágica –dijo el padre español Marcelino Serrador, que por nada de este mundo se perdía las copitas de los viernes, en casa de mis padres. Luego, dirigiéndose al abuelo, le preguntó–: ¿Qué piensa usted, don Atanasio?

—Lo de siempre, padre Marcelino. Lo de siempre. Más vale honra sin barcos que barcos sin honra.

Se hizo un silencio profundo, como cada vez que hablaba el viejo patriarca destronado que era el abuelo. Y es que, sin ser ninguno de los dos, ni mucho menos el autor de la frase –de esto me enteré siglos después–, como que acabara de hablar Cervantes y también como que acabara de hablar Alfonso XIII, por cariño, por respeto, por el amor que todos le teníamos al abuelito materno.

—Tiene usted la razón, y no, don Atanasio –matizó, o al menos quiso matizar, el padre Marcelino Serrador–. Sin embargo, el dolor que produjo esa fatídica pérdida de Cuba, Filipinas, y hasta el islote ese que cedimos como precio de la derrota...

—¿Islote? –preguntó mi abuelita–. ¿Cuál?

—Tú siempre en las nubes, María Cristina –intervino mi abuelito–, el padre Marcelino se refiere a Puerto Rico.

—Puerto Rico, sí, doña María Cristina. Con su bello San Juan y todo.

—Las guerras nunca han servido para nada –quiso pontificar, o sabe Dios qué, desde su eterna y absoluta distracción, la adorable abuelita María Cristina.

—Sirven para ganar, querida suegra –la interrumpió, casi, el alemanote del tío Otto Burmester.

Y por ahí iban las cosas cuando llegó mi hermana Cristi, comiéndose las uñas como loca porque, como nunca, esa tarde y ante ese mismo maldito espejo de su dormitorio, se había encontrado exacta a June Allyson, detestablemente.

—Parece que vinieras de la guerra, darling Cristi –intervino mi padre, que también en ese instante llegaba de la fábrica y se disponía a ordenar un bourbon para él y después que llamen al mayordomo menos idiota y que cada uno pida lo que le dé la gana.

—Coñac para todos, menos para los chicos –dijo, como cada viernes, exactamente a la misma hora, el abuelito materno.

—En esta casa mandas tú, querido suegro cervantino –agregó mi padre, pero de tal manera que, una vez más, como cada viernes, desde hace varios años, todos ahí notáramos que en esa casa, en esa familia, en esa ciudad, y, de ser posible, en ese país, hacía ya un buen rato que él había desplazado cien por ciento al abuelo en todos y cada uno de los negocios y asuntos familiares. Luego, falsamente condescendiente, y mientras besaba a mi madre con su eterno *Hi, darling*, logrando expulsarla casi hasta Francia, de purita desesperación e incompatibilidad de caracteres, agregó un *Hi* general, para la familia completa, al menos la íntima, la más cercana, y preguntó si su llegada había interrumpido alguna conversación.

—Estábamos hablando de la guerra de Cuba y del 98, Robert –lo informó el tío Otto Burmester.

—John Wayne se voló un barquito o dos, de su propia armada, como quien no quiere la cosa, y los españoles le llamaron a eso guerra –quiso ponerle punto final al asunto, mi padre.

—Pero Azorín dice –intentó decir mi abuelita, pobrecita, que sólo leía a Azorín, como mi mamá sólo releía a Proust–, Azorín dice...

—Muy querida María Cristina –la interrumpió mi abuelito, un poco desde su trono perdido y otro desde su flaquísimo Rocinante–, Azorín nunca dijo nada, por la sencilla razón de que nunca pasó de ser un filósofo de lo pequeño.

—De acuerdo, don Atanasio, de acuerdo –intervino el padre Marcelino Serrador, obligado como estaba a saber un poquito más sobre el tema, en su calidad de español–. Sin embargo, algo nos dice también Azorín, desde el corazón mismo de la generación del 98. Y algo nos dicen también un Unamuno, un Baroja, un Antonio Machado. Algo nos dicen todos ellos del fatídico 98...

—Ese año nació Federico y a esa generación perteneció también Antoñito –reapareció, como quien llega desde lejísimos, la eternamente distraidísima tía Carmela, que todo lo había heredado de su madre, en lo que a carácter se refiere.

—Mujer –carraspeó el tío Otto Burmester–, llevo quince años casado contigo y francamente me encantaría saber de dónde me has sacado tú a unos amigos llamados Antoñito y Federico. Y francamente me encantaría...

—Antoñito se apellidaba Machado y murió pobre, triste, y exiliado, en un bellísimo lugar de Francia llamado Colliure. Y Federico se apellidaba García Lorca y lo asesinaron en la guerra civil de España.

—Prohibido hablar de guerras delante de los mayordomos –ordenó mi padre, al ver que Ramón, el primer mayordomo, se acercaba con dos azafates, vasos, copas, hielo y bebidas–. Un mayordomo debe ignorarlo todo acerca de las guerras. Y bueno, pensándolo bien, debe ignorarlo todo de casi de todo, mejor.

—¿Y por qué, Robert? –le preguntó el tío Otto Burmester, bastante bruto el pobre, puesto que Ramón ya estaba entre nosotros y podía oírlo todo–. Finalmente, cualquier hombre en este mundo tiene derecho a la instrucción.

—Pues entonces cuéntale tú a Ramón qué tal le fue a tu país en su última guerra, esa que llaman Mundial y todo. Y cuéntale también de tu llegada al Perú, si te atreves.

—Darling papi –intervino, encantadora y vacía como siempre, mi mamá. Probablemente lo único que temía era que se alzara demasiado la voz en esa sala en discusión familiar y que ello le impidiera concentrarse en el maravilloso uso que Proust hacía del subjuntivo. En francés, claro está. A quién se le iba a ocurrir que a ella se le antojara, siquiera, leer a Proust en un idioma que no fuera el francés.

Ofendidísimo, el tío Otto Burmester abandonó la discusión y la guerra de Cuba, el 98, o lo que fuera, mientras yo observaba que el pobre Bobby rogaba con los ojos que alguien dijera algo acerca de Unamuno y su dolor por España. Y Cristi, que odiaba a la humanidad entera, empezando por sí misma, pero que con Bobby había hecho la excepción amorosa a tan ruda ley, intervino:

—¿Y por qué no dejan que Bobby haga un par de preguntas siquiera? A él le toca estudiar a la generación del 98, este año, y lo que es ustedes hablan de cualquier cosa menos de lo que a él le interesa.

—Tú pregunta y se te responderá, hijo –se burló mi padre, pero sólo un poco, porque la verdad es que en este mundo se le caía la baba por tan sólo dos temas: los Estados Unidos de Norteamérica y su hijo Bobby. En este orden–. Anda, tú pregunta, hijo mío, y se te responderá.

—¿Por qué a Unamuno le dolía España y además decía que su alma estaba triste hasta la muerte? –le tembló la voz al pobre Bobby.

—En realidad, Bobby –le respondió el padre Marcelino Serrador, cumpliendo con su obligación de español y

170

de religioso, y luciéndose ante esta posibilidad–, en realidad esas palabras sobre el alma dolida hasta la muerte no son de Unamuno sino del apóstol San Pablo. Lo que pasa es que...

—Lo que pasa es que el tal Unamuno ese tan achacoso que todo le dolía y le entristecía, le pegó tremenda plagiada al apóstol San Pablo... Ja ja ja...

—Papá, por favor, deja que mi hermano Bobby se entere de algo –lo intentó callar Cristi.

—A callar tú, June Allyson –la mató mi padre, como antes al pobre tío Otto Burmester, y como si de golpe la famosa guerra de Cuba y el 98 empezaran a instalarse en la sala de la casa, a pesar de su inexistencia, al menos hasta el momento.

Y el tercer muerto fue el pobre abuelito y sólo por repetir aquello de los barcos sin honra y viceversa.

—Molinos de viento, mi querido don Quijote. John Wayne, una buena cantidad de barcos, muchísima suciedad, y ya verás qué victoria tan sabrosa y qué botín cubano y filipino y puertorriqueño te tocan saborear al final. Después, si quieres perder tiempo en tonterías, la honra te la fabricas tú mismo comprándote un buen par de historiadores y poniéndolos a cumplir con su buen sueldo.

—Eso no está bien y yo no lo admito –se indignó el abuelo, como en los viejos tiempos, cuando mandaba en el clan.

—¿Y entonces cómo te admito yo en esta casa, querido suegro y rey de España en el exilio?

Otro muerto más en el clan familiar. Y así, al final de la batalla, ya no sobrevivió más que mi padre, cada vez más duro con todos, cada vez más yanqui, cada vez más dueño y jefe del clan de los Richards, por parte suya, y de la Torre, por parte de madre. Mi abuelito y el padre Serrador ya no se atrevieron a abrir más la boca, ni mi abuelita María Cristina volvió a hablar del filósofo de lo pequeño, ese llamado Azorín, ni mi pobre tía Carmela se atrevió a mencionar a ese par de perdedores natos, según mi padre, llamados por ella Federico y Antoñito, de lo puro cariñosa que fue siempre. España estaba, pues, derrotadísima, y mi tío Otto Burmester ni qué decir, había que verlo cabizbajo y ensimismado y avergonzado como toda una Alemania derrotada y que aún tardaría años en renacer de sus culpables cenizas. Hasta Cristi había muerto, desde que mi padre, en vez de besarla cariñosamente, la comparó con su odiada imagen ante el espejo de una difícil adolescencia. Y yo ahí, con mis nueve años, me limitaba a observar a mi padre y a Bobby. Finalmente, Bobby era el gran favorito de mi padre y aquello del 98 y la guerra de Cuba tenía que terminar sin que entre ellos hubiera roce alguno. Y la tensión crecía minuto a minuto, a medida que mi padre sorbía lentamente su tercer bourbon de la noche.

—A ver, hijo mío –dijo, por fin–, vamos a preguntarle a tu madre qué opina ella de todo esto del 98.

Francamente, creo que ésta fue una de las pocas veces en su vida que mi madre descendió de su nube francesa y dijo algo realmente auténtico, sincero, y absolutamente parisino:

—¿El 98? *Connais pas, mon amour... Connais pas.* ¿Y qué más quieres que te diga, hijito mío? Hasta esta tarde, jamás había oído hablar del tal 98.

—Ya ves, Bobby. Tu madre tiene la razón. Por una vez en la vida, tu madre tiene toda la razón del mundo.

—¿Estás seguro, papá?

—¿Quieres que te lo pruebe, Bobby?

—Sí, papá.

—Pues Hemingway, que tanto anduvo por España y Cuba, jamás participó en ninguna guerra de Cuba ni 98 ni nada. Y mira tú que le gustaban las guerras al gringo borrachoso ese.

Un piropo para Amalia

Yo venía del tercer mundo, o, también, para que suene menos duro, menos feo, cruel, y eso, yo venía de un país en vías de desarrollo llamado Perú. Un país lejano como "de aquí a Lima", que dicen los españoles, mítico e incaico, riquísimo, El Dorado, y al mismo tiempo sede de la Fuente de la Eterna Juventud y Tierra prometida y Territorio de las Amazonas –incomparables jinetas de arco, flecha y monoteta, valientísimas guerreras–; en fin, todas estas cosas, y hasta el punto de que los franceses, en vez de decir que algo no llega a ser perfectamente maravilloso y glorioso y hermoso y requeterriquísimo, exclaman: ¡Ah no, no es el Perú! Y así sucesivamente. Sólo un alemán estudioso y viajero, el barón Alexander von Humboldt, nos había desmitificado un poquito ante la humanidad entera, a nosotros los peruanos, calificando a nuestro buen trozo de tercer mundo de "Mendigo sentado en un banco de oro".

¿En qué quedamos, por fin? Pues yo creo que lo mejor es ser un poco más ecléctico y no caer tampoco en grandes generalizaciones como aquella que decreta que en los países pobres, como mi pobre Perú, a los hombres, de puro famélicos y subalimentados que somos, nos gustan las mujeres gordas –y a las gordas también los gordos, claro está–, mientras que cuanto más rico es un país menos entraditas en carnes y más tipo *top model*, o, en todo caso, nada jamonas tienen que ser las mujeres, para gustar. E ídem los hombres, por supuesto. No, yo no creo que se pueda hacer una ley de estas cosas, pues resultaría tan absurdo como aquello de que los caballeros las pre-

173

fieren rubias, que hasta fue título de una película en la que sí, bueno, todos *la* preferimos rubia: caballeros, policías, ladrones, hampones y hasta narcotraficantes, pero es que la rubia era nada menos que Marilyn Monroe.

Me he ido por completo por las ramas, creo, porque en realidad lo que pretendía contar era cómo, cuando era el joven lector de español de la Universidad de Nanterre y tenía entre las chicas de mis cursos, y también entre las chicas de los cursos de otros profesores, que me odiaban, claro está, tenía, repito, modestia aparte, un éxito que, por no calificar de "cheguevaresco" o "guerrilleresco" –todo tan de moda por aquellos años, pero que yo no practicaba porque era escritor y eso es ser de medias tintas, y tanto que mi esposa me había abandonado por ser yo un pobre medio tíntico mientras que ella era algo así como "la madre de todas las revoluciones"–, calificaré de "éxito amazono", tan sólo para darles una idea de lo exótico que me veían mis lindas alumnas parisinas, entre las cuales no faltaban además las que me encontraban un no sé qué tremendo con Charles Bronson, tan *fitness* y tan de moda en aquellas duras películas años setenta en que se les hablaba golpeadamente a las mujeres y se golpeaba a los hombres sin hablarles, ni faltaban tampoco aquellas muchachas que además me encontraban tan Eldorado y tan qué sé yo. Y todo este tan-tan aunque usara corbata y nunca una prenda color verde oliva de Cuba y Fidel y aunque, a pesar de mi intensa peruanidad y de que también me gustaran las gorditas y las mamacitas, la que realmente me volvía loco era la más flacuchenta de mis alumnas.

Pero había que verla. Era morena, era delgada, era mil curvas en coqueto y permanente *allegro vivace*, se llamaba Sylvie Amélie de Lafaye de Micheaux, y en el brillo ardiente de sus ojazos negros había como un letrerito luminoso y muy vivaz que prometía traerte la felicidad a casa, a tu corazón, a tu vida entera, y *forever*.

Y ahí en la Facultad de Letras de la Universidad de Nanterre nos pasábamos la vida cruzándonos casualmente por doquiera que anduviésemos. Pero, maldita sea, yo iba siempre acompañado por la enorme Claire Ney, una peso pesado de tetas y nalgas tomar, cinturita de avispa, labios de morder, y caminada de bulevar del pecado y hotel del Norte. Unos la llamaban Sexyclaire, otros La revolución permanente y los alumnos españoles y latinoamericanos le pusieron sencillamente La destrozona. Y a mí me aplaudían cuando pasaba con ella. Y cuando no pasaba con ella también me aplaudían, me imagino que sólo porque había pasado con ella y con toda seguridad volvería a pasar con ella. En fin, un maldito, el joven lector peruano. El bikini con que Sexyclaire me ganó todas las carreras de natación que hicimos en la piscina del campus era inmenso. Me consta, porque muchas veces lo tuve en mis manos, y sí, era realmente inmenso, pero sólo hasta que Sexyclaire se lo calzaba y lo dejaba convertido en la primera tanga de la historia universal, allá por los años sesenta y setenta del siglo pasado.

En fin, que por lo que tengo contado bien se puede deducir que el joven lector en vías de desarrollo había encontrado el volumen apropiado para un hambre ancestral, andina y colonial, o sea todo un mujerón neorrealista y hasta felliniano. Y, sin embargo, no era así. No era así porque el joven lector en vías de desarrollo hubiera cambiado feliz todas y cada una de sus tardes y noches de pasión con La destrozona por una cruzadita, aunque sea brevísima, con la flacuchenta adolescente que sólo miraba para hacerte feliz y se llamaba Sylvie Amélie. Vestía siempre de negro: pantalón y jersey negros, aquel sombrerote como de pirata y las botas, todo negro, menos la blusa blanca cuyo cuello asomaba apenas. Pobre La destrozona, temblaba, y con razón, cada vez que por algún rincón del campus Sylvie de Lafaye de Micheaux hacía su aparición

175

sonriente. Las mujeres lo notan antes que uno, qué duda cabe, y Sexyclaire derramó más de una furtiva lágrima en algunos de esos cruces nuestros con el destino.

Y, cosas del destino, claro, un día Sexyclaire no pudo venir a clases debido al típico gripazo y justo esa noche tenía yo la primera comida elegante de mi vida en París y, al terminar mi curso, a *mademoiselle* Sylvie Amélie de Lafaye de Micheaux se le cayó el bolso y rodaron mil objetitos y se le cayeron todos los libros y volaron como mil papeles y hasta el sombrero negro de pirata se le cayó, pobrecita, mientras los demás alumnos iban abandonando el salón de clases y ella se iba quedando y quedando y se agachaba y recogía por aquí y volvía a agacharse y recogía por allá. Y entre una cosa y otra me echaba unas miraditas casi desde el suelo, y yo ahí parado, contemplándola inmóvil, sin atreverme a ofrecerle mi ayuda ni muchísimo menos a preguntarle si quería venir conmigo a mi primera comida elegante en París. Hasta que literalmente me zambullí.

Lo recordaré toda mi vida. Me arrojé entre mesas y sillas y terminé estirado a su lado, alargando los brazos en actitud de ayudarla, o tal vez de abrazarla, o tal vez de...

—Perdona que haya tardado tanto en reaccionar –le dije–, pero lo que pasa es que yo sólo sé cruzarme contigo... Sólo sé cruzarme contigo y como que no estaba preparado para esto. En fin, no sé bien cómo explicártelo, pero es más o menos lo que siento, o lo que... Bueno, lo que sea.

Sylvie Amélie me miraba intensamente morena, delgada, y con los ojos eso que prometían a gritos la felicidad. Estábamos incomodísimos cuando empezamos a besarnos tirados ahí en el suelo, entre patas de sillas y de mesas, entre sus mil cosas desparramadas. Y me imagino que los dos estábamos pensando exactamente lo mismo: aquella había sido la última clase de la mañana en aquel tercer piso del Departamento de Español y por consiguiente no debía quedar ya nadie por ahí para frenarnos, para descubrirnos, para interrumpirnos. No quedaba absolutamente nadie que nos impidiera continuar besándonos, revolcándonos, estrellándonos contra patas de mesas y sillas, desnudándonos inevitablemente mientras nos decíamos una y otra vez al oído, un millón de veces debimos decirnos al oído, aquella inolvidable mañana de enero de 1972, que ya estábamos hartos de cruzarnos todo el tiempo por el campus y nada más.

Regresamos a París en el automóvil de Sylvie Amélie, comimos un sándwich en la place de la Contrescarpe, muy cerca de donde yo vivía, entonces, y quedamos en que ella regresaría a buscarme esa noche para acompañarme a mi primera comida elegante en París. Definitivamente, ella y yo estábamos hartos ya de cruzarnos todo el tiempo por el campus de Nanterre y nada más. Lo que nos esperaba de ahora en adelante no podía ser más que inmenso, total, sumamente divertido, apasionado y genial. Y, por supuesto, yo tenía que ser el responsable de que todo esto fuera así, de que nuestra vida entera fuera así, por la sencilla razón de que le llevaba lustros de edad –ella aún no había alcanzado la mayoría, siquiera–, porque yo no sólo era su profesor –aunque en vías de desarrollo y sólo joven lector peruano, además–, sino también un escritor cuyo nombre empezaba a escucharse en París, cuyas fotos empezaban a verse en las páginas culturales de diarios y revistas y cuya novela U*n mundo para Julius* acababa de ser casi unánimemente muy bien recibida por la crítica francesa. Lo que Sylvie ignoraba, aquella primera noche de nuestro amor, era que no sólo yo era un hombre profundamente tímido, de una manera bastante extraña, además, sino que atravesaba entonces por una feroz depresión, que no cesaba de medicarse –y, lo que es peor, de automedicarse paralelamente– y que para decir una sola palabra en público necesitaba por lo menos tres o cuatro whiskies previos.

Los estaba tomando, esos whiskies, cuando ella tocó el timbre de mi departamento. Le abrí a un ser maravilloso, un ser bastante increíble, elegantísimo. La verdad, nada quedaba esa noche del atuendo negro con que Sylvie Amélie se cruzaba conmigo por esta vida y que aquella mañana, entre las patas de las mesas y sillas de un salón de clases, en el Departamento de Español de la Universidad de Nanterre, había salido disparado en varias direcciones, para dar paso a un prolongado y ardiente contacto físico, a un feroz sentimiento cargado de deseo largamente postergado, por ambas partes, y que en ningún momento ocultó que se llamaba amor. La muchacha que acababa de ingresar a mi pequeño departamento, que había dejado, como sin querer, como sin darse cuenta, un disco con las más lindas canciones de amor de Vinicius de Moraes sobre la mesa en que yo solía comer, vestía ahora toda de terciopelo rojo, intensamente rojo, un chaquetón abierto y como con faldellín, una blusa blanca con todas las blondas del mundo en el pecho y en el cuello, y un ceñidísimo pantalón que poco a poco se iba abriendo hasta quedar como patas de elefante, entre las rodillas y los pies, dejando aparecer por ahí abajo unas botas negras y altísimas de charol; esa muchacha-niña-todo mujer y vestida ésta de corsario, ese amor y sus ojazos llenos de la promesa eterna de felicidad, la Sylvie que era capaz, —no sé cómo decirlo— de mirarme con los labios, con la boca semiabierta, entre sonriente y jadeante, al mismo tiempo que era capaz de hablarme con el brillo negro y vivaz de sus ojos eternos, capaz incluso de comentar sus palabras o las mías con el juego sonriente de sus espesas cejas, había llegado trayéndome —Sí, ¿y para quién crees tú que son, entonces, Alfredo?— doce maravillosas canciones de amor para escuchar si-

178

quiera dos o tres de ellas antes de dirigirnos al Marais, a aquel hermoso barrio de París en el que mi primer editor francés ofrecía una elegantísima cena en honor de Amalia Rodrigues, gran cantante portuguesa, intérprete sin par del fado, mundialmente conocida como Amalia de Portugal.

Por increíble que pareciera, muchas de las melodías de aquellos fados, quintaesencia del alma de una nación, la portuguesa, eran compuestos en París por Alain Oulman, un judío sibarita y encantador, editor de profesión, y entonces nada menos que director literario de Calman Lévy, la importante editorial parisina que acababa de publicar la traducción de mi primera novela. Alain Oulman, gran amante de la música, tocaba precioso la guitarra, y en sus horas libres componía fados y también melodías y canciones griegas que siempre bailaba al final de las fiestas con Yorgo, su cocinero y amante, un ateniense de inmensos bigotes, ojos de loco y sonrisa de excelentísima y muy sencilla persona. Y de buen vividor, como Alain, también, por supuesto.

Con cuatro whiskies dobles y prácticamente en ayunas desde el día anterior –salvo que a los ansiolíticos y antidepresivos se les pueda considerar también alimentos–, Sylvie Amélie y yo partimos rumbo a aquella cena que, muy pronto, como que empezó a distorsionarse ante mis ojos. Y con otros tantos whiskies y copas de vino dobles hice un esfuerzo feroz para sentirme bien, para parecer un tipo normal, para perder no el miedo sino el terror que se había apoderado de mí. Ella se había dado cuenta, por supuesto, ella acababa de descubrirlo todo acerca del joven profesor que, desde esa misma mañana, era su amante, su gran amor. Ella se estaba dando cuenta perfectamente bien del esfuerzo tan descomunal como inútil que estaba haciendo yo para que las cosas de la realidad, aquella noche en aquel hermoso departamento, retomasen sus contornos normales, volviesen a parecerse a sí mismas, a no ser dañinas, tan y tan nocivas, a permitirle a uno simplemente estar entre ellas sin que se le produjera un desarreglo total de los sentidos.

Acababa de caer en el pozo de mi enfermedad, en sus más crueles y sombríos rincones, y el miedo común que vivía conmigo se había convertido en pánico y el simple temor de tímido se había transformado en terror y me seguían presentando gente mientras yo continuaba sacando mis últimos recursos de la memoria de momentos normales, aferrado eso sí a la mano de ella, la única mano que mantenía sus formas normales, que no tenía sesenta dedos, por ejemplo, que fue cuando me sentaron en la mesa de honor, frente a frente de Amalia Rodrigues.

Inútil recordar –absurdo recurso, inútil y agotador esfuerzo– que Amalia Rodrigues tenía unos ojos muy grandes y negros: lo que esa mujer que habían sentado junto a mí tenía eran dos devoradoras cavernas; inútil recordar –absurdo recurso, inútil y agotador esfuerzo– que Amalia Rodrigues me conversaba amablemente: lo que esa mujer sentada frente a mí quería era que me largara yo de la mesa. Pero era imposible: me había quedado tieso, dolorosamente inmóvil, paralítico, y esa mujer que tenía sentada frente a mí era la viva imagen del horror; inútil recordar –absurdo recurso, demoledor esfuerzo–; matar o morir es la ley de la vida, y de la mano maravillosa de Sylvie Amélie, amante y solidariamente aferrada a la vida, también a lo que me quedaba a mí de vida, y hasta de muerte en vida, extraje mis armas mortales, las tremendas armas que me brindó la memoria y que no eran nada más que recuerdos de infancia, de primera adolescencia. Y sí, sí, claro, todo concordaba en aquel mundo en que había que matar para no morir.

Todo concordaba porque Amalia de Portugal, Amalia Rodrigues, la reina del fado, el alma de una nación, era una señora sesentona (a lo mejor, hasta hoy me sigo defendiendo de ella y le atribuyo más años, más décadas decadentes de las que en realidad tenía, y resulta que Amalia Rodrigues era sólo cincuentona, pero no, no y no), una señora sesentona y cargada de arrugas en la frente, y por aquí y por allá, en el cuello, en la nuca, que había llegado veterana a cantar al Olimpia de París con un exceso de maquillaje blanco y negro sobre un rostro muy blanco de ojos muy negros y, claro, no estaba para que le viniera yo con enternecedores recuerdos. Pero no con recuerdos de mi infancia, no, ni siquiera con recuerdos de la infancia de mi madre, qué va, ya dije que lo mío aquella noche era matar para no morir, y por consiguiente los míos sólo podían ser recuerdos de la infancia de mi abuela, Amalia de... Sylvie Amélie aumentó con fuerza su presión en mi mano, como quien me enseña que, para matar a una persona, no es necesario insultarla antes. Basta con herirla muy finamente de muerte, para qué insultar, hombre, si te bastaría con decirle... Y, pues, se lo dije:

—¿Sabe qué, Amalia?

Amalia de Portugal me miró sonriente y atenta, probablemente. Pero a mí casi me mata. O sea que continué con mi desesperado ataque defensivo y mortal:

—En mi casa se adoró siempre su música, Amalia. Siempre.

—Muchas gracias, Alfredo.

—De nada, Amalia. Es la pura verdad. Qué quiere que le diga. La putita verdad. Y, lo que es más, mi abuelita me dijo que a ella desde niña le enseñaron a gustar de su música y, lo que es más...

La piel de Amalia Rodrigues era sumamente blanca y el excesivo maquillaje extremadamente blanco y como impecable, pero ambos como que se ensuciaron en un abrir y cerrar de ojos y pasaron primero a un rosado ma-

181

te y todo jaspeado y de ahí a algo medio cenizo y morte-
cino, que se resquebraja todito, además, macabro, mientras Alain Oulman, el editor sibarita que componía fados,
y Yorgo, su amante griego que cocinaba como los dioses,
invitaban cortés pero firmemente a Alfredo Bryce Echenique a abandonar la mesa de Amalia de Portugal, primero,
y, algo menos cortésmente, casi con violencia, ahora, lo invitaban luego a abandonar aquel hermoso departamento
del Marais, en la dulce y sacrificada compañía de aquella
muchachita elegantísima llamada Sylvie Amélie de Lafaye de Micheaux. El escritor insistía en que había sido en
legítima defensa y en que, además, lo de su abuelita de
niña escuchando feliz la música de aquella reina del fado, no dejaba de tener bastante de verdad, y además... Se
cerró la puerta del ascensor cuando la chica corsario le
decía con esa voz llena de ternura que tanto conmovió a
Alain y a Yorgo:

—Ven, mi amor. Yo te llevaré a un sitio en el que nada te hará daño nunca.

—Se agradece la buena intención, Corsaria mía, pero...

Sí, estoy seguro que fui yo quien dijo *pero*...

Cincuenta años de compañía

Termino de escribir el título y pienso que, a lo mejor, García Márquez va a pensar que le estoy sacando cachita con tantos años de tan buena compañía. Me tranquilizo pensando que Gabo de picón no tiene nada y procedo a dedicar estas líneas sentidas de principio a fin con lágrimas de felicidad y ternura. Dedico delicadamente a Delia C. Khan. Y ahora quiero escribir de cuando hace cerca de cincuenta años era aquel mocoso que llegó al colegio Inmaculado Corazón Mío. Y me embaño y me enmoco y me explico: Qué finísimo era nuestro cholo universal de apellido Vallejo. Él decía: "Quiero escribir pero me encebollo". En fin, por si todavía no me he hecho entender, me extiendo: Pregúntenle ustedes a cualquier peruano que lleva cincuenta años de Inmaculado Corazón Mío en el alma y como treinta en el extranjero, qué siente ante un buen encebolla'o. Yo les aseguro que lo mínimo que hará es sacar un kleenex y ponerse sonoro. Pañuelo y figura hasta la sepultura o, como decía un amigo mío que todo lo confundía pero mejorándolo, *mens sana in corpore insepulto*.

Timidísimo y genial era nuestro cholo universal. Muchísimo más fino que otro universal, el andaluz Lorca, que de entrada nos juacateaba, genial sí pero qué pesado y qué francote además, ¡zas!, su llantazo por la muerte de Nacho Sánchez Mejía. Y hasta nos imponía machaconamente sus horarios de llorar: las cinco de la tarde en *punto*, Dios mío, *qué* cinco *en punto de la tarde,* qué *o'clock,* que diría mother Mary Pacis, que era *Mother Superior back in the fourties* en el Inmaculado Corazón Nuestro, qué p.m.

y qué pesado American School, que diría el nada universal cholo Rojas, que nos lavaba la cara después del recreo y nos entrenaba en fútbol y qué sé yo.

Vallejiano estoy y es que recuerdo en esta tarde madrileña, cincuenta años después. Y saco una cebolla que tiene forma de álbum de fotos. Y la pelo o, lo que es lo mismo, paso las páginas de tan excelente compañía: clase de preparatoria en la casona de la avenida Arequipa que siguió a la casita inaugural de la avenida Angamos donde Miguel Althaus era tan bueno y tan niño especialísimo que se encebollaba a mares no bien uno le decía ahorita te meto al horno y te quemo. Como ya había clases *A and B*, en la foto que conservo me faltan amigos que veré dentro de unos minutos, cuando suene el timbre del recreo.

Por el momento estoy en clase con Jorge Gutiérrez (su casa quedaba al lado de la casona de la avenida Arequipa); Celso Prado Pastor, en uno de cuyos cumpleaños de la casa Tudor en la 28 de Julio de Miraflores, metí el primer autogol de mi vida y nos dieron felizmente en el té butifarritas encebolladísimas y chicha morada; Alberto Cerritelli y su casa en una esquina de la avenida Arequipa cruzando la calle de la casa muy grande de mi entrañable Fico Camino; Juan Moreyra, llamado Juancito y no Juanito, que con su hermano Lucho fue, como Fico Camino, de esos amigos que uno le debe a la amistad de sus mamás desde antes de nacer, y del colegio y antes de la foto que estoy mirando y durante y después y que si hoy encontrara sería fiesta.

Sigue Mariano "Pupo" de la Peña Prado: su casa quedaba casi al lado de la de su primo Celso Prado Pastor, sobrino de Cuellazo Pastor (por los gigantescos cuellos Windsor de sus camisas y embajador en Washington); Martín Belaúnde, que tanto me ayudó a meter los siguientes autogoles de mi vida (Martín fue un verdadero fracaso como interior derecho y es el amigo cuyas excelentes crónicas sobre política internacional leo en la revista *Oiga*) y cuyo padre, don Víctor Andrés, era el Butros Ghali de la época y de la ONU; los hermanos Valle Riestra, uno muy rubio y el otro muy moreno, qué habrá sido de ellos?; Jorge Sabogal, que venía desde el balneario de aquel entonces, La Punta, donde yo veraneaba de niño y su casa quedaba en una esquina y su papá era alcalde del Callao y médico y gran amigo de mi padre, llamado por entonces Arnaldo Alvarado, Rey de las Curvas con su Ford 46 color ladrillo, gracias a la divina paciencia de mi mamá y a su infinita bondad que no me desenmascaró nunca; detrás de Jorge está el hijo del Rey de las Curvas y detrás de él César Ramírez o "Renato el Hermoso", apodo que no le gustaba nadita pero César perdonaba y nos invitó a todos a la primera fiesta de nuestra vida en su casa del Malecón allá en Miraflores. Edad: 13 años y un tupé gallito en el peinado para crecer y muchos gallitos al hablar porque estábamos en la edad del desenrollo, que decía Cantinflas.

Perdón, pero voy a saltar cuantitativa y cualitativamente en el tiempo. En aquella fiesta miraflorina bailé la primera pieza de mi vida con una chica con cerquillo y belleza llamada Nani Conterno (hermana de los caballerosos Conterno, cuyo hermano mayor, Alfredo, murió trágicamente joven y era mi ídolo del básquet en el Terrazas y me enseñó a no meter autogoles). Nani soportó mis pisotones con tierno heroísmo y, tres veces tres, se dejó volver a pisotear al ritmo del pasodoble *Francisco Alegre... ¿Lo recuerdan?... Francisco Alegre/ Corazón mío/ Tiende tu capa/ Sobre la arena del redondel/ Francisco Alegre...* A veces oigo este pasodoble aquí en España y nadie sabe por qué a lo de *Corazón mío* le agrego siempre palabras como *Inmaculado* o *Nani* o *Cebolla...*

Detrás de César Ramírez Otárola del Río está Glicerio Camino Mendívil que logró años más tarde peinarse como Elvis Presley años más tarde también, por supuesto, y después viene el Colorado Raffo, cuyo padre trabajaba con el mío en el Banco Internacional pero era mucho más joven. Raffo se apellidaba también Rodrigo como Eduardo, que también era colorado pero además tenía pecas y llegó a ser apodado Huevo y tuvo un restaurante llamado El Periplo que se quemó mil años más tarde... Después viene Dicky Berckemeyer, que vivía en Barranco y tenía una casa inmensa para que cupiera tanta nariz inmensa como había en su familia, según él mismo le hizo creer a Miguel Althaus que esa mañana descubrió la duda y adquirió ipso facto el tic más extraño y peligroso que he visto en mi vida: encogió la pierna derecha, flexionando la rodilla, se agarró del taco de su zapato y jaló con toda su alma. Me consta que las primeras ciento diez veces se fue de bruces al suelo pero con los años y las dudas realmente logró una indudable destreza y logró también triunfar sobre la ley de la gravedad.

Viene Carlos Ossio, eterno primero de la clase cuyo papá lo recogía a la salida del colegio y tenía un garfio por mano derecha y lo peor de todo es que primero te lo explicaba, mientras te daba la mano izquierda, pero después te lo enseñaba y uno miraba con pánico hacia abajo porque si además tenía una pata de palo como en las películas de piratas que a esa edad eran más bien de terror... Viene después Alberto Buckley, cuyo papá había sido futbolista y creo que back izquierdo, como el papá de mi primo entrañable Alfredo Astengo Gastañeta, olímpico del 36 en Berlín con Hitler y todo, si no me equivoco, que jamás me vendió ni le contó a nadie que yo no era hijo de Arnaldo Alvarado, Rey de las Curvas. Alberto Buckley era algo gordo, bastante tranquilo, muy sencillo y jamás entendió la manera en que Miguel Althaus vencía la ley de la gravedad y no se caía ni por su propio peso cuando dominó el tic aquel en varios tempos y simple y llanamente complicadísimo.

Viene enseguida Miguel Echecopar Rey, que ya tenía un vozarrón y hoy ronquea en Sevilla, que fue uno de mis más grandes amigos de infancia y cuyo padre era de muy corta estatura (lo apodaban Pucho Pisa'o) pero altísimo caballero y abogado: con la sencillez de los grandes hombres y el valor de los héroes guapeó a una dictadura entera por serle fiel a la empresa con la que había trabajado siempre. Perdónenme el párrafo aparte y la digresión, pero creo que aquel señor merecería mucho más. Lo que pasa es que, como dicen, "no soy yo quién". Es decir, lo mío no es la historia sino la literatura y, en este momento, la infatigable memoria y el sentimiento y la cebolla.

Viene Jorge "Yoyo" Ferrán, otro amigo de infancia, otro gran amigo en cuyo sanisidrino jardín de la calle Los Nogales metí más de un autogol. Jorge le llamaba "Calvino" a su papá, porque era calvi(ní)simo, y su mamá era muy rubia y alta y muy bonita. Construyeron el edificio Ferrand, en la avenida Wilson, frente al edificio Somerin, de los Pardo. Uno era así: D y el otro era: C, y les llamábamos "antes y después del parto" y nos matábamos de una risa nerviosa porque parir era algo así como pecar contra la cigüeña y París y Miguel Althaus se agarraba el taco posteriormente, en fin, quiero decir que se lo recogía por detrás y lo de la ley de la gravedad hecha añicos antes y después del parto D y C.

Sigue Julio Grisolle, sastre futuro y sentado y niño entonces delante de Mario Matta Miró Quesada, que regresó de, o se fue a Chile, muy niño, y reapareció tan elegante que parecía Manongo Bentín D.C., pero vestido por Julio Grisolle ya sastre. En fin, no sé si explico bien la diferencia entre el auténtico Harris tweed y el antiguo, auténtico y peruanísimo casimir de pura lana, o sea aquello que los mexicanos, con ese hablar tan cartesiano que tienen, llaman "igual nomás que diferente".

Además Matta Miró Quesada reapareció convertido en hípico. Tampoco ahora sé si me explico bien pero lo que quiero decir es que yo vivía muy cerca del antiguo hipódromo de San Felipe y que por eso sin duda lo vi mucho, ya grande y elegante y con sus cuellazos "Pastor", mas nunca llegué a saber si M.M.M.Q. era eso que los ingleses llaman un *turfman*, o sólo un apostador o preparador o hasta un pobre jinete. Era hípico, pues, y si me he extendido en este recuerdo es por lo amigos que fuimos de niños y porque hoy me da tanta pena la mala suerte que tuve de volverlo a ver cuando los dos éramos ya "unos hombrecitos", o sea demasiado machos para atrevernos a saludar primero al otro o, lo que es lo mismo, lo suficientemente tímidos y cobardes como para no correr el riesgo de saludar al otro primero por miedo a que nos dejen colgados. En mi memoria visual, Mario se ha quedado en una foto del diario *El Comercio,* parado al lado de un caballo ganador. Ojalá fuera tuyo, Mario, ojalá tuvieses muchos caballos ganadores, ojalá fueras ya entonces y seas todavía hoy un *turfman* y ojalá que esta botella llegue a destino.

Viene después Ernesto "Neto" González, que todavía me da miedo y me imagino que al resto de la clase también. Aunque mirando bien la fotografía, es un niño que se esfuerza por sonreír, que se quiebra, frágil, en una sonrisa, un tímido aterrado y como roto por dentro, que también de ellos es el reino de los cielos, el de la amistad y el recuerdo. En realidad y trágicamente, Neto tuvo que inventar su legendaria y logradísima matonería para ocultarnos su terrible dolor, su miedo, su pánico a ser considerado un pobre huerfanito, tras la prematura muerte de su padre. Te recuerdo uniformado de negro en vez de azul, Neto, y eso debe ser terrible en la infancia y te doy todita la razón.

Viene Lelo Souza, que ya era Lelo Souza entonces y que probablemente batió años más tarde el récord mundial de trompos automovilísticos, superando incluso a Gonzalo Lizárraga, el niño del dedo amarillo y Chesterfield y la bondad matona que le costó no un ojo negro sino la primera oreja negra o más bien morada que vi en mi vida y, la verdad, también la última. César del Río le sacó la mugre y le dejó la oreja morada en una época en que normalmente era el ojo lo que a uno le amorataban. También batió Lelo Souza, con su andante simpatía y su aguda voz, el récord de permanencia y curvas con y sin trompo en el parquecito Salazar, detrás, eternamente y sin éxito, de una chicoca con éxito.

Vienen ahora Pocho Correa, con el pelo rubio y ensortijado y la cara muy colorada, por más que la foto de mi álbum es en blanco y negro. Y Óscar Lucio, cuyas principales características eran vivir en San Miguel y jugar fútbol con una ejemplar corrección y con una parsimonia y una agotada sabiduría muy semejantes a las de Lolo Fernández ya retirado de las canchas y gloria nacional. Y Carlos Fuentes Villarán, el hombre alegre, el de la eterna sonrisa y el *dribbling* endemoniado en el campo de fútbol. Fíjense que no es nada fácil ser ya todo un señor y tener tan sólo seis o siete años de edad. A veces me encuentro con su hermano Lucho en Punta Sal o en el aeropuerto de Madrid. Nos abrazamos y, a boca de jarro, le pregunto por aquel inolvidable gran señor de seis o siete años de edad.

Toto Montoya vivía en la plaza Dos de Mayo y, como Juan Luis Colareta vivía en la plaza San Martín y nadie sino ellos, creo, vivían en el centro de Lima, a uno lo invitaba Colareta y el chofer se equivocaba y lo dejaba donde Toto y viceversa. Me pasó más de una vez y el chofer ya se había ido y, qué bestia, a los cinco, a los seis, a los siete años, yo tirando pata aterrado por el centro viejo de una Lima aún *Flor de la canela* y llegando tarde donde Toto y con una cara impresionante de estar llegando puntual donde Juan Luis. Mariano Ugarte Ugarteche, el chico más flaco del mundo y parte de Bolivia. Mario Quiroga, ¿era o no primo de Carlos Guerinoni, el que ya se estaba quedando calvo cuando la primera comunión? Juan Thorne y su casa muy muy grande y con piscina en la avenida Arequipa.

Quique de la Puente, alegre Quique, sonriente Quique, noble Quique, simpático Quique, señor de la broma y el buen humor. Y sin embargo, por tu lado, Quique, nos llegaría la primera gran pena al Corazón Inmaculado de la infancia. Conocíamos tu inmensa casa de Miraflores, frente al mar, pleno malecón entre curvas sobre los acantilados. Pero no se cayó por ahí tu hermano mayor, el bajito, sino que se rodó la escalera y todavía me veo, como me imagino que nos vimos tantos de los que estamos en la foto y otros que no salen por lo de las salas de clase *A and B,* todavía me veo parado, inmóvil, con una mezcla de temblor y terror, de asombro y dolor, mirando hacia arriba de la escalera inmensa muy estilo *The magnificent Amberson,* de Orson Welles, y pensando en tu hermano tendido aquí abajo, convertido en una tragedia.

Suena el timbre del recreo y ahí están todos los niños que faltan en la foto que he descrito. Tantos primeros amigos de la vida que uno realmente se da cuenta de lo feliz que ha sido. Los hermanos Escudero, Javier y Enrique, que también vivían en San Miguel, como Óscar Lucio, Freddy Cooper, que se mudó de Miraflores a San Isidro y tenía piscina, Alberto Guinand, Miguel Cruchaga, otro amigo de esos que uno ya conocía desde antes de entrar al colegio, como Antonio y Jaime Graña con un hermano menor que fue el primer rapto del que oí hablar en mi vida, qué horror. Cuánto jugué en el jardín de Miguel frente al colegio Sophianum, en una esquina de la Salaverry, bajo la mirada atenta y cariñosa de su madre y la serenidad sonriente de su padre, un señor de pelo muy liso, muy bien peinado, algo canoso ya entonces y que fue el primer señor chileno que vi en mi vida.

And so many more little friends, como diría aquella monjita bella e hipersensible, sensitiva y sentimental, tierna y frágil y alegre y nerviosísima que amé con ese amor de niño que es el peor y el más fuerte, el más tembleque y el menos decidido, el más triste y el más feliz y el único amor que ama por los dos, amor de ida y vuelta, pues, y que al mismo tiempo es el único amor realmente correspondido que hay en la vida. En fin, yo me entiendo, y para que me entiendan ustedes también, confesaré que, para saber esto y de esto en la alta noche que es ya y en que quiero escribir y me encebollo, hay que ser un retrasado sentimental. Es algo realmente delicioso y es lo que en inglés se llama *the real thing.*

Creo que lo único en que se parecen estas páginas a mi novela (con tanto Inmaculado Corazón de tema) *Un mundo para Julius,* es en su excesiva extensión. Muy larga novela y muy largo artículo. Y creo que ahí quedan las similitudes. ¿Entonces por qué se ha dicho siempre que aquella novela es profundamente autobiográfica? Miren ustedes este botón de prueba, este botón de Rosa, botón de Delia, este *rosebud.* ¿Qué ex alumno del Inmaculado Corazón ha olvidado jamás a la eterna secretaria del colegio, Delia C. Khan? Era altísima cuando uno era niño y sigue tan china en la foto que me ha enviado cincuenta años después de la fundación con ella del colegio. ¿No era algo así como la piedra angular del colegio? Miren, a mí, además, que en el colegio fui hijo de Arnaldo Alvarado, el Rey de las Curvas automovilísticas (una historia que, por lo demás, no figura para nada en la novela pero sí en *Permiso para vivir,* mis "antimemorias" y que es cien por ciento real), me pasó algo muchísimo mejor que en la realidad parece tan purita ficción que pudo perfectamente bien entrar como tal en *Un mundo para Julius.*

Y dice así: Cuando el papá del trágicamente fallecido Alfredo Payet, otro compañero y amigo de infancia, cons-

191

truyó el local grande y nuevo de la avenida Angamos (yo creo que lo construyó ya con el pirata en la puerta y su lata llena de piedras maraqueándole en la mano y anunciándonos sus *toffees* y demás golosinas y Donofrios), todos lo estrenamos felices y yo más que nadie, creo. Acababa de leer una adaptación infantil de la vida y aventuras de Gengis Khan y fue lo que se dice ver para creer. Ahí estaba otra vez para recibirnos la señorita Delia C. Khan, tan alta y eficiente como el Gran Mongol. Y fue lo que se dice también del dicho al hecho. El hijo de Arnaldo Alvarado regresó a su casa y, en un solo trecho, les explicó a su mamá, a sus hermanos y a su pobre padre, don Francisco Bryce Arróspide, totalmente incapaz de dar una curva automovilística a más de muy pocos metros por hora, que la secretaria doña Delia era nada menos que la tataranieta de Gengis C. Khan, el tártaro, papá, fundador del primer imperio mongol, mamá, y conquistador de media China o, mejor dicho, de China y media, papá, porque después siguió cabalgando hasta unas estepas tan lejanas que se pierden hasta en mi memoria y mira tú mejor no te metas, Clementina, porque yo te puedo probar que la señorita Khan conserva aún una estatua de Gengis C. y que su papá se llama Juan Carlos Gengis y conoce Azerbaiyán como Gengis C. Khan en su debido momento de 1215 D.C., como Manongo Bentín que también es D.C. pero por Díez Canseco...

Luis

Era un cincuentón robusto y guapo cuando apareció por primera vez en mi vida, en 1975. Vivía yo en París, entonces, y él ya trabajaba en la Universidad de Connecticut, en Storrs. O tal vez deba decir en la Universidad de Storrs, en Connecticut, nunca lo he sabido bien y tampoco importa. Aún tenía el pelo bastante oscuro y esa presencia entre cómica y deportiva, entre atlética y descuajeringada que su propia sonrisa y sus ojos pícaros parecían comentar de forma casi permanente.

Era profesor de literatura latinoamericana, graduado en Yale, pero, a diferencia de la mayor parte de los egresados de esta célebre universidad norteamericana, Luis Bernardo Eyzaquirre, o simplemente Luis, como solía llamarle la gente, jamás persiguió el éxito de una gran carrera académica sino que, más bien, huyó sistemáticamente de él. Y se refugió en una pequeña universidad de segunda o tercera fila, cuyo nombre mismo resultaba una invitación al bostezo. "Storrs, en inglés", se reía el propio Luis, mientras lo explicaba, "se parece mucho a la palabra snores", que quiere decir *ronquidos*. Ahí trabajaba Luis, en esa pequeña universidad rodeada de una naturaleza envidiablemente bella, aunque también sumamente nevada y gélida, buena parte del año, y en cuyos alrededores parecía haber más vacas que alumnos o profesores. Los académicos de Yale nunca le perdonaron esta falta de ambición, esa falta de respeto por lo que significaba ser un egresado de una de las primeras universidades de los Estados Unidos, y es que nunca comprendieron que la ambición de Luis era otra, y mucho mayor, por supuesto. La gran ambición de Luis era la vida misma, y en sus expresiones más valiosas y arriesgadas: el amor y la amistad consideradas como bellas artes. Por supuesto que esta consagración de sus mejores horas y días y años, año tras año, a una suerte de eterna primavera de los sentimientos, no le impidieron ser un maestro ejemplar, un crítico literario refinado y agudo como pocos, tampoco un tenista realmente aficionado, y un conversador tan entrañable como divertido y entretenido. Conversando sobre la vida, Luis era un gran pícaro, pero, viviendo la vida, lo que realmente era este hombre entrañable es un gran egotista, un permanente auscultador de los sentimientos propios y ajenos, un hombre dotado de una inagotable ternura aplicada a la vida privada.

Me imagino que a mi departamento parisino llegó previa cita, que se presentó con una carta, o algo así. No lo recuerdo bien, pero sí sé que venía a conversar conmigo porque deseaba escribir un libro sobre mis libros. Lo estoy viendo sentado ahí en la salita de mi pequeño departamento, en el segundo piso del número 8 bis de la rue Amyot, y me estoy viendo a mí mismo. La literatura fue un pretexto para aquella inesperada explosión del cariño fraternal, de la amistad imperecedera, y como tal pretexto quedó muy pronto postergada para otra oportunidad. Ya hablaríamos de su proyecto, ya hablaríamos de mis libros. Lo importante en ese momento era compartir una correcta botella de tinto y dejar que el milagro de la amistad se ocupara del resto.

Luis llegaba de visita, Luis regresaba a los Estados Unidos, Luis visitaba Chile, su país de nacimiento, y Luis volvía a visitarme. Y yo cambiaba de países y ciudades, pero nuestra larga correspondencia (en la que se habló siempre más de asuntos íntimos que de libros) era el hilo que nos permitía mantenernos al día de nuestras vidas privadas, de sus grandes cambios, de sus altos y bajos, y bueno, también, pero tan sólo de vez en cuando, de algún nuevo libro mío o del último artículo suyo, escrito siempre con esa perspicacia que hoy me permite decir que Luis fue, ante todo, un lector genial. Y también, por qué no, un profesor extraordinario, ya que la naturalidad con que lograba transmitir el goce intenso y profundo de su magia de lector, combinada con su innata sencillez, estoy seguro que fascinaron a decenas y decenas de alumnos a lo largo de los muchos años que le consagró a la docencia. Su ambición era el alumno mismo y una íntima necesidad de dar una buena clase, y la carrera académica que se la coman otros con fresas y crema chantilly, en esa eterna y detestable feria que suele ser el mundo académico.

Veinte años después de haberlo conocido, veinte años de amistad añadida más tarde, desembarqué en los Estados Unidos, una vez más, en calidad de profesor visitante de la Universidad de Yale, ahora. Fue en 1995, en septiembre, y ni él ni yo imaginamos que mi llegada a Nueva York, en aquella oportunidad, abriría una etapa nueva en nuestra amistad, cuatro años de amor fraternal a los que sólo la muerte vino a privar del goce de una relación sin par. Luis se fue desde Hartford, la pequeña ciudad donde vivía, hasta el aeropuerto de Nueva York. Pero no vino sólo para recogerme. Vino, digamos, para salvarme la vida en el más corto y largo plazo, o sea dos veces, o doblemente, si se quiere.

Para empezar, yo había hecho una de esas burradas que uno nunca está en edad de hacer, y menos yo, que andaba ya por los cincuenta y seis años, y que acababa de pasar una larga y agitada temporada en el Perú. De Lima volé a Madrid con una fuerte bronquitis y fiebre alta, y de Madrid seguí a Mallorca, así de mal, con una congestión de padre y señor mío, y más fiebre todavía. Una buena dosis de antibióticos y apenas tres días de reposo me devolvieron a Madrid, donde a un especialista le bastó con palparme un poco el pecho y examinarme bronquios y oídos para rogarme que no volara en esas condiciones. Pero mis clases en Yale empezaban y yo no tenía ni siquiera alojamiento en la horrible ciudad de New Haven, todavía. O sea que, empujado por ese sentido del deber que heredé de mi padre, y por mi puntualidad maniática, hice caso omiso de los consejos del médico madrileño y emprendí la travesía del Atlántico como si nada. Pero, maldita sea, dos horas antes de llegar a Nueva York, el pecho y los brazos me dolían cada vez más y no tuve más remedio que avisarle a una azafata. En el avión viajaba un médico y la palabra *infarto* le brotó de los labios casi con sólo mirarme. Siguieron una serie de llamadas de emergencia desde el avión al aeropuerto, una ambulancia en la pista de aterrizaje, gente que corría de un lado a otro, y, en medio de todo aquel laberinto, el gran Luis, a quien rogué que llamaran también desde el avión, esperándome entre los camilleros. Fui trasladado a Emergencias, sabe Dios en qué hospital, y ahí estuve un buen par de días, porque, en efecto, el músculo pectoral se me había rajado o lesionado, qué sé yo, pero el músculo del lado derecho, y no el izquierdo. O sea que sí había tenido un infarto, digamos, sólo que en el lado en que no hay corazón, mire usted. Claro que ello no evitó que me hicieran unos cinco mil electrocardiogramas y otras diez mil pruebas más, antes de darme el alta y un millón de recetas, y a tiempo aún para que el gran Luis, que había asumido todos los gastos de mi estallido general derecho, y toda responsabilidad por mi persona, que había firmado un millón de papeles, más o menos, me trasladara a su casa, y no a New Haven, porque aún había tiempo para descansar una noche más, aunque antes, eso sí, teníamos que ponernos al día en todo lo concerniente a nuestras vidas y amores, cómodamente sentados en la sala de su pequeño departamento, picoteando algunos canapés y saboreando un buen vino tinto. Yo le conté que le llevaba cerca de veinte años a mi nueva novia, pero Luis, insuperable como siempre, me informó que él le llevaba unos cuarenta años a su nueva novia, que además era su sobrina, lo cual le había traído más de un problema familiar y académico. Pero, bueno, por ahora su novia estaba realizando una serie de investigaciones para su tesis de doctorado, en Chile, y él estaba totalmente disponible para acompañarme y sacarme de New Haven cada vez que yo quisiera. En fin, que aquellos meses en que viviríamos lo suficientemente cerca como para vernos constantemente, realmente prometían. Al día siguiente, Luis me llevó a New Haven, me presentó en Yale, con una sonrisa en los labios se dejó ningunear por sus ex colegas y demás académicos de mierda, y finalmente me llevó a visitar las dos casas en las que, pensaba, mejor la pasaría yo. Luis conocía esos barrios como nadie, y me explicó que lo mejor era vivir en una zona de un relativo mal vivir, no sólo porque los alquileres eran más bajos sino porque ahí vivían todos los ladrones de New Haven. Y Frank, el propietario de la vivienda que alquilé, estaba totalmente de acuerdo con ello. "Nosotros no nos robamos entre nosotros, fundamentalmente porque nadie tiene nada, aquí, que merezca la pena de ser robado. De aquí, más bien, salen los ladrones que asaltan el campus y los dormitorios de Yale, que es donde está el dinero. Únase a nosotros, señor Bryce, y ya verá usted lo seguro y tranquilo que va a vivir". O sea que seguí unos consejos que, pronto, muy pronto, agradecí. Y es que, al día siguiente, primer día de clases de aquel semestre, en Yale, una horda de vecinos provenientes de mi barrio y sus alrededores, asaltaron los dormitorios de los estudiantes recién llegados y alzaron en masa con cuanta frazada encontraron. Estaba empezando el otoño, y el invierno, aseguraban, iba a ser muy frío.

Luis me enseñó el barrio palmo a palmo, me ayudó a comprar todo lo necesario para vivir y alimentarme correctamente los primeros días, me enseñó algún pequeño restaurante de buena relación calidad-precio, y regresó a Hartford en su elegante Mercedes. Dos días después me enteré de que no faltaban algunos colegas en el Departamento de Español, en el que empezaba a dar mis clases, que literalmente me odiaban por haber tenido quien me ayudara a instalarme tan sabiamente en New Haven. Esos señores odiaban a los profesores visitantes, se morían de celos cuando se trataba de un escritor, y generalmente intentaban que la llegada de uno a aquel lugar fuera todo lo triste y espantosa posible. Luis les había aguado la fiesta. Y estaba dispuesto a seguírselas aguando a lo largo de todo aquel semestre.

Anita, mi novia limeña, se unió a nosotros en octubre, y, aparte de algunos viajes a Nueva York, San Francisco y Berkeley, la mayor parte de nuestro tiempo libre la pasamos de excursión con Luis, recorriendo los maravillosos bosques otoñales de Connecticut, visitando balnearios como Newport, y ubicando los restaurantes más apropiados para deleitarnos con el pescado, los mariscos, y las deliciosas sopas de Nueva Inglaterra. Sin embargo, lo que Anita y yo más atesoramos, aquel mes de octubre, lo que mejor recordamos y evocamos, muy a menudo, son las largas horas pasadas en el departamento de Luis, en Hartford, escuchándolo contarnos los capítulos más apasionados de su larga e intensa vida sentimental. Y, sin embargo, Luis no era ni un Don Juan, ni un mujeriego, ni nada de eso. Era, como diría el cineasta francés François Truffaut, "un hombre que amaba a las mujeres", un señor de pelo ya muy blanco al que le encantaban las mujeres, tiernamente enamorado de todas y de ninguna, generalmente. Anita y yo siempre recordaremos la noche aquella, en que a medida que Luis avanzaba en el recuento de su vida y milagros de afecto y de pasión, sus lances con maridos celosos (en el Albaicín, en Granada, el esposo enfurecido de una de sus amantes, lo citó en un bar, "con cuchillos y pistolas", como dice una copla gitana, pero Luis, distraído como siempre, se perdió en aquel laberinto de callejuelas y se libró por un pelo de una buena puñalada... Pero también alguna vez fue a Urbino, buscando sabe Dios qué, o a quién. Nunca me lo contó, la verdad, ni quise yo sonsacarle nada, pero aquel sueño debió tener un despertar de pesadilla, porque el gran Luis volvió sumamente decepcionado de aquella aventura italiana, que, como tantas otras de las suyas, hacia el final de su vida, fue un viaje al pasado, aunque éste se perdió en el silencio, a diferencia de los otros), sus precipitadas huidas de alguna ciudad, ella y yo nos miramos como quien dice: "Imposible, Luis. Ni a tus setenta años puede haber habido tiempo suficiente para tanto y para tantas, por lo cual tú tienes que haber tenido varias relaciones paralelamente". Él nos miró con su picardía habitual, a la que se mezclaba la carita de niño travieso y la sonrisa de tímida felicidad que le brotaba en estos casos, y comentó, o más bien concluyó: "Lo que ocurre es que yo me he pasado la vida preparando a las mujeres para casarse con otro hombre". Inefable, Luis.

Pero Anita tuvo que regresar a Lima, un mes más tarde, y Luis y yo volvimos a nuestras excelentes comidas y almuerzos de cada fin de semana, y a nuestras conversaciones habituales, aunque ahora, sí, en ellas entraban bastante la literatura y los proyectos de Luis al respecto. Por lo pronto, estaba pensando jubilarse y dedicarse a viajar más, pero también a encerrarse y concluir una serie de proyectos que se le habían ido quedando en el camino, pero que nunca habían sido olvidados del todo. El libro sobre mi trabajo literario estaba sin concluir, muchas páginas de un diario descansaban olvidadas en una carpeta, la crónica de un viaje a Cuba dormía en otra carpeta, algunos cuentos se habían quedado a medio escribir, y Luis empezaba a angustiarse al ver que andaba ya sobre los setenta años y que sus proyectos le exigían una casi total disponibilidad. Recuerdo haber leído las páginas escritas sobre su viaje a Cuba, llenas de ternura, de asco, de dolor, y de la vergüenza que le ocasionó el comportamiento de alguno de sus compañeros de viaje, gringos viejos, en general, con las muchachas que merodeaban por los hoteles de La Habana, en busca del dólar, jamás del amor.

Desde entonces, desde aquel semestre de otoño de 1995, Luis y yo nos vimos prácticamente cada año hasta su muerte, en 1999. Nos escribíamos menos, pero en cambio hablábamos mucho por teléfono. Dos veranos seguidos nos reunimos en Madrid, con su adorable sobrina Marcela Muñoz Eyzaguirre, y con sus amigas, y también en 1997 me visitó unos días en Montpellier, ciudad a la que regresé como profesor visitante por un semestre, y en cuya universidad había trabajado cuatro años a comienzos de los ochenta. Yo había decidido regresar a vivir al Perú y, por fin, había convencido a Luis de que abandonara la universidad. Y, desde entonces, nació aquel sueño común, tan fácil de realizar, y que su muerte, totalmente inesperada para mí y para todos, creo, truncó. En la casa que me estaba construyendo en Lima, en lo alto de uno de los cerros pelados de Monterrico, habría una habitación para él. Y él vendría a verme a cada rato, para continuar con una conversación de amigos que estaba a punto de cumplir los treinta años. Y así, desde el comienzo, Anita y yo bautizamos como "El cuarto de Luis", el dormitorio de huéspedes de mi nueva casa. Habíamos pensado incluso ponerle un letrerito con ese nombre, a un lado de la puerta. Pero bueno, las obras de aquella casa no habían terminado, cuando una mañana,

Claudia, la compañera de Luis, su sobrina, y, creo yo, también su último y más grande amor, llamó a casa de Anita para avisarle que Luis estaba gravísimo, pero que no sufría. Un tumor maligno en el cerebro, así, de repente. Lo llamé dos, tres, cuatro veces, y quedé en que correría a visitarlo, no bien regresara de un breve viaje de trabajo a Buenos Aires. Pero, bueno, aquel viaje a los Estados Unidos, para acompañar al amigo que *se iba,* ya nunca tuvo lugar. Ni hay letrerito alguno en "El cuarto de Luis". Hay, eso sí, hay en mí, la íntima convicción de que la muerte de Luis era como un aviso. Y que el Perú al que yo soñé con regresar como que empezaba a despoblarse de los seres que yo más había querido en mi juventud, cuando lo abandoné para trasladarme a Europa. La muerte de ese amigo adorado, la muerte de Luis Bernardo Eyzaguirre, además de todo, quería nombrarme, estoy seguro, muchas penas más en mi futuro inmediato, como quien intenta evitármelas, ahorrármelas. La muerte de Luis intentaba, además de todo, y una vez más, hablarme de la inmensa cantidad de personas y cosas y sueños y realidades que también habían muerto en el Perú y en mí, con el simple paso de los años.

Y recién ahora que escribo todo esto me doy cuenta de algo importantísimo. También Luis adoraba Chile, su país de nacimiento. Y había ido de visita muchas veces y tenía una compañera chilena y todo. Pero él era más sabio o más prudente o menos aventurero o aventado o irresponsable que yo. Él no quemaba sus naves en los Estados Unidos, pues conservaba su departamento y todos sus bienes. Yo, en cambio, quemé mis naves, en España, y me volví, como décadas antes había quemado las naves para irme y quedarme, en Europa. Pero, además, a la hora del regreso, también Luis emprendió en cierta medida el camino a Chile. Sólo que su camino se quedaba en "El cuarto de Luis", que está situado en Lima, Perú, y no en Chile. Digamos, pues, que Luis se quedaba en la antesala. Y que se aventuraba, *ma non troppo*. Miro hacia atrás, a mi derecha, y ahí está "El cuarto de Luis". Y él, que sale y me mira sonriente y me escucha todo esto que acabo de pensar, acerca de él, acerca de mí, acerca de la vida y sus regresos. Hay una inmensa picardía, una inmensa sabiduría, y, al mismo tiempo, un inmenso cariño, en los ojos con que me que asegura que él ya no vivió la respuesta a semejante pregunta. Y Luis permanece tan callado como su luminosa habitación.

68, modelo para amar

Empecé a dar clases en la Universidad de Vincennes en 1974. Situada en el bosque del mismo nombre, Vincennes había sido concebida como Centro Experimental, en el que –entre otras cosas– la enseñanza debía realizarse en grupos pequeños que permitieran un contacto bastante directo y estrecho entre el profesor y sus alumnos, y además era la única concesión que el estudiantado rebelde de mayo del 68 le había arrancando al gobierno francés.

En Vincennes se pretendía liquidar el frío e inmenso distanciamiento que había caracterizado la relación entre unos docentes que más tenían de mandarines que de otra cosa, y unos pobres estudiantes amorfos y silenciosos, sin el más mínimo derecho al pataleo. Por último, si el experimento funcionaba, tendría que extenderse a toda Francia, lo cual sí constituiría una verdadera y muy cara revolución pedagógica. Pero bueno, aunque al comienzo funcionó y hasta fue positivamente evaluado por una comisión nombrada por el propio Ministerio de Educación, el Centro Experimental de Vincennes, como también se le llamó, se topó con la radical oposición de un gobierno conservador que había recuperado por completo las riendas del poder y que estaba dispuesto a combatirlo por todos los medios, hasta lograr que aquel símbolo de la gran rebelión estudiantil de 1968 se pudriera por completo.

Y algo olía ya a podridito en el reino de Dinamarca, cuando yo ingresé a trabajar en Vincennes, cinco años después de su fundación. Por lo pronto, la relación profesor-alumno (o más bien profesor-alumna, en el caso que me concierne) se había estrechado tanto que, muy a menudo, terminaba convirtiéndose en una relación sentimental, con conocimiento carnal y todo. Una buena clase, bien preparada y dictada con todo el interés y entusiasmo posibles, continuaba en la cafetería de la universidad, luego en alguna fiestecilla de esas de pan, queso, embutidos y tintorros baratieris, y ya después al gusto del cliente. Y el gusto del cliente consistía siempre en lo que, en las artes marciales, suele llamarse *full contact*.

Nunca me olvidaré de aquel profesor cincuentón, de pelo contestatariamente largo y sucio, de voz eternamente agónica y afónica, a fuerza de arengar anárquicas y permanentes rebeliones, en vez de hablarles de lo suyo a los estudiantes –lo suyo era la lingüística–, y que solía usar siempre una muy fatigada e inmensa capa negra, bajo la cual se escondía la nueva alumna escogida en cada clase, mientras ambos abandonaban el campus en dirección al bosque de Vincennes.

Lo de aquel profesor no era un amor en cada puerto sino un amor detrás de cada árbol. Y sus cursos, fueran del nivel que fueran, se llamaban siempre Introducción a la lingüística I, II y III, y así sucesivamente y con profundo contenido simbólico, siempre. Yo, la verdad, lo envidiaba a muerte al tipo aquel. Y envidiaba también a aquellos profesores que aseguraban que, para ellos, una clase tenía también algo de concurso de belleza, ya que lo primero que hacían al comenzar cada curso universitario era escoger a la Miss Francia de esa semana, ese mes, ese semestre, o todo ese año, aunque ninguna de estas prácticas impidiera que los concursos de belleza pudiesen repetirse y multiplicarse *ad infinitum*.

Y muy a menudo sucedía como en el boxeo, un deporte en el que con frecuencia nos encontramos con que hay tantos campeones mundiales cuantas federaciones norteamericanas o europeas existen. Y Vincennes, lo recuerdo muy bien, podía darse el lujo de tener muchas Miss Mundo o Miss Universo, en vista de que en ella estudiaban muchachas provenientes de casi todos los rincones del planeta y coincidían múltiples federaciones. No olvidemos, por último, que aquel Centro Experimental terminó convirtiéndose con el tiempo en el último baluarte de mayo del 68 y, por consiguiente, en el último lugar en que continuaba estando absolutamente prohibido prohibir.

Este último mandamiento de la ley del 68, y el hecho de que los ataques del gobierno hubiesen convertido a esa pobre universidad en una suerte de paria de la enseñanza superior, en toda Francia, y en el extranjero se hubiesen firmado acuerdos gubernamentales con varios países para que no se les diera validez alguna a los diplomas que otorgábamos, hicieron que en Vincennes también estuviese prácticamente prohibido desaprobar a nadie. En efecto, para qué desaprobar a unos pobres alumnos a los que nadie les iba a querer dar un empleo si el diploma que mostraban provenía de nuestro pauperizado Centro Experimental.

Ya todos ahí en Vincennes hablábamos de una "gestión de la penuria", por entonces, y sabíamos a ciencia cierta lo arrinconados que estábamos por una realidad política que nos era totalmente adversa y que nos obligaba a practicar un miserabilismo cada vez mayor. Y así, con el correr del tiempo, yo ni corregía los exámenes, de puro miserabilista que me había vuelto, y me contentaba con prolongar al máximo aquellas tertulias de cafetería en las que fingía poner todo el entusiasmo del mundo para tranquilizar mi negra conciencia y para que los pobres estudiantes fingieran también un enorme interés por el tema que estábamos tratando. Y, al final, lo único que me importaba, en realidad, es que al menos hicieran acto de presencia en mis clases y tertulias y que nadie se quedara dormido y yo menos que nadie.

Pero había alumnos tan inefables como la tal Giggia, una guapísima y pechichona chilena, de indudable origen italiano y Sofía Loren, que sólo aparecía por mis clases cuando ya todo había terminado, incluso los exámenes. Llegaba siempre en busca de una nota aprobatoria, con la eterna excusa de que acababa de dar a luz a una niña más y de que así a cualquiera le era imposible asistir a clases y prepararse para los exámenes, mas no aprobar, claro.

Y traía conmovedora y neorrealistamente cargaditas a las recién nacidas, y les daba de mamar delante de mí y todo, y todo muy aprobatoriamente, además, aunque la verdad es que la tal Giggia debía de ser una fiera porque ninguna de las bebes se le parecía en lo más mínimo, ni se parecían tampoco entre ellas, y hasta me las trajo de razas diferentes, como si yo fuera un reverendo imbécil. O sea que me juré nunca jamás aprobar a la farsante aquella, motivo por el cual puso el grito en el cielo y hasta motivó una reunión especial del Departamento de Español, para estudiar su triste caso y mi enorme maldad. Gané con las justas, porque la tal Giggia se pasó la reunión llorando a mares y dándole de mamar como nunca a una rubita linda, con lo cual logró crear una verdadera división de opiniones entre mis colegas, obligándolos a votar hasta tres veces a favor o en contra de su aprobación.

En fin, que de todo se veía en Vincennes, al final de mi estadía en aquella castigada universidad. Pero lo que más se veía era una serie de cuarentones que habían sido estudiantes en los años en que yo lo fui en La Sorbona. Y que seguían perseverando, por decir lo menos, aunque no necesariamente estudiando y mucho menos asistiendo a clases. Lo de ellos era la eternidad universitaria, y sacarle todo el provecho posible a nuestro cada vez más podrido miserabilismo.

Nunca olvidaré, por ejemplo, el caso de un colombiano que había hecho de la vida universitaria un verdadero medio de subsistencia en París. Ya era un veterano estudiante, en la época en que yo llegué a París, y lo seguía siendo quince años después. Y le importaba un pepino reconocerme y que yo supiera perfectamente quién era él. Lo vi por última vez poco antes de dejar Vincennes para irme a vivir y trabajar en Montpellier. Pero ahí debe seguir todavía, si es que no se ha muerto de puro viejo. Ahí debe seguir intentando siempre engatusar a un joven latinoamericano recién llegado a París, como aquella última vez en que me tocó escucharlo en el metro, de regreso de la universidad. Andaba tratando de convencer, al pobre recién llegado de turno, de organizar una pequeña y sabatina orgía con unas francesitas que él podía conseguir, para esa misma noche, en vista de que ya se las tenía conquistadísimas, a golpe de paciencia y sabiduría.

Y es que él no era uno de esos árabes brutos que todo lo arruinan aventándoseles demasiado rápido a las franchutitas. Él sabía que las cosas tenían que tener su *timing*, su ritmo, su cadencia. Y sabía también que para qué ir a clases de francés, por más recién llegado y con ganas de estudiar que esté uno, si en el Departamento de Psicología de la universidad es donde se encuentra a las *mesdemoiselles* con más problemas personales y más ganas de hablar en la cama, que es donde mejor se aprenden los idiomas, compadre. Y sabía además que...

El doctorcito

Era retaco, horrible, siempre estuvo nerviosísimo, ninguna de estas tres cosas le importó nunca, y se inmiscuía. La nariz la metía en todo, con ese carácter suyo, incisivo, canino, molar, simple y llanamente devorador. Tú estabas sano, y se metía en tu vida. Tú estabas enfermo, y el tipo se metía en tu fiebre. Y ahí, ya instalado en tu departamento, prohibía todas las visitas, menos la suya, maldita sea, y empezaba a inmiscuirse en todo. ¿Quién lo dejaba entrar, si tú vivías solo? Francamente, nunca he tenido más que dos posibles respuestas a esta pregunta, aunque todos ustedes digan que estoy loco de atar. ¿Por qué no estarlo, además? Por lo pronto, el doctorcito logró mantenerme fuera de mis casillas durante siete años seguidos. Literalmente me volvió loco durante todos y cada uno de los años que viví en Barcelona. Los siete años y sus meses y sus días. Algo tiene que haberme quedado, pues, al cabo de aquella interminable temporada fuera de mis cabales. Pónganse en mi pellejo y verán. Entenderán ustedes que, dadas aquellas circunstancias, cualquiera de mis dos respuestas es totalmente posible. Y que también podrían ser, ¿por qué no?, exactamente las mismas respuestas que ustedes me darían a mí, doctorcito mediante, siete años seguidos en Barcelona, en sus vidas, en sus enfermedades, y hasta en la fiebre de éstas. Yo creo que ahora van a encontrar incluso lógicas y muy razonables mis dos respuestas:

1) El doctorcito era tan retaco que, enanizándose un poquito más y empujando el felpudo hacia un lado, lograba reptar por debajo de la puerta, y ya estaba adentro,

ya estaba en tu departamento, en tu dormitorio, en tu sinusitis, en tu estado febril.

2) Me alquilaron el departamento con el doctorcito adentro.

Juro que he llegado a creer en estas dos posibilidades, que además no se excluyen sino que se complementan, y hasta se perfeccionan, si uno se lo piensa bien. Porque los corredores de inmuebles son capaces de cualquier cosa, cuando quieren venderle o alquilarle a uno algo. Y, oh coincidencia, además de inmiscuirse, el doctorcito se comportó siempre como un atroz corredor de inmuebles, porque lo suyo era, textualmente, vender, vender Perú, aunque más bien lo alquilaba, para poderlo negociar nuevamente, en la primera de cambio. En fin, vender Perú era su expresión. Yo vendo Perú. Aunque generalmente lo alquilaba. Lo alquilaba con él adentro, claro está.

Se llamaba Froilán... Perdón: se llama y se llamará siempre, mejor dicho, porque estos tipos son inmortales, Froilán Flores, para servirlo a usted, señora, señor, con mucho gusto y fina voluntad. Su nombre completo es: Froilán Octavio Flores Barba, y no lo odio. Parte de mi locura, por aquellos años de Barcelona, fue no lograr odiarlo, salvo por momentos. Recuerdo que, por entonces, solía decirlo con rima y todo:

Es curioso
No logro odiarlo
Y es odioso.

Tú partías de viaje a Madagascar, para descansar de él, fundamentalmente, y el tipo aparecía en tu departamento, para ayudarte a hacer la maleta, para acompañarte al aeropuerto, para llorar en tu despedida. Tú regresabas de Madagascar, sin avisarle, y el tipo estaba ahí para dar-

le la más cordial bienvenida a su hermanito, a su hermanazo, a su hermanón. Y te llevaba a tu casa y te hablaba
de sus nuevos proyectos y se metía al ascensor contigo y
se apoderaba de tu bar, de tu refrigeradora. El doctorcito había hecho más patria que nunca, en tu ausencia, y
ya estaba metido en tu casa con sus proyectos, vendiendo
Perú a gritos, mientras tu sistema empezaba a perder todos los beneficios de un viaje a Madagascar.

—El cambio de horario me ha cansado mucho, Froilán... Ahorita en Tokio son...

—Porque yo vendo Perú, hermanito.

—Lo único que quiero es quitarme esta ropa y quedarme dormido, Froilán...

—Perú es lo que vendo yo, hermanazo.

—Mañana hablamos de eso, Froilán. Me estoy quedando dormido...

—Lo mío es vender Perú, hermanón.

—Por favor, Froilán...

—Porque yo vendo Perú, hermanito.

Mil años después, el atroz monólogo de Froilán me sigue impidiendo dormir. O me asalta por una esquina de
la pequeña y pacífica ciudad sin nombre a la que me he
venido a pasar los inviernos sin frío y veranos sin calor
que son el último lujo de una vida que considero cumplida. Créanme que no fue fácil encontrar una ciudad sin
nombre y cuyas calles, avenidas y plazas tampoco lo tu-
vieran. Me costó tiempo y dinero, pero todo era poco
ante la posibilidad de que el doctorcito se inmiscuyera
también en mis cuarteles de invierno y, por ejemplo, me
obligara a testar en favor del Centro Peruano de Barcelona, cuya presidencia logró ejercer al cabo de mil in-
trigas y grescas, y tras haberle vendido –alquilado con él
adentro, más bien, no lo olviden– Perú por toneladas a
la Generalitat de Catalunya y a la Alcaldía de Barcelona.
¿Vitalicio aquí?

Fui testigo abrumado y hasta cómplice agobiado de algunos de estos prodigios del amor patrio y también lo fui del último vómito que el doctorcito nos soltó a Nuria, su esposa, una víctima santa, a sus hijos Imma Summac y Microbús, dos víctimas totales, y a Alan García Pérez, ¡presidente de todos los peruanos menos del imperialismo yanqui y los comunistas, carajo!, ¡porque yo vendo Perú!, un espantoso perro incaico, de esos como con lepra, que era la voz de su amo y su viva imagen canina. Al doctorcito, que llevaba años autoproclamándose portavoz oficial del APRA en Barcelona, a puñetazo limpio con todos los demás portavoces autoproclamados, se le había subido a la cabecita reducida y de un cuero nada cabelludo el triunfo del APRA en las recientes elecciones presidenciales del Perú. Y quería actuar en consecuencia:

—¡Ahora Alan García es el Perú ante el mundo y yo soy su brazo derecho en Barcelona! ¿Me entendieron?

—La verdad...

—Pues entiéndanme: acaban de nombrarme presidente vitalicio del Centro Peruano de Barcelona.

—¿Quién? –le preguntó hasta Alan García Pérez.

—Pues ustedes, so cojudos.

—...

—Y tú, Nuria, ¿ya abriste esa botella de cava para festejar? ¿En qué piensas, pues, mi cholita catalana?

—Froilán –quiso intervenir Nuria, pero la mandaron a la mierda, pasando por la cocina, en busca de esa y mil botellas más de cava.

—Froilán –quise intervenir.

—¡Yo vendo Perú, carajo, o se me van todos a la mismísima mierda ahorita mismo!

Víctima y santa, Nuria obedeció como siempre, dejándome una vez más triste, muy triste. ¿Por qué no se cansaba nunca Nuria? ¿Por qué esa muchacha guapa, inteligente, con una gran carrera profesional, se dejaba pi-

sotear por ese mico desesperante y desesperado? Porque
Froilán, que era médico generalista y podía matarte con
sólo tomarte la presión, era un fracaso total en lo suyo, y
tenía más de charlatán de feria que de profesional de la
medicina. Y ese pavoroso fracaso lo ocultaba ejerciendo
en su lugar esa peruanidad barata, huachafa e ignorante,
que consistía en hacer patria a cualquier precio, para no
ver el profundo vacío de su vida. Tal vez por eso no llegué a odiarlo nunca. Y tal vez por eso Nuria tampoco lo
abandonaría jamás, aunque, como me decía ella, sus dos
hijos habían nacido por milagro, en alguna de esas des-
piadadas borracheras caseras en que se le abrazó a llorar
y babear de amor por su lejano Perú.

Un momento muy largo y difícil

"Dizque la bebida es el bastón de los cobardes", me recordé a mí mismo, al subir a aquel avión de Iberia que debía llevarme a Lima, el 29 de junio de 1995. E inmediatamente me respondí con la frase del personaje de Onetti, en su novela *El pozo:* "Se me importa un corno", procediendo enseguida a esperar, con toda la impaciencia tembleque del mundo, que el avión tomara esa altura de vuelo en que uno ya puede empezar a volver loco a las azafatas, pidiéndoles de todo y sobre todo otro trago e incluso otro bastón, señorita, porque me estoy muriendo de miedo de aterrizar sano y salvo en el aeropuerto de mi ciudad natal y, así como este avión ya alcanzó su altura de vuelo, yo quisiera alcanzar un altísimo grado de inconsciencia mientras atravesamos el ancho mar, una gran latitud, y desembocamos en la ciudad de Lima, la horrible.

¿Que qué me pasaba para andar tan particularmente cobarde en aquella ocasión? Pues que la esposa de mi difunto y adorado amigo Julio Ramón Ribeyro (el Flaco, ese Agustín Lara de la literatura peruana, no logró esperarme con vida en su nueva vida limeña, al cabo de largas décadas europeas) me había prestado el departamento, cerrado desde la muerte reciente de aquel fumador empedernido, para que viviera en él durante los meses que iba a pasar en el Perú. Yo le había dicho que no, que yo siempre que iba a Lima me alojaba en un hotel, para no molestar a nadie que no fuera del hotel, y que, sobre todo, me partía el alma la sola idea de vivir en el departamento frente al mar peruano con el que Julio Ramón soñó durante mil años en París y que, al final, apenas le alcanzó para unos añitos de felicidad y retorno a la patria amada y, en el fondo del alma, jamás abandonada pero siempre lejana. Pobre Flaco inmortal, no había logrado regresar a su país para vivir ahí el resto de su vida. No, Julio Ramón Ribeyro, ese hombre tentado por el fracaso, ese escritor de culto que mucha gente relee pero muy poca lee, también había fracasado en lo de ahorrar largos años, comprarse su departamentito frente al mar neblinoso de Lima, y darse el gustazo de vivir lo no vivido en siglos europeos de escritura, soledad, y enfermedad. No, a él le tocó volver para morir en el Perú.

O sea que yo no soportaría la pena de vivir donde él apenas lo logró y prefería irme como siempre a un hotel. Pero la esposa de Julio Ramón, que continuaba viviendo en Francia y sólo había ido al Perú para asistir en sus últimos momentos al que fuera su compañero durante largos años, me convenció con el argumento más disparatado que he escuchado en mi vida. Y dice así: que antes de regresar a París, tras haber dejado a Julio en su cementerio, ella había pintado con otros colores y vuelto a decorar íntegramente el departamento y que, por consiguiente, estaba irreconocible. Y por esta razón ni cuenta me iba a dar de que allí había vivido nadie. Luego procedió a decirme muy gentilmente que la familia de Julio tendría la llave a mi disposición, a mi llegada, que me conseguirían a la empleada que atendió al difunto para que me atendiera a mí y, en fin, varios consejos y advertencias más de todo tipo. El disparate, por supuesto, consistía en que cómo iba a encontrar yo ese departamento irreconocible, si nunca lo había conocido antes. Para mí, ese era el departamento de mi amigo recientemente fallecido y punto.

Jamás le he pedido a nadie que me vaya a esperar al aeropuerto de Lima, en una de mis tantas llegadas. Pero la misma cobardía que me llevó a la práctica del alcoholismo en el avión, hizo que aquella vez me abastonara en cuatro formidables amigos: un pintor y agente de viajes, un filósofo, un poeta, y un narrador. Les rogué, de la misma manera en que en Lima aterricé rogándole a la azafata que me sirviera la copa del estribo, que me esperaran para luego acompañarme a enfrentar mi tan temida entrada al departamento de Julio Ramón. Y, la verdad sea dicha, gracias a ellos y a mi alcoholismo aéreo, aquella mañana de junio, la primera de las muchas que pasaría en Lima, entré al departamento de Julio Ramón sin entrar en él (parafraseando a la santa poetisa que vivía sin vivir en ella), porque lo cierto es que había hasta una muy risueña resolanita en pleno neblinoso y tristón invierno limeño y, al ingresar en el departamento, me encontré con la familia Ribeyro como en una foto de familia, o sea de lo más sonriente, y como además estaba viendo doble, al hermano Juan Antonio de Julio Ramón, que además hablaba exacto al Flaco, sin cesar lo llamé doblemente Juan Ramón y Julio Antonio, mientras corrían cantidades navegables de alcoholes festivos y los amigos del aeropuerto abrían mi maleta, me lo dejaban todo colgadito en su sitio, y me instaban a hacer un rápido equipaje veraniego porque, no bien despertara del *jet lag* y el vodka tonic, ya teníamos que tomar un avión rumbo al norte playero y soleado de la patria amada: Trujillo, primero, Chiclayo, después, y al final ya casi hasta el Ecuador, a una playa maravillosa, para reposar de tantas actividades culturales como nos esperaban en el camino. Y así fue. Y aquel viaje al norte con poetas, escritores, y la gran dama del periodismo norteño que es Marigola Cerro, ha sido y será uno de los viajes más felices y logrados que recuerdo y recordaré mientras viva.

Lo malo fue el regreso, claro. Los miembros de la comitiva norteña volvíamos cansados de tanta confraternidad, de tanta excelente comida y trabajo bien hecho, pero era de noche en Lima, cuando aterrizamos, y cada uno de esos amigos se iba rapidito a descansar a su hogar, dulce hogar. A mí, en cambio, me tocaba ahora enfrentarme de una vez por todas y de noche con mi solitaria llegada al departamento de Julio Ramón Ribeyro, y hasta con el horror de dormir en la cama del amigo recientemente fallecido en pleno sueño de volver a vivir el resto de su vida en un departamento frente a su neblinoso y amado mar limeño.

Me aferré a Marigola Cerro y a Guillermo Niño de Guzmán, y al departamento de ella fui a dar en esa excelente compañía para mi miedo, mi pena, mi espantosa angustia y callada desesperación, para mi cobardía. Y a la legua se notaba, horas más tarde, y a pesar de los deliciosos espaguetis y el excelente vino que me ofrecieron mis amigos, que yo seguía aferrado. Y no, no era que quisieran deshacerse de mí, pero Marigola y Guillermo estaban extenuados y querían irse a dormir pronto, para lo cual no se les ocurrió mejor estrategia que la de llamar a Tere Ghezzi, mi primer amor, y preguntarle si podía recibirme por esa noche, aunque sea, y darme todo el bastón tonic del mundo mientras llegaba la mañana y suavizaba en algo el terror de mi llegada real al departamento de Julio Ramón. Hubo negociaciones y todo, porque Tere tenía mucho que hacer a la mañana siguiente y tempranito, pero como uno siempre vuelve al primer amor, según canta cada año mejor Carlitos Gardel, Tere cedió y me abrió sus compuertas, más que sus puertas, y horas de horas nos quedamos conversando esa fría noche ella, yo, y Germán –Tere le sigue llamando Germancito aunque ya hace rato que es mayor de edad–, su entrañable, su extraordinario y muy sensible hijo mayor.

Con su inquebrantable fuerza de voluntad, Tere partió tempranito rumbo a sus múltiples quehaceres, Germancito se quedó seco, y yo tararé eso de *una furtiva lá-grima* mientras me duchaba en la ducha de mi primer amor y aparecía luego en la sala donde minutos después una empleada me servía un buen desayuno. Y estaba no sabiendo muy bien qué hacer ni dónde estaba, cuando tocaron el timbre y apareció a rescatarme y sobre todo a acompañarme Guillermo Niño de Guzmán, bien dormido ya, animadísimo, y fresco como una lechuga. En su automóvil partimos de San Isidro rumbo a Barranco, que es donde se encuentra el departamento de Julio Ramón. Ése es un recorrido que se puede hacer en unos veinte o treinta minutos. Nosotros lo hicimos en unas tres o cuatro horas, porque a Guillermo le dio por tocar un 90% –más o menos– de los timbres del camino, a ver si de alguna de esas casas salía alguna amiga suya que desterrara definitivamente mi inmensa pena miedosa, tras haberse convertido en mi último y más grande amor. Fracasamos tanto en el intento, que hasta me empecé a reír, porque la verdad es que tanto fracaso ya parecía cosa de Julio Ramón. Y entonces me lo imaginé sonriente, como fue siempre él ante el infortunio y la enfermedad, y escuché esa paradójica carcajada breve y sin ruido que era su manera de mostrarse siempre lleno de gracia ante la adversidad, y me lo imaginé riéndose de mí y de mis torpezas, cosa que en él era bastante habitual –para algo y por algo éramos tan amigos, después de todo– y repitiendo sonriente desde el cielo la frase que tantas veces usó al referirse a mi persona:

—Alfredo es un hombre que tiene una relación catastrófica con la realidad.

Y entonces Guillermo, que fue algo así como mi sucesor limeño, en lo de mi amistad parisina con Julio Ramón, notó que algo divertido estaba ocurriendo hacia el final del fracasado y timbrado trayecto, que algo simpático y divertido flotaba en el ambiente, y me llevó a comprar todo

217

tipo de víveres para que nada me fuera a faltar en el departamento de Julio Ramón, en los próximos días.

Y minutos más tarde ya estábamos ahí adentro y hasta me atreví a subir solito a los altos de ese pequeño dúplex. En una pared había un gran póster de mi ya risueña personita y otro del propio Julio Ramón. Parecíamos hermanos. Y bueno, al final hasta tuve el coraje de salir a la terraza por donde el Flaco contemplaba diariamente el mar de su juventud. Perdonen, pero no pude menos que soltar la carcajada, porque mar había, y mucho, sí, ahí abajo del barranco, pero otra cosa era verlo. Ese día, como casi todos los días de los largos meses del invierno limeño, el mar estaba cubierto por aquella espesa capa de neblina que Melville, en *Moby Dick*, describió como "el velo de la angustia que cubre la ciudad de Lima". Y muchas veces más me reí o sonreí al intentar mirar el mar de Julio Ramón Ribeyro, porque la verdad es que, así como Martín Pinzón gritó "¡Tierra! ¡Tierra", el día que se descubrió América, yo grité "¡Mar! Mar", las pocas mañanas en que la maldita neblina se quitó del camino de mi curiosa y sonriente mirada.

Y a la gente le encantaba cuando yo repetía aquello de "¡Mar! ¡Mar!", ya con mi humor totalmente recuperado y, con él, hasta con una cierta dignidad también recuperada. Con ese humor fatal ante las peores cosas de esta vida, que tanto hizo reír a mi gran amigo recientemente fallecido, y que él, en un generoso artículo sobre alguno de mis libros, calificó de extraña mezcla de humor judío, británico, picaresco, y limeño. O algo así, pues lo cito de memoria. Pero algo, en todo caso, que le puso punto final a aquel momento muy largo y difícil de mi llegada a Lima, el 29 de junio de 1995.

El campeón de la inmundicia

Fueron los primeros años de mi adolescencia, tal vez incluso los últimos años de mi infancia. El Club del Universitario de Deportes, o Club o Estadio de la U, como se le llamó siempre, y hoy Estadio Lolo Fernández, en honor a aquel ya fallecido señor y futbolista, era una parte sumamente importante de mi vida. Quedaba entre la actual Lima 1 y Breña, allá por la antigua avenida Colonial, y a él llegaba yo caminando desde la avenida Alfonso Ugarte, donde me bajaba de un ómnibus de la línea Orrantia del Mar-Avenida Salaverry-Avenida Abancay, más conocida como "Orrantia-Abancay", cuyos furibundos choferes a veces literalmente se zurraban en las leyes del tráfico y se lanzaban a las más vertiginosas y criminales carreras contra nadie. Recuerdo incluso que, una vez, un policía que viajaba en el ómnibus, se incorporó de su asiento y le rogó al chofer que disminuyera la velocidad. Ante mi espanto de niño, sentadito y solo, ahí al ladito, nomás, el chofer amenazó de muerte al policía, si no cerraba el hocico y volvía a sentarse en su sitio. La autoridad se vino abajo, ante mis ojos y oídos, obedeció aterrada, y yo me convertí en niño-estatua sordo y mudo y probablemente ciego, también, un poco por la piedad que me inspiró la autoridad caída y otro mucho por terror a que el criminaloso chofer se fijara en mi existencia y me preguntara, por ejemplo, si estaba de su parte o de la del cretino del tombo de mierda ese que había intentado meterse en su vida privada. Su vida privada éramos el ómnibus a unos ciento cincuenta kilómetros por hora, en plena ciudad, y los aterrados pasajeros, se entiende. Como se entenderá también que aquel día el ómnibus no se detuvo en ninguno de sus paraderos de la avenida Salaverry, pero que, bueno, como todos estábamos de excursión y nadie deseaba llegar a ningún punto determinado, nunca, la verdad, y además nos sobraba el tiempo...

Pero, volviendo al Club Universitario de Deportes, o Estadio de la U, recién inaugurado, entonces, pero en parte también viejísimo, al mismo tiempo, ya que las tribunas de su campo de fútbol provenían del antiguo Estadio Nacional, reemplazado hacía muy poco por otro inaugurado por el dictador Manuel A. Odría, y habían sido regaladas al Perú por la colonia inglesa, en 1921, con motivo del primer centenario de nuestra independencia (o sea que un estadio se inauguró con parte de lo que quedó de la demolición del otro, por decirlo de alguna manera, aunque también podría hablarse, cómo no, de una moderna y eficiente recuperación de materiales, un poco como las botellas usadas y reciclables); en fin, que volviendo al Estadio de la U, o Club del Universitario de Deportes, debo decir que éste era como el centro del mundo para mí, en los primeros años cincuenta, un verdadero templo, un lugar al que yo llegaba siempre dispuesto a entregar lo mejor de mí mismo, al menos deportivamente, aunque ahora que escribo recuerdo que había tardes enteras en que ni siquiera me cambiaba para entrenar con el equipo de calichines del club, algo así como los niños de pecho del fútbol peruano, por aquel entonces, sino que más bien me entregaba cuerpo y alma a la observación de la vida cotidiana de un club deportivo de primera división, por aquellos años. Y, la verdad, lo que me ha quedado para siempre es la impresión de que, en el Perú, deporte y miseria material y moral han estado siempre profundamente ligados.

Hubo instantes de gloria, no lo niego, y de señorío y bondad y generosidad, como la maravillosa tarde aquella en que Lolo Fernández, el cañonero máximo, el hombre que rompía las redes de los arcos con sus patadones olímpicos, y que al club llegó de la hacienda de algún cercano pariente de mi madre vinculado al presidente del club, de aquel entonces, con la siguiente carta de presentación: "De fútbol aún no tiene la menor idea, pero pelota que patea se trae abajo la pared de un potrero", pues ese mismo hombre, pero ya convertido en ídolo, se ofreció a entrenarme como arquero. Mi terror al verme solo entre los tres palos y con Lolo al frente y una pelota entre los dos, casi hace que yo huyera, pero aquel buen hombre me tranquilizó, primero, y enseguida me envió decenas de disparos a escala humana e incluso infantil, digamos, colocándome preciso el balón, en un ángulo, en otro, altito, rasante, a mi izquierda, a mi derecha, y etcétera, y al mismo tiempo llenándome de excelentes consejos de entrenador, padre de familia y cristiano ejemplar. Fue una tarde de gloria para mí, y jamás lo voy a olvidar, y mucho menos a negar.

Pero el resto fue bastante menos glorioso, empezando por el portero y guardián del club, un viejo que nunca cesó de llorarme miserias, pedirme limosnas y quejárseme de la vida, y siempre mientras se afeitaba con un trozo de botella ante un trozo de espejo y ante el chiquillo sin más respuesta que una callada desesperación, que era yo. Aunque también debo decir, en honor a la verdad y a la realidad, que yo le agradecía semejantes pruebas de confianza, lo consideraba un gran amigo, y cada vez que iba al club le consagraba libre y espontáneamente un buen rato a aquel macabro afeitado de unos pelos bastante alejados unos de otros y siempre hirsutos.

En la cancha de baloncesto de la U, nueva de verdad y con tribunas de concreto, casi nunca se jugaba nada, pero en cambio tomaban el sol y dormían prolongadísimas siestas descamisadas en las gradas, una serie de dirigentes del club y más de alguna gloria ya fatigada para siempre y sin empleo fijo ni mucho menos ahorros, pues en aquella época lo del fútbol y el deporte en general era absolutamente amateur y todo el mundo jugaba por amor a la camiseta, por más que no faltaran quienes, con el transcurso de los años, cambiaban de camiseta como se cambia de amor, por ejemplo, aunque las malas lenguas me contaban que más de una gloria actual o pasada "pasaba por caja" antes de cada partido y que su rendimiento en el campo, enseguida, tenía mucho que ver con la generosidad del patrón-cajero.

Pero bueno, a veces jugaban las chicas del club en la cancha moderna y de concreto del Estadio de la U y los siesteros veraneantes de las tribunas, fueran dirigentes o ex glorias, despertaban gustosamente, se peinaban con unos peinecitos cholos, de bolsillo, se arreglaban el descamisamiento general, y se entregaban con verdadero fervor al baloncesto femenino, aunque las canastas y, sobre todo, las embocadas con gran habilidad desde una buena distancia, por ejemplo, no se aplaudían sino que se piropeaban. Y se piropeaban con desmedido entusiasmo y enorme picardía y hasta doble sentido las canastas de dos jugadoras que a mí me marcaron tanto, extradeportivamente hablando, por supuesto; tanto, sí, como el portero-guardián del estadio que se afeitaba con un trozo de botella ante un trozo de espejo y ante mí, el del corazón destrozado. De la primera de estas dos jugadoras he sabido el nombre toda mi vida, pero sé que en el instante este en que lo he querido escribir acaba de borrárseme para siempre. Y sé que todo esfuerzo presente y futuro por recordarlo será totalmente infructuoso, por lo que me limitaré a llamarla Mabel, porque a lo mejor se llamó así en otra reencarnación, vaya uno a saber. Yo quería a Mabel, una chola curvilínea que vivía por mi casa y, lo había observado erecto en más de uno de nuestros mil viajes en el "Orrantia-Abancay", se apretaba con un hilo la chompa en la cintura para ser más curvilínea aún en el sector caderas-nalgas-barriguita. Mabel era pequeña, luchaba contra ello con unos tacos altos altísimos, y sin pudor alguno me confesó un día lo profundamente enamorada que estaba de Alan Ladd. En fin, que fue su manera de afeitarse con un trozo de botella ante mi absoluta carencia de ideas y respuestas y mecanismos de defensa frente a este tipo de situaciones. Pero Mabel, a quien yo creía estudiante universitaria o algo así, sólo se afeitó del todo ante mí, o sea ante mí ante un trozo de espejo y con un trozo de botella, el día en que apareció en el cumpleaños de mi hermana menor, acompañando a una de las niñitas invitadas, y resultó ser empleada doméstica con su uniforme y mandil y todo. A veces pienso que aún sigo sobreviviendo a aquella tarde y a aquella visión. Y aquella visión además fue la última que tendría de Mabel, pues ella desapareció desde entonces, y hasta hoy, del barrio, del estadio, y del "Orrantia-Abancay". Y hoy se me ha desaparecido su nombre, además.

Me queda, en cambio, menudo consuelo, otra desaparecida más. Su nombre era Rosita Limo, y, ella sí, era blanca, altísima, y sencillamente preciosa. Una joya en el club aquel, aunque creo que como jugadora dejaba bastante que desear, pero bueno, eso qué diablos importaba, si en cambio uno podía ver ese par de piernazas. En el Estadio de la U, no todo tenía que ser obligatoriamente deporte. También podía ser indispensable un toque de belleza, considerando además que éste no era nada frecuente entre las muchachas que aspiraban a llegar a ser grandes estrellas del deporte. Por el contrario, abundaban las jóvenes demasiado bajas, bastante rechonchas, a pesar de la deficiente alimentación, o a causa de ella, más bien, tal vez: mucha papa, mucho arroz, mucho tallarín; en fin, qué sé yo, aunque sí me imagino que muy poca carne, muy poco pescado, poquísimas verduras y frutas balanceadas, que se dice hoy.

Aparte de linda, Rosita Limo era simpática, muy alegre, sanota, y no se sentía superior a nadie. Solía sentarse horas a bromear con todos, incluso conmigo, aunque debo reconocer que siempre que estaba yo, estaba también el atroz Tato Ortiz, un tipo que se creía la última Coca-Cola del desierto, que se engominaba hasta decir basta, y cuyo único mérito en nuestro equipo de fútbol era el de ser tolerado a pesar de que ya había pasado el límite de edad, y de que, no habían pasado nunca ni diez minutos de partido, aunque fuera de entrenamiento, sin que él no se le hubiera ido encima a trompadas al primer rival que se le acercaba. Con lo cual se había ganado fama de machito, se había encrestado aún más el engominadísimo tupé que llevaba, su famoso gallito negro, brillante y cuidadísimo, al que el muy animal le agregaba además un eterno pañuelo de seda al cuello, aun en verano. Porque así de detestable era el tal Tato Ortiz, el galán juvenil del estadio, un tipo que por poco hubiera usado pañuelo de seda al cuello hasta para jugar los partidos de fútbol. Lo intentó incluso un día, pero nuestro entrenador, el señor Dávila, un gordito que ejercía de pobre y se quejaba siempre de su suerte miserable, también, se lo prohibió.

Maldita sea, Tato Ortiz siempre terminaba sentado juntito a Rosita Limo, y se diría también que casi encima de ella, por lo mucho que se le pegaba y casi se le montaba encima, al mismo tiempo. Y, cómo no, yo siempre terminaba sentado más lejos que nadie en este mundo de Rosita Limo. No sé cómo, ni por qué, o sencillamente porque a veces la vida es así, pero lo cierto es que siempre terminaba sentado a leguas de distancia de Rosita. Y Rosita incluso a veces ni llegaba a verme, creo yo, a pesar de mis calculados esfuerzos, entre los cuales al cabo de un tiempo mi especialidad era la de caerme con silla y todo, pero sin éxito alguno, porque, o nadie se fijaba o a nadie ahí le importaba que el arquero del equipo calichín se hubiese roto el alma. Y recuerdo que, cambiando un poco de método, un día hice mi aparición en el club con el más fino pañuelo de seda de mi padre al cuello. Uno enorme y en pleno verano y que valía como un millón de dólares, al menos comparado al sudado pañuelo de Tato Ortiz. Nada. No obtuve absolutamente nada a cambio de mi millón de dólares.

Sin embargo, un día en que éramos como cien hombres de todas las edades, y ni una sola mujer, sentados con Rosita Limo, la gloria fue toda mía, cuando menos lo esperaba, y cuando menos lo planeé. Se había iniciado una de esas interminables sesiones de chistes en que generalmente los mayores se llevaban la palma, cuando yo asocié el desenlace de uno de ellos con otro que acababa de escucharle contar a un tío genial, en casa de mis padres. El chiste era también genial, de principio a fin, y además para nada caía en la usual grosería ambiental y requería de una aguda inteligencia para captarlo en toda su dimensión y profundidad. Lo conté con total naturalidad, casi con indiferencia, y por lo menos la mitad del grupo se fue quedando en babias, a medida que mi relato progresaba. Y mi gloria consistió en que Rosita Limo lo entendió cabalmente y se rió como jamás hasta entonces se había reído en su vida, estoy seguro. Me aplaudió, incluso, y luego se estuvo largo rato mirándome como si yo acabara de desembarcar de Hollywood con un Oscar entre las manos o algo así. Y recuerdo también que repetía mi nombre y apellidos, y agregaba: "No me lo puedo creer, Alfredo", y entre que me devoraba con los ojos y labios y me tasaba con los sesos. Por fin, oh maravilla, me llegó su pierna derecha por debajo de la mesa y su tobillo desnudo se instaló entre mis tobillos malditamente

225

no desnudos, aunque ella me animó con sus ojos negros y un par de guiños a seguir adelante con mi tarea, cualquiera que ésta fuera, porque eso, claro, ya dependía de mi actuación y mi estatuilla de oro. Me apliqué con ambas manos en su tobillo, que ella cambió por el otro, al cabo de un rato, para que ambas manos se aplicaran sobre ambos tobillos, y así oscureció y todo entre mil chistes más inferiorísimos a los míos, y hasta hoy quiero a Rosita Limo por aquella tarde feliz, porque era bastante mayor que yo y porque me mojé bastante, aquel atardecer, con ambos tobillos, y también agradezco a mi tío genial, claro, porque fue él el que contó el chiste que desarmó a Rosita Limo, en casa de mis padres.

Rosita Limo nunca más volvió a aparecer por el Club Universitario de Deportes, pero al menos jamás apareció tampoco con uniforme de empleada doméstica con mandil y acompañando a una niña invitada a un cumpleaños de mi hermana menor. O sea que voy a terminar los recuerdos emocionados que le consagro diciendo que se perdió en la historia privada de mis *Mil y una noches*. Lo prefiero así, lo creo así, lo he soñado así, y además lo he vivido así desde hace décadas, o sea que para qué discutirme o acusarme de inexacto. Aunque también es verdad que su alejamiento definitivo del Club de la U precipitó casi el mío, a pesar de que éste se debió también a patéticas razones que ahondaron hasta límites insoportables la tristeza en que me sumió su desaparición eterna.

Fue una escalada de horrores, de entre las cuales sólo voy a citar de paso dos, para detenerme luego en la tercera y desaparecer del club de mi vida, inmediatamente después. Bueno, empiezo. Una tarde entrenó en el campo de fútbol la selección nacional y yo esperé en la puerta del club la llegada de tanto crack e ídolo. Valeriano López apareció en absoluto estado de ebriedad, con la bragueta abierta, un pantalón ajustado con una soga, la camisa sin botones atada en un nudo sobre el pecho, y media barriga afuera. A un chiquillo que le pidió un autógrafo le respondió con un escupitajo. Otro año, la selección nacional de fútbol volvió a entrenar en el club y el "Chato" Baza le metió un pelotazo furibundo en el vientre a mi amigo portero, mientras éste se afeitaba con un trozo de botella ante un trozo de espejo y ante mí. Nos destrozó a ambos, de maneras muy diferentes, debo reconocer, pero nos destrozó. Y, acto seguido, el "Chato" Baza se fue con Alberto Terry en el automóvil de éste, un Chevrolet marrón descapotable, de 1951, más o menos, a seguirse emborrachando.

Y después un día subí a la piscina, que también era muy nueva y muy chica, pero que tenía sus dos o tres filas de asientos de concreto. Bañarse estaba prohibido desde hacía días porque había un tipo ahí metido y batiendo el récord de permanencia en el agua. Al pobre lo visitaba algún compadre o familiar, a veces, pero la verdad es que la mayor parte del tiempo se las pasaba solo y bien callado, seguro que pensando en su récord. De noche, estoy seguro, no salía del agua, porque había caca de diarrea en la piscina y todo, y el asunto cada día como que apestaba más a miseria material y moral. Aparte del hecho, claro, de que el futuro campeón de permanencia en el agua había colocado cuatro latas de leche Gloria vacías, a guisa de alcancía o de latitas para limosnas, en cada esquina de la piscina. Y contaba sus ingresos y eso, el futuro plusmarquista, y también agitaba las latitas mendigamente cuando consideraba que los cuatro gatos que se asomaban a verlo permanecer y ensuciar, cada día más, no habían sido lo suficientemente generosos. Nunca supe si aquel hombre batió el récord ni nada. Pero sí recuerdo que el Club o Estadio de la U sin Rosita Limo presente, nunca más, con ese tipo metido en esa piscina, en cambio, y la siempre posible reaparición de ídolos "en acción", como los dos que me tocó ver con la selección nacional entrenando, terminaron por alejarme para siempre del club. Y también por dejarme para siempre esa sensación de que, en el Perú, deporte y miseria moral y material han estado siempre profundamente ligados.

Bueno, claro, y ahora que lo recuerdo, muchos pequeños ídolos, y el buen César Bush entre ellos, llegaban a veces a los entrenamientos sin zapatos de fútbol y yo tenía que prestarles los míos.

Mil años después, un día de febrero de 2002, en una playa del sur de Lima, conversaba de todo esto con mi primo Alfredo Astengo Gastañeta. Su padre no sólo había sido un gran jugador del Universitario de Deportes, de la U, sino presidente del club, además. Y de la familia directa de su madre, de su abuelo materno, creo, era la hacienda de donde llegó el gran Lolo Fernández, con el informe aquel de que de fútbol aún no sabía nada pero que pelota que pateaba se traía abajo la pared de un potrero. Y la hacienda se llamaba –o se llama– Hualcalá, me parece recordar.

Sí, conversábamos de todo esto, mi primo Alfredo y yo, y recordábamos los tiempos en que él y yo también jugamos juntos en la U, y en que yo fui arquero internacional en un partido contra el Independiente de Buenos Aires, entre otros. El señor Dávila, el gordito ese que ejercía de pobre y siempre lloraba miserias, fue el entrenador del equipo, en aquella oportunidad...

—Precisamente el Gordo Dávila me llamó hace un tiempo –intervino mi primo Alfredo Astengo Gastañeta.

—¿Y cómo estaba, primo?

—Nada. Llamó a sacarme plata para ni sé qué...

Y ahí se quedó la conversación y empezó este texto, creo yo. O, para serles franco: estoy seguro, más bien, de que ahí empezó este texto... Porque deporte y miseria, en el Perú...

La noche del 9 de septiembre

Dos locos se habían recluido en El Escorial para pasar unas semanas de verano absolutamente ejemplares, un mes de agosto que nadie les pudiera reprochar y que a los envidiosos de siempre los dejara para siempre tiñosos. Y muy enfermos, también, en vista de que, según Pepe y Alfredo, los locos en cuestión, aquello de la envidia sana es tan sólo un estúpido eufemismo. La envidia, o es tiñosa y sencillamente enferma, y cruel, o no es.

Los dos locos, que aún responden al nombre de Pepe y Alfredo, a pesar de todo lo que les sucedió la noche del 9 de septiembre de 1982, habían optado por horarios de trabajo muy de acuerdo a sus ambiciones literarias de aquel momento, que no eran otras que las de avanzar todo lo posible en la redacción de dos novelas que traían empezadas desde la primavera, o incluso terminarlas. Y ninguno de los dos iba a molestar al otro con el tecleo de sus respectivas máquinas de escribir, ya que a Pepe le gustaba trabajar por las mañanas, desde las ocho en punto hasta la una en punto, unas horas que Alfredo aprovechaba para hacer largos paseos por la urbanización o para hacer la compra en el pueblo, mientras que Pepe tenía la costumbre de dormir muy buenas siestas cada tarde, a partir de las cuatro, hora en que Alfredo hasta el día de hoy suele sentarse a escribir.

Por las noches, tras una frugal cena, Pepe y Alfredo se sentaban en la terraza de la hermosa residencia de El Escorial, ante el amplio jardín delantero, y se servían unos whiskies no muy cargados y con varios cubos de hielo. Media botella por noche, de acuerdo a la dosis que les dejaba Maite, la esposa de Pepe, que enseguida se marchaba a sus vuelos de azafata de Iberia, confiando eso sí en la vigilancia de Martha, la novia de Alfredo, mujer de pocas palabras, pero muy claras, y de muy escasas raciones de whisky, y con mucho hielo y agua, desafortunadamente.

Teclearon Pepe y Alfredo ese mes de agosto como nunca antes en su vida y con tanta y tan sorprendente disciplina en sus horarios, además, que a ellos mismos les costaba reconocerse uno al otro, cuando se cruzaban en los pasillos de la casa de verano y les costaba reconocerse también en los piropos con que Martha y Maite elogiaban su labor, cuando ambas parejas se reunían en la terraza y Maite, la esposa azafata de Pepe, renovaba las existencias del bar con botellas de whisky traídas del *duty free* de su último aeropuerto de embarque, a su regreso a España.

En fin, que Pepito, el hombre de Sigüenza, y Alfredito, el peruano, estaban simple y llanamente irreconocibles, y los amigos madrileños que, entrado ya el mes de septiembre y de regreso de sus vacaciones veraniegas, preguntaban cómo iría ese desmadre de ambos cuates en El Escorial, no se podían creer las noticias tan increíblemente positivas y exitosas que de ellos daban, con voz muy enamorada pero también muy firme, Maite y Martha, esposa y novia de estos ejemplares escritores, como se tiene ya dicho.

O sea pues que ni Pepito ni Alfredo se merecían todo lo que tan sólo unos días después, la noche del 9 de septiembre de 1982, exactamente, les iba a suceder.

¿Que cómo ocurrió todo aquello? Pues resulta que a Pepito lo llamaron de Madrid con una oferta tentadora de TVE, para el otoño. Un programota de corte cultural o algo así, pero de tan larga duración que él, generoso como siempre, corrió a la cita que le dieron en la Villa y Corte, a mediodía del 9 de septiembre, soñando con colocarse y con colocar también a todos sus amigos, periodistas o no, que anduviesen sin empleo en aquel momento. Claramente recuerda Alfredo que Pepito llamó incluso a un amigo llamado José María, que, según sus propias palabras, llevaba un mes sentado en la misma silla en un lugar extremeño llamado Jarandilla, esperando que le lloviera un trabajo del cielo, nada menos que en esa zona tan seca y en pleno mes canicular de agosto.

Todos soñaron, entonces, y Pepe, señorito de Sigüenza, acudió a su cita de Madrid aquella mañana del 9 de septiembre, soñando más que nadie, soñando por él y por todos sus amigos parados, para ser más exactos. Pero una vez en los edificios de TVE, una vez en alguna oficina de Prado del Rey, resulta que ya alguien le había pegado tremenda serruchada de piso, algún canalla sin duda alguna, dejando a Pepe y a todos sus amigos, empezando por el tal José María ese de Extremadura, absolutamente desempleados nuevamente. O más bien sentados entre dos sillas, pero con el culo en el suelo, como suele decirse en francés.

La noticia de este triste acontecimiento le llegó a Alfredo a El Escorial, por teléfono, cuando ya empezaba a anochecer. Pepe había sido víctima de una tremenda zancadilla, de una atroz serruchada de piso, se había refugiado en un bar de Madrid, y llevaba ya bebidos, secos y volteados, más whiskies que él mismo y Alfredo juntos a lo largo de todo aquel perfecto y muy laborioso mes de agosto y los ocho días de septiembre que antecedían a la noche terrible que los aguardaba en una encrucijada del camino entre Las Rozas y El Escorial. Y, tras haber escuchado la noticia, fea, sucia, triste, de la zancadilla puesta en la ilusión galopante de su amigo Pepe, sabe Dios por qué Alfredo recordó aquellos versos de Constantino Kavafis acerca de la *unánime noche,* como la llamara el maestro Borges: *Mas cuando llega la noche y sus consejos / al fatal placer vuelve de nuevo.* Alfredo recordaba exactamente el nombre y la dirección del bar de mierda en el que se había refugiado su hermano Pepe, sí, su hermano, su *brother*, sobre todo ahora que andaba tan serruchado y dolido, o sea que no lo pensó dos veces y cogió con manos ágiles su llavero y a su automóvil se dirigió con pies veloces, como Héctor, según Homero. La muy particular odisea nocturna de dos amigos hermanos estaba a punto de comenzar. Martha subió al coche en calidad de novia y copiloto.

Rugió por la carretera hasta Madrid el hermoso descapotable diseñado por el histórico italiano Pinin Farina, aquel que Alfredo, que entonces residía en Montpellier, había adquirido para vagabundear por la Costa Azul en los años ochenta. Pero aquella noche del 9 de septiembre de 1982 no había una sola estrella en el cielo, la sequedad era absoluta, y la neblina se metía espesa hasta en los ojos del conductor atento al máximo entre aquella invisibilidad que parecía humo, como si algo se quemara en el campo borrado, entre unos árboles sin silueta. La noche era negra, como boca de lobo, se suele decir, pero Alfredo estaba atento a los versos de Kavafis y conducía sereno, confiado y sonriente. ¿Con fatal placer?

Lo curioso realmente es lo rápido que Pepe y Afredo y Martha, la novia del peruano, se encontraron de nuevo en el mismo escenario callado, neblinoso, peligroso, en el mismo paisaje nocturno, pero de vuelta a El Escorial, esta vez. Sin embargo, ahora que había recuperado a su compañero, que lo había extraído ya de las garras de un bar después de una zancadilla, el peruano Alfredo manejaba despacio, prudente, buscando eso sí una casa en medio de la noche para hacer un alto con Pepe y pegarse con él unos copazos del alma. Las Rozas, pensó, era el lugar más adecuado, porque en aquella urbanización vivían unas parejas de amigos médicos, gente sana, gente buena. ¿Premonición? Gente sana, gente buena, amigos de verdad, es, en todo caso, lo que venía pensando Alfredo y

232

cuando se lo dijo a Pepe a éste le pareció que no era nada mala la idea, sobre todo si había buen trago del alma.

Toda la visita a los amigos médicos de Las Rozas ha quedado grabada en un casete archivado como "La noche del 9 de septiembre", sin que Alfredo y Pepe se dieran cuenta de nada, eso sí. Y, por la cantidad de brindis que se escuchan entre las palabras fraternales, puede recordarse fácilmente que Alfredo se bebió fatalmente unos nueve coñacs para ponerse a tono con la rabia de Pepe y su odio por la gente que pone zancadillas. Además, es muy corto el tiempo que pasa antes de que estos grandes cuates, castellano de Sigüenza, uno, y peruano de Lima, el otro, opten por el idioma inglés como *lingua franca*. Después, emprenden nuevamente el camino de regreso, aunque los médicos, preocupados, se han asegurado de que detrás de ellos siga, en su propio automóvil, o, mejor dicho, *los* siga y *los* persiga, una gigantesca gorda australiana llamada Paula. Por si acaso. Paula es vecina de ellos y esa noche también tenía que ir en dirección El Escorial.

Alfredo conduce despacio, no ve absolutamente nada, su novia y copiloto Martha, que es la mujer más miope del mundo –y parte de Bolivia–, tampoco ve requetenada, y en el asiento de atrás, amplio, confortable, de fino cuero de cerdo inglés, Pepe sí lo ve todo, pero doble. Y va elegantísimo con un poderoso vaso de whisky en la mano. La noche es negra, como boca de lobo, y el árbol con que se estrellan también es negro, aunque de pronto el precioso descapotable empieza a ser una fogata de la cual hay que huir por las únicas dos puertas laterales de aquel elegante coche deportivo. Hay sangre por ahí, y Martha y Alfredo ya se bajaron corriendo, pero Pepe insiste en que nones, en que, mientras él no termine su whisky, del descapotable no piensa bajarse. Y además exige hielo porque, de pronto, dice, hace más calor que nunca en una noche de verano en las cercanías de El Escorial. Y aquí las

233

noches son más bien fresquitas. O sea que hielo, o nones, yo de aquí no me muevo.

La gorda Paula, la perseguidora, chilla entre las llamas y la noche es roja y ardiente y Pepe prefiere seguir bebiendo, como ante una chimenea muy bien encendida. Pero lo interrumpen unos ciento cincuenta kilos de mujer australiana. De un gran jalón, todos esos kilos han hecho que Pepe salga con propulsión a chorro de whisky del elegante diseño descapotable del italiano Pinin Farina, que en pocos minutos más queda reducido a su misma, exacta elegancia, pero ahora íntegra de cenizas. Una chispa del motor cayó sobre la paja seca, al topar apenas el automóvil contra el árbol, y ahora arde Troya, sobre todo porque la Guardia Civil ya está allí y ninguno de los tripulantes sabe muy bien dónde está parado. Martha sangra de la frente, Paula chilla, con histérica gordura australiana y un acento aún peor, a Alfredo le sangra toda una pierna, y Pepe tiene una gran dificultad para soportar el peso de su vaso de whisky (aún) en la mano.

Sabe Dios por qué, la Guardia Civil opta por pedirle su documentación, en primer lugar, a Martha. Y ella obedece y entre las llamas, casi, abre su bolso manchado de sangre y se apresta a buscar su DNI, pero Alfredo le pega un tirón al bolso, y le dice a la pareja de la Guardia Civil que nones, que jamás ninguno de ellos dos tocará ese bolso ni su portafolio ni el de Pepe, mi hermano, ni siquiera el de esta gorda chillona australiana, por la sencilla razón de que la Guardia Civil asesinó a García Lorca. La gorda Paula grita más que nunca, Martha ve menos que nunca porque la sangre le baña ya ojos y frente y boca y mentón, Alfredo se ha apoderado del bolso, mientras Pepe brinda por la democracia y le explica a la pareja benemérita y bienvenida que su amigo peruano es loco de nacimiento. Entre la vida y la muerte y el incendio que se devora el descapotable, Pepe invita a beber de su copa a la pareja perpleja, saca su DNI de un bolsillo, con profundo dolor, descubre que la gorda Paula y sus ciento cincuenta kilos le han roto el brazo en pedazos al extraerlo de un jalón por encima de la puerta en llamas del automóvil y le ruega a su hermano peruano que, por favor, no vuelva a abrir el hocico nunca jamás en España, al menos. La pareja benemérita observa, toma nota, constata que el árbol del choque está intacto, que por consiguiente el peruano conducía a velocidad legal, que lo de la chispa incendiaria caída sobre la paja ha sido purita mala suerte, que es cierto que la noche es peor que boca de lobo, porque es además pura neblina, y que el terceto estrellado lo que más necesita es que se lo lleve esa ambulancia cuya sirena se acerca ya, entre los chillidos incesantes de esta pesada de la señora australiana, nunca mejor dicho. Sonríen, finalmente, beneméritos, bienvenidos, y benévolos, y tras haber colaborado en la inserción de los heridos en el estrecho espacio posterior del blanco vehículo iluminado y aséptico, se dirigen al poblado más cercano. Sueñan con echarse un copazo y olvidarlo todo, empezando por lo de García Lorca.

El terceto del árbol que se cruzó en el camino y la neblina como algodón gris y la noche fatal despierta operado en urgencias de una clínica de El Escorial, aunque debe ser nuevamente operado como Dios manda y cosido también nuevamente, en un hospital de Madrid, y por diversos especialistas, sobre todo Martha que tiene una profunda herida en la frente y necesita cirugía estética. La herida de Alfredo en la pierna, aunque gigantesca, no ha comprometido la rótula. En cambio, la fractura de Pepe, que requerirá al menos de un par de intervenciones más, en hombro, brazo y antebrazo derechos, lo tendrá escayolado varios meses y de baja laboral total.

—Menos mal que le pusieron la zancadilla en televisión española, porque de aquí a que Pepe pueda valerse otra vez solo y pueda trabajar –opinó la gorda Paula, ya sedada, obteniendo por único comentario la mirada filuda del cirujano de todos, aquella noche de urgencias, una mirada tan filuda y sangrante que sin duda quería decir que, a ella, por burra, que a ella sí que le habría cosido él la boca, en nombre de Martha, Pepe y Alfredo. Pero bueno, ahora lo importante es que los tres heridos sean trasladados al hospital de Madrid.

Y fueron trasladados, momentos después, aunque lo malo era que ahora el gran Pepe tenía una resaca de mil demonios y necesitaba, esto sí con carácter de urgencia, unas cuantas cervecitas bien frías para apagar su incendio interior. Pero, mala suerte, no hubo enfermera alguna en ese centro de urgencias, en El Escorial, con un espíritu tan amplio. O sea que heridos y gorda australiana estuvieron de acuerdo en que, en esas mismas circunstancias, la Guardia Civil se habría portado mejor.

Por supuesto que Paula siguió a la ambulancia, en el trayecto El Escorial-Madrid, aunque por no estar en el interior del blanco vehículo no pudo ver cómo Alfredo le hacía adiós a un precioso coche deportivo de cenizas, estacionado contra un árbol que bordeaba el camino, ni pudo escuchar tampoco los ayes lastimeros con que Pepe se quejaba de la sequedad de su resaca y clamaba al cielo por una cervecita. O dos. Y si fueran tres...

Fue entonces cuando a Alfredo se le ocurrió que no hay peor gestión que la que no se hace, y decidió, desde su camilla, situada en medio de las camillas de Pepe y de Martha, decirle al chofer que ahí atrás los tres heridos darían la vida por unas cervecitas. Y el hombre del volante los miró por el retrovisor y pensó en eso de que de noche todos los gatos son pardos, y, justo en el momento en que se adentraba en la ciudad de Madrid, detectó un bar abierto, se estacionó justo delante, apagó luces y sirenas, bajó rápidamente, y, más rápidamente aún, ya estaba de vuelta a la ambulancia con una gran caja de cerveza que depositó en un lugar que estuviera al alcance de sus heridos, rogándoles eso sí que al llegar al hospital no dejaran que nadie viera los cascos vacíos. Acto seguido, puso en marcha el motor, encendió faros y sirenas, y muy sonoramente se llevó a su trío herido de copas por la Villa y Corte, mientras Alfredo pensaba en voz alta en Kavafis y sus versos *Mas cuando llega la noche y sus consejos...* y nadie en la ambulancia le entendía ni jota, motivo por el cual cambió de registro y, citando de memoria a Borges, esta vez, soltó aquello de *Desembarqué en la unánime noche.* Entonces sí, chofer y heridos entendieron, brindaron por Borges, estuvieron totalmente de acuerdo en todo, y sólo la pobre gorda Paula que, más que seguirlos, los perseguía ya desesperada, gritó que a estos locos sí que no los entiende ni Dios.

Lo de siempre, caray...

Decía el gran Julio Cortázar que, en América latina, no bien una persona empieza a escribir, se vuelve seria. Y con bastante razón se preguntaba hasta cuándo iba a ser el humor patrimonio exclusivo de los anglosajones, de Borges y de Bioy Casares. Claro que Cortázar dijo esto en los años del apogeo del *boom* de nuestra literatura, cuyos miembros eran, por cierto, serísimos, y hasta arreglaban, uno por uno, íntegros todititos los problemas de la humanidad, durante una cena en Barcelona o un almuerzo en París. Yo viví esto, de lejos y de cerca, porque fui amigo de casi todos los miembros del *boom* (y me jacto de seguir siéndolo, ahora, cuando los que aún viven ni siquiera se hablan, salvo rara excepción), aunque mi relación con los miembros de aquel entonces compacto grupo fue siempre a título personal.

Y fue, digamos, lo más individual y a-*boom* que darse pueda, no sé si por mi menor edad, mi a-politicismo, o mi total incapacidad para tomarme las cosas exclusivamente en serio. Y creo que, aunque por edad, un Augusto Monterroso, un Guillermo Cabrera Infante o un Jorge Ibarguengoitea sí estaban en edad de merecer *boom*, ninguno de los tres habría podido jamás ser miembro de aquel club por la falta de *seriedad* que ha caracterizado siempre sus escritos. Además, no había almuerzo o comida del *boom* sin manifiesto o carta abierta a la humanidad, y sin que Fidel Castro fuera a la montaña, o sin que la montaña terminara yendo donde el comandante en jefe, para bien de este universo mundo y de unos intelectuales unidos que, éstos sí que sí, jamás serían vencidos en... las listas de *bestsellers*. En fin, digamos que, aparte de lo de la edad, yo no comulgaba tanto con tan altos ideales puestos tan en la boca y tan en la pluma de tan grandes escritores, y por ello nunca pasé de una relación a título individual, en la que se mezclaba un no sé qué de benjamín y un no sé qué de "a este muchacho lo que le falta es madurar, y también un tornillo".

Un buen ejemplo de esto fue una llamada que me hizo Gabriel García Márquez, desde su residencia mexicana, para que lo ayudara en la redacción de un manifiesto procastrista que deseaba llenar de importantísimas firmas simpatizantes y publicar como aviso pagado en algún muy importante diario estadounidense, como el *New York Times,* nada menos. Esto fue muy a principios de los años ochenta, durante uno de esos maravillosos congresos de escritores que organizaba Arturo Azuela, en México, con estupendos invitados de ambas orillas de la lengua española.

Y yo que, una vez cumplidas con todo rigor mis obligaciones públicas y privadas, tendía a divertirme *demasiado* en estos congresos, había pasado la noche anterior en un antro bolerístico en el que cantaban –sí, aún cantaban– las ancestrales Hermanitas Navarro. Conservo la foto, y en ella estamos, entre otros, la extraordinaria artista y amiga que es Tania Libertad, los poetas Ángel González y Luis Rius, mi hermano Pepe Esteban, poeta de la vida, escritor, editor y bohemio como Dios manda. La noche fue larga y tan intensa que, nunca he sabido cómo ni por qué, terminé acostado en casa de Mari Carmen y Paco Ignacio Taibo I, en vez del hotel en que estábamos alojados los escritores. Y todos recordaban mi compromiso con García Márquez, menos yo, que continuaba durmiendo a pierna suelta. Pepe Esteban y Juancho Armas Marcelo hicieron lo imposible por despertarme, pero fracasaron, y tuvo que ser la maravillosa Mari Carmen Taibo la que logró incluso afeitarme en la cama, para ir ganando tiempo, porque de otra manera jamás iba a llegar puntual a mi cita con la historia. Por fin pasé por la ducha y por fin llegué a casa de Gabo, que, entre muy serio y muy en broma, no cesaba de ofrecerme otro café y una nueva relectura del borrador del manifiesto, a sabiendas de que yo lo que estaba necesitando a gritos era un buen par de tragos para cortar la tremenda perseguidora que arrastraba.

García Márquez se dio finalmente por enterado y me sirvió un whisky triple con hielo y sin agua. Y reaccioné tan rápido que, una tras otra, empecé a tachar palabras del borrador del manifiesto: una, porque era un adjetivo que nadie se iba a creer, otra, porque era un adjetivo que ni nosotros mismos nos podíamos creer, y así sucesivamente hasta que Gabo hizo pedazos el célebre borrador del manuscrito y me tiró a la basura a mí, revolucionariamente hablando, claro.

Pero bueno, vamos por partes, como dijo Jack el Destripador. Y es que eso de que uno no haya reunido ninguna de las características y virtudes *boom,* ni siquiera alguno de los defectos *boom,* no significa que el mundo entero ande oliéndole a uno un cierto tufillo de falta de seriedad, y hasta de falsedad, si se quiere. No, tampoco significa que a uno lo anden tomando por un loquito al que le da por escribir, y mucho menos significa que a uno lo tomen hasta por un falsificador de libros y lo miren con acusadores ojos de *F de fraude* –como en la genial película de Orson Welles–, y todo esto hasta un punto tal que, haga uno lo que haga por probar lo contrario, siempre siente que jamás logrará ser miembro del club de los escritores vivos, de una generación de autores u otra, y ya ni qué decir del Pen Club, por ejemplo. Y así hasta que, de tanto sentirse colado en todas partes, uno termina con un gesto y un complejo de puerta falsa, sí, tal cual: complejo de puerta falsa, que les juro yo que este complejo realmente existe. Como también existe el de cargador de maletines de los ídolos del *boom,* del Nobel, del Cervantes y del qué sé yo. Y duele mucho este eterno complejo de no pertenencia a nada que la gente de pro considere serio e importante.

Razones me sobran para sentirme así, y ya en el volumen anterior de estas antimemorias conté cómo una vez me gané la beca Guggenheim, como escritor, cómo hui del mundo para escribir, como escritor, cómo alquilé un departamento en Port Fornells, Menorca, para encerrarme a escribir, como escritor, cómo me impuse horarios drásticos de trabajo, como escritor, cómo escribía horas y horas ante una ventana que daba a la calle, como escritor, de espaldas a la calle, como escritor, y cómo todo aquello, con lo serio y lo real que era, motivó primero que una señora me trajera a su hija para que le diera clases de mecanografía, y luego, que la gente de aquel pequeño puerto en que me había refugiado empezara a traerme documentos públicos y privados, aún en borrador, para que yo se los pasara en limpio, en vista de que la mía era una manera más, y tan honorable como cualquier otra, de ganarse la vida a máquina. Jamás un Neruda, un García Márquez, o un Vargas Llosa, les habrá contado a ustedes una historia así. Pues yo, en cambio, si no son así, prácticamente no tengo historias que contar.

Nunca ha faltado gente noble para tratar de consolarme por lo de Menorca, diciéndome, por ejemplo, que en aquel puerto de Fornells la gente era tan sencilla, tan pescadora y tan rústica, que qué se les iba a ocurrir que un escritor escribe cuando no está borracho, por ejemplo, o cuando, además, no está drogado, con los tiempos que corren, o cuando a las dos de la alta noche no se le han metido una o varias musas en su dormitorio y le han obsequiado, ya hasta con sus correcciones de imprenta, el inmenso manuscrito de sus obras completas.

Está bien: en esto de Port Fornells, Menorca, en lo de los pescadores primitivos y su inefable visión arquetípica de los escritores, hay un intento de explicación, de racionalización de las cosas tan rocambolescas que ahí me ocurrieron. Pero este intento se viene solito abajo, no bien pienso en otros casos que me han sucedido con lectores habituales y con médicos poseedores de grandes bibliotecas en las que la literatura –incluso latinoamericana– ocupaba un muy importante espacio. Hablaré primero de un día del libro, en Barcelona, de ese famoso 23 de abril en que es hermosa tradición catalana que todo el mundo compre un libro y una rosa, mientras libreros y editores hacen su agosto en primavera y pasean a los escritores de quiosco en quiosco y de librería en librería, firmando uno tras otro ejemplares de sus obras y hasta las propias rosas, si algún *fan* se empeña. Pues sucede que a mí me había depositado, mi editor de aquel entonces, nada menos que en la muy importante librería Áncora y Delfín, y en plena y principalísima avenida Diagonal, por decirlo todo. Y ahí andaba yo, con mi mesita y mi silla aparte, con mi letrerito en que constaba quién era y rodeado por mis obras casi completas, digamos, cuando apareció la primera lectora de la mañana y me preguntó por *Un mundo para Julius*. Muy atento, súper sonriente, y absolutamente prefirmante, preguntele a mi joven lectora por su nombre y apellidos, mientras con gesto sublime extraía del bolsillo de mi saco una pluma fuente tan *ad hoc* como innecesaria, en vista de que el librero había puesto bolígrafos de todos los colores sobre mi mesa. Pero bueno, ni siquiera había abierto aún mi pluma, cuando ya la joven lectora me había interrumpido para siempre con un tono tan cortante como seco:

—Por favor, dígame cuánto vale y empaquételo mientras yo me acerco a la caja y voy pagando.

Era más que evidente: la muchacha esa me había tomado por un dependiente más de la librería Áncora y Delfín. Razón por la cual, instantes después, mi cariacontecida pluma fuente y yo hacíamos abandono del local, por la puerta falsa y con un muy similar aire de falsario. Y esto, estoy requeteseguro, jamás le ha pasado a un Cela, a una Rosa Montero, a una Almudena Grandes, ni a un escritor tan entrañable como don Gonzalo Torrente Ballester.

Sólo me pasan a mí estas cosas, de la misma manera en que aparte de papel y algunos sobres, jamás adquiero útiles de escritorio, como suelen hacerlo todos los escritores. Todo me lo voy encontrando en el correo, por ejemplo, mientras hago mi cola para depositar una carta. En el suelo, en los mostradores, por todas partes voy encontrando lápices, borradores, engrapadoras y carpetas abandonadas, bolígrafos olvidados, trozos de papel secante, elásticos, chinches, alfileres, y los clips esos tan útiles para que se estén juntas y quietecitas las páginas de un artículo, por ejemplo... En fin, que por donde paso voy encontrándome y surtiéndome gratuitamente de esos útiles de escritorio que la gente acostumbra comprar en las papelerías y que, a menudo, entre los escritores crean incluso grandes manías.

Y seguro que a la clínica Quirón, de Barcelona, llegué con los bolsillos del pantalón repletos de útiles de escritorio que había venido recogiendo por la calle, la mañana de 1986 en que dos grandes y cultísimos cirujanos, padre e hijo, debían extirparme un pequeño tumor que tenía en el pecho, "por un por si acaso", como dice alguna gente en Lima. Unas fundas verdes para cubrir los zapatos, un gorro del mismo color para cubrir también la cabeza, el pantalón en su sitio, sólo el torso desnudo, anestesia local, y háganos el favor de tumbarse aquí y de estarse bien quietecito, Alfredo.

La operación había arrancado y yo ahí sin pestañear mientras cirujano padre y cirujano hijo, bisturí en mano, el uno, y aguja e hilo en mano, el otro, me extirpaban el tumorcito pectoral, primero, y procedían a coser, después. Y yo ahí abajo, literalmente aterrado, porque el único tema que abordaron ambos galenos, de principio a fin de la operación, fue lo fatídico que estaba siendo el año 1986 para la literatura latinoamericana.

—Este año ha muerto Borges –afirmaba, bisturí y serenidad en mano, el cirujano padre.

—Y también Juan Rulfo –confirmaba, momentos después, el hijo, aguja, bisturí e información en mano.

Y yo ahí abajo, siempre, sin que les importara siquiera la posibilidad de que mi tumor fuera maligno y pudiera agrandarse así el número de escritores muertos en 1986, un año realmente pésimo para la literatura latinoamericana, porque hasta el peruano ese llamado Bryce había fallecido en Barcelona. En fin, algo así, cuando menos. Pero no, nada.

La verdad, aquélla ha sido una de las situaciones más humillantes de toda mi vida. Sin embargo, un rato después estaba a punto de reconquistar la dignidad perdida en aquel quirófano del diablo, en vista de que toda Barcelona me miraba admirada, mientras regresaba a casa desde la clínica, como quien reconoce a un escritor latinoamericano que sí ha sobrevivido al fatídico 1986. Pero bueno, no fue así. No lo fue desde el momento en que me di cuenta de algo en que ni los médicos ni nadie había reparado, al salir yo de la clínica Quirón. Sin duda distraidísimos, ellos y yo, por lo atroz que había sido el 86 con la literatura latinoamericana, ni cuenta nos dimos de que había abandonado aquella clínica con mi gorro verde bien puesto, y también con las fundas del mismo color que cubrían mis zapatos. Y así tan campante caminaba yo y toda Barcelona miraba admirada al escritor que sí sobrevivió... Hasta que...

Comprenderán ustedes lo que es ser y estar así en este mundo. ¿Por qué no Neruda, Borges, Cela, etcétera, etcétera...? ¿Por qué *sólo* yo...? ¿Por qué, *jamás, nunca jamás,* ninguno de los demás...?

Amor, fractura y cebiche

Siempre me dije que debía escribir un diario íntimo, pero la verdad es que el día en que abrí un cuaderno y anoté algo, el resultado fue tan patético que mejor era quedarse calladito y seguir pasando entre la gente como el sonriente peruano que lleva una andanada de años en Europa y, sin embargo, sigue mirando las cosas de este mundo, e incluso narrándolas, en novelas, cuentos, artículos, antimemorias, y hasta en conferencias, como si jamás hubiera salido de su tierra natal. Y créanme que yo me entiendo cuando digo que, el día en que por primera vez puse un pie en Europa –había cumplido ya los veinticinco años–, en realidad lo que hice fue poner, por primerísima vez en mi vida, un auténtico pie en el Perú-país y en el Perú-problema. O, mejor dicho: puse un pie en el Perú entero y auténtico, el día de mi desembarco en Europa.

¿Que cómo y que por qué? Pues por un millón de razones, del tipo conócete a ti mismo, o: lo suyo es una verdadera empresa de autodescubrimiento, y sí: claro que tiene toda una vida por delante, pero lo malo es que también tiene toda un vida por detrás... Sin olvidar tampoco, por supuesto, aquello de los vasos comunicantes y lo de las coplas esas, de alma, corazón, entendimiento, redescubrimiento y vida, que en España se conocen como cantes de ida y vuelta. *And last but not least,* aquellas palabras de un tango que, más que a premonición o experiencia, suenan un poco a todo un programa de vida y un mucho a tremenda maldición:

Pero el viajero que huye...

Y ahora que me llegó el momento de volver al Perú geográfico, de pronunciar una y un millón de veces frasecitas cursis, del tipo *La tierra tira, finalmente, Los peruanos somos como las ballenas: nos alejamos mucho de nuestras playas, pero siempre volvemos para morir en ellas, Hay que viajar mucho, y muy lejos, pero amando siempre la casa de uno, o No, señores periodistas, quiero dejar bien claro, en esta rueda de prensa, que no he venido a morir en el Perú, sino a vivir el resto de mi vida en los brazos de mi amada...* pues sí, ahora que me llegó el momento de regresar al Perú, lo hago con la profunda convicción de que, no bien aterrice mi avión en el aeropuerto Jorge Chávez de la ciudad de Lima, habré llegado por fin a Europa. Me conozco, me entiendo, me vasocomunico, pido confianza, y, sobre todo, pido que no se me exijan más explicaciones que las que ya he dado acerca de mi llegada a la Europa geográfica, hace la friolera de treinta y cuatro años, pues sería como repetirse y repetirse uno, pero al revés.

Ahora bien: aparte de que este texto tiene un carácter profundamente autobiográfico, y, por consiguiente, es imposible que no se refleje en él todo lo concerniente a mi retorno al Perú, poco o nada tiene que ver lo anteriormente dicho con lo que esta tarde quiero contar. Rebobino, pues, hasta quedarme en que no tengo un patético diario íntimo. Por ello, a menudo, me es difícil recordar con precisión el año, el mes, el día, en que me ocurrieron cosas importantísimas. Y nada saco con indagar, con consultar, con cotejar, por la simple y sencilla razón de que, en mi caso, las emociones intensas se tragan los calendarios. Por chiquititos que sean, los acontecimientos que han ido marcando mi vida siguen anidando en todos los almanaques, año tras año, como una canción que ha terminado, pero cuya melodía nos persigue eternamente, despiertos, dormidos, soñando, y también de pesadilla en pesadilla.

Año tras año, esos acontecimientos son lo mismo que fueron, incluso décadas atrás, y traen la misma carga de ternura, de infinita alegría, de nostalgia y de amor. Y traen también, cuando cabe, el eterno remordimiento, la insoportable culpa de los seres que nacieron malditamente culposos, y, lo que es peor, que nunca terminan de purgar la autocondena que se aplicaron tras una pequeña infamia, por ejemplo. Nunca. Por más lágrimas que derramen. Por más lágrimas que sigan derramando aún décadas después.

¿Me acuerdo, no me acuerdo, en qué año fue...? Fechas del diablo.

En todo caso, resumo al máximo: París estaba cada día más linda y Maggie estaba cada día más linda en París, cuando, cotejablemente, por supuesto, nos casamos una día de enero de 1967. Después, una noche, a Maggie la atropelló un auto, y nuestro gran amigo Ángel Berenguer la trajo cargadita y con el pie roto al departamento en que, mañana tras mañana, nos sorprendía felices la constatación de que nos habíamos enamorado en Lima, cuatro o cinco años antes, y ahora despertábamos día tras día casados en París, como si continuáramos soñando.

Debo reconocer que mis reacciones son a menudo exageradas. Porque Maggie ya estaba incluso enyesada cuando Ángel Berenguer la trajo cargadita y sufriente, y yo, en vez de ayudar siquiera en algo, como que no pude soportar que le doliera el pie –ni nada– al ser que más amaba en mi vida, y empecé a pegar de alaridos mientras huía del departamento, escaleras abajo, ante la atónita mirada de Ángel y de mi amor cargadito, dolido, fracturado. La realidad no tenía por qué hacerme estas cosas. Que la realidad se encargase pues de la realidad, mientras yo me lanzaba a las nocturnas calles de París, en loca búsqueda del vehículo que le había pisado el pie a Maggie, para incendiarlo con chofer adentro y todo, y, simultáneamente, intentaba autoconvencerme de que había vivido una fugaz pesadilla y de que la escena que acababa de presenciar jamás había tenido lugar, por la sencilla razón de que Maggie no tenía el más mínimo derecho de hacerme sufrir así.

Media hora más tarde, volvía avergonzadísimo al pequeño departamento en que sala y dormitorio eran la misma cosa, entremezcladamente. Ángel continuaba haciéndole compañía a Maggie, y ella cesaba de llorar no bien me veía regresar con la dura realidad bien asumida.

—No soporté la idea de verte herida, amor... Perdóname, por favor...

—Ay, Alfredo, tú cada día más loquito...

—¿Y por qué tienes la pierna en alto?

—Porque así tiene que ser. Un mes y medio en cama con la pierna en alto. Después ya creo que me sacarán el yeso.

—Yo me ocuparé de todo, amor.

—Pues no te queda más remedio, amigo –interrumpió Ángel Berenguer, poniéndose de pie para despedirse, y agregando–: Tendrás que aprender a cocinar, a lavar, a planchar...

Le dimos las gracias al gran Ángel y le deseamos también las buenas noches. Después, con sumo cuidado, fui a tenderme un rato al lado de Maggie, para llorar tranquila y demostrativamente ante ella, solidario con su fractura, repleto del más enorme cariño, de la más inmensa pena, del interminable horror que sentía sólo de imaginarla atropellada por un salvaje, de mi total disponibilidad para ayudarla en todo aquello que su patita rota le impidiera hacer.

Después, le expliqué más detenidamente el vergonzoso episodio de mi huida. Le conté hasta qué punto yo hubiera deseado que ese automóvil me atropellara a mí, jamás a ella. Al fin y al cabo, yo ya estaba acostumbrado al dolor, a todo tipo de padecimientos físicos. Yo ya me había roto muchos huesos, y mi infancia estuvo marcada por unos cólicos atroces. Y ni qué decir de mi adolescencia y esa otitis que, año tras año, me ocasionaba tremendos dolores en el oído derecho, no bien terminaba el verano y, con él, mis zambullidas en las olas de La Herradura o en la piscina del Country Club. Definitivamente, Maggie, ese automóvil debió atropellarme a mí.

—Ay, Alfredo, tú cada día más loquito...

—Si supieras, amor, lo mal que me siento.

—Pero, ¿por qué, Alfredo? Acaso...

—Diablos, Maggie, si supieras cómo me habría gustado pertenecer a una de esas tribus aborígenes en que, mientras las mujeres dan a luz, los hombres braman de dolor en una hamaca colgada entre dos árboles, en plena jungla.

En cambio aprendí a cocinar. Desde la cama, con su patita en alto, Maggie me decía paso a paso lo que había que hacer, y en la cocina-comedor-escritorio que formaba la segunda habitación del departamento de dos piezas, yo seguía sus instrucciones al pie de la letra, en vista de que la distancia era mínima y su voz me llegaba con meridiana claridad. Además, hacía la compra, lavaba, planchaba, mantenía el departamento impecable, aunque en esto siempre nos habíamos repartido las tareas ella y yo.

Menos el dolor y el espanto que me produjo ver a Maggie herida y el episodio de mi fuga y sus auténticas razones, todo lo demás se había borrado de mi memoria. Por ello me sorprendió mucho leer una semblanza que Jean-Marie Saint Lu –antiguo colega en la Universidad de Nanterre, París, gran amigo, y actualmente mi traductor al francés–, había escrito sobre mí, en una revista universitaria publicada muchos años después, en Montpellier. Hasta creí que se había vuelto loco, Jean-Marie, ya que en ella hablaba del excelente cebiche peruano que yo preparaba. No sólo no tengo la menor idea de cómo se prepara un cebiche: es que cuando leí el texto de mi amigo Saint Lu, ni siquiera recordaba que alguna vez había sabido cocinar ese plato. Sin duda alguna, lo aprendí a hacer para Maggie, y lo dejé de hacer el día en que me abandonó. La canción había terminado para siempre, pero también para siempre quedó la melodía. La canción era mi famoso cebiche a la peruana. La melodía es Maggie.

Y así seguramente ocurrió también con muchos otros platos y cosas que aprendí a hacer con todo el amor del mundo, para una muchacha con el pie roto y permanentemente en alto, tendida durante semanas en una cama matrimonial. Y para toda la vida, claro...

Hotel Tartessos

Durante el tiempo que estuvimos casados, Maggie y yo salíamos disparados rumbo a España, cada verano, no bien terminábamos con nuestras obligaciones en París. *Spain is different* era el muy turístico y exitoso eslogan que, año tras año, a partir de los sesenta, iba aumentando considerablemente el número de extranjeros que empezaban a visitar una España tan tristona como llena de playas y de sol. Sin embargo, aquello de *Spain is different* tenía una connotación muy especial para Maggie y para mí. La gran diferencia, para nosotros, estaba sobre todo en un franco francés muy fuerte, en una peseta española muy débil, y en unos precios de ganga que nos permitían pasarnos tres meses vagabundeando de un extremo a otro del país, con los poquísimos francos que habíamos logrado mantener bajo nuestro colchón parisino, durante nueve meses de cinturones ajustados.

Maggie disponía de una beca eternamente renovable, debido al enamoramiento profundo de uno de sus profesores de la Escuela Nacional de Cooperativismo, un capo de esa institución, además, y yo de celos ni pío porque aquellos centenares de francos eran una de las cuatro patas sobre las que se apoyaba la mesa de nuestra supervivencia en París. Yo era lector en la Universidad de Nanterre y, al mismo tiempo, enseñaba idiomas en un colejucho que pagaba con dinero negro a sus profesores. En ambos lugares, sólo cobraba mi sueldo durante los nueve meses de clases, y, después, arrégleselas usted como pueda hasta el próximo otoño, señor Bryce... Y, además, ya sabe usted: si no le conviene, etc.

También Maggie daba clases de castellano en el destartalado colejucho aquel de la rue de Francs Bourgeois, en pleno barrio del Marais. Le cedí las mías, al entrar yo de lector a Nanterre, en 1968, y conservé mis clases de alemán e italiano. Pero bueno, ¿con cuánto lográbamos vivir ella y yo en París, por aquellos años? Yo diría que con unos trescientos a cuatrocientos dólares mensuales, menos en julio, agosto y septiembre, claro. Nuestros meses de verano dependían cien por ciento de nuestro colchón y del entonces tan difundido *Spain is different.*

Y así, en vagones de tercera y pensiones de mala muerte, íbamos Maggie y yo atravesando la geografía española, de norte a sur, de este a oeste. Recuerdo incluso las pensiones aquellas de cincuenta pesetas la noche, en que por un lado dormían las mujeres y por otro los hombres, en dos gigantescas habitaciones de altísimos techos, con tan sólo un lejanísimo mingitorio, su lavatorito de metal enlosado, siempre blanco, siempre enano, siempre desportillado, y dos interminables hileras de camas pegadas a las paredes, a menudo apiñadas, pestilentes siempre.

No es este el momento de ponerse a pensar en lo felices que éramos Maggie y yo, a pesar de tantas incomodidades y privaciones. Pero bueno, ya que lo he pensado, lo digo, y lo digo con emoción e inmensa ternura por aquellos años: éramos tan pobres como felices y disfrutábamos como nadie de aquellos interminables vagabundeos españoles, tirando monedas al aire para ver si seguíamos hacia el sur, hacia el norte, o hacia la frontera con Portugal. Dos grandes aficiones nos unían: los toros y el flamenco, y muy a menudo nos limitábamos a una sola comida al día, con tal de poder pagarnos un par de asientos de sol en una plaza de Málaga, por ejemplo, o de costearnos el ingreso a aquellos maravillosos festivales de flamenco que, en una sola noche, reunían en algún escenario privilegiado –recuerdo, entre otros, la Alcazaba de Almería y sus maravillosos jardines–, a un Antonio Mairena, un Fosforito, a un jovencísimo José Menese que ya empezaba a sorprendernos a todos por su seriedad y su poderío.

Comer más o comer menos nunca fue un problema para Maggie o para mí. Problema, y grave, era en cambio el del aseo, pues muy a menudo las pensiones en que nos alojábamos carecían incluso de un lugar donde podernos pegar un baño de esponja, siquiera. Y encontrarse con una ducha era algo tan poco frecuente que, la verdad, más parecía un espejismo en esas tierras secas y áridas del sur de España. O sea que Maggie y yo optamos por comer menos, aún, y por darnos el lujo de pagar un hotel como Dios manda, no bien sentíamos que la necesidad de un buen baño, un jabón sin estrenar, un champú de marca, y unas toallas decentes, empezaba a ser realmente apremiante.

Nunca olvidaré el pánico que Maggie y yo sentíamos cuando entrábamos a un hotel de tres, de cuatro estrellas, y pedíamos una habitación doble. Y cómo olvidar el pavor con que, no bien se marchaba el botones que nos había subido el paupérrimo equipaje, corríamos a ver el precio de la habitación, colgado ahí en la puerta del cuarto. ¿Podíamos o no podíamos pagar? Bueno, apretándonos aún más los cinturones, sí podíamos. Con las justas, pero sí podíamos. Y ahora a bañarse, bañarse y bañarse. Y a hacer el amor en la bañera y a volvernos a jabonar, a enjuagar. Y a lavar nuestra ropa y a hacer nuevamente el amor en la bañera y en la cama, hasta quedar exhaustos, pero siempre felices en esa habitación que parecía el cielo comparada con las de las pensiones que frecuentábamos, con esas camas de colchón de paja y un millón de baches y de bultos, más el maldito somier de alambre de púas, o casi.

Nuestra primera llegada a Huelva coincidió con la apertura del entonces mejor hotel de la ciudad, el Tartessos, que de pronto como que se cruzó en nuestro camino, nunca lo olvidaré. Y Maggie y yo estábamos tan inmundos que, sin pensarlo dos veces, nos dirigimos a la recepción, en busca de una habitación doble y de ese baño que estábamos necesitando a gritos. Pero, horror de horrores: ya estábamos registrados en el hotel, ya habíamos entrado a nuestra habitación, y ya habíamos visto aquel baño tan soñado como indispensable, cuando la lista de tarifas que colgaba en la puerta nos mostró que esa y todas las habitaciones del Tartessos estaban totalmente fuera de nuestras posibilidades.

—¿Y ahora qué hacemos, Alfredo? –me preguntó Maggie, robándome la oportunidad de hacerle a ella exactamente la misma pregunta.

—Por lo pronto, nos bañamos, amor –le dije, tras una breve reflexión. Y añadí–: Si de todos modos nos van a botar a patadas, o nos van a mandar a la comisaría, al menos estemos limpiecitos cuando llegue el momento. Y como ese momento va a llegar, pase lo que pase y hagamos lo que hagamos, aprovechemos para darnos una buena panzada en el comedor, esta noche, y para luego dormir a pierna suelta.

—Y mañana es otro día –sonrió Maggie, disponiéndose a abrir su mísera maleta.

—Tú lo has dicho, mi amor: mañana sí que será otro día.

Mañana empezó esa misma noche y duró cuatro maravillosos días. Y mañana empezó cuando, ya bañadísimos y repletos de consumado amor, Maggie y yo decidimos bajar al comedor del hotel, darnos la comilona del verano, dormir, luego, y, al día siguiente, tras un desayuno como Dios manda, presentarnos en la recepción del Tartessos y confesar nuestro delito. Quiso Dios, sin embargo, que fuese otro nuestro destino, y que Maggie, tan alta como linda, tomase la delantera en las escaleras que llevaban a la planta baja, donde se hallaba el comedor. Y ya andábamos por los últimos escalones, cuando el rejoneador Ángel Peralta, que regresaba triunfal de la plaza de toros, rodeado de decenas de admiradores y llevando aún en las manos las orejas y el rabo que acababa de cortar, divisó a Maggie, mas no a su esposo, ya que éste se encontraba unos pasos más arriba y aún no podía divisársele desde el vestíbulo del hotel. Eufórico como estaba con su triunfo, Ángel Peralta se arrancó con un verdadero diccionario de piropos, íntegramente dirigidos a Maggie, por supuesto. Y ya andaba por la jota, digamos, cuando apareció mi furibunda cabezota y quedó más claro que el agua que yo era el agraviadísimo consorte de aquella linda muchacha de la escalera.

Lo mío, por consiguiente, era desafiar a duelo a Ángel Peralta, o, lo que resultaba bastante más fácil e inmediato, arrojármele encima a puñetazo limpio. Y ya iba a optar por lo segundo, cuando el rejoneador me vio, lo entendió todo en un abrir y cerrar de ojos, y se arrancó con un nuevo diccionario, esta vez de muy sinceras disculpas y explicaciones de todo tipo. Maggie y yo nos dimos por enteramente satisfechos cuando, tras jurarnos una vez más que a mí no me había visto ni en pelea de perros, que había pensado que la chavala andaba solita su alma en la escalera, y que de lo contrario jamás se habría atrevido a piropearla, Ángel Peralta llegó a la zeta, digamos, y ésta consistía en que, para desagraviarnos, y hasta para indemnizarnos, si se quiere, él correría con todos los gastos de nuestra estadía en el hotel Tartessos. Nada menos.

Creo que nunca me he bañado tanto en mi vida, como gracias al rejoneador Ángel Peralta. Y Maggie, ni qué decir. Y además ahorrando los dos como locos y comiendo a la carta y con los mejores vinos del hotel Tartessos. Fuimos a toros y a tablaos de flamenco, por cuenta propia, pero aun así ahorramos lo suficiente como para que Maggie decidiera comprarse un traje de verano, que, la verdad, yo encontré francamente horroroso. No era para nada su estilo, en todo caso, y por ello andaba yo de lo más cejijunto el día que abandonamos Huelva, rumbo a Badajoz.

Pero lo peor vino cuando nos dirigíamos a la estación del tren y a Maggie se le rompió un zapato, diablos y demonios. O, mejor dicho, a la pesada de Maggie se le rompió irremediablemente el zapato del pie derecho, en vista de que sólo tenía un par. No nos quedaba más remedio que comprar otro par, y yo, que ejercía siempre de banquero durante aquellos viajes veraniegos, le pegué la requintada del siglo, como si la pobrecita fuera culpable de algo. Aquello fue atroz, porque literalmente estallé y estuve horas sacándole en cara lo del traje ese horroroso. Y ahora, además, zapatos nuevos. Maldita sea. Uno, ahorra que te ahorra, y tú, en un instante, traje espantoso y zapatos nuevos... Requetemaldita sea... Adiós ahorros y cuánto te apuesto que escogerás los zapatos más feos del mundo...

Aquello fue como una pesadilla. Y sólo desperté cuando me di cuenta de que Maggie cojeaba silenciosamente a mi lado, con el taco roto y el rostro bañado en lágrimas, mientras íbamos en busca de una zapatería. Sólo entonces desperté, y me sentí cruel, sádico y perverso. Y terriblemente culpable, también. Tanto como ahora, Maggie, treinta años después y con el rostro bañado en lágrimas por algo que sucedió justo después de lo lindo que la habíamos pasado en Huelva y en el hotel Tartessos. Sí: con el rostro bañado en lágrimas, te lo juro, por algo que, sin duda alguna, tú ni siquiera recuerdas ya...

¿Adónde vivo?

Mi departamento de Madrid no es sólo el lugar de mi residencia, es, además, mi centro de trabajo. Esto es algo que la gente no ha logrado entender nunca muy bien. La gente espera que uno tome el metro, el ómnibus, su propio automóvil y se vaya al trabajo. Por consiguiente, en el edificio en que vivo no faltan quienes piensan que soy un hombre extraño, por no decir un vago o un ser cuya pobre esposa acude diariamente a un centro laboral mientras su esposo vive de rentas o del trabajo de su mujer. Me salva el hecho de que algunos vecinos hayan descubierto un artículo mío en el diario o en la revista que leen. Un día llegó hasta la puerta del edificio en que vivo el chofer de un amigo. Por el telefonillo dijo que traía un sobre para el periodista hispanoamericano del sexto izquierda. Pero una día, también, al cabo de doce horas de presencia, de whisky, almuerzo con vino, coñac, comida por la noche y más coñac, el amigo de unos amigos cubanos que llegó tan sólo para dejarme una carta, se largó por fin tras confesar que "se había prolongado un poquitico".

Feliz mi esposa que tiene un despacho al que va a trabajar. Yo, en cambio, me quedo en casa arriesgando siempre que mis horas de trabajo sean interrumpidas siempre por gente que viene de paso y termina quedándose otro *poquitico*. A veces he perdido la paciencia y he largado a alguien a gritos. A veces he sido incluso injusto porque esa persona realmente estaba dispuesta a entender y respetar mis horarios de trabajo y el hecho de que mi oficina la tenga en casa. En más de una oportunidad, me he

258

reído y hasta he sentido pena por mí mismo al verme interpretando un nuevo papel en el departamento en que vivo. Para todos aquellos que no me conocen físicamente o que vienen simplemente a pedir algo o a hacer una encuesta, por ejemplo, me convierto en el mayordomo de la familia. Tocan el timbre, voy hasta la puerta, y cuando abro y veo que se trata de una nueva interrupción, corto por lo sano: "Los señores no han regresado todavía. No, los señores no regresan hasta dentro de unos días y yo no sabría informarle...".

Lo sé, lo sé perfectamente: cuando empiece a sentir que pierdo credibilidad como mayordomo, colocaré la aspiradora en un lugar estratégico, o sea a medio camino entre mi escritorio y la puerta de mi departamento. Sonará el timbre, caminaré hacia la puerta y, tras apretar el botón que pone en funcionamiento el aparato, pondré la cara con la que debo interrumpir la interrupción: una cara ayudada por el sonido de la aspiradora que he dejado en funcionamiento y a la que debo volver rápido porque aún me quedan por planchar las camisas del señor.

No voy a detenerme más en este tipo de interrupción tan común y corriente y en absoluto productiva. Quisiera hablar ahora de la que sólo puedo calificar de interrupción inmensamente productiva a la larga, de aquella que no sólo es productiva a mediano y largo plazo sino que además suele llevarme a través del Atlántico hasta el Perú de ayer, de hoy y de mañana. No se trata de una trampa de la nostalgia. No quiere decir que un momento irrepetible de mi pasado en Lima o en una provincia peruana invada mi presente y lo cargue de una fuerza latente de vida cuando no de lágrimas. No. Estoy hablando de una sensación que vivo y vuelvo a vivir a cada rato y que no sólo me impide escribir una sola línea sino que además me lanza a deambular por habitaciones y pasadizos de mi propio departamento en busca de algo que, en el fondo, soy yo mismo... Y no sé por qué me sucede esto casi siempre a la misma hora...

... Aquel momento de la tarde en mi escritorio en que ya es hora de encender la luz de mi mesa de trabajo y también la del sofá en que me tumbo a leer. La sensación de soledad y ahogo pectoral es brutal y uno siente que hasta debería hacerse una ecografía cardiaca. Peor todavía... Las cartas de los amigos peruanos llenas de recortes sobre el esto y el aquello de la prensa diaria allá en el país... Están sobre una mesita al lado del sofá. Las releo con luz eléctrica y adquieren un nuevo significado mucho más profundo. Una mala de esta mañana se vuelve pésima en esta tarde-noche de lámparas encendidas. Sobre esta mesa los semanarios peruanos que debo, sí, *que debo* leer. Que tengo imperiosamente que leer. Cardiaca y ecográficamente tengo el imperativo de leer además el resumen semanal de DESCO (Centro de Estudios y Promoción del Desarrollo). Acaba de llegar, y Esteban, el portero, me lo ha entregado con la alegría con que me entrega siempre aquello que, por las estampillas, sabe que viene de mi tierra. Esteban, desgraciadamente comete un error semanal que yo, como no soy más que el mayordomo de mi casa no me atrevo a corregir. O, mejor dicho, y perfectamente bien sentido: que yo, como lo veo tan feliz, no voy a tratar de corregir jamás. La edición internacional de *La Nación*, de Buenos Aires, me llega puntualmente cada semana y el gran Esteban, particularmente satisfecho, me entrega el sobre en que dice también La Nación con letras grandes y muy negras. Y me dice: "Hoy, don Alfredo, le tengo toda su nación".

Emotivísima digresión que no me impide seguir viendo lo que veo: entre las revistas peruanas están las excelentes *Debate*, bimestral, y *Quehacer*, bimensual. Tengo que leerlas. La ecografía cardiaca me envía entonces a los estantes de mi biblioteca. Aparte del libro que estoy leyendo, *Réquiem por el Perú, mi patria*, seis de entre los doce libros que me esperan por leer son de autores peruanos. No necesariamente novelas. Son libros de ciencias sociales, de economía, libros que analizan la situación peruana en profundidad. Mi biblioteca a veces no parece la de un escritor. Si uno entra de frente se topa con libros del Instituto de Estudios Peruanos, de DESCO y de esas efímeras editoriales peruanas que a menudo editan pésimo obras de excelente calidad. Fácilmente se comprenderá que a estas alturas de la tarde ya no sabe uno muy bien dónde vive. Y cómo en ese estado de angustia creativo existencial. Lo creativo, algún día, espero; la existencial, brutalmente esta tarde y la luz de las lámparas que lo penetran a uno, que lo sorprenden y hieren y que lo dejan sin claridad alguna sobre lo que está sintiendo...

No se puede leer, mucho menos se puede escribir. No se puede ni leer las mencionadas revistas de análisis y las fotografías de las revistas semanales hieren mucho más. Bueno, poesía sí, pero sólo Vallejo y un poquito. Un par de estrofas a lo más. ¡Cómo lo matan a uno! Unos párrafos por cualquier parte de *Los ríos profundos*, de José María Arguedas. Atroz sequedad de la boca. Hoy habría tenido que escribir un artículo sobre los últimos acontecimientos político-sociales en el Perú. Fácilmente me atrevo a decir que tengo más documentación que muchos de mis compatriotas allá en la república andina *de junco y capulí.* Imposible. Mañana empezaré a analizar todo el material que tengo. Me encuentro en estado tan ecográfico que hasta me pregunto si tengo el derecho a escribir un artículo sobre el Perú sin vivir allá, ni tampoco aquí, ni siquiera en mí. Mis amigos, lo sé, me leen con cariño, pero no hay que refugiarse en la sonrisa fraternal con la que muchas veces deben perdonarme la vida. *Los ríos profundos,* otra vez. Sólo me llevan hasta la cocina de

261

mi departamento a beber más y más agua: la refrigeradora es blanca y yo soy un blanco en el Perú...

He regresado a mi escritorio y me he acercado nuevamente a mi biblioteca. Sección Perú: *De indio a campesino... Etnia y sociedad... Guano y burguesía... Burguesía y Estado liberal... Aristocracia y plebe... Historia de tres familias... Sendero... ¿En qué momento se jodió el Perú?...* Salto a literatura y periodismo. El diario íntimo de Julio Ramón Ribeyro: *La tentación del fracaso...* Pero no, no, yo lo que necesito, para poder escribir un artículo cuando sobreviva es... Sí, es esto: artículos del negro Goyo Martínez, buen amigo, escritor, periodista, y vive en Cincinnati: *La gloria del piturrin y otros embrujos de amor.* Hay artículos que me sé casi de memoria. "Ángel Custodio Valdez", negro, peruano, fornido, siglo XIX, Cossío, habla de él en su gran enciclopedia taurina. Ponía las banderillas con la boca. Triunfó en Madrid más como fenómeno y monstruo y negro y del Perú e hijo de esclavo. Pero lidió y mató doce toros en una tarde. Y se retiró en la primera década del siglo XX. ¿Tanto? Sí, porque se retiró a los setenta y un años y eso que había ganado su dinerito... Salto a otro artículo y a otro y a otro...

Cuando mi esposa regrese, por la noche, sabré definitivamente dónde vivo. Aunque ella dice a menudo que me encuentra totalmente ausente y que tardo demasiado en regresar. A veces me demoro más de un telediario. Y a veces, las peores, ni Jesús Hermida con su programa de miércoles en la televisión logran que regrese.

Una vez Julio Ramón Ribeyro me dijo: "Lo único que he aprendido en tantos años en Francia es hasta qué punto soy peruano". Y yo que he pasado de la ecografía cardiaca hasta un estado escáner en una de esas interrupciones creativas a largo y mediano plazo y que esta noche tampoco me atreveré a escribir una línea peruana, acabo de vomitarme a mí mismo de un escáner o de una vez por todas. En fin, fue la interrupción nacional, por llamarla de alguna manera. Y también ya es hora de reírse y de recordar que durante 1992, temiendo masivas interrupciones de irrespetuosos viajeros de paso a la Expo de Sevilla o a los Juegos Olímpicos de Barcelona, grabé en la cinta de mi contestador automático: "Me encuentro fuera de España por una temporada. Si quiere dejar un mensaje, espere por favor a que suene la señal". Lo malo, claro, fue que en más de una oportunidad tuve que llamar a mi casa. Marqué el número, no había nadie, sonó el contestador, escuché mi voz lejana y ausente y colgué convencidísimo. Mi sombra no viene conmigo a todas partes y por eso a veces me confundo...

Pero también es verdad que...

El historiador chileno Miguel Rojas Mix afirma: "Los colegios privados extranjeros fueron una reivindicación de las colonias, en busca de mantener su extranjería". Tremenda verdad. Cuántas veces no me habrán contado esos grandes artistas que son Julio Ramón Ribeyro y Herman Braun-Vega las diarias formaciones matinales, de antes de entrar a clases, en que con todos sus compañeros de colegio religioso español, de Miraflores, cantaban sin entender ni pío el *Cara al sol*. Mucho más preocupado, en el también limeño barrio de San Isidro, mi locuaz amigo Carlos Bazán simple y llanamente no entendía, por más que alzara la cara e intentara penetrar las nubes "hasta con largavista, hermano", por qué lo obligaban a cantarle al sol en las invernales y escolares mañanas de su infancia y adolescencia en que, como siempre, la capital del Perú lucía, húmeda y triste, su eterno cielo color panza de burro.

¿*Cara al sol*? Aquello debió ser educación subliminal o algo así, porque lo cierto es que a Carlos Bazán y a mí como que recién se nos aclaró en algo el panorama cuando, una tarde de verano en la piscina para niños ricos del Country Club, el hijo de un diplomático español nos dejó turulatos con aquello de un Generalísimo apellidado Franco, el Alcázar de Toledo, el pecado mortal del comunismo, una guerra civil en que ganaron los únicos buenos y un *Cara al sol* que debíamos cantar aunque en Lima nunca saliera el sol, "pobres gilipollas de peruanos que éramos Carlos y yo".

Pero yo era también un "gilipollas" en inglés de los Estados Unidos, resulta ser. En mi colegio Inmaculado Corazón, de deliciosas monjitas norteamericanas, como su nombre lo indica, yo aprendía bilingüemente –por decirlo de alguna manera esquizofrénica– el Himno de los Estados Unidos, perdón, *The National Anthem,* y las tremendas estrofas del Himno Nacional del Perú, que, además, nada tenían que ver con algo que a nadie a mi alrededor le hubiera pasado o que yo hubiese visto jamás: *"Largo tiempo el peruano oprimido/ la ominosa* (no estábamos en edad de entender semejante palabra, por supuesto) *cadena arrastró/ Condenado a una cruel servidumbre...".* Falso de toda falsedad, sentía, más que pensaba, el niño Bryce que era yo: "Jamás mis padres han tratado mal, ni mucho menos encadenado, a los sirvientes de mi casa". Más bonito, más fácil de entender y más John Wayne, además, era definitivamente *The National Anthem.* Que, además, emocionaba a la bondadosísima monjita que me enseñaba preludios de Chopin al piano y olía a purito Inmaculado Corazón. Resumo con una cita de Guillermo Thorndike (hoy son ya paleolíticos) aquellos años verdes, de mirada serena... Aquellos años / ojos verdes, según este mefistofélico periodista peruano, eran así: "Cada amanecer iluminaba un mundo idéntico a su víspera. No estaba en discusión el sistema sino tan sólo la identidad de sus conductores. Confiadas estirpes entrecruzaban sus destinos, sin que a nadie se le ocurriera la posibilidad de un futuro no calculado, fuera de control, rebelde o vengativo, que interrumpiera una amable sucesión de décadas en las que sólo había cambiado el largo de los vestidos".

Pero entonces también se podía leer que *El mundo es ancho y ajeno,* y también llegaría, gracias a otro gran escritor, el día en que Lima sería *Lima la horrible.* Y, mientras tanto, uno iba creciendo con su pequeña historia personal en medio de aquellos públicos años apacibles. ¿Terremoto en los Andes? ¡Qué diablos importaba eso! Simplemente que un día asesinaron al padre de un amigo mío, hombre político y director de un diario, y sin embargo yo lloré más porque una tía me leyó un cruel cuento para niños y le confesé ese llorar más por un libro que por un amigo huérfano al *father Heil* y su *National Anthem*. Era mi primera confesión, mi primer pecado y, entonces, por boca de mi propia apacible madre verde como aquellos años, me enteré de que aquel cura era un tejano bruto y grosero que le había dicho que me llevara donde un psiquiatra antes de la primera comunión, por tener yo pecados tan raros. Por primera vez dije *cura* y no *father* y lo asocié con *ominoso*.

En vez de donde un psiquiatra mis padres me enviaron a un colegio inglés, a corregir mi detestable acento norteamericano. Jorge VI, la futura reina Isabel e himnos de Inglaterra, *The Home Fleet and The Royal Air Force*. Pero el mundo seguía siendo ancho y ajeno cuando llegó para la familia el chofer Orlando Monterroso. Orlando se hizo mi amigo y la vida es múltiple, contradictoria, trágica, divertida, violenta, en fin... Orlando cuidaba tanto pero tanto los automóviles a mi papá que siempre manejaba dando enanas curvitas en las rectas para evitar cada bache que pudiera sacudir los muelles del carro de don Francisco. Pero también es verdad que, en su curvilíneo manejar el carrazo de mi viejo, me enseñaba la injusticia de las chozas, primero, y ya cuando aprendí eso, la injusticia que había entre un barrio rico y otro de medio pelo. Y así sucesivamente me fue acercando las injusticias, incluso las más chiquitas, hasta que al final me probó que yo mismo era una injusticia y me abrió la cueva de Alí Babá: la maletera del carro de mi padre. Me quedé aterrado: unas obras completas de un tal Marx y un tal Lenin que me iban a ajusticiar hasta a mí que era su amigo, aunque ancho y ajeno, claro.

Violaron cholas en mi internado inglés mientras yo me esforzaba en entender lo que era *Paradise lost*, de Milton. Mi insomnio era curvilíneo y mi soñar despierto eran baches en los que, sin la pericia de Monterroso, yo caía lamentablemente. Quería enamorarme de una chola para redimir a mis amigos y sus pecados, modestamente, pero me enamoré de una suiza. ¿Aprender el himno de Suiza? Ella cantaba el himno de Francia, sin entenderlo, porque estudiaba en un colegio francés. ¿Aprender *La Marsellesa*? ¡Horror! Había un partido del pueblo llamado Alianza Popular Revolucionaria Americana, cuyo himno era la misma música de *La Marsellesa* pero con una letra que atacaba a mis padres, abuelos y toditititos sus amigos y conocidos. Como Monterroso era cholo blancón, y yo no le conté a la suiza el contenido de la maletera de mi padre, nos pasábamos la vida con él dando curvilíneos paseos por barrios de medio pelo y barrios completamente injustos.

Pero también es verdad que un día Monterroso vino con un ojo negro y como yo era su amigo se confió en mí. Se había trompeado a muerte con el pretendiente de su hermana por ser éste negro. En fin, otro paraíso perdido pero ya sin *Paradise Lost*, ni Milton ni nada. ¿Pasaría entonces la divina y humana justicia de Marx y de Lenin por enviar también a los negros al infierno de los mundos anchos y ajenos? Pero también es verdad que, por más que nos adorábamos, mi linda enamorada suiza no entendía nada de esto y que además de himnos de muchos países en el colegio inglés exquisito y carísimo ya se había infiltrado un profesor de historia y nos había contado que por cada durmiente del ferrocarril central del Perú había un chino muerto en la construcción de esa obra que enriqueció a la mitad de nuestros distinguidísimos antepasados. Pero también es verdad que con la plata robada –contó ese profesor– se habrían podido unir todos los Andes peruanos con la costa risueña en que vivíamos con lindas haciendas, flores de la canela, Limas eternamente virreinales, tres veces coronada villa la capital del Perú. Pero también es verdad que ese mismo profesor nos enseñó que la piel de un indio no costaba caro y sin embargo cómo trataba él a sus mayordomos quechuahablantes.

Yo estaba cantando los últimos himnos de mi vida. Aunque también es verdad que, si bien Monterroso era muy justiciero pero no soportaba un cuñado negro en el Perú, habíamos tenido un buen presidente. Pero también es verdad que ese hombre que dio la libertad a los esclavos negros en el Perú lo había hecho porque ya las órdenes inglesas eran ésas. Pero también es verdad que el mismo mariscal, libertador don Ramón Castilla, había "importado" muchísimos chinos para reemplazar a los negros "libres" que no podían ser cuñados de Monterroso, y escribió: "Allí mezclados con nuestros naturales pervierten su carácter, degradan nuestra raza e inoculan en el pueblo los vicios vergonzosos y repugnantes de que casi todos están dominados". Jamás texto escolar incluyó nada de lo que no sólo era verdad sino que a veces era la verdad a secas.

Pero también es verdad que mi amor suizo me plantó cuando ya no habían más himnos ni colegios que aprender y que, entre bache negro y bache cholo blancón, Monterroso se fue curvilíneamente a la guerrilla mientras que *father* Heil, el de mi primera confesión y comunión, se jubiló y volvió a vivir a su país pero ya no soportó yanquilandia y pidió regresar a morir en el Perú que tanto había amado subliminalmente.

Un documento nacional

Engañar es una cosa, y otra, muy distinta, mentir... Mucho entendía de estos asuntos Oscar Wilde, cuando en su ensayo *The decay of lying* se mostraba seriamente preocupado porque cada vez se mintiera menos en los salones ingleses, ya que en ello veía un síntoma de decadencia de la sociedad misma, por estar la mentira profundamente vinculada con el grado de cultura y civilización de un pueblo. Se miente porque se saben muchas cosas, y se miente por fantasía e ingenio y para divertirse divirtiendo. El engaño defrauda, incumple, da gato por liebre, estafa. La mentira, en cambio, es autónoma, y creo que puede ser considerada como una de las bellas artes, ya que como el arte, también, no expresa nada que no sea más que a sí mismo. El engaño corre veloz hasta sobrepasar a la realidad, convirtiéndola en una estafa; la mentira, en cambio, está siempre por delante de la realidad y de la vida misma.

El gustar de una buena mentira puede también ser causa de insólitas complicidades, o de soledad e incomprensión y, a la vez, fuente de fina ironía y de un delicioso humor expresado en voz muy baja o con una actitud sumamente seria. Por ejemplo, lo que me pasó un día en la sala de espera de un médico. Yo estaba entre las muchas personas que aguardaba, y mi turno era el siguiente, cuando entró una abuela ya demasiado ancianita como para darse cuenta de ciertas leyes elementales de la Vida, con mayúscula, y de la vida cotidiana, así, con minúsculas, como las que eran válidas en aquella sala de espera típica de un médico común y corriente, en la que los pacientes hojean con indiferencia alguna gastada y desactualizada revista, sin mirarse entre ellos, y, de rato en rato, agitando un pie, o, de golpe, cruzando una pierna y agitándola impacientemente.

Y por ahí apareció el médico, acompañando a una señora hasta la puerta de salida, que cerró suavemente, regresando luego a la sala de espera, para ver a quién le tocaba ahora y para explicar, de paso, que esa tarde estaba solo porque su enfermera tenía un fuerte gripazo invernal, como tanta gente en Madrid. Sabiendo que era mi turno, me puse de pie, y me disponía a avanzar hasta la sala de consultas, cuando la ancianita literalmente se saltó todas la leyes de tránsito, o como diablos se diga, pero lo cierto es que apareció ahí y así, delante de todos, enanita enanita y ya casi metida en un bolsillo del saco del médico.

—Vengo por mi vacuna antigripal, doctor. ¿Me la pone, por favor?

De la Vida y de la vida, en ese instante, la ancianita sabía que estaba ante un médico, y ante su médico, tal vez, pero definitivamente había olvidado para siempre la existencia de las salas de espera y la finalidad que cumplen, y que hay que pedir hora con antelación, llegar puntual y esperar su turno, etc.

—Pero, señora –le replicó el médico, con el tono de voz con que un abuelo se dirige a su nietecita–, si ya estamos en pleno invierno. Para que esas vacunas surtan efecto es preciso venir no bien comienza el otoño.

—¿He llegado tarde, entonces, doctor?

—Yo diría que un poquito sí, señora...

Entonces, como quien recuerda cosas de su pasado, pero muy muy vagamente, la abuelita miró desolada hacía la sala de espera. Y yo estaba ahí parado, mirándola tan desconcertada, tan frágil, indefensa y tan sin reflejos que le permitieran decidir cualquier cosa, tan ancianita y tan con la ampolleta de la vacuna en la mano. Estaba realmente perdida y desconsolada, la abuelita, cuando me dijo, más tiritando que temblando, la pobrecita:

—¿Me permite pasar antes que usted, caballero? Porque el doctor, aquí, piensa que he llegado un poquito tarde. Y éste es el único modo de recuperar el tiempo y de...

—Por supuesto, señora –le dije, conteniéndome la risa y observando al médico taparse incluso la boca–. Pase usted antes que yo, y ya verá cómo no sólo ha recuperado el tiempo de atraso que tiene, sino que este invierno se lo pasará hasta el último día sin oír hablar siquiera de la gripe.

El doctor quedó encantado, cómplice total y hasta agradecidísimo, la abuelita ni se diga, pero en cambio en la sala de espera todos leían revistas pasadas con ceños fruncidos y piernas sumamente agitadas. En la sala de espera, ese atardecer de invierno, día lunes, me parece recordar, decaía la mentira, con su dosis de inteligencia, de fantasía y de diversión. Y con la mentira decaía la sociedad toda.

Valga este preámbulo para llegar a lo que quiero contar en este capítulo, escrito y puesto aquí, ahora, por estricto orden de azar, en este episódico recuento de mi vida. Y para llegar también a algo que me encantaría resaltar en este momento y que es el inmenso parecido que hay entre los límites de la realidad y la ficción, y los límites entre la verdad y la mentira, que pueden parecer y hasta ser lo mismo, por instantes, pero que, aparte de la penumbrosa indefinición que hay entre sus límites, precisamente, contienen *per se* millones de matices que las hacen muy diferentes. Creo, precisamente, que el absurdo episodio de mi vida que voy a contarles, es una excelente prueba de los locos resultados a que puede dar lugar una mentira repleta de buenas intenciones. (Dicho sea de paso: detesto eso de *mentira piadosa*). Lo cierto es que había alcanzado la mayoría de edad (los veintiún años, por aquella época) y debía obtener mi libreta electoral, ese documento que hace que en el Perú la democracia exista, pero bajo vigilancia, ya que el voto es obligatorio para todos los ciudadanos mayores de edad, y quien no vota en cada elección no actualiza, mediante un sello y una firma que dan constancia de ello, su documento nacional de identidad, y en consecuencia queda impedido para ejercer todo tipo de contratos, por ejemplo. Y, por lógica, presumo que uno queda también totalmente desacreditado, por excelente que sea la reputación que se tiene, en vista de que la libreta electoral es, por excelencia, el documento que le sirve a todo peruano para acreditarse como sujeto de derecho.

La borrachera de mis veintiún años fue tan tremenda como la caída que me pegué a la salida de un bar. Perdí el conocimiento unos minutos y la cabeza me sangraba abundantemente por detrás. Mis compañeros de jarana y algunos curiosos que se acercaron para ayudarlos a ponerme de pie, pensaban que, como no andábamos muy lejos de la clínica Americana, la prudencia aconsejaba que me llevaran un rato allí para una buena revisión. Pero yo me negué, y, como poco a poco logré incorporarme y recuperé el natural tambaleo y el trastabillar correspodientes a la cantidad de alcohol ingerido, la imprudencia nos aconsejó a ir y tomarnos unas cuantas cervezas más a La Superba, excelente lugar en aquella época para hacerle su camita al trago, con un tacu tacu con su bistec apanado y su huevo frito montado en la cumbre. Y de ahí ya sí que a hacer tuto, eso sí que sí, porque el día ya andaba como queriendo aclarar.

A mis padres les conté que lo de la cabeza no era nada, que ya me habían lavado la herida en la clínica, y que ahí el único que había sufrido era el flamante Chevrolet Impala de mi primo y gran amigo Alfredo Astengo Gastañeta.

—Se nos tiró un ómnibus loco encima, papá... En realidad hemos tenido todos una suerte increíble, mamá...

La sola mención del nombre de mi primo, cuya reputación de muchacho sano y caballero cien por cien era total, borró cualquier sombra de duda y de borrachera monumental con sacada de alma igualmente monumental. Pero, como dos o tres días después, yo seguía medio tambaleante y trastabillante, y a cada rato me daban mareos y tenía pequeñas lagunas mentales. Abrí, pues, la caja china, y saqué otra mentira de adentro. Esta vez fue un gripazo brutal el que fingí, para lograr quedarme en cama cuatro días, con cortinas bien cerradas y oscuridad total en mi dormitorio, que es lo que debía hacerse en casos como el mío.

Recuerdo que me levanté un lunes, pensando que debía estárseme venciendo el plazo para sacar mi libreta electoral; en fin, pensé que, en vista de que ya hasta las fotografías de ley las tenía conmigo, nada perdía con dirigirme a la municipalidad de San Isidro, que era la que correspondía a mi domicilio. "Bueno, a tramitar se dijo", concluí, y, tras haberme pegado un buen duchazo y haberme vestido de niño bien, para que me trataran bien detrás de cada burocrática ventanilla, enrumbé hacia la alcaldía de mi distrito. Y en ese local estaba ya cuando, al sacar mi billetera de un bolsillo y buscar las fotos tomadas días antes, me di nada menos que con una libreta electoral con mi nombre, mi firma, mi foto oficialmente sellada, con la raza, edad, estatura y todo lo demás, que me correspondían, pero con una dirección en el distrito de San Miguel en la que nunca había puesto los pies. Salí disparado hasta San Miguel, porque en ese distrito sí vivía Maggie Revilla, entonces estudiante de la Universidad Católica y enamorada mía. Sin duda alguna, ella podría aclararme el misterio de mi libreta electoral domiciliada en el distrito de San Miguel, en la calle Arica número

273

253, me parece recordar, aunque muy vagamente ya. Pero bueno, la calle sí se llamaba Arica, de eso me acuerdo clarísimo. Pero malo: Maggie no sólo no me aclaró nada sino que ensombreció más el misterio que rodeaba lo de mi dichosa libreta electoral.

—Alfredo –me repetía, una y otra vez–, tú mismo me has dicho por teléfono que has estado en cama cuatro días. Y tu libreta está fechada en el segundo de esos cuatro días. O acá hay gato encerrado o tú te estás volviendo loco, Alfredo.

—Yo lo que he tenido, con tanta fiebre, es como mareos y lagunas, sí; en fin, algo bien poco gripal, lo reconozco.

—¿Y tu partida de nacimiento legalizada?

—Ha desaparecido, Maggie.

—Alguien debe haberte hecho una broma muy pesada, Alfredo, porque esta tarjeta tiene hasta el sello correcto. Mira: aquí dice claramente Municipio de San Miguel... ¿Y si fueras a la alcaldía y preguntaras...?

—¿Preguntar qué?

—No sé, pero preguntar, intentar averiguar. Yo que tú empezaría por ahí.

Por ahí empecé, y por ahí terminé. Y es que, en efecto, uno de los cuatro días en que no me había movido de la cama, por lo de la gripe, pues sí que me había movido por lo de la conmoción cerebral que, lo supe después (consulté con un médico, y hasta tenía una pequeña rajadura en la base del cráneo. Ello fue motivo de mil exámenes clandestinos y de otro falso gripazo –una recaída, en realidad– con sus largos días negros encerrado en mi dormitorio), no sólo me había producido pequeñas lagunas mentales sino también algunas tan grandes y largas como la que me hizo aparecer en la Municipalidad de San Miguel (resulta bastante lógico explicar esta parte del asunto, afirmando que, hasta este distrito y su alcaldía, me llevó un corazón muy enamorado de una de sus residentes). Y en el Municipio de San Miguel tuve suerte, según la señora tan amable que me atendió por segunda vez en muy pocos días, sin que yo me acordara en absoluto de la primera vez. Me explicó aquella sonriente señora que yo había aparecido con todos mis documentos en regla, con mis fotos y todo, pero como entre ido para siempre o borrachito, con su perdón, joven Alfredo. Y me siguió explicando que ella había estudiado hace mil años con mi mamá en el colegio San Pedro, ya desaparecido, y que hasta habían sido amigas de clase y eso. Claro que, la vida, después... Porque con los años se fueron perdiendo del todo de vista, aunque ella se había enterado de que doña Elenita Echenique Basombrío se casó con don Francisco Bryce Arróspide, y que tuvieron la enorme desgracia de que su primer hijito les naciera... les naciera... Bueno, digamos que les nació bien especial la criaturita. Y ella, claro, había pensado que el especialito era yo, en vista de que... Y bueno, qué le costaba a ella, a ella que guardaba un recuerdo tan pero tan cariñoso de mi mami que estaba dispuesta a ayudarla en algo, por más años que hubieran pasado, qué le costaba en el fondo darme a mí esa libreta: los papeles y las fotos, todo estaba en regla, y como yo parecía bastante normalito, salvo en lo de la memoria, porque dale hijito con no lograr acordarte por nada de este mundo de la calle en que vivías... Horas lo estuviste intentando... Y bueno: que no me quedó más remedio que ponerte mi dirección, que puedes usar como tuya, por el cariño que siempre le tuve a tu mami. Y mira, Alfredito, quédate nomás con esta libreta electoral... Ya hiciste los trámites y no vas a empezar con todo de nuevo... Y mi casa es tu casa y me alegra tanto que no seas tú el especialito... Aunque deberías hacer algo, hijito, con lo de tus lagunas...

—El especial es mi hermano mayor, señora, que, en efecto, nació sordomudo, pero que en cambio tiene una memoria de elefante...

—Las cosas de la vida...

"Y las cosas del mentir", me digo yo ahora, recordando que aquella libreta electoral, domiciliada en un distrito en el que nunca viví, me fue muy útil en la vida, a lo largo de unos treinta años... Treinta años, sí, nada menos...

Despedirse más y mejor, sí...

Es probable que mi siempre muy querida *Principessa* Sylvie Amélie de Lafaye de Micheaux sea el único personaje de leyenda capaz de aterrizar una noche de septiembre –exactamente la del día 24– en el último vuelo de Alitalia procedente de Milán. Pero su avión ha llegado con veintiséis minutos de retraso y yo la he estado esperando con verdadera rabia, ya que en mi departamento madrileño ha quedado inconcluso uno de esos textos intensamente felices que se van escribiendo casi solos en la pantalla del ordenador, a medida que vamos dándole azarosamente a las teclas y éstas obedecen y registran una tras otra frases y escenas realmente increíbles, como por arte de magia. Se trata de esos momentos gozosos y ciegos, durante la elaboración de un texto, a los que Graham Greene se refería como largos trances de plenitud –yo más bien diría que se trata de súbitos éxtasis laicos–, en que los personajes empiezan a soltar palabras y frases que uno nunca puso en sus bocas y al mismo tiempo hacen lo que les da su real gana, con resultados y hasta con desenlaces que ni en sueños hubiéramos logrado imaginar. En fin, que por esperar a la pesada de Sylvie yo me había perdido nada menos que veintiséis minutos de Graham Greene y de *work in really good progress*. Yo estaba realmente furioso con el mundo entero, en el aeropuerto de Barajas, a las once y un minuto de la noche, y la muy pesada de Sylvie...

Pero bueno: se trata de que ella venía a pasar tres días de septiembre conmigo, porque dentro de pocas semanas yo debía retornar definitivamente al Perú –o al me-

277

nos iba a intentar que así fuera– y de que ella deseaba tanto y tanto despedirse de mí y de mi vida en Europa, también definitivamente. Yo estaba de acuerdo con todo, y entre alegre y tristón y agridulce y agradecido por su dramática tentativa ("Tóquela de nuevo, Sam" + "Pero siempre nos quedará París", y esas cosas) de llegar conmigo hasta el adiós final. Sin embargo, mi rabia literaria, aquella noche, más el hecho de que mi regreso al Perú hubiera sido postergado en varios meses, y encima de todo el hecho de que Sylvie y yo seamos las personas que más veces se han despedido para siempre en la vida, y que más veces han vuelto a encontrarse, al cabo de años, también para siempre pero también para seguir cada uno con su vida y por su lado, como sigue cada loco con su tema, banalizaba al máximo y hasta devaluaba este largo adiós de dos seres nacidos el uno para el otro, pero que pronto, muy pronto, como quien cae en el olvido de Dios, separó una gran diferencia de edad, de nacionalidad, de fortuna, de blasones... En fin, que todo nos separó a Sylvie y a mí, con el telón de fondo de una gran ilusión, de un inmenso amor, y de una maravillosa ciudad de París, sobre todo de noche, que era cuando nos escapábamos para sentir, para soñar, para palpar eterna e invulnerable nuestra enclenque relación.

La paliza que me mandó dar a mí su familia, por no haberle hecho ningún caso a sus amenazas, se queda corta ante la paliza que le dieron sus padres y la vida misma a Sylvie, precipitándola a un matrimonio que jamás iba a ser feliz, que era ya la crónica de un desastre anunciado. Pero bueno, por lo menos la hija de sus padres se casaba *comme il faut,* linajudamente hablando, se casaba con alguien que, como ellos, tenía también la altanera nariz azul en las nubes. Aquella fue la primera vez que Sylvie y yo nos despedimos para siempre, con el feroz dramatismo que rodeaba todo lo que hacíamos por entonces. Y aquello había sucedido casi veinticinco años atrás, y, casi veinticinco años atrás, también, *Nos volvimos a encontrar, / al fin y al cabo,* y arrancó una relación interminable y llena de cariño y complicidad, sí, pero llena también de silencios y distancias, de temas que no se tocan, aunque con un telón de fondo entrañable, admirable, y maravilloso, creo yo: la elegancia de vivir siempre un eterno presente y en ciudades y hasta países distintos, respetando calladamente lo que fue y no pudo ser, gambeteándole a la vida y a nuestras realidades personales lo que bien pudo haber sido un rencor atroz, un mirar al pasado con rabia y hasta con odio, más el tiempo que también pasa para seres como nosotros, que luchamos y perdimos y aquí estamos, en una postal, en una foto, en una carta, en una visita... Como la de ahora, en Madrid...

Rememorando estas cosas, una y otra vez más, terminaron por pasárseme los veintiséis minutos de atraso y la rabia de mi texto abandonado en la pantalla que aún veía, iluminada y feliz, cuando apareció Sylvie por una puerta del terminal 3, sonriente como siempre, sonriente como si fuera feliz. Y hubo, como siempre, también, besos y abrazos y grandes manifestaciones de alegría y de cariño, mientras yo constataba una vez más lo mucho de ficción que tiene ella para mí, a pesar del cariño inmenso y muy real por una persona que has conocido casi niña y que sólo los años y una mutua apuesta por la vida ha convertido en tu muy grande, muy fiel y especial amiga de toda una vida.

Sylvie, alias la *Principessa*... Cuánto la he amado y odiado en algunos de mis libros, cuánto la he reído y llorado, de qué modo la he gozado y vomitado en tantas y tantas páginas, pero como que nunca se ha gastado, como que nunca ha ido dando de sí hasta llegar a la palabra FIN, o hasta esfumarse, como sucede siempre con los seres que se amó, se perdió, y el tiempo y la literatura se tragaron.

Sylvie, inmarcesible mujer... Reconozco que han pasado los años y que has perdido bastante, pero sólo si se te compara contigo misma como personaje mío. Y reconozco asimismo que has ganado mucho como persona totalmente independiente de mí, como amiga, como mujer que ya está en los cuarenta, cosa increíble en ti ("Niña –te solía decir, ya casi cuarentón yo, adolescente tú–: Niña, eres la niña de mis ojos"), pero sí: cuánto has ganado, Sylvie, como mujer a secas. Todo lo que dije y maldije de ti en mis libros no me ha vaciado, ni siquiera limpiado de ti, y más bien como que me ha convertido en tu valedor, en tu pequeño Quijote personal. ¿Y por qué no? Si algún día estuve loco por ti, ¿por qué no habérseme secado, al menos un poquito, el cerebro, como al caballero de la Mancha? ¿Y por qué no haberme *aficcionado* también un poquito yo, a fuerza de meterte y sacarte de mis páginas, a medida que la realidad te metía y te sacaba a ti de mi vida?

Inmarcesible Sylvie... Contigo no hay catarsis posible. Contigo es siempre este eterno presente lleno de ternura y de amistad, aunque este 24 de septiembre por la noche, ya en mi departamento, yo siga extrañando mi texto interrumpido en la pantalla, aburriéndome un poquito con la sucesión de banalidades que me vas contando sobre un normalísimo vuelo de Milán a Madrid... Y luego, sin embargo, no aburriéndome tanto cuando constato que has dejado a ese medio marido y medio novio con que haces tu vida en Milán, cuando te oigo decir por toda respuesta a mi pregunta: "¿Y a él no le ha importado que te vengas sola?", las mismas palabras que has usado tantas otras veces, años atrás, hombres atrás:

—No. Bueno, no es que no le haya importado. Es que él sabe que yo te quiero mucho.

Éste es, probablemente, el instante en que más cerca estaré de ti en este viaje. Y, también –pero ya no importa,

280

ya la vida es y fue así–, el instante en que más lejos me siento de ti, de nosotros hace veinticinco, veintiséis años. Y este instante existe siempre que nos vemos. Todo ha quedado dicho sobre la realidad. Y nada. Pero el objeto de tu visita se ha cumplido al máximo en esas palabras tuyas. Tu visita ha empezado y terminado en la duración de esas dieciocho palabras. Lástima, Sylvie, que siempre hablaras muy rápido...

Pero bueno: la ficción regresa y yo me alegro y me olvido por fin de la pantalla de mi ordenador, de tu visita acabada en dieciocho palabras, cuando de un maletín de mano que traes por todo equipaje empiezas a sacar, cual mago de circo rico, miles de regalos, primero –los hay hasta para mi novia, allá en el Perú–, y millones de prendas de vestir, prendas para casi toda una vida, prendas para todas las ocasiones, te cabe en ese maletín más ropa que a mí en todo un armario. Y además la sacas tal como la metiste: sin cuidado, sin doblarla, siquiera, casi harapeándola, y todo para que al final salga planchadísima. Y esto sí que es el colmo y la ficción ha vuelto, gracias también a la realidad, Sylvie...

—Te he preparado todo un programa, algo sumamente español...

—Córdoba: yo ya quiero estar en la mezquita de Córdoba contigo, Alfredo...

—Bueno, pero antes...

No me aceptaste una copa de champán para brindar por tu llegada y manifestaste tu deseo de acostarte temprano. No, no querías visitar museos, al día siguiente, pues los habías visto ya todos en tu infancia y adolescencia, en los mil viajes que hiciste con tu familia, entonces residente en Marruecos. Además, sabías que odio visitar museos, que un ratito sí y tres o cuatro cuadros también, pero que más tiempo no soportan mis defectuosos pies parados sobre el mármol de los pisos.

—Yo sólo he venido a verte a ti y a visitar contigo la mezquita de Córdoba. Allá sí, eso sí que sí, tus pies tendrán que soportarme horas y horas, Maximus.

—De acuerdo, Petrushka –te dije, siguiéndote en el juego de los nombres literarios con que nos hemos llamado siempre en la vida real, desde que te casaste por primera vez...

Flamenco en casa Patas, la noche del 25 de septiembre. Habíamos tenido suerte. El Capullo de Jerez, cantaor que suele prodigarse en Madrid, nos deleitó con distintos aires de su tierra. Ahí cenamos, antes del espectáculo. Te comiste un rabo de toro estofado, increíblemente. Fue como comerte tu visita toda a Madrid, fue como quererme dar gusto hasta en eso, tu manera de ser tan encantadora que ni se notó siquiera que la sola idea de un rabo de toro... Fue, digamos, lo más jondo que podías llegar, esa segunda noche, en un postrer adiós a Alfredo y a Maximus, al pasado y al presente.

Te hizo mucha gracia el Capullo de Jerez, gitano flaco, desdentado, desgarbado. De sus coplas entendías muy poco –y eso con mi ayuda en tu oído–, pero de pronto hubo una que pescaste al vuelo, que subrayaste apretando mi mano:

> El dinero y la mentira
> viven en casa de lujo.
> La verdad, en cambio,
> tiene una casa chiquita y oscura
> donde nadie la va a visitar.

El sábado 26 de septiembre, el tren de alta velocidad con dirección a Sevilla y parada en Córdoba, ha partido muy puntual.

Nos ofrecen auriculares que vamos a usar porque en la pantalla del televisor está a punto de empezar *Roman holiday,* la película de William Wyler que, te cuento, en España se llamó *Vacaciones en Roma* y en el Perú *La princesa que quería vivir.* A ti siempre te gustó mucho Gregory Peck y ahí lo tienes, aún joven, aún muy muy guapo, aún muy Hollywood, muy *star system.* Tú no habías nacido cuando yo vi esa película con mi primer amor y me enamoré celuloidemente, como medio mundo, de Audrey Hepburn. Te cuento que ella se ganó el Oscar a la mejor actriz por esta película, en 1953. Y te cuento más: En su *Diccionario del cine,* Fernando Trueba ha escrito: "Hepburn, el mejor apellido posible para alguien que desee ser actriz". Y te sigo contando muchas cosas más que no escuchas porque ya te has puesto los auriculares y te has metido en el filme. Te sigo, entonces, aun a sabiendas de que la película sólo la verán completa los que viajan hasta Sevilla. Nosotros que nos bajamos en Córdoba no sabremos nunca qué pasa al final. Claro que podemos recordarlo, pero siempre hay algún detalle que a uno se le escapa. Siempre hay un pequeño incidente, una frase que se nos escapó, algún matiz que nos da una nueva luz... Me levanto para ir al baño y te pregunto si, de paso, deseas que te traiga algo de la cafetería. No. Apenas me haces una señal con la mano, sin mirarme siquiera, sin quitar un instante tu mirada de la pantalla...

Estás bañaba en lágrimas y secándotelas escondidamente, cuando regreso. Y entonces yo siento ganas de tomar un trago fuerte y de estrangularte y de acariciarte y de haber llegado a Córdoba de una vez por todas para que nuestro tren abandone esta película en el camino a Sevilla...

Lo demás fue... Fue risas y postales, tú, trago y cigarrillo, yo, que con tanta facilidad venía prescindiendo de ambas cosas. Te odio, me odio, y falta todavía el día domingo, princesa que querías vivir. He reservado una mesa en Botín, el restaurante más antiguo del mundo, según *El*

283

libro Guinness de los récords. Y venga más vino. He reservado asientos para el musical *El hombre de la Mancha*...Y venga otra tasca y otras más hasta llegar al aeropuerto a las doce del día siguiente, para que te vayas puntualmente, ya que tu partida no estaba incluida en esta despedida...

Días más tarde, una llamada tuya, desde nuestras amadas Venecias de antaño –¿recuerdas que siempre tuvimos dos Venecias: la literaria, que tan factible nos sonaba y nos hizo disfrutar y soñar tanto, y la frecuentada, que sólo nos sirvió para despedirnos la tercera y quinta vez?–, significó que bueno, que sí nos habíamos dicho adiós para siempre, y probablemente más y mejor que otras veces, porque finalmente yo sí me iría con bultos y petates al Perú. Pero significó también que ni Petrushka ni Maximus lograban encajar bien en ese papel tan real que hasta teléfonos tenía.

El desasosiego de las cosas

Mi querida Carla,

ha pasado mucho tiempo sin responder a tu carta, y mira que yo siempre he sido un hombre bastante puntual para la correspondencia y para todo lo demás. Te bastaría con revisar la carpeta en que has ido guardando, muy ordenada y cariñosamente, las cartas que te he escrito a lo largo de tantos años, según me has contado en más de una ocasión. Mis respuestas han sido tan rápidas como exhaustivas y han abordado uno por uno todos los temas y respondido a todas las interrogantes que me planteabas en tu anterior misiva. Fácilmente podrías comprobarlo. Lo mío ha sido siempre contar las cosas con exagerada minuciosidad, e incluso, a veces, tú misma me has hecho algún comentario bastante irónico en el que yo podía leer, entre líneas, que me estabas llamando poco menos que viejo maniático.

Esta vez, sin embargo, he tardado meses en contestarte. O, mejor dicho, te escribo al cabo de largos meses de silencio y sólo para hacerte saber hasta qué punto me ha perturbado tu última carta, pidiéndome que te contara con detalle cómo es esta casa en que vivo y cómo vivo en esta casa. Además, quieres que te envíe fotografías de cada una de las habitaciones y de la fachada y el jardín. No sabes el lío en que me has metido pidiéndome estas cosas, mi querida Carla. Y no sabes hasta qué punto tus exigencias –porque para mí lo tuyo sólo puede calificarse de impertinentes exigencias– me han resultado muy prematuras y sumamente incómodas. En este mismo instante siento como si me estuvieras extorsionando para obtener de mí una información que no poseo, y tengo que apelar a toda la cordura del mundo y a todo el inmenso cariño que nos une desde niños, para no sentir por ti una franca antipatía.

Te explico por qué. Estás pasando por alto el excelente conocimiento que tienes de mi persona, y tu curiosidad casi malsana hace que te importe un bledo el paso –para mí– trascendental que acabo de dar, al regresar a mi país al cabo de tantos y tantos años. Tú bien sabes que estas gigantescas decisiones vienen acompañadas de todo tipo de desórdenes internos y externos, que, literalmente, hacen que todo alrededor de uno se salga de su cauce. Nada está en su lugar y nada va a estar en su lugar hasta sabe Dios cuándo, y el desasosiego que esto puede producirle a una persona como yo sólo es comparable al que experimentan las cosas cuando se les traslada de un escritorio en Madrid a un dormitorio en Lima, por citarte sólo un ejemplo.

Mi casa, aquí, en Lima, es bastante más amplia y espaciosa que mi departamento de Madrid. Y, sin embargo, mis cosas están incomodísimas y sumamente desasosegadas. Tanto o más incómodas que yo. Pero, además, ellas me contagian a mí su permanente inquietud y desasosiego, y viceversa, en una suerte de enervante e interminable círculo vicioso. Me basta con mirarlas para ver hasta qué punto se buscan y no se encuentran, hasta qué punto las hay que están resistiendo tanto cambio con una valentía rayana en el heroísmo, mientras que otras simplemente se han venido abajo con tanto cambio y trajín.

No creo que recuerdes el entrañable florerito color violeta que me regaló Valérie Game, en Aix-en-Provence. No se acostumbró en la sala. No se acostumbró en el comedor. Languideció en el cuarto de huéspedes y, contra todos mis pronósticos, falleció cuando lo coloqué sobre mi mesa de noche, con la mejor intención del mundo. Y en cuanto a la mesa de comedor que tanto te gustaba, tampoco hubo nada que hacer. Le pintabas las paredes de verde, a su alrededor, y se lamentaba. Se las pintabas de azul, y sus lamentos crecían. Y así, de color en color, en vez de sanar fue adquiriendo un aspecto cada día más fúnebre. Como a los perros que uno más quiere, tuve que sacrificarla, porque resultaba realmente cruel hacerla sobrevivir artificialmente, a sabiendas de que no tenía remedio y de que jamás iba a estar contenta en un comedor que, desde el primer instante, le sentó fatal.

Pero, de pronto, pienso que estoy siendo muy duro contigo, querida Carla, aunque es verdad que encuentro tu curiosidad malsana y cada vez más impertinente. Me pescas desvalido, hermana, perdido entre cosas perdidas, entre objetos cuyo orgullo simple y llanamente se niega a dejarse fotografiar. ¿Sabes lo que me provoca enviarte, en vez de fotografías? Los planos de la casa. Los mismos planos que a mí me enviara el arquitecto a Madrid, para que yo los aprobara y poder empezar las obras. Si quieres te los envío, aunque estoy seguro de que te pasará lo mismo que a mí. Te encantan esos planos, los apruebas, esperas ansioso que las obras empiecen, y cuando éstas ya andan bastante avanzadas, viajas a Lima para visitarlas, y las encuentras realmente a la altura de tus expectativas. Felicitas al arquitecto y le dices que siga adelante. El hombre es cumplido, también lo son el ingeniero, el maestro de obras, y uno tras otro todos los operarios que van pasando por la construcción, desde los albañiles hasta los carpinteros y pintores.

Por fin, un día todo está listo y emprendes la gran mudanza. El gran retorno de España, al cabo de mil años. Tu casa no puede haber quedado mejor de lo que ha quedado. O, al menos, eso es lo que tú piensas. Porque llega el día en que desembarcan tus cosas en el puerto del Callao, y, tras soportar los engorrosos y agotadores trámites de aduana, atraviesan la ciudad francamente malhumoradas y maltrechas, y ocultas en embalajes de todo tamaño, pero sin jerarquía alguna, lo cual, créeme, puede ser sumamente humillante para ellas.

Luego, en semejantes condiciones, tus cosas llegan por fin al que será su nuevo hogar, son distribuidas de acuerdo a ideas preconcebidas acerca de su posible ubicación y utilidad, y son desembaladas, casi te diría que por orden de azar y dentro de un cruel anonimato. Y es entonces, mi querida Carla, cuando las cosas empiezan de golpe a recordarte que tienen mucho más vida de la que tú les has atribuido. Y se rebelan contra tus gustos. Y encuentran que esta cocina, así, no me gusta. Y no me vengan conque me tengo que quedar aquí para el resto de la vida. Y yo en esta estantería me niego a adornar nada.

El lío desasosegante e interminable ha empezado, querida Carla. Y con él un insomnio febril y un permanente nerviosismo, interrumpido a menudo por largos decaimientos y verdaderos ataques de sensiblería. Y tú no logras hacer nada porque las cosas requieren constantemente de tu atención y paciencia, de tu vigilancia y de tus cuidados. Y todas y cada una de ellas pueden adquirir –sí, todas y cada una de ellas, querida hermana mía– la categoría de magdalena de Proust. Desde la cocina a gas en cuya hornilla te quemaste un dedo la primera vez que viniste a verme a París –o sea, años antes de mudarme yo a Montpellier, y luego a Madrid–, hasta el familiar cenicero de plata peruana que lleva siglos pasando de padres a hijos y en el que esta noche en Lima apagas un cigarrillo que simultáneamente vuelves a apagar en Madrid y en París, años atrás, mientras también simultáneamente vuelve a apagar en él su puro en Lima nuestro abuelo paterno cuando éramos niños y veraneábamos en La Punta. La nevera de España se convierte en refrigeradora, ahora que he vuelto a Lima, pero era *frigo* cuando vivía en París, y de pronto se vuelve a llamar *frigidaire* en la Lima de nuestra infancia.

Ah, mi querida Carla, si tú supieras la de cosas que puede ocultar un solo objeto. Y el tiempo inconmensurable que puede tardar en adaptarse en una nueva casa. A veces pienso –y no creo estar mal encaminado en esto– que el día en que cada uno de mis viejos discos *long-play*, de mis casetes y mis compactos haya decidido cómo quiere sonar en Lima, habré podido encontrarle finalmente su lugar en esta casa. Y también yo, por fin, habré logrado ubicarme en este país.

¡Y TÚ QUIERES FOTOS DE TODO ESTO! ¡TE DAS CUENTA DE LO QUE ME ESTÁS PIDIENDO, CARLA! ¡DEL TAMAÑO DE TU IMPERTINENCIA!

Sin sospecharlo, siquiera, me estás pidiendo que inmovilice la constante agitación en que vivimos mis cosas y yo desde que se marchó el último operario que trabajó en esta casa, tras haber desembalado uno por uno todos los objetos que llegaron de Madrid y haberme ayudado, con santa paciencia, a ponerlos todos en su lugar... ¡Ponerlos todos en su lugar...! ¡Eso es lo que creía yo! ¡Y eso es lo que tú pretendes! Pretendes que yo te envíe la fotografía de un armonioso y pacífico escaparate, cuando en realidad vivo metido en la desasosegante realidad de un escaparate animado y crispado, en el que las cosas no cesan de moverse, de quejarse, de pelear entre ellas, obligándote constantemente a dejar todo lo que estás haciendo para ocuparte de cada uno de sus caprichos.

Y así resulta que las malditas cosas tienen hábitos y costumbres, e incluso manías, y que constantemente tienes que llegar a arreglos más o menos durables y a pequeños pactos con ellas. A un cenicero, por ejemplo, le tienes que acordar el derecho a volver al lugar que ocupó en el departamento de Madrid, a cambio de una breve permanencia en otro lugar. Determinada silla simple y llanamente no soporta estar en la cocina, donde por lo demás a ti te parece que queda de lo más bien. Pero, bueno, no te queda más remedio que encontrarle una silla que la reemplace, en la primera tienda que encuentras cerca de la casa, cuando de pronto descubres una mañana que solita ha cambiado de forma y color, y que de golpe empieza a darse de patadas con las paredes que la rodean y con la mesa para el desayuno a cuyo servicio debería estar. Así es, mi querida Carla. Créeme que la silla de la que te estoy hablando simple y llanamente no quiso quedarse quieta hasta que no volvió al lugar que le correspondió siempre en su vivienda anterior.

Por favor, no te resientas si te cuento todos los dolores de cabeza que, nuevamente, me está ocasionando el precioso sillón que me regalaste en tu primera visita a París. ¿Te acuerdas que ya entonces se negó a quedarse en la sala, a pesar de que tanto tú como yo creíamos que ese era su lugar ideal? Acuérdate. Nos volvimos locos, aquella vez, moviéndolo todo de lugar para que el muy pesado encontrara su acomodo, pero fracasamos rotundamente y, después de tu partida, no me quedó más remedio que dejarlo en paz, colocándolo en el vestíbulo enano en el que jamás se sentó nadie. Y te matabas de risa cuando en mis cartas parisinas te contaba cómo finalmente había quedado convertido en una suerte de mesita de entrada en la que yo me acostumbré a dejar las cartas que debía llevar al correo y el maletín con el que diariamente voy y vengo de la oficina.

En Madrid, años más tarde, el sillón fue a dar también a aquel vestíbulo que era más bien un corredor que llevaba a la sala y en el que, en todo caso, tampoco se sentó nunca nadie. Una vez más, el famoso sillón se salió con la suya e hizo las veces de mesa para depositar el mismo maletín y también el correo. Bueno, para qué contarte que aquí en Lima, donde hay un amplio vestíbulo en el que sí se pueden sentar hasta tres personas, el silloncito de marras se dio literalmente de patadas con todo lo que lo rodeaba y ha terminado metido en mi escritorio, pero no en calidad de sillón, sino una vez más de mesita. Y ya te estoy viendo leer estas líneas ahora que, además de todo, admito que incluso he puesto una bandeja de plata sobre su asiento, para poner ahí el correo que voy recibiendo y las cartas que tengo por despachar. Un poco más, mi querida Carla, y tendré que ponerle una lamparita al sillón. Además, acuérdate de lo cómodo que era cuando lo trajiste por primera vez a mi departamento parisino. Pues me encantaría que lo volvieras a probar hoy. Sigue tan nuevo y tan sin uso como cuando lo compraste "por su magnífica relación comodidad-precio", como me dijiste aquella primera vez; sí, sigue tan sin estrenar como en aquella ocasión, pero ahora es simple y llanamente uno de los sillones más incómodos de cuantos he probado en mi vida. Y la verdad es que no sé cómo explicarte este fenómeno, porque definitivamente vas a pensar que me he vuelto rematadamente loco si te digo que lo que en realidad pasa es que, con los años, el sillón ha logrado convencerme de que te equivocaste al comprarlo como tal, pues es en realidad una mesa.

Otro problema que tengo que enfrentar es el de la personificación de los objetos que la gente me fue regalando en los largos años que viví en Europa. La mayor parte de esos objetos, querida Carla, llevaban años convertidos en adornos, y cuando uno los movía de un lugar a otro o los tomaba un momento en sus manos, para quitarles el polvo, seguían siendo adornos y nada más, y pertenecían enteramente al decorado de mi escritorio, de mi sala, o de mi dormitorio.

En cambio, desde que llegaron a Lima, tocar cada cosa es despertar un recuerdo y dejarte poseer por él. Un caballito de oro te lleva al rostro radiante de Amélie, y de ahí enterita París aparece en 1972 y es de noche y en el Olimpia va a cantar Amalia Rodrigues y Amélie estudia portugués y, de golpe, de la forma más dolorosa del mundo, ese caballito de oro es el primero de los muchos regalos que te hizo para que jamás la olvidaras, porque ya estaba clarísimo lo de su mirada tan lánguida y su rostro tan paliducho...

¡Cómo retratar esto, querida hermana mía! Cómo se retrata la forma en que, en tu presente limeño, la oculta y latente carga de vida que contuvo siempre ese caballito de oro se te venga como un aluvión de nostalgia y sentimiento, desde un imposible pasado hasta un posible futuro en el que, con pasos trascendentales, trasladas el caballito de oro de una estantería de tu biblioteca hasta tu mesa de noche. Ahí se quedará para siempre, como el eco triste e inolvidable de unas palabras que vuelves a oír décadas más tarde: "Toma. Ábrelo. Es para ti". Y nunca como ahora, en este futuro que empiezas a vivir en Lima, seguirá tan viva Amélie, de golpe no murió Amélie, de golpe has empezado a querer como jamás antes a Amélie Arnaud y ahí quedará para siempre un caballito de oro al lado de tu cama.

También el mismo disco puede contener mil discos, querida Carla, pero el disco que me regaló Claire siempre se limitó a ser el de su llegada y el de su partida. El disco del día en que vino a visitarme por primera vez y yo creí que se estaba olvidando de ese Vinicius de Moraes que había colocado descuidadamente sobre un sofá, allá en Montpellier, siglos atrás. Se lo recordé, al ver que se marchaba, y me dijo que lo había traído para mí. Y se lo agradecí y lo guardé para sacarlo y escucharlo sólo con ella. Mil veces lo oímos y siempre fue el mismo: bello, exacto a nosotros y amor. Tras la partida de Claire, brusca, cruel para ambos, injusticia de la vida, surgió el segundo Vinicius de Moraes, el que quedó, amargo y duro, para escuchar a ocultas de mí mismo, más que a solas. Ahora puedo contarte, querida Carla, que ordenando mis discos el otro día, en un gran descuido, dejé un momento el Vinicius de Moraes sobre un sofá. Jamás podré contarte que aquello fue incluso dolor físico y ánimo roto. Pero, nuevamente, nada te diría una fotografía de la sala de esta nueva casa y en esa sala un sofá y sobre él mi tercer y último Vinicius de Moraes.

Y así todo es ya de alguien, alegre o tristemente. El cenicero verde en forma de tortuga, amplio y cómodo, no es más el regalo que me trajera nuestro hermano Raúl, la primera vez que me visitó en Madrid. Ahora es el cenicero de Raúl. Como tengo a mi lado la lámpara de Andrés o la mesita bar de mamá y la cómoda del abuelo materno que tan cariñosamente me ha regalado el tío Carlos Sarmiento, como bienvenida a Lima. La pobre mujer de la limpieza siempre se confunde cuando le pido que le quite el polvo, con mucho mucho cuidado, y que por favor no la vaya a arañar, porque se trata probablemente del único mueble realmente valioso que poseo. "Limpie la cómoda de mi abuelito", le digo, unas veces, pero también otras: "Por favor, no olvide limpiar la cómoda de mi tío Carlos Sarmiento".

Qué sacaría, por ejemplo, con intentar fotografiar para ti los odios, rivalidades y celos que pueden surgir –y de hecho están surgiendo– entre los objetos traídos de Europa y aquellos que los amigos peruanos me van trayendo cuando vienen a visitarme en mi nueva casa. Para que lograras sacar alguna conclusión o simplemente lograras imaginarte los problemas de este tipo que constantemente veo surgir a mi alrededor, tendrías que conocer el origen de cada uno de mis adornos, de mis muebles, de mis cuadros.

Llevo meses, por ejemplo, tratando de dejar definitivamente colgados mis cuadros, pero créeme que una y mil veces tengo que cambiarlos nuevamente de lugar. Y tampoco pienses que todo se arreglaría colgando los cuadros traídos de Europa en una pared, y en otra los que me han regalado algunos amigos, a mi llegada a Lima. Es lo primero que intenté, pero el fracaso fue total, y desde entonces el trasiego pictórico no cesa, sobre todo entre los dormitorios y entre la sala y el comedor. Definitivamente, a los objetos no se les puede satisfacer con tan sólo colocarlos en el mismo lugar que ocuparon en una anterior vivienda, ya que lo primero que suelen descubrir es que un mismo espacio no necesariamente tiene la misma importancia, hoy, aquí en esta casa limeña, que antes tuvo, en Madrid, o incluso antes en Montpellier o París.

Y mi pequeño mundo antiguo y su humillante y cruel contraste con la brutalidad de plástico sucio y húmedo del peor Miami, de un Miami de pacotilla, sin horizonte ni palmeras, sin trópico ni sol. ¡Cómo fotografiarte lo que apenas puedo expresarte con palabras siempre escasas e insuficientes en sí mismas! ¿Recuerdas los relojes de bolsillo del abuelo paterno? ¿Sus leontinas? ¿Sus bastones de estoque? ¿Su maravillosa colección de gemelos con su anagrama? ¿Los recuerdas, querida Carla? ¿Y recuerdas que me los dejó todos, al morir? Me imagino que lo recordarás. Bueno, yo me los llevé conmigo a Europa y, aunque los conservé y cuidé siempre como oro en polvo, jamás los usé allá. Sin embargo, poco a poco, todos aquellos objetos empezaron a tener un significado especial para mí, para el gran conservador que soy en determinados aspectos de la vida, como son el vestir y el saber estar en este mundo de comida basura y ropa barata, gregariamente marcada con las palabras *muchedumbre* y *masa*.

Contra este mundo que, cubierto de polvo, de plástico y de estridencia, domina hoy el alma de la masa limeña, he intentado vanamente oponer aquel pequeño mundo antiguo que, además, fui completando en los meses que precedieron mi retorno a Lima. Adquirí chalecos para los relojes de bolsillo y sus leontinas, camisas con puños para los maravillosos pares de gemelos. Pensé incluso que podría salir y pasear con los hermosos bastones del abuelo. Pero pronto, muy pronto, he tenido que admitir que en esta Lima *chicha*, como la llaman incluso los sociólogos, al intentar definir sus "gustos y colores", el mal vestir estridente, descamisado y descorbatado, se ha impuesto con brutal aplastamiento. Usar un reloj de bolsillo es exponer la vida en una ciudad plagada de mendigos y delincuentes, e intentar salvar el pellejo con un bastón de estoque resultaría tan absurdo como soltar a los tres mosqueteros y sus nobles espadas en plena guerra del Golfo. La gente, aquí, viste su mal gusto a gritos y ya incluso algún buen amigo se ha encargado de advertirme de lo insensato de mi anacrónico atuendo. Adiós, pues, a mi pequeño mundo antiguo. Los bastones decoran hoy la entrada de mi nueva vivienda, y los relojes, me aconsejan, mejor sería que los mantuviera ocultos. Nuestro abuelo paterno es un ser impensable en esta ciudad y hay que estar completamente loco para exhibir sus valiosos objetos personales. A éstos les ha sucedido un poco lo mismo que a los paraguas que dejé ordenadamente en el vestíbulo. Ayer, tan útiles en mi vida europea; hoy, hazmerreír de algún amigo que los mira con desdén en esta ciudad sin lluvia.

¿Recuerdas, querida Carla, el poema de Baudelaire sobre el albatros, aquel ave marina de gran tamaño, plumaje blanco, y alas muy largas y estrechas, gran voladora? Caída como un ángel del mal sobre la cubierta de un barco, toda su gracia se vuelve torpeza, y los rudos y torpes marinos se burlan de ella, quemándole el pico con la brasa de sus grandes pipas. No dudo de que alguien –incluso yo– podría fotografiar un gran pájaro marino caído en desgracia sobre la cubierta de un barco. Pero, ¿se trata de eso, querida hermana? No. Indudablemente no. De lo que se trata, qué duda cabe, es de retratar la pérdida tan brusca como irremediable de un estilo, de su desaparecida significación y, una vez más, del desasosiego que puede emanar de las cosas que han perdido su pertenencia y su pertinencia. No hay instantánea posible del largo paso del tiempo, mi muy querida e incómoda Carla.

Los libros, en cambio, sí se han dejado ordenar bastante fácilmente en mi escritorio, ya que éste es una copia muy fiel del que tuve en Madrid. Recordarás que nunca he sido bibliófilo, y que mis libros están subrayados, comentados y hasta garabateados a gusto. Y, como siempre, me encanta pasarme horas encerrado y releyendo al azar los volúmenes que me han acompañado a lo largo de años, en los distintos países y ciudades en que he vivido. A menudo, esas relecturas no sólo son viajes al pasado, sino que me hacen saber incluso quién era yo cuando los leí hace años, y por qué subrayé estas líneas y no aquéllas. Perder el tiempo con mis viejos libros, o empezar uno nuevo, cuya lectura nadie me ha impuesto: estas son actividades felices para mí, y a ellas se une la alegría que siento cuando, después de un viaje, abro la novela o los cuentos de algún amigo escritor que acabo de visitar, y descubro que me gustan. En cambio, nada odio tanto como tener que cargar con esos libros o manuscritos cuya lectura cierta gente le quiere imponer a uno, como si un libro valiera realmente la pena sólo porque a uno le gusta. Bueno, sí hay una cosa que detesto más: que alguien me regale una corbata.

Y tú lo has hecho, mi querida hermana. Y lo has hecho con conocimiento de causa. ¿Broma o burla? En el primer caso, se trata de una broma bastante pesada; en el segundo, te diré que tu proverbial sentido del humor ha logrado, en este caso, hacer que mi sesenta cumpleaños haya sido bastante más abrumador de lo que ya de por sí iba a ser. No sé si estará de moda esto de mandarle a una persona la misma cantidad de objetos que los años que cumple, pero sí sé que fácilmente habrías podido reflexionar antes de hacerlo, en base al conocimiento que tienes de mi persona. La inmensa caja que me has hecho llegar contiene tal cantidad de pequeños objetos tontos e inútiles que lo primero que uno siente al abrirla es ganas de arrojarlo todo a la basura, porque tanto cachivache no serviría ni siquiera para salir de esos pesadísimos cumpliditos que a veces uno tiene que hacer para que la gente que ama en fechas tan fetiches como son los santos y las navidades, y lo demuestra bombardeándote con regalitos, no lo tome a uno por bicho raro o por antisocial.

Y ahí sigue tu cajota, Carla, y veces cedo a la tentación de abrirla, pero inmediatamente la cierro pues la contemplación de su contenido suele llenarme de angustia y, la verdad, prefiero mantenerla alejada de todos los demás objetos de mi casa, para que éstos no sospechen de su existencia y sea mayor el desasosiego que reina en este período de adaptación a una nueva vida en un ambiente que les está resultando extraño y sumamente inquietante. Debo confesarte también que he descartado toda posibilidad de usar la corbata que me has enviado y que ésta sigue también en tu cajota. No es fea, y probablemente a mucha gente le gustaría. Es una corbata fina y elegante, pero yo jamás lograría combinarla con el tipo de ropa que me gusta usar. Y colocarla entre las corbatas que me gusta ponerme sería agredirlas a éstas, y sentir al mismo tiempo que alguien me está sacando la lengua cada vez que miro en esa dirección.

Espero, querida Carla, que esta larga carta te permita comprender la situación nada fácil en que me encuentro y lo mucho que me ha perturbado la tremenda inoportunidad de tu pedido de fotografías de todo esto. Ven a visitarme, si tienes tanta urgencia de verme en esta nueva casa, rodeado de cosas que tardarán aún en sentirse cómodas y tranquilas. Pero, si insistes en desear que te envíe algunas fotografías de todo esto, lo menos que te puedo decir es que esperes sentadita. Por lo demás, tus cachivacheros regalos nunca se mezclarán con objetos que llevan siglos conmigo y, en lo que a tu corbata se refiere, es probable que la primera fotografía que te envíe sea la de algún pariente o amigo que la lleva puesta.

En fin, ojo por ojo y diente por diente, querida hermana.

No te abraza,

Luis

Un amigo muerto, un domingo, un otoño

Hay fines de semana sin gente que ver, sin ganas de ver a nadie, tampoco. Es domingo todo el tiempo, a partir del sábado a eso de las cinco de la tarde, y, gracias a Dios, no he comprado periódico alguno, hace semanas que no sé nada de la liga de fútbol, y la televisión como si no la hubieran inventado todavía. La música está terminantemente prohibida, en domingos así, que incluso empiezan antes de tiempo. Diablos, cualquier tipo de música sería realmente peligrosísima, en circunstancias tales que la sola idea de la existencia física o cantada de un Julio Iglesias puede ser de necesidad mortal, a juzgar por lo que uno sabe de sí mismo. En la sala hay un gran un libro a medio leer, y hay decenas más esperando lectura, en mi biblioteca, pero en días así sucede lo mismo con los libros que con el cine. Hay varias salas de estreno en el barrio y películas que ver, pero eso vendrá después, tal vez el lunes, a lo mejor el martes. En fin, eso vendrá no bien este oscuro bienestar se transforme en molesta melancolía y la larga visita de algún amigo muerto anuncie un punto y aparte.

—Si todo me sale bien, dentro de pocos meses habré partido al Perú, Julio...

—Dios te dé más años de vida de los que a mí me concedió en Lima, viejo.

Una tira de años, en París, Julio Ramón Ribeyro y yo almorzamos juntos cada domingo. Siempre estuve invitado a su casa, a eso de la una de la tarde, y Alida, su esposa, se encargó de recordármelo muy cariñosamente por teléfono, cada semana. A veces Julio Ramón ni siquiera me recibía porque andaba con una gripe fiebrosa, por ejemplo, y se negaba incluso a que lo visitara unos minutos en su dormitorio.

—No entres, Alfredo, porque muerde –me advertía Alida, explicándome que me había dejado mi almuerzo listo, también el de Julio, por si se le antojaba comer algo al pesado ese. Luego se iba a algún compromiso vinculado a su trabajo y, como Julito hijo se había ido desde temprano con sus compañeros de colegio, el resto de aquel domingo me lo pasaba sentado en la sala, oyendo a Julio Ramón estornudar o toser y carraspear, como quien intenta explicarme que está de un humor de perros y que para otra vez será, viejo.

Volveré al Perú dentro de unos pocos meses, casi a la misma edad en que Julio Ramón regresó. Él no tuvo suerte, pues los amigos comunes siempre me han contado que sus años limeños fueron los más felices de su vida y que se acabaron demasiado pronto, que mereció vivir mucho tiempo más. Y esto es cierto, ya que Julio era incapaz hasta de escribir una carta, de lo feliz que estaba en Lima. Me consta. Jamás me escribió desde allá. Yo a veces lo llamaba por teléfono, de Madrid, pero he llegado a la conclusión de que él no podía creer ni aceptar que mi voz le llegara desde tan lejos, desde un mundo que había dejado atrás para siempre.

—Hola, viejo... Sí, viejo... Gracias por tu llamada, viejo...

Recuerdo que lo llamé una vez para felicitarlo, porque le acababan de conceder el muy importante Premio Juan Rulfo, en México, y que me contestó una mujer. Me dijo, de parte del señor Julio Ramón Ribeyro, que estaba en una rueda de prensa internacional y que lo volviera a llamar dentro de una media hora, más o menos. ¡A mí con ésas! ¡A mí con vainas y detallitos! Aquello me produjo una cólera tremenda, pero tan sólo unos minutos, porque la verdad es que nunca he olvidado la risa que me invadió de pronto al pensar que Julio tenía hasta una secretaria y que no había sabido qué hacer con la llamada de su amigo, en larga distancia, ahora que de pronto se encontraba rodeado por la prensa, por decenas de fotógrafos, ciego de flashes, ahí rodeado por la fama, o ante ésta, o en medio de ésta, en fin, qué sé yo de famas. Sin embargo, la sola idea de imaginar a Julio Ramón desbordado e incomodísimo por una suerte de estallido del éxito, me causó tal hilaridad que tuve que esperar a que se me pasara bien la risa para volver a marcar su número de teléfono.

Julio Ramón no pudo asistir a la ceremonia de entrega de ese premio, muy pocos meses después, en Guadalajara, México. Alida, su esposa, y Julito, su hijo, asistieron en su lugar. Yo andaba invitado a la feria del libro, festejando los veinticinco años de la publicación de *Un mundo para Julius,* y pude acompañar bastante a Alida y Julito a tanto acto público, tanta entrevista, tanto todo. De la muerte de Julio Ramón me enteré muy pocos días después, en Caracas.

—Perdona que no te recibí el domingo pasado, viejo. La gripe me pone de un humor negro, y nada detesto más que imponerle mi mal humor a un amigo como tú...

—Perdóname tú, más bien, Julio. Perdóname que desde este muy personal domingo madrileño, uno de esos que empieza en tarde de sábado, incluso, yo en cambio te imponga mi estado de ánimo.

—Sí, se te nota mustio. No triste o melancólico o nada. Sólo mustio. Como si no existieran el fútbol, la televisión, los libros, el cine, y qué sé yo qué más...

—Sylvie te ha guardado siempre cierto rencor, ¿sabes? Desde el día en que, siendo casi una niña, empezó a piropearte en su casa, ante varias personas, en su afán de ganarse el cariño de mi gran amigo y cómplice. La hiciste llorar delante de todo el mundo. Ella andaba en plena piropeada, entre gente mayor y que apenas conocía, y tú la cortaste de un solo golpe.

—Lo siento, Sylvie, pero yo he llegado ya a la etapa del desamor.

—Salió disparada a llorar al baño, Julio Ramón.

—Ni me acuerdo, viejo. Pero debió ser porque yo siempre preferí a Maggie, y tú seguías casado con ella.

—Tú no sólo preferías a Maggie, Julio... Tú estabas enamorado de ella. Y ella de ti. Ustedes dos se adoraban, en todo caso, y así me lo hicieron saber una tarde en que andábamos los tres reunidos en mi departamento. Mi mejor amigo en este París del diablo, y mi adorada Maggie, enamorados... La idea, sin embargo, no me hizo infeliz, porque tanto tú como Maggie eran demasiado buenos, demasiado limpios, demasiado nobles como para causarme daño alguno a mí. Maldita sea. Ahora recuerdo que la idea me hizo incluso bastante feliz, de una manera muy especial, eso sí, y que no puedo calificar sino de *alcahuetamente feliz.*

—Ja... Aquellos tiempos...

—Hoy fueron felices aquellos tiempos, Julio Ramón...

—Me alegra mucho saberlo. Realmente.

—Y sin embargo, Maggie decidió irse al Perú...

—Y apareció Sylvie...

—Y reapareció Maggie, un año más tarde...

—Pasaba de todo en esos tiempos, caray...

—Y de pronto te enfermaste. Cáncer.

—Me acuerdo, sí, me acuerdo... Por supuesto que me acuerdo.

—Y de pronto se enfermó también Maggie. Flebitis muy aguda.

—Por eso no venía a verme nunca al hospital, claro...

—Una mañana tras otra, una semana tras otra, mes tras mes (así de interminable, en todo caso, me resultó aquello), todas las mañanas las pasé acompañando a

Maggie, en el hospital Cochin, y luego corriendo a visitarte a ti, cada tarde, en el hospital Saint-Louis. Por las noches Sylvie y yo nos acompañábamos en nuestra locura, en el inmenso manicomio que era íntegra la ciudad de París, de bar en bar. Bar del Ritz, Harry's Bar, Calvados, Rosebud, Closerie des Lilas, La Coupole, Aux Deux Magots, Flore, Old Navy, La Chope... De herida en herida nos acompañábamos hasta el amanecer...

—¿Cómo acabó eso?

—Maggie sanó y se fue a Lima, después de haber trabajado en París algún tiempo. Sylvie se casó y se fue a Italia. Yo empecé a trabajar como un loco en algún libro.

—Y yo me volví a enfermar, claro.

—Fue la segunda operación, sí. Te abrieron y te cerraron, Julio...

—Y viví veintiún años más, "de permiso".

—Yo empecé a salir con una linda chica venezolana. Era mi alumna en la universidad y un día ella misma me pidió que saliéramos juntos. Se llamaba Inés, y era realmente linda y muy simpática... Bueno, digamos que no me hice de rogar...

—De ésa sí que no me acuerdo...

—Cómo te vas a acordar, Julio Ramón, si estuviste todo el tiempo en el hospital Saint-Louis, otra vez. Incluso te puedo contar que esa chica me abandonó por tu culpa, sin que siquiera te enteraras. Bueno, digamos que por tu culpa, es una manera de contar. Lo cierto, en todo caso, es que me dejaba en el hospital todas las tardes, pero se moría de celos de hacerlo, porque creía que tú y tu enfermedad eran un invento mío y que el truco del hospital y mis visitas diarias me permitía encontrarme diariamente con otra mujer...

—Ja... Ésa sí que estuvo buena...

Como todo el mundo, yo a veces he querido morirme, sí. Pero de ahí a quererme matar, media una enorme distancia. Sin embargo, harto de Maggies y Sylvies e Ineses, me imagino, intenté hacerme nada menos que el hara-kiri, con un gigantesco cuchillo. No sé por qué aquello fue en casa de mis amigos José Luis García Francés y Paolo Pinheiro. Tampoco sé por qué estaba yo ahí solo y por qué había bebido una cantidad tan salvaje de vino. Total que todas estas circunstancias, más la memoria perdida, tremendo *black out*, hicieron que esa noche fuera un milagro que Paolo llegara justo en el instante en que la hoja del cuchillo y mi barriga...

—Algo de eso me acuerdo, sí...

—Paolo y sus reflejos me salvaron la vida, pero no sin que antes lucháramos violentamente por la posesión del cuchillo. Y, cuando llegó José Luis, yo acababa de cortarme un dedo con la hoja del cuchillo, en el fragor de la batalla, y como que volvía en mí, aparatosamente ensangrentado, en aquel último piso de la avenida Parmentier. Me llevaron a un hospital cercano y me cosieron sin darse cuenta de que me había cortado también el tendón. Hubo que operarme, semanas después, en el hospital Cochin, donde me visitó una Sylvie absurdamente recién casada en Italia y de visita en París, en aquel momento...

—Viejo, te pasaba cada cosa a ti, por aquellos años...

En efecto, me pasaba cada cosa a mí, por aquellos años. Y sabe Dios dónde archivará la memoria unos sucesos que sólo reaparecen en estos domingos que empiezan desde el sábado, a eso de las cinco de la tarde. Es como abrir una caja china, pues los recuerdos contienen más y más recuerdos, casi interminablemente. Hasta que, por fin, un día ya es lunes, un día ya es martes... Por ahora, de la absurda visita de Sylvie, recién casada en Italia, ha salido la más absurda visita de Julio Ramón, también al hospital Cochin y también cuando me operaron el dedo. Llegó un viernes por la tarde, el hombre que escribió el extraordinario relato titulado *Sólo para fumadores*, el más grande y empecinado fumador que yo haya visto jamás. Y yo acababa de quedarme sin cigarrillos y el fin de semana empezaba, y nadie, aparte de Sylvie y de él, sabía que yo andaba metido en un hospital.

—Te agradecí tanto tu visita, Julio Ramón. A ti, que los hospitales debían producirte verdadero horror.

—Qué ocurrencia, viejo. Uno termina por acostumbrarse hasta al cáncer...

—Pero fuiste a buscarme cigarrillos para el fin de semana y no regresaste más...

Será lunes, tal vez martes, el día en que le escuché a Julio Ramón decirme que, a fuerza de desearme todas las cosas buenas que él no tuvo en la vida, lo cual es una gran verdad, llegó incluso al extremo de abandonarme sin cigarrillos en una cama de hospital, para que nunca lo siguiera en su negativa senda de fumador sin remedio alguno.

—Si te aguantas dos o tres días, viejo, por qué no una semanita... Y, luego, un par, y así... Adiós al tabaco, viejo...

—¿Adiós al tabaco canceroso?

—Para siempre, viejo.

Y todo esto por fin es verdad, porque ya es lunes, y mañana martes, y...

Cual Don Quijote en la Contrescarpe

Con el correr de los años, la idílica placita de la Contrescarpe se fue convirtiendo en un lugar ruidoso y cargado de la eléctrica violencia que segregan los nocturnos motociclistas suburbanos de fin de semana, esa suerte de horda salvaje que invade las ciudades con sus sacos de cuero, su vocinglería, sus pelambres medio nazis, sus pésimos modales y sus andares de provocación permanente. Ni los pobres *clochards* ni los habitantes del barrio nos encontrábamos ya a gusto en cafés como La Chope, que domina todo un lado de la pequeña plaza, y donde en tiempos pasados habíamos sido nosotros los bohemios bullangueros y los trasnochadores cantarines y empedernidos.

Pero ahora las cosas habían cambiado y, hacia el atardecer del viernes –o incluso del jueves–, vecinos y *clochards* abandonábamos la Contrescarpe hasta el domingo por la mañana, como quien ha firmado una paz separada y se aleja de esos masificados campos de batalla urbanos que son actualmente los barrios o zonas de cualquier ciudad en que la gente se congrega en la puerta de horribles bares e infames discotecas, para encender la chispa de una batalla campal, a la primera de cuentas. Y, aunque en la Contrescarpe aún no había discotecas ni se escuchaba música disco o *heavy metal*, nosotros optábamos por irnos con nuestra música a otra parte, eso es todo.

O sea que no sé ni cómo ni por qué fue, pero un sábado por la noche aparecí yo en plena Contrescarpe. Me imagino que me dirigía hacia algún lado y que mi itinerario me obligaba a cruzar la pequeña plaza atestada de humanoides que me iban perdonando la vida, a medida que yo avanzaba dificultosamente y experimentaba a fondo esa sensación de total carencia de identidad que caracteriza a las salas de pasos perdidos, en las horas punta de las estaciones de tren o de metro.

Digamos simplemente que me había quedado sin peso, edad, estatura, profesión y nacionalidad, y que en ésas andaba cuando de entre la masa de automóviles, motocicletas, pantalones tejanos y sacos de cuero embotellados, surgió un furibundo grandulón tremendamente urbano y matón. El tipo vestía, eso sí, terno, camisa blanca y corbata, y lo que pasaba es que tenía muy mal carácter y que, aprovechando que su auto estaba totalmente atascado, un pícaro suburbano le había soltado un grosero piropo, acompañado de besito en la mejilla y todo, a su compañera de asiento, aprovechando que la ventana de su Alfa Romeo verde estaba abierta. Y la chica se pegó tremendo susto, soltó un nervioso chillido, y ahora lo que teníamos en el centro de la plaza de la Contrescarpe era al grandulón intentando impartir y repartir justicia con sus propios puños.

Pero el pícaro suburbano, al que por fin logré detectar desde mi aniquilada identidad, era tan flaquito como agilísimo, y poseía unos reflejos dignos de un campeón mundial de los pesos pluma. O sea que, cuanto más trompones arreaba el furibundo grandulón, más juegos de cintura le hacía el otro, y más fintas y más retrocesos, y más provocadores pasitos adelante y hasta de baile se mandaba, con lo cual en mi vida vi dar tantos golpes a rienda suelta y al aire a un campeón de la categoría máxima.

En fin, que nunca había valido tanto y tanto más maña que fuerza, por lo que el grandulón optó por quitarse el saco para aligerar un poco el bombardero y ganar capacidad operativa y rapidez de movimientos, arrojándolo enseguida al suelo, en el centro mismo de la atestada Contrescarpe nocturna y violenta. Y un millón más de

pícaros pudieron ver cómo, al caer al suelo la cara prenda de vestir del enceguecido y embrutecido grandulón,
salía volando de un bolsillo interior un portadocumentos
repletito de carnets de identidad y otros, de tarjetas de
crédito, y de billetes mil que se desparramaron justito ante mis aniquilados y anónimos pies.

La verdad, hasta hoy sigo convencido de que, de haberme hallado yo entonces en pleno goce de mi identidad y demás facultades y derechos humanos, jamás habría
optado por agacharme honorablemente para recoger
aquel valioso y desparramado desorden de documentos y
billetes, ni mucho menos habría procedido a reordenarlo
todo con minuciosidad y esmero, ante la vista y paciencia
de una tanda de energúmenos que debieron tomarme
por amigo del grandulón. De lo contrario, me linchan, estoy seguro, y luego se matan todos entre ellos al disputar-
se un botín que a nadie ahí le caía mal un sábado por la
noche con muchísima noche por delante, todavía.

Desgraciadamente, el grandulón acababa de partir la
carrera, en su loca persecución del flaquito tan ágil como
pícaro, que no le daba cara por nada, pero tampoco permitía que le dieran a él un buen trompón en la cara.
"¿Qué hacer?", me pregunté, recordando que la besada
acompañante del macho agraviado se había quedado en
el auto y que éste seguía plantado y abandonado por su
conductor, a un lado de la atestada placita. Pues eso es lo
que había que hacer: había que abrirse paso hasta llegar
al Alfa Romeo, entregarle el portadocumentos a la acompañante del grandulón, y nunca jamás reaparecer por la
Contrescarpe un fin de semana por la noche.

A mala hora se me ocurrió acercarme al Alfa Romeo.
A la pobre acompañante del grandulón le había dado un
ataque de histeria, al verse abandonada en medio de una
plaza enloquecida, sin haber vuelto a tener noticias de su
enfurecido y enceguecido novio o amigo o qué sé yo. Lo

cierto es que jamás debí inclinarme, ni mucho menos sonreírle por la misma ventana abierta por la que le habían dado el beso del escándalo. Ni tampoco debí haber recogido aquel portadocumentos, nunca, pero lo que pasa es que con tanta pérdida de identidad y de facultades uno termina convertido en una suerte de ente quijotesco, totalmente desprovisto de reflejos y de sano discernimiento urbano contemporáneo.

Le asestó tal bofetón a mi buenas noches y a mi sonrisa, la tipa, renovando al mismo tiempo los alaridos de su histeria, que ni cuenta se dio de que, al volarme los anteojos, éstos no habían ido a dar a la vereda sino al interior del Alfa Romeo. Después cerró su ventana, siempre entre alaridos, y yo me quedé parado ahí, mirándola sin verla bien de cerca ni de lejos, pues uso bifocales, y agitando de rato en rato el portadocumentos, con la muy vaga esperanza de que me entendiera, por fin, y reaccionara favorablemente. No fue así, y una tras otra fui viendo pasar a mi lado a las decenas de personas que pudieron haber recogido el maldito portadocumentos, en mi lugar. Más de uno me miró con cachita, y me dijo: "¿Ya ve lo que le pasa por imbécil?". Y eso que nadie se dio cuenta de que, encima de todo, me había quedado sin anteojos.

No voy a contar cuántas horas esperé, porque nadie me lo creería. Pero digamos que esperé mucho, antes de irme dormir y de comprobar lo difícil que es meter una llave en la cerradura, cuando uno está triste, harto de todo, y además se ha quedado sin sus bifocales. Al día siguiente, envié el portadocumentos por correo certificado y con un recibo de acuse de recepción, en vista de que contenía varios carnets con fotos del grandulón y con su dirección. Y me devolvieron firmado el recibo ese rosado, o sea que me consta que llegó a destino, con una breve nota en la que explicaba el asunto de mis bifocales.

Pero todavía es la hora del día y el mes del año en que no me ha llegado nada. Ni mis anteojos ni las gracias del grandulón ni nada. El anuncio publicitario de una óptica peruana, decía:

"Hay que tener los ojos bien abiertos en este mundo de vivos, o usar anteojos de la casa Waldo Olivos". Recordar este anuncio en la Ciudad Luz, en plena placita de la Contrescarpe, tantos años después de salir de Lima, y tararear aquello de *Pobre gente de París, no la pasa muy feliz...*, son una y la misma cosa.

Distracción, angustia y sabiduría

Aunque organizado por la Universidad de Ann Arbor, de Michigan, aquel primer congreso de escritores al que asistí en 1974 tuvo lugar en la pequeña ciudad fronteriza de Windsor, en Canadá, a la que tan sólo un puente y un río separan de los Estados Unidos. El responsable de aquel encuentro internacional era el historiador y escritor peruano José Durand Flores, profesor entonces de Ann Arbor, y la razón por la que había tenido que llegar a un acuerdo con los profesores del pequeño campus canadiense, al otro lado de la frontera, era que algunos escritores centroamericanos figuraban en las listas negras de la CIA y tenían prohibido el ingreso a los Estados Unidos, por indudables razones de comunismo internacional, expulsión o huida de sus países natales, y guerra fría. Entre estos parciales parias del destino se encontraba el escritor guatemalteco Augusto Monterroso, aunque bastaba con verlo para saber a ciencia cierta que la CIA cometía graves errores al confeccionar sus listas negras y que qué pena para los Estados Unidos porque se iban a perder la presencia alegre y bondadosa de un escritor genial.

Pero yo me hallaba aún en París y todo esto lo iba a saber recién días más tarde, si es que lograba que el médico me diera de alta en el hospital Cochin, lugar al que había llegado con una mano en estado de coma y más de un dedo pendiendo de un hilo, por haber intentado pelar una naranja con un sable, durante una excursión campestre. Dos operaciones, algunos clavos que atravesaban algunas uñas, y una cosedera loca por aquí y por allá, parecían haber solucionado las cosas, aunque algún tendón pasado a sable resultó irrecuperable y fue indispensable bloquearme para siempre el índice izquierdo, como único modo de que éste no se resbalara entre las teclas de mi máquina de escribir, y sobre todo en vista de que yo siempre he escrito con tan sólo el dedo índice de cada mano. En fin, que fue necesaria una tercera operación que consistió más o menos en rellenarme con concreto armado dos falanges del índice derecho, convirtiéndome en cierta forma en un endurecido mártir de la literatura.

Y todo esto ocurría mientras se acercaba el día en que debía partir a mi primer congreso de escritores, en Ann Arbor, Canadá. No me daban de alta hoy y no me daban de alta mañana y así pasaron unos angustiosos días en que los médicos seguían viendo con muy malos ojos el asunto aquel del viaje del escritor peruano. Por fin, una mañana, apareció uno de los tantos cirujanos que tuvo que ver con mi mano, un médico joven, y autorizó mi partida, aunque no por razones estrictamente médicas sino más bien sentimentales. Sí, era cierto que lo de mi mano mejoraba, pero también lo era que él había viajado al Cusco, en plan turista, y que encontrándose solo en un jeep por aquellos altiplanos cuyo quechua y castellano desconocía totalmente, sufrió un grave accidente automovilístico. Y no me estaría contando esa historia, esa mañana, ahí en esa habitación del hospital Cochin de su París natal, si no hubiera sido por la bondad y el desinterés de los nativos del precipicio por el que se desbarrancó. Esa gente literalmente le salvó la vida, y por ello, equipado eso sí de todo tipo de sulfas, calmantes y antibióticos, con todos mis puntos y el brazo colgando de un cabestrillo, podrá viajar usted al Canadá, señor Bryce.

Volé de París a Montreal y cambié luego de avión para dirigirme a Windsor, pero por ahí el avión tenía que hacer una escala en una ciudad llamada Hamilton, al borde

312

del lago Ontario, y yo como que me sentí concernido por aquel apellido británico que, con el más dulce y familiar de los acentos, anunció una azafata: *Hamilton*... Pero dicho así, como se lo habría dicho su prima tan cariñosa a Lady Hamilton, o a lo mejor, incluso, aunque con varonil acento, sir Alexander... En fin, que entre literatura e historia de esa que mi flemático papá solía tener siempre sobre su mesa de noche, simple y llanamente me distraje supinamente y, como quien se introduce entre millones de partículas de la memoria, desperté de mi sueño en Hamilton en vez de llegar a Windsor, según pude comprender momentos después en ese pequeño aeropuerto en el que a los de detrás de ese mostrador les estaba costando muchísimo trabajo comprender por qué el señor este que va a un congreso de escritores en Windsor, que además qué diablos será eso, reclama su equipaje en Hamilton.

—¡Mis sulfas! ¡Mis antibióticos! ¡Mis calmantes! ¡Es hora! ¡Me toca tomarlos y están en mi maleta facturada!

—*Next stop, sir.* Y no hay mucho más que podamos hacer por usted, créame.

Pero sí lograron darme un asiento en el próximo vuelo de Hamilton a Windsor, un par de horas más tarde, y ello me dio tiempo para llamar a *Next stop* y avisar que había un equipaje que iba a llegar antes que yo y que está repleto de sulfas y antibióticos y calmantes y por favor cuídenmelo mucho porque viajo con un solo brazo y mucho dolor.

A Windsor llegué dando de alaridos y casi mato a los miembros del comité de recepción, entre los cuales se hallaba el entonces muy joven y muy prometedor hispanista yugoslavo Berislav Primorac. Sin embargo, fue Berislav el que logró que mi equipaje llegara a mis manos en menos de lo que canta un gallo. Y como yo era incapaz de abrirlo, con una sola mano, siguió una tras otra mis indicaciones y por fin logré pegarme un buen atracón de calmantes y sulfas que muy pronto empezaron a hacerme incluso un ansiolítico efecto.

Estaba ya más calmadito cuando Berislav Primorac empezó a explicarme que no podríamos todavía abandonar el aeropuerto rumbo a Windsor, como era mi deseo, debido a que mi atraso en llegar y el próximo arribo del escritor Augusto Monterroso, procedente de México, no nos daban tiempo para ir a la ciudad y volver.

—No tarda en llegar el avión del escritor Monterroso.

—Y a mí no tarda en arrancarme este maldito dolor, otra vez.

—No bien llegue Monterroso, Alfredo...

—A todo esto, ¿quién diablos es Monterroso?

—Es un escritor guatemalteco, exiliado en México. No puede visitar los Estados Unidos porque le niegan la visa. Por eso nos vamos a reunir aquí, en Windsor.

—Comunista internacional, seguramente.

—Esa no es la opinión del doctor José Durand.

—¿Cuál es la opinión del doctor Durand? ¿Se puede saber?

—Él afirma categóricamente que el escritor Augusto Monterroso es tan genial y tan tan chiquito que no le cabe la menor duda.

Por fin aterrizó el avión procedente de México. Quedó detenido en la pequeña pista de aterrizaje mientras colocaban la escalinata para que bajaran los pasajeros. Después abrieron la puerta, desde el interior de la aeronave, y por ella aparecieron una chiquilla de unos doce o trece años y un hombre que habría podido perfectamente salir por una de las ventanillas laterales. Predominaba en su figura una frente muy amplia y algo tenía mientras avanzaba hacia el edificio del aeropuerto que lo hacía caminar muy doblado a su derecha, como quien pierde el equilibrio o intenta sacarse agua disimuladamente de esa maldita oreja derecha.

—¿Es el maestro Monterroso? –preguntó uno de los canadienses del comité de recepción.

—Yo creo que sí –respondió Berislav Primorac.

—Se diría que viene acompañado por una mujer más alta que él...

—Hombre o mujer, el maestro Monterroso siempre va acompañado por alguien más alto que él –explicó, con experiencia, Berlislav.

—¿Y siempre ha caminado así, como de empinón en empinón? –intervine, agregando que el maestro Monterroso no tardaba en pegarse un costalazo, por su lado derecho.

—En sus viajes largos el maestro Monterroso siempre camina así.

No estaba yo de humor para preguntar cómo caminaba el maestro Monterroso en sus viajes cortos, por lo que me limité a un profundo silencio y a una paciente sonrisa de odio.

Aquello fue el año 1974, el 19 de abril, y con una temperatura exterior de menos 19 grados centígrados. Y no lo olvidaré jamás, porque no bien salimos unos segundos del aeropuerto, rumbo al automóvil, el hielo total del mundo hizo que el más agudo dolor de muela y oído se apoderara de mi traficada mano izquierda y de su cosido y clavado dedo índice. Hubo que meterme a empujones al carro y a mi mano prácticamente la instalaron en el corazón mismo del sistema de calefacción mientras recorríamos la larga distancia que había entre el aeropuerto y la ciudad de Windsor. Y tampoco lo olvidaré jamás, porque a mi lado se había sentado la chica de doce o trece años que resultó ser Marcela, la hija de Monterroso, y el tercer espacio de aquel asiento trasero lo ocupaba el maestro Monterroso, al que definitivamente no le cabía la menor duda.

Y era muy bajito, sí, pero mucho más detestable. Porque imagínense ustedes un hombre que viaja por los cie-

315

los del mundo con un gigantesco diccionario filosófico para el camino. Porque mucho más que a su hija, lo que llevaba a su lado, inmenso y con papel biblia y tapas duras, el maestro Monterroso, era nada más y nada menos que el diccionario filosófico de Ferrater Mora. Después, ya, sí, venía, bien sentadita, Marcela. Y más allá, en el extremo opuesto de ese asiento de Chevrolet, avanzaban hacia la ciudad de Windsor mi dolor menguante y mi odio creciente. Un diccionario filosófico... Cómo se puede ser tan pedante... Tan tan cret...

Por razones de 19 grados centígrados bajo cero, nunca pude salir del absurdo local en que nos alojaron, a toda la delegación de escritores y profesores españoles y latinoamericanos congregados en Windsor. Ahí dormíamos, ahí nos reuníamos, sesión tras sesión, y ahí comíamos. Aquel claustrofóbico local se llamaba Centro para el Estudio del Hombre, y por momentos uno llegaba a tener la sensación de que algún poder invisible estaba experimentando con nosotros.

Sin embargo, en ese local nació una amistad que hoy ya cumplió los cinco lustros. Mañana tras mañana, a eso de las ocho, aparecían en mi habitación Augusto Monterroso y su hija: Tito y Marcela. Y me ayudaban a asearme, a afeitarme, a vestirme, a hacerme el nudo de la corbata, logrando que olvidara todo el asunto aquel del diccionario filosófico y que me divirtiera y conociera gente y aprendiera de literatura y de la vida.

Sobre todo de la vida. Porque el día en que Tito y Marcela partieron, los acompañé hasta el tren en que se dirigían a Montreal. Quería abrazarlos, quería besarlos, quería agradecerles tanto todo lo que habían hecho por mí, cuando de pronto vi que Tito sacaba nuevamente el atroz diccionariote ese, el filosófico...

—Tito, por Dios... Perdona, pero no te parece muy pedante el asunto...

—¿Y tú cómo haces, Alfredo, para dormir en lo largos viajes en tren o en avión?

—Tomo somníferos y tomo whisky y más somníferos y más whisky y no duermo nunca...

—Pues yo te recomiendo llevar siempre un diccionario filosófico... El que sea. Lo abres, y te quedas dormido. Sin más, maestro...

Ripley y la paz

—Yo lo único que sé es que esto es verdad, señores –solía decir Enrique Ballester, cada vez que uno de nosotros le rogaba que nos contara, una vez más, aquella inefable historia suya con el asunto de la paz.

—Ya sabemos que es verdad, aunque parezca mentira, Enrique; ya sabemos que aquello suena a Ripley, por más que fuera purita realidad.

—Ustedes se ríen, señores –repetía Enrique Ballester, colérico y nervioso–, pero yo no. Porque yo sé que esto, de cuento, no tiene un pelo. Todo sucedió tal cual, de cabo a rabo, como si la paz y yo no hubiéramos nacido para llevarnos bien, sino pésimo, a pesar de mi temperamento pacífico y de haber ejercido yo la docencia de la literatura latinoamericana en Europa, durante años, con la profunda y militante convicción de que leer es como viajar por otras culturas, acercarse a ellas, amarlas, y descubrir que una frontera no es una barricada, ni mucho menos una trinchera. Una frontera es una ventana abierta al mundo, señores.

—Totalmente de acuerdo, Enrique. Pero todo eso ya lo sabemos, como sabemos también que tú has sido siempre un catedrático ejemplar, en cualquiera de los países en que has ejercido la docencia. Pero ese es otro asunto, y poco o nada tiene que ver con lo de tu premio de la paz. Tu historia empieza ahí, cuando te dan ese premio. Todo lo demás es irse por las ramas.

—Pero, señores...

—La ceremonia de entrega de premios, Enrique; esa es la historia que nos encanta oírte contar. Con toda la sal y pimienta que le quieras echar.

—¡Cómo que sal y pimienta!

—Anda, pues, Enrique. No te hagas de rogar, y cuéntanos nuevamente tu historia.

—Muy bien, señores, se las contaré. Pero que conste que se las cuento sin añadirle una sola ñizca de pimienta ni de nada.

—Somos todo oídos, querido amigo.

—... ¡Diablos! ¡Diablos y más diablos! ¡Maldito sea el momento en que el cartero tocó el timbre, esa mañana! Yo estaba trabajando en la ciudad de Montpellier, al sur de Francia, y había alquilado una casita muy cerca de la Universidad Paul Valéry, donde dictaba mis clases durante un semestre, como profesor invitado. Pero bueno, ¡maldito sea ese momento, sí! Porque el cartero insistía y yo me demoraba en abrirle. Y es que acababa de bajarme los panta'ones para comprobar por qué diablos me picaban tanto ambos muslos. Llevaba días rascándome, pero el asunto no había pasado de esas rascaditas placenteras y hasta sabrosonas con las que a veces acompañamos nuestras mejores lecturas o la sinfonía de Mahler que estamos escuchando. Sin embargo, el día del cartero y el timbre insistente el asunto como que había pasado a mayores, obligándome a bajarme los pantalones y mirar detenidamente. Aunque bueno, de detenidamente, nada, la verdad. Porque a la legua podía verse la cantidad de moretones que, de un momento a otro, literalmente me poblaban ambos muslos. Y sin que yo notara lo más mínimo. Sin que yo notara absolutamente nada de nada, señores. Ni siquiera mientras me duchaba aquella misma mañana. La cosa era impresionante, créanme. Y todo así tan de golpe que yo no lograba salir de mi asombro, y sólo la insistencia del cartero hizo que me subiera los pantalones de cualquier modo y corriera a abrir la puerta.

—Correo certificado, señor –dijo el cartero, con cara de impaciencia.

319

—Gracias.

—Firme aquí, por favor.

—Cerré la puerta y, mientras oía que el cartero se alejaba, abrí nerviosamente el sobre que me había entregado. Las piernas me picaban más que nunca, y ya no sólo eran los muslos sino también las rodillas y las pantorrillas. Y de golpe también los brazos. Y después la espalda, íntegra me picaba la espalda y cada vez más y más, y los hombros, la entrepierna, el culo, y, así, todo. Aquello era para volverse loco. Menos las manos, el cuello y la cara, me picaba absolutamente todo, señores. Y por todo el cuerpo me empezaban a aparecer los moretones esos que, hasta que llegó el cartero, sólo tenía en los muslos. En fin, que con una mano me estaba rascando íntegro, mientras que, con la otra, sostenía la carta que acababa de recibir.

—¿Era la carta que te anunciaba aquel premio, Enrique?

—En efecto, y yo no me lo podía creer. Y hasta empezaba a temer que tanto, tamaño, y tan repentino escozor estuviese perturbando mis facultades mentales. Porque lo cierto es que hasta con la mano que sostenía la carta, y con la carta misma, bastante arrugada ya, me estaba rascando íntegro el cuerpo. Menos cara, cuello y manos, de golpe me había convertido en un solo de picazón, señores... Pero bueno, ahí estaba escrito. Había leído aquella carta que llevaba el membrete de la Fundación Dag Hammarskjöld, antes de empezar a volverme loco con el escozor, y bien clarito decía en ella que esa institución acababa de concederme su premio internacional, conjuntamente con la Coordinadora para la Paz, del país vasco español, y con el médico y escritor don Pedro Laín Entralgo, ex director de la Real Academia Española de la Lengua y miembro de las de Medicina e Historia. La ceremonia de entrega tendría lugar en Madrid, el 5 de abril de 1997, o sea dentro de diez días.

—Excelente compañía para recibir cualquier premio, querido Enrique.

—Y un premio de la paz, señores. Porque si no lo recuerdan bien, la Fundación Dag Hammarskjöld se dedica íntegramente a actividades vinculadas a ese tema, y lleva el nombre de aquel notable secretario sueco de la ONU, fallecido en un misterioso accidente de aviación, en 1961, y que ese mismo año recibió póstumamente el Premio Nobel de la Paz.

—Bueno, ¿y qué ocurrió entonces?

—Pues ocurrió que la maldita picazón no me dejó ni disfrutar con la noticia, ya que literalmente tuve que arrojarme sobre el teléfono para pedir cita urgente con el primer dermatólogo que encontré. Y la cosa resultó ser seria, muy seria. Y como si la paz a mí me sentara pésimo, señores, porque lo cierto es que, tras mil profundos análisis, lo mío era una feroz reacción a la picadura de un arácnido andino. Estaba envenenado, muy gravemente envenenado.

—Por si alguien no ha escuchado antes la historia, amigos, conviene recordar aquí que Enrique es peruano y que acababa de estar de visita en su país.

—En efecto, durante mi estadía en el Perú había hecho un breve viaje por la selva y, qué duda cabe, entonces fue cuando debió picarme aquella maldita araña. Yo ni cuenta me había dado, pero sin ninguna duda algún maldito bicho me picó estando yo dormido, probablemente, y desde entonces el asunto como que había estado incubando, según le entendí al médico. Y ahí, en ese hospital de Montpellier, al que me habían trasladado urgentemente, no existía remedio alguno para un envenenamiento tan agudo como el mío. Y tampoco lo había en los demás hospitales de la ciudad. Total que hubo que encargar un antídoto al Instituto Pasteur, en París, y traerlo en el primer vuelo entre esa ciudad y Montpellier.

Mientras tanto, permanecí hospitalizado, rodeado de médicos y enfermeras, con brazos y piernas llenecitos de sueros intravenosos, y, aunque no me lo crean, de repente apareció un sacerdote. Sí, de repente apareció nada menos que un sacerdote con cara de ángel exterminador, o algo así. Y les juro que le oí decirme palabras como *confesión muy urgente* y *extremaunción*.

—¿De veras estabas tan mal, Enrique?

—Me sentía muy atontado, con tanto calmante y tanta cortisona para la picazón, pero la verdad es que, aparte de una cierta dificultad para hablar y unos repentinos y profundos adormecimientos, lo que sentía más bien era un profundo alivio...

—Estarías perdiendo la conciencia, tal vez.

—En absoluto, créanme, porque de todo me acuerdo, paso a paso. Y tan me acuerdo que hasta podría repetirles en francés las palabras con que mandé rodar al sacerdote aquel con sus sacramentos. A rodar, sí, señores. Porque literalmente le dije que en mis planes no estaba el de fallecer en Francia, que qué se había creído con tamaña intromisión en mi vida privada, y que tenía una cita muy urgente, en Madrid, el día 5 de abril próximo. Y nada menos que con la Fundación Dag Hammarskjöld... Y no pienso fallar de ninguna manera, padre... Tengo una cita en Madrid con la Fundación Dag Hjalmar Hammarskjöld, en pleno, y ni muerto pienso fallar, ¿me entiende, padre?

—El señor Enrique Ballester delira –dijo, entonces, el sacerdote, juntando devotamente las manos y elevando los ojos al cielo. Y luego, como quien termina de explicarle algo a Dios y de implorarle piedad para conmigo, añadió–: El veneno le ha alcanzado ya sus facultades mentales, Señor.

—De Ripley, Enrique.

—De Ripley, o de quien quieran ustedes, señores, pero lo cierto es que, al cabo de un par días, el antídoto llegado urgentemente de París empezaba a hacerme el efecto deseado por los médicos. Y justo la víspera del acto de entrega de los Premios Dag Hammarskjöld, aún con mis moretones, pero ya mucho menos oscuros, también con alguno que otro esporádico escozor, y con un frac alquilado para la ocasión, tomé el tren, de Montpellier a Barcelona, para luego dirigirme al aeropuerto de esa ciudad y, de ahí, en el puente aéreo, a Madrid.

—Parece un milagro, Enrique.

—Los milagros les están reservados a los que tienen fe, señores, y yo me había jurado que iba a estar en Madrid para recibir mi premio por la paz. ¿Ven este diploma? ¿Y esta medalla? ¿Y esta preciosa placa? A ver, ¿qué dice aquí, en esta placa, señores?

—De veras, Enrique, nosotros nunca hemos creído que nos estabas engañando con lo del premio. De eso nunca nos ha cabido la menor duda. Lo recibiste, y muy merecidamente. Pero lo que sí nos llama la atención es la manera en que ocurrieron las cosas... Con extremaunción y todo, ¿nos entiendes? La verdad, eso resulta difícil hasta de imaginar, querido amigo. Y, además, todo lo que viene después... Lo del banquete en el hotel Palace, en Madrid, y eso... Y también lo de tu candidatura al Premio Nobel de la Paz, esa noche, mientras agonizabas de nuevo...

—Pues sucedió tal cual, señores. Y allá ustedes si no me creen que, tras la entrega de los premios, en el Ateneo de Madrid, los miembros de la Fundación Dag Hammarskjöld, venidos de distintos países de Europa y con uniformes de gala con galones y todo –parecían almirantes trafalgareños actualizados, o algo así, y hasta los había con pipa e inmensas y rubicundas patillas sobre piel muy roja y como curtida por la intemperie de helados mares nórdicos–, los miembros de la Coordinadora para la Paz, llegada de Euskadi, el académico don Pedro Laín Entralgo, y yo, nos dirigimos al hotel Palace para asistir al gran banquete especialmente preparado para la ocasión... Miren, aquí tienen, si desean comprobarlo, las fotografías de aquel banquete... Ya se las he mostrado a casi todos ustedes, pero...

—Deja las fotografías para más tarde, Enrique. Nosotros preferimos que continúes con tu historia.

—Bueno, ahí arranca el principio del fin. Ahí, mientras transcurría el banquete en aquel hermoso hotel madrileño y, de golpe, empezaba a picarme la espalda; luego empezaron a picarme ambos brazos, ambos muslos, y esta vez hasta la cara y las manos, también. Don Pedro Laín Entralgo, a cuya izquierda me hallaba sentado, fue el primero en fijarse.

—¿Le ocurre a usted algo, Enrique?

—No sé, don Pedro. He tenido un grave problema de envenenamiento, en Montpellier, causado por la picadura de una araña, pero acaban de darme de alta y, la verdad, a lo largo de todo el día de hoy no he tenido molestia alguna. En fin, no sé... De pronto, la espalda, y ahora... Míreme las manos, don Pedro...

—¿No cree que deberíamos llamar al médico del hotel, Enrique...?

—Iba a decirle que sí, a don Pedro, que me había empezado a picar muy fuertemente todo el cuerpo y que lo más prudente era llamar al primer médico que encontráramos, cuando perdí el conocimiento y fui trasladado de urgencia a la clínica Ruber, de Madrid. Y aquello sí que fue atroz, señores. Realmente atroz, porque estuve una semana entera en estado de coma. Después transcurrió casi un mes antes de que me dieran de alta. Pero, hasta el día de hoy, cada año me vuelve cierto escozor en alguna parte del cuerpo, no bien se acerca la fecha en que la Academia Sueca da el fallo del Premio Nobel de la Paz, como si la paz a mí me hubiera declarado la guerra.

—No puede ser, querido amigo...

—Ya sé que resulta realmente increíble, señores. Pero yo les juro que aquella noche en el hotel Palace, mientras me trasladaban en una ambulancia a la clínica, el presidente de la Fundación Dag Hammarskjöld anunciaba que, por unanimidad, la institución a su cargo acababa de presentarnos a la Coordinadora para la Paz, de Euskadi, a don Pedro Laín Entralgo, y a mí, como candidatos ante la Academia Sueca... Lo que oyen, señores: candidatos al Premio Nobel de la Paz... Y mi nombre sigue ahí, también, señores, voceado cada año como probable ganador... Y también yo cada año me tengo que volver a poner los antídotos para mi envenenamiento... Así es, señores. No bien se acerca la fecha del fallo, allá en Estocolmo, yo tengo que salir disparado donde el médico para que me ponga mi antídoto. Y ustedes me conocen, señores, y saben muy bien que en toda esta historia hay algo tremendamente paradójico. Vivo en paz, con la paz, y para la paz, señores; soy hasta candidato al Nobel de la Paz, señores... ¿No hay en todo esto una tremenda paradoja...?

—De Ripley, Enrique. Tu historia nos sigue sonando a puro Ripley.

—Pues miren, pongámonos de acuerdo. Y apostemos, si lo desean. Démonos cita una semana antes del próximo fallo del Nobel de la Paz. Los muslos, cuando menos, habrán empezado a llenárseme de ronchitas.

Enrique Ballester, hombre de, y para la paz, como pocos, lleva dos años seguidos ganando su apuesta. Y sus amigos llevan también dos años perdiendo sus apuestas e insistiendo, al mismo tiempo, en que todo aquello les suena a purito Ripley.

Charlie

Vuelvo la mirada y el recuerdo hacia aquel mes de enero de 1999, me concentro en cada detalle, y sigo sin entender nada, ni siquiera la luminosidad casi permanente y el sol a menudo radiante que acompañaron la última visita que hice a Londres, en pleno invierno, antes de regresar a vivir al Perú. La mudanza y mi partida a Lima debían efectuarse el próximo mes de febrero y aún me quedaban muchos asuntos y compromisos pendientes en Madrid, pero mi deseo de visitar Londres y depositar unas flores en la tumba de mi gran amigo Martin Hancock, de visitar los lugares que tantas veces frecuenté con él, con David, su hermano mellizo, y con sus amigos, era tan grande como el de conocer personalmente a Alicia, la cuarta y última esposa de Martin, la paciente y generosa colombiana que lo acompañó en las buenas y en las malas, y que, sin duda alguna, fue su compañera ideal y la única mujer que logró entender –y también soportar– a un hombre tan entrañable como caótico.

Acepté una invitación del Instituto Cervantes, de Londres, para dar una conferencia, y ello me permitió quedarme unos días en Londres, aunque jamás logré cumplir con mis deseos de visitar la tumba de aquel amigo inolvidable. Una vez más, comprendí hasta qué punto los anglosajones esconden a sus muertos y cómo la sola idea de la muerte les resulta prácticamente obscena. Y, por más que David Idwall Jones, uno de los grandes amigos de Martin, me llamó el día mismo de su muerte, para avisarme, y David Hancock, el hermano mellizo de Martin, me visitó poco tiempo después en Madrid, como quien realiza una visita de pésame al revés, en Londres sólo logré hablar de Martin con su viuda, y siempre a solas, y fueron vanos todos mis esfuerzos para convencer a cualquiera de ellos de que, por lo menos, me dijeran dónde estaba enterrado mi amigo para llevarle unas flores. Con todos ellos comí la noche de mi llegada, y luego, horas antes de partir, un domingo casi veraniego, volví a verlos un rato en su *pub* para tomar unas copas de despedida. Y eso fue todo.

Fui magníficamente atendido, eso sí, por el director del Instituto Cervantes, de Londres, Enrique Wullf, con quien recuerdo largas caminatas conversando de *esto y aquello*, y por el embajador de España Alberto Asa. Pero Charlie ya había aparecido en el *horizonte* y yo no estaba dispuesto a regresar a España sin saber a ciencia cierta quién exactamente era este personaje tan extraño. En teoría, Charlie era el encargado de aquella casona convertida en hotel de tan sólo doce habitaciones, y lo hacía todo sin más ayuda que la de una joven y bella muchacha, natural de Praga, que aparecía por las tardes para servir las copas en el bar más extraño que he visto en mi vida. Bueno, creo que todo en aquella casona-hotelito era bastante extraño, empezando por el decorado rocambolesco, a veces intensamente británico, brutalmente tradicional, pero, también, a veces, o más bien, de golpe, absurdamente chinesco y, un poquito más allá, inefablemente andaluz. Y así sucesivamente. En la inmensa y comodísima habitación que ocupé, no faltaba absolutamente nada. Lo malo era que sobraba casi todo. Lo de los cuadros, por ejemplo, resultaba francamente abrumador, y al lado de siete escenas de caza *very british* colgaba una pasión de Cristo, seguida de un afiche taurino y de una bailarina de flamenco en pleno zapateo y como entre la vida y la muerte; en fin, demasiado gitano el asunto como para ser real. Y mi camota, toda una embarcación de confort, por supuesto que era techada, sí, techada, y en el cielo raso de platina, llenecito de cintas rosadas, bailoteaban unos angelitos medio fofos y tal vez barrocos, qué sé yo, porque lo cierto era que, para no sentirme aplastado por semejante espectáculo, yo no sólo apagaba la luz sino que además me ponía tremendo antifaz anti-Charlie y su idea de la decoración. El baño de mi habitación, en cambio, era de una elegantísima sobriedad, e inmenso, todo un remanso de paz en el que ducharse, lavarse los dientes o afeitarse, era como una cura de desintoxicación decorativa.

Contrastaba con todo esto la oficina de Charlie, madera e Inglaterra puras, austeridad y muebles de cuero muy adecuados, escritorio medianamente ejecutivo, y, eso sí, mil fotografías de Charlie con cuanto personaje real y no real, mas sí importante, cupiese en aquella pequeña habitación. Uno podía pensar: "Vaya clientes los que se gasta Charlie", pero resulta que ninguna de esas fotografías había sido tomada en la casona-hotel. Y todas parecían tomadas más bien en lugares como la India o Madagascar. Pero, ¿qué diablos hacía Charlie en aquellos lugares con su majestad británica, o con Lady Di, o con Margaret Thatcher? Y siempre en verano, a juzgar por el terno muy claro y ligero y los zapatos de dos tonos de marrón: el bien claro y el bien clarito. Otro misterio más.

Como el del extraño bar y su funcionamiento increíble, pues se trataba de todo un salón en el que se codeaban –a codazo limpio, quiero decir– desde el más elegante y fino y auténtico sillón o la cómoda aquella realmente preciosa, con el más atroz bargueño, la mesa más bonita con la más fea, y la más elegante porcelana de Sèvres con una buena docena de animales del más atroz Murano y, diablos, qué colores. Ahí atendía, en pésimo inglés, la bella muchacha de Praga, pero por turnos. Sí, por turnos, o sea por grupos. El grupo que llegaba primero se instalaba

328

en la sala-bar, el que llegaba segundo esperaba en un saloncito, pero sin copas ni nadie que lo atendiera, el que llegaba tercero esperaba en otro saloncito, y en otro piso, y así sucesivamente. Por lo que me imagino que un día de lleno completo, el grupo número 12, o sea los amigos del cliente que ocupaba la habitación número 12, esperaban su turno en el *pub* de enfrente. Y el inventor de tan genial reglamento era nada menos que Charlie.

El desayuno lo servía Charlie, demasiado elegante para servir nada, aunque aceptando propinas, lo cual lo animaba a uno a preguntarle si también le limpiaba los zapatos a sus clientes, y sí, sí que se los limpiaba, siempre en ese estado de elegancia suprema. Y que no era impostado, ni exagerado, ni siquiera tradicional. Charlie era de origen griego, no hindú, como pensé yo al comienzo, y resultaba realmente paradójico que fuera tan auténtico en sus modales y vestimenta, en medio de aquel decorado por momentos tan logrado y británico y, de pronto, absolutamente demencial y falsamente cosmopolita.

¿Empleado, gerente, administrador, dueño? ¿Qué era Charlie?. Ni Edward Idwall Jones, ni David Hancock, ni Jackie, su esposa, ni mucho menos Alicia Perea, la viuda de mi gran amigo Martin, se sintieron capaces de decírmelo, la noche de mi llegada, cuando los invité a tomar una copa en el bar ese tan extraño de aquella casona-hotelito sin nombre, antes de salir a comer. Les rogué que vinieran muy pronto, para pescar el primer turno, pero a todos se les hizo un lío entre Eaton Place, Eaton Square, y, me imagino también que Eaton Street (los tres quedaban en el barrio de Belgravia y a escasos metros de distancia), sin duda alguna porque yo no supe precisarles bien el lugar. Y nos tocó el segundo turno, aunque el inefable Edward Idwall Jones logró convencer a Charlie de que, como él era un alcohólico perdido, jamás tomaba una copa de nada, salvo agua, por lo que no le pedía que rompiera regla alguna, aunque sí entendía que sus demás amigos, especialmente el señor Bryce, nuestro amigo conferencista, estuviesen dispuestos a aceptar, de muy buen grado, una copa que bien podríamos llamar "la copa de espera". En efecto, minutos después apareció la bella muchacha de Praga dispuesta a tomar nota de aquel pedido excepcional.

Llegó el domingo de mi regreso a Madrid y, la verdad, continuaba sin lograr aclarar el misterio que para mí era Charlie. El sol brillaba desde temprano y, tras hacer mi equipaje, decidí salir a pasear por Londres sin itinerario fijo, hasta la hora en que había quedado en el *pub* de mis amigos ingleses, donde luego debía recogerme para almorzar mi buen amigo diplomático Juan Antonio March, destacado en aquel momento en la Embajada de España en Londres. Consulté con Charlie dónde debía dejar mi equipaje, en vista de que recién a las seis de la tarde tenía que salir hacia el aeropuerto, pero él me dijo que lo dejara nomás en mi habitación, que ya él me lo bajaría a la hora de mi partida, y, de paso, me preguntó qué pensaba hacer yo esa soleada mañana. Le dije que iba a caminar, sin rumbo fijo, aprovechando lo hermoso que estaba el día y, de inmediato, él se ofreció a mostrarme una serie de barrios de Londres que ningún viajero solía visitar y que realmente valían la pena. Acepté gustoso y, de golpe, me di cuenta de que Charlie llevaba puestos sus zapatos aquellos de dos tonos de marrón, el claro y el clarito, e inmediatamente los asocié con un formidable Rolls-Royce de colección que siempre estaba estacionado en la puerta de la casona-hotelito. Aquel Rolls era una auténtica joya, estaba perfectamente bien mantenido y limpísimo, y, es verdad aunque ni yo mismo me lo creo aún, hacía juego con los zapatos de Charlie, pues combinaba exacto a éstos el marrón claro de sus puertas, tapabarros, motor y maletera, con el marrón clarito del techo y ventanas. O sea que Charlie, que a lo mejor era dueño de aquella casona-hotelito situada en una de las zonas más exclusivas de Londres, que limpiaba zapatos y aceptaba propinas, que tenía un sentido *sumamente peculiar* de la decoración, por decir lo menos, y que servía elegantísimo el desayuno, resulta que ahora también podía ser el propietario de aquel maravilloso ejemplar de Rolls.

Y en él paseamos por lugares de Londres que jamás había conocido, como aquellos barrios de clase obrera que retrató Dickens en sus novelas, y que, ahora, totalmente restaurados, se habían convertido en hermosas calles y plazas y en floridos parques en los que el alquiler o compra de una vivienda valen un ojo de la cara. Charlie continuó mostrándome una ciudad que parecía conocer de memoria, me contó de sus orígenes griegos, de un viaje que hizo a Perú y México, de sus veraneos en Mallorca y, siempre al volante de su perfecto Rolls, apareció frente a un gigantesco club campestre que, al menos a mí, me pareció un lugar sumamente exclusivo.

Pero Charlie entró saludadísimo por los porteros y guardas que le abrieron las rejas para que su Rolls continuara desplazándose por los inmensos jardines del Hurlingham Club, hasta llegar al edificio principal, desde el que se divisaba al menos un campo de golf y otro de polo. Luego, tras haberme mostrado una por una las maravillosas instalaciones deportivas del club y algunos hermosos salones y comedores, me pidió que lo siguiera hasta el bar y ahí fue saludado por caballeros de saco de tweed, camisa de viyela, pañuelo de seda al cuello y pantalón de corduroy, que leían atentamente el *Times* y bebían algún atroz aperitivo en un vaso a menudo gigantesco y, de rato en rato, alzaban la cabeza y miraban a sus esposas como se mira a un ser totalmente extraño, al cual, en el fondo, no vale realmente la pena dirigirle la palabra. Por supuesto que Charlie se sentó, me rogó que hiciera lo mismo, y me invitó el aperitivo más típico, tibio y malo que he tomado en mi vida. Y ahí seguimos conversando hasta que él me dijo que, desgraciadamente, ya teníamos que partir si deseábamos llegar puntualmente al *pub* en que me había citado con mis amigos.

Me dejó en la puerta misma de aquel *pub,* con británica puntualidad, y me dijo que, a las seis en punto, me estaría esperando para ayudarme a cargar mi equipaje hasta el taxi que debía llevarme al aeropuerto. Y así fue. Y también *fue* que, a las mismas seis en punto de la tarde, yo le entregué una buena propina y Charlie me la aceptó feliz.

Bob Davenport ha desaparecido

Nos conocimos en París, en 1964, y, la verdad, el hombre nunca tuvo culpa alguna en aquello de mirarme un poquito para abajo o de aplicarme la más burlona de sus tímidas sonrisas o de dirigirme alguna de sus irónicas frases, cada vez que me veía. Y me veía a menudo, durante aquellos primeros nueve meses en París, porque era amigo del muchacho con el que yo compartía un estudio en la rue de l'École Polytechnique. En efecto, Bob Davenport era amigo de Allan Francovich, uno de mis más queridos compañeros del colegio San Pablo, en Lima, en plena adolescencia, y yo había perdido todo contacto con él desde que se marchó a los Estados Unidos a estudiar en la universidad de Notre Dame. Siete largos años después, Allan y yo nos encontramos en París, en una oficina de correos. Yo había llegado a Francia el día anterior y él ya llevaba algo más de un año viviendo en la ciudad universitaria, pero ahora deseaba compartir un departamento con alguien en el Barrio latino y, a este nivel, aquel encuentro fue providencial para ambos, pues también yo andaba en busca urgente de un alojamiento.

Allan era un muchacho extremadamente tímido, lleno de temores, inhibiciones, y complejos, y era también el hombre más desordenado y caótico que he conocido jamás. La mesura nunca existió para él y su capacidad para sacar las cosas de su lugar sólo era comparable a la privilegiada inteligencia con que vino al mundo. Escucharlo hablar podía ser un gran placer, pero la verdad es que vivir con él no era nada fácil. Allan siempre había tenido una tendencia al fanatismo, además, y ya en la adolescencia en el Perú yo lo había visto pasar de ser un hombre sonriente y bromista, totalmente ajeno a los asuntos de la religión, a una veloz conversión al catolicismo que lo hacía pasarse noches enteras rezando ante la puerta cerrada de alguna iglesia de Cerro de Pasco, en aquel campamento minero en que trabajaba su padre y en el que tan hermosos y dramáticos momentos pasé en mi adolescencia. Pero ahora, en París, Allan había olvidado todo aquello y más bien le molestaba mucho que yo se lo recordara con mi sola presencia. Y este hecho, mezclado con su más reciente fanatismo, el sartreano, más el odio por el autor sobre el cual yo hacía mi tesis de doctorado, poco a poco lo empujaron a hablarle mal de mí a todos sus amigos. Y, aunque jamás tuvimos enfrentamiento alguno, la verdad es que aquel año que compartimos alojamiento cada uno hizo su vida por su lado y yo me resigné a vivir en medio del más absoluto desorden e incluso soporté con una sonrisa en los labios el que alguna vez se metiera a lavar toda nuestra ropa junta con algún trapo o camisa o qué sé yo, pero rojísimo y que desteñía a gritos, obligándome desde entonces a vestir ropa interior rosada por mucho tiempo. Y también me hacía el disimulado cuando, en el metro, este hombre que gustaba fanfarronear y exhibir a gritos su inteligencia y cultura, entre sus amigos, se aterrara ante la presencia de una bella muchacha. Recuerdo que una vez el viaje fue largo y que íbamos los dos de pie y al frente se había parado una chica realmente preciosa. Era pleno invierno y Allan llevaba abrigo y bufanda y a punto estuvo de ahorcarse varias veces con esa bufanda, sólo de los nervios y el pánico que le producía la presencia de esa muchacha.

Llegado el verano, yo partí rumbo a Italia y Allan se fue siguiendo a una linda muchacha a los Estados Unidos. Carol Johnson se llamaba aquella chica, que, estoy seguro, lo desvirgó, allí en nuestro estudio parisino, quitándole muchas toneladas de podrido miedo del cuerpo. Pero aquel romance no duró mucho y Carol regresó a Europa para continuar sus estudios de filosofía en Londres. La volví a ver una sola vez en París, y me contó que se ganaba muy bien la vida haciendo la danza del vientre para jeques árabes que visitaban Londres. Como le puse cara de escepticismo, Carol cogió una maletita que llevaba con ella, se metió al baño de mi departamento, y salió convertida en bailarina de muy pocos velos y tremenda esmeralda en el ombligo. Y bailó para mí, mientras me contaba que un jeque pagaba fortunas por ver la danza del vientre interpretada por una muchacha de raza blanca y, si además la muchacha era natural de los Estados Unidos de Norteamérica, la fortuna era aún mayor. De Allan no había vuelto a saber jamás, me dijo también Carol, mientras bailaba gratis para mí, pero esa noche iba a ver a Bob Davenport y, si me provocaba, podía unirme a ellos dos. Invitaba ella, gracias a su vientre, por supuesto, o sea que el restaurante iba a ser de muchos tenedores.

Carol desapareció esa misma noche, al terminar aquella excelente comida, y Bob y yo continuamos caminando un buen rato por el Barrio latino. Y bueno, nos volvimos a ver y nos volvimos a ver, y, claro, él ya me había contado hasta qué punto Allan había sido el culpable de aquellas miradas bastante despectivas que me propinó siempre, pero que ahora, conociéndome, había asumido plenamente su error y había cambiado totalmente de opinión. Bob Davenport, otro gran tímido, un hombre que siempre me habló de mujeres bellísimas pero al que siempre vi solo, sin duda también un escritor frustrado y la persona que mejor me enseñó a ver teatro y cine, poco a poco se fue convirtiendo en un gran amigo. Era bastante mayor que yo y jamás entré a su departamento. Era él quien me buscaba siempre e incluso a veces me incomodaba un poco porque se quedaba sentado horas y horas, asociando una idea con otra y enlazando una conversación que siempre amenazaba con agotarme, por más aguda e inteligente que fuera. Nunca, sin embargo, le hice notar mi impaciencia y mi deseo de que se marchara para poder yo volver a mis cosas. Nunca me atreví tampoco a decirle que ya era hora de que nos despidiéramos hasta otro día. Y no había más razón para ello que ésta: estoy seguro de que yo fui el único amigo que tuvo aquel gran solitario y tímido en París. Aquel hombre que podía hablar horas y horas pero nunca jamás soltaba algo acerca de sí mismo. De Bob Davenport, hasta el día de hoy, sólo sé que era canadiense, que leía todo lo que se publicaba, que veía mucho cine y teatro, que frecuentaba las galerías de arte de París, y que enseñaba algo, tal vez inglés, en alguna parte. Y que se jubiló y se dedicó a cuidar mansiones abandonadas de gente riquísima.

De esto último me enteré cuando yo vivía en Madrid. Bob y yo solíamos escribirnos brevísimas cartas y postales, que, a veces, se limitaban tan sólo a informarnos de un cambio de dirección o número de teléfono. Yo lo busqué siempre que volví a París de visita, aunque las últimas veces su teléfono ya no respondió. Se hallaba, sin duda, en algún soleado lugar, cuidando la abandonada mansión de algún magnate. De dos de esas mansiones me escribió. Una quedaba en el sur de Francia y la otra en alguna isla del Egeo. Sus frases irónicas se mezclaban cada vez más con otras sumamente cariñosas, en las que me rogaba que le diera señales de vida. Y, la verdad, yo siempre lo hacía. Pero un día de 1999, estando en el baño de mi departamento madrileño, la postal que acababa de recibir de Bob, enviada desde Miami, se me cayó de la mano y se deslizó por la finísima ranura que había entre el bidé y la pared de mayólica. Sacarla de ahí iba a ser dificilísimo, pero ahora me arrepiento de no haberlo hecho, porque traía una nueva dirección. Y le he escrito varias veces a su

336

dirección anterior, con la esperanza de que alguien le reexpida mi sobre, pero nada. Nada hasta el día de hoy y nada, a lo mejor, para siempre. Porque Bob no tiene mi actual dirección y yo no sé dónde diablos ni cómo podría contactarlo, pues no conozco a nadie en este mundo que lo conozca a él. En realidad, me digo, a veces, mi buen amigo Bob Davenport ha desaparecido detrás del último bidé que tuve en España.

Largas y hermosas almas gemelas

Admiré siempre la capacidad de Julio Ramón Ribeyro para clasificar –y, más todavía, para descartar– los sobres que el siempre puntual cartero parisino depositaba hasta tres veces al día en la portería de los cuatro inmuebles en que a lo largo de años lo visité en esa Ciudad Luz que yo abandoné una década antes que él. Julio era un hombre acostumbrado a comprarse el mundo a plazos, con grandes facilidades de pago aunque también con grandes dificultades de cobro. Y por ello los sobres que anunciaban el vencimiento de una letra eran objeto de una sonriente mirada y de un mismo comentario: "Bah, este es un asunto que puede esperar, o sea que veamos qué verdadera sorpresa nos trae hoy el cartero, mi querido amigo".

Venía enseguida un segundo tipo de sobre, que Julio Ramón solía poner en alto, estirando el brazo y alejándolo algo de su mirada, como quien aprovecha un efecto de contraluz para estudiar su contenido sin necesidad de abrir sobre alguno, o por lo menos sin necesidad de hacerlo sabe Dios hasta cuándo. El comentario, en este caso, era el siguiente: "Puede esperar". La verdad es que nunca supe si aquella espera terminaría después de mi partida, o una semana, un mes, o hasta un año después.

El tercer tipo de sobre era el que realmente llenaba a Julio Ramón de una curiosidad inmediata y, si la memoria me es fiel, contenía siempre la carta de un amigo común, de otro escritor, de un crítico literario, y de su hermano Juan Antonio, ese ser entrañable al que realmente fui conociendo a lo largo de años y de forma casi exclusivamente epistolar. La urgencia de Julio Ramón por leer y releer esas cartas lo llevaba a hacerlo delante de mí, y en voz alta además. Por ello me enteré, entre mil cosas más, que la mayor parte de mis amigos, allá en el Perú, me consideraban un enceguecido imbécil o un redomado cretino que se pasaba la vida corriendo detrás de la felicidad, que más de un escritor y varios críticos opinaban que antes que escribir debí dedicarme a la fruticultura, y que sólo Juan Antonio, ese hermano tan miraflorino como distante y epistolar, solía pensar que yo era un buen compañero para las soledades parisinas de su siempre añorado Julio Ramón.

Lo importante en todo caso era que aquellas cartas iban a dar a una caja de madera en la que Julio Ramón había pegado un letrerito de papel que decía URGENTE. Y aunque pasaran semanas y hasta meses ahí, seguían siendo de urgente respuesta y, mientras conversaba conmigo, muchas veces recuerdo a Julio incorporándose para mirar su urgente cajoncito con una amplia y satisfecha sonrisa, y regresando a sentarse con un nuevo tema de conversación, sin duda alguna extraído de alguna de esas cartas que sin embargo tardaba siempre en responder.

Todo este asunto se me aclaró sobremanera cuando en 1995 visité Lima durante un par de meses y pude disfrutar de lo que hoy sólo puedo calificar como una vieja amistad epistolar hecha hombre entrañablemente. Me refiero a Juan Antonio Ribeyro, el hombre tantas veces *leído* pero tan pocas veces frecuentado hasta entonces. Hablar con Juan Antonio, reírme con él, recordar a Julio con él, fue realmente entrar en un profundísimo contacto con la otra parte de ese diálogo epistolar que aquí se publica, y que no es otra cosa que el testimonio de uno de los más intensos y hermosos ejemplos conocidos de amor fraternal. ¿Con quién hablaba yo, cuando hablaba con Juan Antonio, aquel limeño invierno de 1995? ¿Hablaba con la voz de Julio, leyéndome alguna carta que iría a dar al cajoncito de lo que fue toda la vida urgente para él? ¿Me hablaba a través de las cartas a su hermano, Juan Antonio? ¿Me hablaba como se le habla a un hermano ya fallecido? En todo caso, el tiempo de la amistad inmensamente duradera se borraba vertiginosamente cuando yo sentía hasta qué punto la información que a lo largo de años recibió Julio de su hermano Juan Antonio, sirvió muchas veces como materia prima de una obra que más tarde pasaría de lo epistolar a la creación literaria, a su forma tan deudora como bella y definitiva.

Largas y hermosas y bondadosas y generosas almas gemelas de hermanos que vivieron mucho para el otro, es como yo llamaría a aquellas encarnaciones sucesivas.

Me fui de París diez años antes que Julio Ramón y fue en Madrid donde recibí su última carta. En esta ciudad recibí también la última carta de Juan Antonio, de ese gran Toño Ribeyro con el que jamás pensé tener también una correspondencia. Duró poco, esta última, y uno de sus grandes temas fue siempre su hermano Julio Ramón. Y todo contado con el mismo cariño, con la misma sutileza, con la misma finísima ironía del hermano que frecuenté en París. Por eso, cuando a veces me asalta la ternura de la noche, me alegro de haber conservado las cartas de Toño en la misma carpeta en que guardo las cartas de Julio Ramón. En esa carpeta he escrito simplemente dos palabras, para clasificarla: RIBEYRO y URGENTE. Y ello funciona un poco y mucho y todo como en el libro que tienen ustedes entre las manos: Largas y hermosas y bondadosas y generosas almas gemelas de hermanos... De dos hermanos urgentes que se escribieron siempre una misma carta que fue y vino entre Europa y el Perú a lo largo de décadas...

El viejo y París

Don Julián de Octeville no era un caballero de fina estampa, como el del limeño vals de Chabuca Granda, pero sí lo era por sus cuatro gordísimos costados, bien grandotes y algo mulatos, además. Y no sé entre cuál de sus guerras le dio aquella embolia o derrame o qué sé yo, de tipo cerebral, que lo dejó con una mueca paralizada hacia arriba, en el ojo izquierdo y en la boca. No lo sé por la sencilla razón de que todas las guerras que lo obligaron a huir de París a Buenos Aires, parecían haber estallado y terminado siglos antes de que yo naciera. Y también porque cada vez que le preguntaba si se refería a la Primera o Segunda Guerra Mundial, cuando mencionaba algún conflicto bélico como punto de referencia histórico del que había salido disparado rumbo a la capital argentina, su respuesta era exactamente la misma:

—¡Pero, oiga usted, señor obispo, si en Buenos Aires jamás hubo guerra alguna con Europa, ni con África o Asia, ni mucho menos con eso que hoy los muchachos de izquierda llaman el imperialismo yanqui, cómo diablos van a haber existido guerras mundiales. Patrañas de los comerciantes de libros, señor obispo. Patrañas, me consta, por la sencilla razón de que cada vez que ha ardido este París tan culto y civilizado, yo he encontrado pacífico refugio para seguir componiendo mi música entre los bárbaros gauchos. O sea que purititas patrañas, oiga usted, señor obispo!

La edad de don Julián era un misterio tan grande como el millón de sinfonías que había compuesto para dedicárselas a su esposa, madame Úrsula de Octeville. Y cuánto pesarían juntos ese par de gigantescos gordos y cuántos años haría desde que decidieron que él se quedaba a vivir en su departamento de Montparnasse, que ella se instalaba para siempre en su Zúrich natal, y que sólo se verían una semana, entre Navidad y Año nuevo, y durante el caluroso mes de agosto, en que año tras año se trasladaban a Palma de Mallorca, para repetir con asombrosa puntualidad los usos y costumbres de un veraneo enchapado a la antigua.

Nadie soportaba a la inmensa madame Úrsula, y uno tras otro los jóvenes amigos de don Julián –el hombre jamás tuvo una amiga o amigo que no fueran muy jóvenes– se inventaban cualquier excusa para desaparecer, no bien se acercaban las fechas en que ella llegaba a París. A mí eso me parecía injusto, la verdad, porque finalmente era ella quien se ganaba la vida enseñando en una escuela, allá en Zúrich, y cada mes le hacía llegar a su esposo la suma de dinero que necesitó para vivir sin dar más golpe que el musical, desde que mermaron gravemente sus rentas de terrateniente no sólo ausentista, sino ignorante hasta del lugar en que quedaban las dichosas haciendas que heredó de su padre. Sí, a mí eso de desaparecer, no bien madame Úrsula anunciaba su llegada a París, me pareció siempre tremendamente injusto.

Y me la soplé siempre, torturando a su sudoroso y exasperado esposo, porque con tanta carne roja que comes te va a dar gota, Julián, o porque esa cantidad de vino en las comidas y la presión alta están absolutamente reñidos, Julián. Científicamente hablando, no le faltaba razón a madame Úrsula. Pero, además, ¿no era ella, acaso, quien costeaba la gran vida que se daba su esposo en París? Por pesada que fuera esa gorda suiza, debía querer muchísimo a ese peruano entrañable, sí, pero también demasiado glotón y musicalmente aún inédito en París, a su alta edad.

Verlo a él solo era otra cosa, por supuesto. Era como haber llegado a París en el siglo XIX y haber hecho amistad con un caballero peruano de los ya que no quedan en ninguna parte, y mucho menos en la dulce Francia. Verlo solo era saber que ese amigo, al que uno iba a acompañar cada noche en su tertulia del café Aux Deux Magots, jamás se había levantado antes de las doce del mediodía, que entonces se había despachado un gigantesco solomillo con su arroz a la peruana y tres huevos fritos, a fuerza de pan y de vino, que entonces había escuchado algo de música mientras se aseaba, y que hasta la noche no había hecho nada más que escribir las partituras de las mil y una sinfonías que con los años le fue dedicando a madame Úrsula de Octeville.

Y verlo solo era partirse de risa cuando se convertía en un pícaro, explotando por Montparnasse su enorme parecido a Miguel Ángel Asturias –que entonces era embajador de Guatemala y acababa de ganar el Premio Nobel de Literatura–, cuando alguna guapa estudianta se le acercaba como a un Dios. "¡Oiga usted, señor obispo!", exclamaba don Julián, pero nada hacía por aclararle a la chica que él no era el célebre escritor sino un caballero peruano que deseaba invitarle un cafecito, *mademoiselle*.

Y qué decir del día en que nos tocó almorzar en la Embajada del Perú, poco después de la reforma agraria que había terminado con sus rentas, y coincidiendo con una subasta de obras de arte organizada para recaudar fondos pro víctimas del terremoto de 1970. Picasso, Dalí y Miró habían donado cuadros para esa gran subasta, y el embajador estaba sumamente satisfecho con los fondos recaudados gracias a la solidaridad de tantos artistas mundialmente famosos.

—¡Qué gran cosa, oiga usted, señor obispo! –le comentó don Julián a nuestro embajador, al mismo tiempo que le hacía una casi invisible señal al mayordomo, para que le sirviera más vino.

—En efecto, don Julián. Ha sido una valiosísima iniciativa de los artistas plásticos y escritores peruanos residentes en París.

—Pues yo les sugeriría a esos caballeros que organizaran una nueva subasta, pero esta vez en favor de los propietarios damnificados por la reforma agraria.

—El gobierno que yo represento es antiimperialista y antioligárquico, don Julián, con su perdón...

—Pues ya verá cómo se derrumba solo, oiga usted, señor obispo. Porque a un país no se le puede dejar para siempre sin buenos modales.

—¿Cuántos años hace que vive usted fuera del Perú, don Julián?

—Todos. Todos, señor obispo. Y si fueran más, mejor aún.

—¿Y eso por qué, don Julián?

—Estrené mi primera sinfonía en el teatro Municipal de Lima, antes de aquella guerra tan absurda como todas. ¿Y sabe usted lo que dijo la crítica, al día siguiente? Pues dijo, nada más y nada menos, que no se sabía cuándo había dejado de afinar la orquesta y cuando había empezado mi sinfonía...

—Y usted, ¿qué respondió?

—Yo me limité a hacer mi equipaje, oiga usted. Porque a la gente no se le puede obligar a oír buena música. Es como si uno quisiera forzarla a ser feliz, señor obispo.

En verano, don Julián aparecía por el café con un impecable terno de hilo blanco, y su papillón negro. Y su sarita, por supuesto. Y, como cada noche, el mozo le tenía lista su mesa, siempre al pie de la misma ventana, siempre en el mismo rincón. Ahí se había sentado él a conversar noche tras noche con el cholo César Vallejo, y con Breton y Paul Eluard. Y qué tiempos aquellos, oiga usted, señor obispo. Y lo sinvergüenzas que son los críticos literarios, también:

—Vente a almorzar conmigo uno de estos días, joven escritor. Te enseñaré la foto del entierro del cholo. Somos cuatro gatos, los presentes. Ocho, para ser exactos. Pero yo en mi casa tengo treinta y tres libros de treinta y tres críticos distintos que afirman haber asistido al entierro de Vallejo.

En invierno, don Julián aparecía por su café de toda la vida y le entregaba al mozo su paltó, para que se lo colgara. Todos usábamos abrigo pero don Julián usaba paltó, como antaño en Lima, y ahí ni el mozo sabía que la palabra aquella era francesa y se escribía *paletot*. Y noche tras noche me caía yo por el Deux Magots, pensando que a lo mejor no iba a ir nadie a la tertulia, y que nuestro viejo amigo se iba a sentir muy solo. Pero fui yo quien se sintió solo, muy solo, la noche en que, excepcionalmente, don Julián no apareció por el café.

De esto no se enteró nunca él, por supuesto. Y en cambio sí pude comprobar lo excitado que anduvo, durante varios días, con la película que había ido a ver la noche en que no llegó al café: *El último tango en París,* nada menos.

—¡Oiga usted, señor obispo! –exclamaba, cada vez que se refería a la escena más fuerte y violentamente sexual de toda la película–. ¡Marlon Brando, oiga usted! ¡Y por el culo! ¡Y una tal Maria Schneider! ¡Pepa de mango, pepa de mango, sí señor!... ¡Y mantequilla, además de todo! ¡Tuve que incorporarme, incluso...!

—¿Y por qué, don Julián, si usted lo ha visto ya todo, en esta vida?

—¡Muchacho torpe! Me incorporé para acomodarme mejor en mi butaca y disfrutarlo todo más. Y así, resulta que ella...

Jamás olvidaré el verano en que logré convencer a don Julián de que era totalmente innecesario darse la paliza de tren, París-Barcelona, y luego el barco, además, cada vez que partía con su esposa a pasar el mes de agosto en Mallorca. Le expliqué que, ahora, con un vuelo directo, podían aterrizar en Palma en tan sólo una hora. Y tampoco olvidaré nunca el lío increíble que armó al ver tantos aviones juntos, en las pistas del aeropuerto, y todos igualitos. ¿Cómo diablos podía saber él cuál era el avión que iba a Mallorca? Le señalé las puertas de embarque numeradas, y lo convencí de que los iban a llamar, a él y a su esposa, y que entonces sí, ya vería cómo iban a pasar por la puerta que les correspondía, derechito hasta su avión. Y estaba saliendo ya del aeropuerto, después de haberlos visto pasar juntos el control de pasaportes y de equipajes, cuando apareció él solo, en un lamentable estado de nervios. Jadeaba bárbaramente cuando me preguntó:

—Y a esas señoritas tan amables que lo reciben a uno, al llegar al avión, ¿se les da propina?

Ese mismo verano murió, repentinamente, sin darse cuenta siquiera, don Julián de Octeville. Murió en la misma casa que había alquilado en Palma de Mallorca, sabe Dios desde cuándo, desde antes de qué guerra, o entre qué guerra y qué guerra. Me consolé mucho al enterarme de que había muerto como había vivido: rodeado de amigos y con una copa de buen vino en la mano. Y me convencí de que don Julián de Octeville, ese inefable peruano, hijo de un francés que fundó la Bolsa de Lima y de una negra, era el único viejo feliz que había visto ni vería en París, una ciudad que no es muy buena que digamos con sus niños ni con sus viejos... En fin, como toda gran ciudad, actualmente...

Pero después me chocó mucho que madame Úrsula nos mandase callar a todos, el día que llegó de Mallorca el cadáver de don Julián, y sus amigos lo acompañamos hasta el cementerio de Montparnasse. La gorda infame esa, que con tanta paciencia me había soplado yo cada vez que llegaba a París y empezaba a torturar a su esposo, prohibiéndole que hiciera todo lo que le gustaba en esta vida, nos dijo que a qué santos tanto lloriqueo por un viejo que ya empezaba a ponerse muy pesado y que...

Y me sigo preguntando si el pobre don Julián habría hecho alguna vez tantas gestiones como hice yo, ante varios directores de orquesta, para que leyeran sus partituras. ¿Le dijeron que cada vez desafinaba más, y que, en todo caso, se habría necesitado llamarse Beethoven, para que alguien se atreviera siquiera a leer atentamente las partituras de unas sinfonías que requerían de centenares de mujeres, de hasta quinientas ñustas imperiales incaicas, sólo en el coro?

Traté de mantener a madame Úrsula informada de cada una de mis gestiones, pero nunca contestó a mis cartas. Y esto sí que no lo entiendo. O es que no me da la gana de entenderlo. Ni lo querré entender jamás, don Julián.

De regreso del infierno...

Definitivamente, soy al revés. Mis novelas, por ejemplo, se han tropezado siempre con los hechos reales como si éstos fueran un obstáculo para la vida misma de sus personajes, y de su autor, y el menor asomo de un dato objetivo puede dejarme totalmente paralizado y sin ganas de escribir, cuando tengo mi ficción ya bastante elaborada. Recuerdo, por ejemplo, el plano de la ciudad de Montpellier que conservé desde los años en que viví en esa ciudad, pensando que me sería útil el día en que quisiera situar la acción de algún cuento o novela en ese hermoso escenario del sur de Francia. Pero, maldita sea, el día en que imaginé al personaje de Max Gutiérrez y puse en marcha el largo proceso de preescritura que precede a todas mis ficciones y que, en este caso preciso, desembocaría finalmente en *Reo de nocturnidad*, recordé aquel plano de Montpellier, lo busqué, lo encontré, feliz, lo coloqué en el suelo, lo abrí, lo desplegué cuan grande era, y, al ver que iba a tener que lidiar con tanta realidad, y podría decir, también, con tanta verdad, me aterré, lo plegué y arrugué hasta reducirlo a su mínima dimensión, y lo hice desaparecer lo más rápido posible. Pero, aun así, aquella instantánea visión del Montpellier real, y, digamos, topográfico, me abrumó, me llenó de desánimo, y me tuvo paralizado durante largos meses en lo que a la puesta en marcha de aquella novela se refiere. Recuerdo que llegué a creer que aquel libro había muerto antes de nacer, inclusive, y es cierto que tuve que esperar un buen tiempo antes de que Max Gutiérrez y su mundo insomne volvieran a asomar la nariz y a dar señales de vida literaria. Y por supuesto que ni a Max ni a sus compinches novelescos me atreví a mostrarles nunca jamás aquel maldito plano de la ciudad en que vivían, para mí.

Con Lima, en cambio, no he tenido mayor problema, desde que, además de todo, algún día leí que existen los turistas al revés, o sea aquellos que buscan precisamente aquello que no existe. Y es que la ciudad de Lima que yo viví y recorrí tanto, antes de marcharme a Europa, prácticamente desapareció íntegra en los treinta y cuatro largos años que estuve ausente. Por la Lima de hoy me he paseado días o tardes enteras enterrando datos y lugares para siempre, creo, aunque nunca recuerdos o sentimientos tan profundos como remotos. Y, así, he visto la casa en que nací, pero no es ésa ya la casa en que yo nací, no, ni hablar, y he visitado la casa de mi primer amor, por dar sólo un ejemplo más, pero la casa me respondió tan clara y contundentemente que ya ni siquiera estuvo ahí, pues había otra nueva en su lugar y punto. En fin, y así calles y plazas y barrios enteros. Y también la ciudad entera, por qué no.

O sea que ahora lo malo, o lo lindo, que de las dos cosas hay, o lo trágico y lo divertido, también, por qué no, ha sido la manera en que primero he descrito, en un artículo o en mi última novela, lugares que apenas vislumbré o conocí hace mil años, y, lo juro, cuando he ido a visitarlos los he encontrado bastante parecidos a lo que yo he querido contar, cuando menos. Y una tarde del verano de 2002, una tarde de febrero, para ser bien preciso, me recorrí íntegros La Victoria y los barrios altos, bastante dantescos, ambos, por momentos, y realmente tuve la sensación, al terminar ese largo paseo y emprender el retorno, de estar de regreso del infierno, aunque parte de esta sensación provenga, debo reconocerlo, de mi propio despiste y del apresuramiento literario con que generalmente enfrento un mundo cuando éste me es hostil o simplemente me agrede con su fealdad o su chatura y aburrimiento.

Por La Victoria y barrios altos anduvimos Anita, mi linda Anita, y yo –ella al volante y yo "a los comentarios"– nada menos que un día de carnaval. Vimos la miseria de *otroras* importantes barrios de la ciudad, pero en su salsa de carroña, por decirlo de la manera más literaria, y aludiendo a la frase de Mario Vargas Llosa, que hice cien por ciento mía, aquella tarde, según la cual los escritores somos como los buitres y nos encanta alimentarnos de carroña –para luego defecar en nuestros libros, me imagino–, en lo que sería, según esta lógica, el acto mismo de la creación literaria. Porque meterse por La Victoria y los barrios altos en pleno carnaval, pero ignorándolo, es ser observador y buitre, al mismo tiempo, turista al revés y bulímico gustador de carroña, todo a la vez. Y por ello estoy seguro de que Anita, que sí sabía que estábamos en pleno desborde carnavalesco-popular, y muy muy pobre, también, prefirió dejarme feliz con mi infelicísima ignorancia, y dejó de informarme durante buena parte del trayecto de que andábamos en épocas del rey Momo. Ella es una lectora aguda y sensible como pocas, y también mujer comprensiva como poquísimas, y seguro que me vio tan satisfechamente espantado y buitre que decidió que, bueno, que cada loco con su tema. Y fue así, gracias a ella, en el fondo, como tantos escenarios de mi novela del momento se parecían tanto a mi libro y a sí mismos, paralelamente, y sin que yo hubiera tenido nunca nada que ver con ellos en mi vida.

Todo el mundo estaba embetunado y embarrado y empapado en el infierno que íbamos atravesando en mi automóvil, ella al volante y yo de comentarista-buitre, bien agarrado a las ramas del árbol de mi espanto, mientras unos muchachos que jugaban voleibol-carroña ni se fijaban en nosotros, aunque, muy profesionalmente, eso sí, elevaban la red para que pasara nuestro automóvil, justo en el instante en que íbamos a arrasar con ese trozo del infierno. Y el fútbol, dios mío. Pues el fútbol lo juegan por ahí en canchas de carroña y tan embadurnados los cracks de ambos equipos, que, la verdad, resulta imposible detectar quién pertenece a un equipo y quién al otro, aunque todos corren como locos por la pelota, como locos sueltos, sí, y con una pasión y entrega que, estoy seguro, hace siglos ningún aficionado peruano ha visto en los miembros de la selección nacional de fútbol, y con mucho más riesgo y habilidad, también, por supuesto, porque había pases en los que la pelota quedaba debajo de mi auto y ellos como si nada, se metían entre las ruedas sin manchármelas de betún, siquiera, y de entre las ruedas y la muerte por atropello salían airosos con la pelota y continuaban con su corrida rumbo a la inmortalidad futbolera y callejera, gol-gol-gol-gol-gol, resbalándose entre charcos de agua y lodo y carroña para escritor, mientras, además, en cada cuadra o en cada manzana había una o dos piscinas de plástico florido y meadísimo, seguramente, algunas inmensas y otras para el bebe solamente, aunque en todas por igual chapaleaban pintarrajeados niños, jóvenes y adultos, mamapanchas semidesnudas y adolescentes neorrealistas en su inmunda juventud y empapada silueta mal alimentada, desgraciadamente. Pero era carnaval y eran felices, muy felices, mientras que yo era un buitre bastante fracasado ya, sobre todo desde que me enteré de que aquel infierno, con ser infierno, no lo era del todo, aunque la miseria de algunos edificios tugurizados y la amenaza de mil incendios y derrumbes sí fuese absolutamente espantosa y dantesca e infernal. Pedí chepa, como en los viejos tiempos, y le dije a Anita que regresáramos ya, que nos fuéramos a la parte *noble* de la Lima antigua y nos purificáramos con una buena lavada de manos, cuando menos, y un par de copas en algún lugar limpio y bien iluminado, como decía Hemingway, en aquellos relatos suyos a veces tan tremendamente nihilistas.

Fuimos a dar al viejo hotel Maury, que nunca se sabe si ha vuelto a abrir o ha vuelto a cerrar. Pero la puerta principal estaba abierta y los importantes espejos de antaño colgaban por ahí y alguna luz encendida era como una señal de vida y esperanza. Nos dirigimos al bar, aunque yo antes me dejé ganar por el buitre que aún me habitaba y emprendí el camino escaleras abajo, como quien le busca su lado infernal al asunto. Y me perdí por amplios corredores de hermosas puertas y todo estaba tan limpio como absolutamente cerrado. Pero nada me impresionó tanto como la impecabilidad de un baño inmenso, tan limpio como bien iluminado, aunque sin duda en ello estaba precisamente su nihilismo y su *la nada*. Ésta es blanca, como la ballena de Melville, y como todos sabemos, también, o sea que hui despavorido, pero fui a dar con una *nada* metálica y gris, para mi asombro –la cocina del hotel–, limpísima y sumamente abandonada, como todo lo demás, aunque debo decir que el infierno del Maury tiene varias escaleritas de escape, sin duda por aquello de que la antigüedad es clase, *forever*, y de que, por más domingo al atardecer y sótano y parálisis y angustia que se hubiese ido acumulando ahí, siempre debía haber un ama de llaves de los buenos tiempos idos, o alguien enviado del cielo para redimir a algún cliente extraviado, sediento, y con las manos recién lavadas.

Pero no era así, y cuando regresé al primer piso y busqué a Anita en el bar, ella ya había sido muy educadamente convencida de que ese no era el lugar que yo buscaba. No, no era ni un lugar limpio ni tampoco bien iluminado. Ni se preparaba el pisco sauer de otros tiempos ni los propietarios eran ya los mismos y en todo el local no íbamos a encontrar la calidad que merecíamos. El buen hombre que me repetía ahora muy respetuosa-

352

mente todo el triste discurso que ya Anita había escuchado, podía servirnos una copa, sí, para eso estaba él allí, desde hace cuarenta años, además, pero precisamente por eso, porque llevaba ahí esos cuarenta años sirviendo copas en ese lugar, nos aconsejaba muy amablemente no probar ni una gota de agua, ahora. Los viejos tiempos de los antiguos propietarios, ah, esos sí que fueron buenos tiempos, pero resulta que ahora unos coreanos o unos surcoreanos o unos japoneses o sabe Dios quiénes, porque ya nos estábamos yendo y al viejito ese apenas si se le lograba oír un lamentable tono de voz y estado de ánimo, más algo de la misma antigüedad virtuosa que yo había vislumbrado, momento antes, en mi viaje a las tripas del gastado Maury; en fin, que los nuevos propietarios y los nuevos tiempos y... Pero Anita y yo ya nos habíamos escapado por una de esas escaleritas de salvación y andábamos camino a algo menos triste y solitario y final. Pobre viejo barman, nos había conmovido y le habíamos dado las gracias, pero en su local, aquel atardecer de domingo, apenas si quedaba la luz bañada en nostalgia y pena de sus ojos muy negros y fatigados, y nosotros queríamos regresar del todo del infierno.

Fuera de temporada

Cumplido ya un año de residencia en Lima, mi ciudad natal, al cabo de una ausencia de casi treinta y cinco años, la vida que llevé en Europa, principalmente en Francia y España, continúa asomándose por todos los rincones, por todos los pliegues de la realidad cotidiana. ¿Qué es alejarse de algo y qué es acercarse a algo?, me pregunto constantemente, sin lograr encontrar hasta el día de hoy una respuesta satisfactoria.

En realidad, la única certidumbre, hoy, es la de vivir entre gente que no ve lo que yo veo ni siente lo que yo siento y a la cual le envidio lo que para mí resulta una increíble capacidad de moverse con naturalidad por una realidad que a mí me resulta tan abrumadora como irritante. Por supuesto que esa gente me envidia a mí la vida vivida en Europa a lo largo de varios lustros y no falta quien piense, aunque sin sentirlo, que sólo a un loco se le ocurre volver al tercer mundo desde países como España o Francia. Me lo han dicho a menudo, y tomo nota.

Vivo desprogramado, en la medida en que las agujas de mi reloj mental y sensitivo siguen girando en otras latitudes y con otros cambios climáticos y otro calendario. Escribo estas líneas en pleno verano limeño y a sabiendas de que las playas y balnearios del litoral acogen diariamente a miles y miles de bañistas y veraneantes, pero aún no logro sacarme de muy adentro la convicción de que enero, febrero y marzo, son meses de invierno. Por más que el vaporoso, húmedo y pegajoso calor de la costa peruana intente demostrarme lo contrario, a mí me basta con hojear uno de los diarios que por correo me llegan desde Madrid, para que se active algo en mí que rechaza ese bochorno veraniego que tanto han esperado los amigos y parientes amantes de la playa. "Las temperaturas que muestran los diarios europeos, sí, esas temperaturas son las que corresponden a esta época del año y las que te corresponden a ti". Uno vive muy extrañamente aquí en Lima con esta solitaria certidumbre. Y es que uno lo ve todo, a la gente y a todo, fuera de temporada. Y la gente lo debe ver a uno como un ser distraído, aislado, y bastante desconcertado, cuando no extravagante.

No era así al comienzo, lo recuerdo, aunque también es cierto que a veces lo recuerdo como si fuera una cosa que sucedió hace mil años. Cuando llegué era verano y a él me entregué, pero un tiempo mucho más largo que mil estíos había cambiado las playas de lugar, las había afeado terriblemente y había embravecido su mar. Todavía tengo presente esas primeras caminatas por incómodas playas repletas de gente que miraba un mar de imposible acceso para un bañista común y corriente, aunque no faltaran tampoco ese ahogado que a uno lo remonta a las playas de su infancia ni ese tablista que regresa a la playa entre los gritos que al anochecer le lanzan unos seres invisibles desde un malecón penumbroso.

Superado el verano, en Lima hay que esperar el invierno, en una suerte de triste limbo climático que a veces salpican unas horas de sol para el recuerdo o ensombrecen unas frías y angustiosas neblinas tan tristes y feas y sucias como el aeropuerto de la ciudad y sus inmensos alrededores de orfandad y neón miserables. Es éste un sabor podrido a hampa y prostitución cuyos efluvios sobrepasan de lejos, irracionalmente, el significado real de ambas palabras. Ver esto –que nadie ve, y no porque no le importe, sino porque la rueda y la suerte de Lima *yiran, yiran*– es haber llegado a las puertas abiertas de par en par del desasosiego.

El invierno limeño es un interminable cuento triste, para bien o para mal. Viene de un lejano verano sin otoño que lo ampare, pero los limeños sabemos como nadie meterle el cuerpo a esa terrosa humedad gris. Nos burlamos de ella, la cantamos y festejamos, la describimos en artículos alegres y la tratamos con la confianza y el cariño destinados a un tatarabuelo de reconocida inmortalidad. Por eso, sin duda, los limeños somos tan tristones, sin llegar a ser tristes nunca, ni siquiera en esos velorios y entierros y misas de difuntos que tanto parecen gustarnos y que con los tiempos que corren y las distancias y los peligros se han convertido en último reducto para quedar bien con ese pariente o amigo al que nunca visitamos a tiempo. "Ya cumplimos" o "Ya se salió de eso" son frases que se les salen a la gente del alma y se les estampan en la frente y la mirada, a la salida de cualquiera de esas reuniones con olor a difunto.

Pero luego viene la Navidad y la gente empieza a correr y hasta a viajar al extranjero en busca de paquetitos y regalitos. El decorado es germano-norteamericano y nevado aunque el sol esté brillando desde hace unos días –sin primavera mediante, por supuesto– y ya alguien haya sido el primer ahogado del verano.

¿Pasé o no pasé mi primera Navidad en Lima?, *that continues to be the question*. Estuve en la ciudad, por supuesto, y regalé y fui obsequiado, aunque conociéndome debo haber hecho lo mismo que a lo largo de toda mi vida, desde que alcancé la mayoría de edad, más o menos: tomarme un buen somnífero a las diez de la noche y desaparecer. A una persona que detesta molestar y es tan nocturna en Navidad, tan melancólica, tan absurdamente *crack-up* y fitzgeraldiana, lo único que le queda, no bien se oscurece el mundo en Europa a mediados de noviembre y en París los grandes almacenes La Samaritaine o Lafayette llenan de lucecitas la noche negra del alma

356

sin estrellas, o en Madrid y Barcelona y Sevilla, etcétera, El Corte Inglés hace lo mismo, y en Roma hacen lo mismo, y Harrod's hace lo mismo con Londres, en fin, lo único que le queda a esa persona es recogerse.

Esto nunca me debió suceder en Lima, por la sencilla razón de que las posibilidades que me brindaban el solcito y el calorcito y la veraniega luminosidad de las tardes alargadas por el ardor del estío debieron de servirme de refugio y broma redentora. Desde Lima pude haberle sacado la lengua sonrientemente a la invernal oscuridad de mis treinta y cinco navidades en Europa (aún recuerdo que la primera fue en Edimburgo, en 1964). Creí que todo me iba a ayudar: el calor humano y citadino que me rodeaba, la luminosidad prolongada, la novedad de la casa en que me hallaba. Pero entonces recordé que mis oscuras relaciones con todo lo que sepa a tener que querer a la gente con fecha fija eran algo muy anterior a mi partida a Europa. Y como siempre volví a situarme, si no cómodamente, sí muy acostumbradamente, fuera de temporada.

Días después, verano y playas, otra vez, algunos viajes, otra vez, y textos como éste, de vez en cuando.

Los viejos limeños

La Lima de hoy es mucho menos alegre y viva, mucho menos humana y habitable que la que dejé hace tres largas décadas. Tal vez los ojos habituados no perciban la magnitud de las transformaciones; pero los míos, que son los de un hombre que algún día se puso el mundo por montera y, como un personaje cualquiera de Kavafis, se liberó y se fue, no salen aún del doloroso asombro y la zozobra total del retorno. Los veinte años de su tango son muchos, muchísimos años, créame, señor Gardel –que una cosa es con guitarra y otra con cajón– y si yo encima les añado tres lustros más en los que Lima ha perdido casi todo su lustre, usted seguro que abre sus ojos de recién resucitado en Medellín e inmediatamente clama por un avión para estrellarse de nuevo con su repertorio y todo, más las rubias de New York, Peggy, Betty, Nelly y Julie.

La gente le explica a uno que ahora Lima es chicha y se sigue de largo. Chicha es el señor presidente, el tráfico, la música, el gusto, el clima, la televisión peruana, el patrioterismo, el equipo peruano de fútbol ("Jugaron como peruanos y perdieron", me explicó un experto, después de una de las tantas derrotas consecutivas de una selección en la que, increíble, juegan futbolistas que uno vio hace años en España, en equipos de segunda, de tercera; mientras un embajador sugería que se prohibieran las retransmisiones de partidos de fútbol extranjero, para evitar comparaciones de goleada con eso que aquí aún llamamos fútbol, o que se le cambiara de nombre al fútbol jugado por peruanos en el Perú; y mientras un ex dirigente deportivo me decía que él había abdicado del fútbol nacional), chicha es el medio ambiente, chicha es el alma, chicha es la idiosincrasia, chicha la corrupción y chicha la degradación moral, y por supuesto que chicha son los sociólogos que inventaron la palabra chicha.

Se trata pues de un circuito vicioso chicha y por ahí patea latas el hombre que regresó. No tiene los reflejos chicha, los mecanismos de defensa chicha, tampoco los mecanismos de ataque y ofensa y agresión chicha, mucho menos tiene los recursos deshumanizados de ver sin ver y de sufrir vacío de dolor o de volverse loco sin el sufrimiento de la demencia, ni mucho menos tiene la capacidad chicha de no ser asesinado por los decibeles salvajes del volumen chicha y los ruidos molestos que en Lima son todos y chicha. Para ello habría que saber montar a pelo el potro salvaje de la vulgaridad y la violencia, de la fealdad instalada en el barrio más feo y el más caro (ya no existe el barrio más bonito), del hambre y la miseria, del desempleo y el desamparo, del infame pacto de hablar eternamente a media voz (algo que puede llegar a ser preferible, en vista de lo mal que habla la gente, sobre todo en la televisión chicha, que es casi toda), de los semáforos en que se exhiben todas las cortes de los milagros que en el mundo han sido y nos espera agazapado apenas el quinto asalto personalizado en lo que va del año. Hay asaltos y raptos al paso, al gusto, portátiles, con o sin dolor, tristes, teóricos y prácticos, anchos y ajenos. Todos son chicha. Chicha es la voz. La cátedra de ética y la cátedra de estética decidieron fusionarse por lo bajo, hasta desaparecer, por falta de supuestos y de presupuestos, por falta de todo. Tal vez entonces nació lo chicha. Pero bueno, mejor no me meto, porque no soy experto. Soy tan sólo una voz que clama en un desierto chicha.

Darle vueltas a un círculo hasta que se convierte en vicioso. Antes no era así y yo recuerdo mi visita a Lima, en 1989. Íbamos en una camioneta Land Rover, de la ONG DESCO, "El Socio" Raúl Guerrero, "El Poeta Hermano" Balo Sánchez León y "Mi Ex", Pilar de Vega, en su primera visita al Perú. Habíamos paseado barriadas desde El Agustino hasta Los Barracones del Callao, sí, habíamos paseado barriadas o villas miseria o conventillos, y no "pueblos jóvenes" (el pacto *fame* de hablar en voz alta y llamar a las cosas por su verdadero nombre), y ahora íbamos por los tugurizantes barrios altos, cuando nos detuvimos a mostrarle a la viajera española cómo en el Perú de fines de la hecatombe Alan García la gente trocaba una casa contra dos Volkswagen usados, e incluso abusados, anunciando una realidad en la que todo limeño también es taxista o, mejor dicho, todo taxista también conoció un tiempo mejor y una Lima que se fue.

Breve paréntesis. Yo no sé si este dato es chicha o no, pero Lima es la única ciudad del mundo en que los taxistas persiguen a los transeúntes hasta el mismo interior de su casa, a ver si cambian de idea y de itinerario. Uno camina seguido por unas bocinitas chicha, diría yo, no sé si bien o mal; chichamente, en todo caso.

—Mira, Pilar –le explicaban los expertos a la viajera española, y le señalaban la fachada de una casa ya llevada por el viento, en cuya fachada habían escrito a tizazos lo del trueque **Dos Volkswagen-Casa.**

La viajera miró, como quien se desangra, y yo, que llevaba ya mucho rato debatiéndome entre la basura y la angustia, decidí cambiar de itinerario y enrumbar por el primer atajo que nos acercara a algún lugar limpio y bien iluminado donde luchar contra la sed y el nihilismo. Pero resultó que andábamos algo perdidos y tuvimos que consultar. Dos seres gordos en camiseta sin

360

mangas color blanco-cemento se asomaban pésimamente mal jubilados por la ventana que quedaba entre **SE CAMBIA ESTA CASA y POR DOS VOLKSWAGEN.** Usaban unos anteojos de marcos muy gruesos y lentes como vitrales de catedral en invierno. Pero vieron u oyeron que andábamos medio perdidos y cerraron la ventana antes de salir y acercarse a nuestra Land Rover para ofrecernos sus buenos oficios. Uno de ellos, lo recuerdo, estornudó, y usaba un pañuelo a tono con su camiseta, en lo que a falta de lavandería se refiere. Luego se cedieron la palabra ordenadamente, en su afán de explicarnos cómo se llegaba desde su callejuela color pañuelo inmemorial hasta el lugar de cinco estrellas en que soñábamos con encontrar alivio a tanto trajín de la mirada. Parafraseando al poeta: Habíamos partido casi de madrugada y no habíamos encontrado lugar donde posar los ojos que no fuera recuerdo de la muerte. La muerte de una ciudad, en este (o)caso.

Pero en medio de tanto polvo húmedo, tanto gris, tanto deterioro, esos gordos miopes y mal jubilados nos hablaron en una maravillosa lengua castellana y con una desaparecida cortesía limeña y universal. Fue un lujo, fue un milagro, fue un espejismo. Y fue un instante de muy frágil y perecedera maravilla, como si por la esquina estuviese doblando ya el huracán de miseria que habría de hacer que esos dos caballeros de otrora cubierto y mantel, de lejanos cuello y corbata, modales Carreño, pero para modales los de mi tiempo, al fin y al cabo, y educación y decencia todas, desaparecieran para siempre de la superficie de la tierra, como los linajes condenados a *Cien años de soledad*.

—Ya eso no hay —le dijo, con tono triste, solitario y final , Balo, "El Poeta", a Pilar, la viajera española.

—Viejos limeños —enfatizó Raúl Guerrero, "El Socio", agregando–: Vástagos jubilados de una estirpe en vías de rápida extinción. Deberías aprovechar para tomarles una foto antes de que se acaben.

En estos albores de siglo XXI en que he regresado a Lima, a veces pienso que, cual Diógenes con su linterna, yo debería caminar con una pancarta que dijera: **BUSCO VIEJOS LIMEÑOS.** Lo malo, claro, es que muy probablemente me robarían la pancarta.

Pasan los meses, los años, los siglos (a veces uno se impacienta), y hasta el día de hoy tan sólo he encontrado a dos viejos limeños, desde que regresé. De raza negra los dos y en muy distintas circunstancias de caballerosidad y gracia y en escenas tan divertidas como entrañables. Al primero lo cerré con mi automóvil, entrando a la avenida Javier Prado Este, y me estaba gesticulando mentamadreramente y cual educado loco con sordina, eso sí, desde su camioneta llevada por el viento, cuando me reconoció. Y reconocerme y saludarme por la ventana fueron una y la misma cosa: "¡El escritor internacional!". "¡La eminencia nacional!", gritó aquel negro de consuetudinaria edad, produciéndome ipso facto esa depresiva tristeza, ese daño oscuro que produce verse convertido en una suerte de "Poeta oficial al que todo el mundo saluda por la calle", según los versos inolvidables de rabia y dureza, del mexicano Eduardo Lizalde. Contra frases como éstas, créanme, no hay Prozac que valga.

Y sin embargo no fue así, esta vez, porque aquel hombre no era un indiscreto, un metiche chicha, tampoco un curioso cualquiera. Era un señor. Un viejo limeño. Y un segundo después ya lo tenía ante la ventana de mi auto, disculpándose a mares, con los más sabrosos y cultos peruanismos, con toda la buena educación y la gracia del mundo. Aquel caballero era una dama, y terminamos abrazados y cediéndonos el paso, también a mares, mientras atrás el mundo chicha se disponía a exterminarnos con la violencia de sus bocinazos e insultos. Y fue una corta vida feliz y ya inexistente la que viví al ver que aquel viejo caballero terminaba arrancando su desvencijada camioneta y aceptaba que el escritor le cediera a él el paso, en vista de que era el escritor el que lo había cerrado. Fue un milagro.

Al segundo limeño viejo me lo encontré cuando ya yo era prácticamente propiedad de su gigantesca mano derecha. Por lo moreno, gordo, grande, rizado y canoso, creí que era "El Zambo" Cavero, el genial cantante criollo. Pero recuerdo que me dijo su nombre, y se apellidaba Espinosa. El nombre de pila se me ha borrado, o es que nunca lo llegué a oír, pues ya dije que ese caballero inmenso se había hecho prácticamente de mi persona, como un futbolista (no peruano, claro está) se hace de un balón y lo desaparece entre la defensa del adversario.

El hombre andaba paseando con su nieta por la avenida La Paz, en Miraflores, y quería que la niñita también estrechara la mano del escritor, mientras a éste le iba aconsejando:

—Váyase del Perú, señor Bryce. Créame lo que le digo. Váyase. Usted ya cumplió con la patria...

Yo intentaba reclamarle mi mano. Misión imposible.

—Y sobre todo no converse con nadie. Con nadie, señor Bryce. Váyase. Yo sé lo que le digo. No converse con nadie porque lo van a querer corromper. Con nadie, señor Bryce. Hágame caso, por favor, señor. Yo sé lo que le digo. Mire, mi nombre es ¿? Espinosa. Búsqueme. Llámeme, cuando decida hacerme caso. Y créame que es por su bien.

—Mi mano, señor Espinosa, se lo suplico.

—Soy yo quien suplica, señor Bryce. Y por su bien. Créame. Yo soy un hombre de bien que pasea con su nietecita. ¿O no, mi hijita? Ya lo sabe usted. Váyase, señor Bryce. Y si quiere yo lo llevo al aeropuerto.

Besé a la niña con cariño, mientras lograba extraer mi mano de aquella mano inmensa, inmensamente afectuosa y preocupada. A veces pienso que los viejos limeños tenemos un sexto sentido que nos permite reconocernos con tan sólo dos o tres palabras. Y a veces siento que mi mano aún sigue entre la inmensa mano de un hombre que quiso decirme algo con todo el cariño del mundo. Y siempre que voy al aeropuerto miro a mi lado para ver si, por milagro, la persona que me está llevando es el señor Espinosa. El señor Espinosa, viejo limeño, linaje condenado.

El poder, la gloria y el vodka

Ya se las sabía todas, Alfonso Barrantes Lingán, cuando de verdad lo conocí. Atrás habían quedado los años en que fue exitoso alcalde socialista de la ciudad de Lima, y, después, el candidato presidencial más votado que jamás tuvo la izquierda democrática en el Perú. Y también la izquierda antidemocrática disfrazada de cordero, en aquellas elecciones de 1985, en las que tanto ex maoísta o ex trotskista –o simplemente ex antidemócrata– se subió al carro del parlamentarismo, gracias, entre otras cosas, a la tolerante actitud de un Alfonso Barrantes, que ya entonces empezaba a saber más por viejo que por diablo y que en aquel momento logró hacer comer en un solo plato a toda una jauría de ambiciosos y caudillistas perros celosos, ambiciosos y caudillistas gatos escindidos, y caudillistas y ambiciosos pericotesególatras. En fin, toda aquella izquierda unida que jamás iba a ser vencida y que el desborde popular y su falta de credibilidad, de vergüenza y de todo, dejó cual *caminito que el tiempo ha borrado,* en inútil busca de un tiempo irremediablemente perdido en broncas y entreveros y escisiones mil. Porque la verdad, creo yo, jamás en la historia de la humanidad se ha dividido y escindido nada tanto como la izquierda peruana. Y, a título de mordaz ejemplo, viene a cuento intercalar aquí la historia que me contó un amigo sobre uno de estos líderes, muy izquierdista y siempre escindido, él. De nombre de pila Santiago Pinelo y de nombre de combatiente –desde las trincheras de la revolución–, el santoral entero, porque a cada escisión nuevo nombre de combate y clandesti-

365

nidad, el tal Santiago Pinelo heredó de su padre un paquete de acciones del Club de Regatas Lima, que lo hizo socio de esta prestigiosa institución casi automáticamente. A las pocas semanas, contaba mi amigo, ya había Club de Regatas Lima y Club de Regatas Lima Rebelde, fruto de una escisión, en cuyo origen, cómo no, estaba Santiago Pinelo, que, por lo demás, siempre abandonaba las reuniones antes de tiempo, con el pretexto de que tenía –sí, tal como me lo contaron, lo cuento–, tenía una cita con la historia. En fin, con beneficio de inventario, pero *Se non è vero è ben trovato,* todo esto del Club de Regatas Rebelde y las citas con la historia, que me contó un amigo, y cuento yo aquí, tal cual.

Según sus propias palabras –tras conocer los minúsculos resultados de su izquierda socialista, en las elecciones de 1990–, Alfonso Barrantes Lingán ya "había sido flagelado por la historia", cuando empezó nuestra verdadera amistad. Creo que él no me había visto con muy buenos ojos, antes de esto, y yo como que ni siquiera lo había visto, hasta entonces, la verdad. Y fue en los años en que viví en Madrid cuando realmente empezamos a frecuentarnos y conversar seriamente. El hombre estaba de vuelta de mil hazañas, aunque jamás abandonaba la idea –que en él, creo, fue siempre más un ideal que una idea– de hacer algo por la mayoría pobre de nuestro país. Y quería contar siempre con mi apoyo, aunque éste se limitara a la mera aprobación gestual de sus acciones, porque, en Madrid, o desde Madrid, la verdad es que poco podía hacer yo por tan inmenso ideal, aparte de no estorbar.

Y por supuesto que yo tampoco quise estorbar, ni mucho menos intervenir, ni siquiera decir esta boca es mía, aquel invernal anochecer limeño de agosto de 1995. Estaba pasando una temporada en Lima y me habían prestado un departamento frente al mar, en Barranco. Aunque frente o de espaldas al mar resulta casi exactamente lo mismo, en los balnearios limeños, porque uno se cansa de mirar y mirar sin ver absolutamente nada entre la neblina. Aunque, bueno, yo aquel día sí pude distinguir a Alfonso Barrantes e incluso una botella de vodka marca Absolut, que me venían a buscar entre una bruma que se prestaba como nada en esta vida a la nostalgia y la melancolía. Vestido como siempre de azul marino y corbata oscura sobre fondo de camisa blanco, Alfonso Barrantes estaba más parecido que nunca a su apodo: Frijolito.

Habíamos quedado en almorzar juntos y él ya tenía mesa reservada donde Pedrito Solari, uno de esos excelentes cocineros limeños que lo atienden a uno en su propia casa o en un local muy pequeño, cuya ubicación sólo se conoce de oídas. En Lima los llaman *huecos*, y hay clientes que llevan incluso sus propias bebidas, para evitar luego uno de esos cuentones. Pedrito Solari se jactaba de haberle cocinado a todos los presidentes del Perú, desde el mariscal Benavides, hasta el presente de 1995, y a mí abuelo materno, que fue presidente de muchas cosas, mas no del Perú, gracias a Dios, lo recordaba muy parecido al coronel Aureliano Buendía, el de *Cien años...*, sobre todo por la secreta ansiedad y el ensimismamiento con que coleccionaba monedas de oro. Es cierto que mi abuelo era muy callado y coleccionaba monedas de oro.

Y también es cierto que, durante el largo trayecto desde Barranco hasta la horrible casona de Pedrito Solari, en Jesús María –que en el Volkswagen "escarabajo" celeste y taca-taca de Frijolito se hizo tan entrañable como larguísimo–, a éste le entró un inesperado ataque de nostalgia del poder. ¡Qué bárbaro! Al ex alcalde ex candidato aquel día realmente le dio un tremendo ataque de nostalgia de poder y sobre todo de gloria. Ya dije antes que aquel día de limeño invierno se prestaba

367

mucho a la melancolía y a la nostalgia, pero jamás se me habría ocurrido pensar que a Alfonso Barrantes le importara hasta tal punto el más elemental reconocimiento público. Unas cien mil veces en el trayecto por varios distritos limeños, desde Barranco hasta Jesús María, se detuvo en semáforos y esquinas que realmente existieron –pero también en semáforos y esquinas que jamás existieron, y lo peor es que estos últimos iban en aumento– para devolverle el saludo y la bocinita al ciudadano/ciudadana peruana/peruano, que, a través de la ventanilla de su automóvil, le enviaba un adiosito de saludo, de reconocimiento, de agradecimiento, de admiración y de saludo patrio, a su mejor ex alcalde y a su más querido e inolvidable ex candidato, al entrañable, inolvidable Frijolito, o, claro, también doctor Alfonso Barrantes Lingán, el hombre que predicó con el ejemplo honradez en el desierto muladar de la política criolla. Y me decía, una y otra vez, y seguro era verdad, pero podemos estrellarnos, Alfonso...

—Yo seré recordado siempre por mis compatriotas, querido Alfredo, por tres razones. La primera: porque creé el vaso de leche para los niños. Y los niños no votan, querido Alfredo. La segunda razón por la que seré recordado es este escarabajo celeste, querido Alfredo, más viejo que Matusalén. Claro: yo pude haber sido congresista eterno y ahora mismo podría estarte llevando en un Volvo de lunas negras, querido Alfredo. Y, sin embargo, mira tú el auto en que, taca-taca, te estoy llevando. Eso el pueblo también lo recuerda. Y la tercera razón por la que siempre me recuerda el pueblo es porque fui enamorado de Paloma San Basilio y a la gente le encanta saber que su alcalde también tiene su corazoncito, querido Alfredo.

Varias cosas hacen que este viaje con Alfonso Barrantes lo lleve en el alma. El recorrido entero, el de ida y el de vuelta. Alfonso había llevado la botella de vodka Absolut porque sabía que me gustaba, aunque desgraciadamente yo no podía beber, aquel día, y el hombre se la metió íntegra al cuerpo con hielo y agua tónica, durante la larga sobremesa con varios oficiales de policía que festejaban algo en el comedor de al lado, y que, felizmente, lo reconocieron, se nos unieron –me llenaron de tarjetas, dicho sea de paso– y bebieron con sincero afecto a su buena salud y larga y honorable vida ciudadana. Y después de haber dado cuenta total, también, el gran Alfonso, de una botella de vino tinto, con los excelentes condumios que nos preparó Pedrito Solari, su viejo amigo. Más los pisco sauers del aperitivo, invitación de la casa, que también se echó al cuerpo por partida doble –su pisco y el mío– el hombre, por las tres razones por las cuales el pueblo peruano siempre lo recordaría, en todas las esquinas y semáforos que me pongan por delante, querido Alfredo.

Lo malo es que yo desde Barranco había empezado a notar lo ingrato que puede ser el pueblo peruano con sus ex alcaldes y ex candidatos. Porque ya iban varios semáforos y esquinas, de los verdaderos y de los otros, sin saludo ni guiño de ojos ni nada, de nadie, y era más bien Alfonso quien le tocaba la bocinita a las personas de al lado y les hacía todo tipo de saluditos desde el inolvidable taca-taca celeste, obligándolos a responderle adiositamente, aunque a veces también sin sonrisa ni nada. Y la cosa fue en aumento por el distrito de Miraflores y en el de San Isidro yo creo que perdimos por goleada, aunque es verdad que por Lince la cosa mejoró bastante y hasta nos dio para llegar en buen estado recordatorio a Jesús María, donde Pedrito Solari.

Pero también es cierto que, cada vez que he contado esta historia en público, ha aparecido algún limeño aguafiestas que me ha señalado que, para llegar a Jesús

María, desde Barranco, es totalmente innecesario pasar por Lince. Que, sin duda, Frijolito se metió algo demagógicamente por un distrito de menor poder adquisitivo y, por consiguiente, más izquierdoso: por ahí era mucho más probable que alguien lo reconociera. No me meto. Lo registro notarialmente todo, y punto. Y sólo repito una vez más lo que ya antes he escrito: aquel día de invierno limeño era un día perfecto para la melancolía y la nostalgia. Era casi lógico, pues, que aquel hombre realmente honrado y entrañable, tremendamente irónico y fino, también, hubiera caído en la trampa que entre ambas le habían tendido. Necesitaba ver adioses, escuchar bocinas, saludos, ser reconocido, bien recordado, permanecer en la mente y en el corazón de sus compatriotas. Y, si para eso había que alterar un poquito el orden de los saludos, qué importaba, igual que cuando se altera el orden de factores, el resultado es siempre el mismo y para eso estaba yo ahí a su lado, para ver sus excelentes resultados, para alegrarme y festejar sinceramente, como amigo y como peruano.

Todo esto, a la salida, una triunfal salida en la que los oficiales de la policía realmente le demostraron afecto y hasta le ofrecieron protección, porque cómo puede un hombre como usted andar por Lima sin protección, don Alfonso:

—Pues porque, como le vengo diciendo aquí, a mi querido amigo Alfredo, el pueblo peruano siempre me recordará por tres razones. A saber... Porque creé el vaso de leche...

Y le dieron toda la razón, los oficiales de la policía, con lo cual para qué les cuento. Se había hecho de noche y, como las lechuzas, como lo búhos, Alfonso Barrantes Lingán cada vez veía más nítidamente cómo el pueblo peruano lo recordaba. El de hoy era un día de gloria para quien conoció el poder y lo despreció. Lloviznaba, se mojaba el taca-taca, se empapaba toda posibilidad de ver algo por la luna delantera, y, cómo no, no funcionaban las plumillas. Y por la avenida del Ejército torcimos mal y nos metimos contra el tráfico por otra avenida, ahora sí, interminable. Tanto como los alaridos, insultos, recuerdos a la familia, que recibimos. Pero, claro, como no se veía nada de nada pero la multitud realmente nos aclamaba y el vodka, el vino y el pisco son grandes estimulantes, Alfonso y yo le agradecíamos a ese pueblo entrañable, por nuestras ventanillas laterales cada vez más abiertas, sí claro, siempre más y más entrañablemente abiertas. ¿Por qué diablos no te iba a acompañar yo con esos recuerdos, Alfonso?

CHE TE DICE LA PATRIA?*

* Ernest Hemingway titula así, en italiano, uno de sus cuentos.

"Me tenant comme je suis, un pied dans un pays et l'autre en un autre, je trouve ma condition très heureuse en ce q'uelle est libre".

DESCARTES

"Avanza Perú, gol de Brasil".

ANÓNIMO

"En Lima, ser y no ser es lo mismo".

HÉCTOR VELARDE

"Lima es una pasión intrascendente".

CARLOS RODRÍGUEZ SAAVEDRA

"Los recuerdos y las memorias son la cárcel; las antimemorias son la libertad".

JULIO ORTEGA

Una cierta tendencia

Parece que yo siempre tuve una cierta tendencia a regresar al Perú. Incluso antes de salir del Perú, por primera vez, la idea de regresar, de haber regresado ya al Perú, rondaba mi mente, y tengo amigos tan queridos como Luis "Tetera" Peschiera y Alfredo "El perro" Díez Canseco que hasta el día de hoy opinan tercamente que la única razón de mi partida a Francia, hace cuatro décadas, era la de regresar a Lima y vivir del cuento de que había vivido en París. Ambos declaraban, además, allá por los años sesenta, que yo me iba a Europa a estudiar para bohemio: ésta era mi inclinación y mi vocación, éste era mi norte y, como suele decirse, éstas eran mi meta y mi más cara ambición, aunque, cómo no, este menú incluía también mi regreso al Perú, lo antes posible y ya bien bohemio, de profesión. En fin, sublime.

Y yo, por defenderme y, de paso, por hundirlos en la miseria de su incultura, les agregaba que, además de bohemio, de París regresaría habiendo sido también apache, como nuestro Paul Gauguin peruano, el pintor inculto y pugilista Sérvulo Gutiérrez, que había sido apache en París. Esto último los desconcertaba completamente, ya que tanto Luis "Tetera" Peschiera como Alfredo "El perro" Díez Canseco no sólo ignoraban la existencia de nuestro compatriota Sérvulo Gutiérrez sino que además ni la más remota idea de que éste fuera también pugilista y viviera el París canalla a navajazos piel roja, con extracción de cuero cabelludo y baño de sangre en pleno Pigalle. "Tetera" y "El perro", a los apaches sólo los habían oído nom-

377

brar como eternos rivales de John Wayne en el cine. Todo lo demás, para ellos, era latín.

Ahora bien, es cierto que Manolo, el personaje del primer libro y del primer cuento que escribí en mi vida, está en Roma, sí, pero anunciando que piensa volver al Perú. Es lo primero que se le ocurre. Y éstas son sus palabras: "Regreso al Perú". Lo dice "sonriente y optimista", y el narrador acota que "tanto la sonrisa como el optimismo le quedaban muy mal". Me encanta esto de *acotar.*

En cambio, nada tengo que acotar cuando recuerdo y pienso con inmensa tristeza y cansancio en la cantidad de pesados maletones con "efectos personales", que, entre 1995 y el día de hoy, han ido y vuelto de Madrid a Lima y a Barcelona y a Lima y a esta casa y a la de allá –incluso hubo un maletón que estuvo meses dando vueltas perdido por Europa y Asia, por uno de esos típicos errores de aeropuerto y facturación–. Sólo tengo que agradecer la infinita paciencia de tantas buenas personas que me ayudaron en estos traslados que, sin razón alguna, nunca quise confiarle a la empresa de mudanzas que tan ejemplarmente sigue ocupándose de tanto vaivén y desarraigo. Hace unos pocos días que Maggie Revilla, mi primera esposa, comía en mi departamento de Barcelona y se burlaba al ver de regreso a Europa alguno de esos objetos familiares que en alguno de sus viajes anteriores le rogué que me llevara a Lima. No me guarda rencor, felizmente, y año tras año, por las mismas fechas, me sigue trayendo de allá las mismas *tejas,* de Ica, delicioso manjar peruano, y aquellos chocolates llamados Sublime, que, aunque ahora pertenecen a la multinacional Nestlé, merecerían figurar en el escudo nacional del Perú... Si yo, en este instante, me *comiera* un trocito de Sublime o una simple ñizca de teja iqueña, volvería a escribir *En busca del tiempo perdido,* como Proust, o el *Quijote,* como Pierre Ménard... De buena se han librado ustedes...

378

Sin embargo, hoy pienso que durante los ocho primeros años que viví en Europa mi tendencia a regresar al Perú amainó y hasta desapareció, o casi. Fueron los años en que viví en ciudades de Francia, Italia y Alemania, más una divertida temporada en la isla de Mykonos, recurseándome y comiendo más bien poco y mal. En dos oportunidades fui becario, y obtuve diplomas en lengua y literatura francesas, italianas y alemanas, pero también lavé copas y comí franciscanamente y dormí en camas de piedra, aunque creo que ya en 1968 puede establecerse la fecha en que dejé de gambetear la miseria y de ir y venir de país en país y de ciudad en ciudad, absolutamente joven y feliz, eso sí, dentro de los cánones establecidos por Ernest Hemingway en *A moveable feast*, el libro sobre sus mocedades en París. De todo esto he hablado, ya, en otros momentos, y si lo menciono ahora sólo es para decir que tengo la convicción plena de que por esos años el Perú se había reducido para mí al recuerdo de los amigos más queridos, a la triste noticia de la muerte de mi padre, a los maravillosos días pasados con mi madre en París y en la Costa Azul, y a la larga e intensa correspondencia que mantenía entonces con ella. Mi familia entera, en Lima y Buenos Aires, e incluso en Santiago, en Chile, vivió, amó, rió, lloró, fue joven y vieja, nacía y se moría, en esas cartas, hasta que en los años ochenta, cuando vivía yo en Montpellier, mi madre empezó a perder la memoria y a morir dulcemente, de carta en carta, llevándose con ella a decenas de parientes tan entrañables como epistolares. El mundo de mi mamá había durado algo más de veinte años y su historia quedó escrita con una intensa letra azul sobre un papel casi transparente. Era una letra puntiaguda, grande y gótica, y tenía algo del colegio francés de San Pedro, de su infancia casi colonial, y me imagino también que de aquellas institutrices inglesas que pasaron por las casas de la familia en Lima y de otras irlandesas que alcancé a ver en Buenos Aires. El de mamá era un mundo entero contado en mil cartas, tan hermoso y entrañable que no daban ganas de regresar al Perú, por temor a que se desmoronara, como en efecto sucedió, y como fui comprobando con los años.

O sea que yo nada de querer regresar a Lima, que se había quedado como bien sentadita y de lo más sonriente, para mí. Y el Perú, muy bien, gracias, aunque ya la izquierda peruana de París, el dúo Simon y Garfunkel y su *Cóndor pasa,* que era como un pelo en la sopa de cebollas de *chez* Lipps u *Au pied de cochon,* en el entonces mercado de Les Halles, y el póster del Che Guevara se habían atrincherado firmemente entre los últimos adoquines de los bulevares de Jean Paul Sartre, Boris Vian y Juliette Gréco, y a los existencialistas los habían barrido los situacionistas y unos aburrimientos tremendos llamados *nouveau roman* y *Tel quel.* Para cine, el italiano, entonces, y lo daban todo siempre cerquita de casa. O sea que, a pesar de todo, París seguía perfecto, calientito y a sus horas.

Mi trabajo universitario, más bien, me quedaba lejos, feamente lejos de París. O iba en metro hasta la estación de Saint-Lazare, luego ahí tomaba unos trenes viejos, me bajaba en el suburbio de Nanterre, y desde el andén iba saltando y sorteando charquitos inmundos con bacterias hasta la facultad, o me llevaba en su auto algún colega francés tan tempranito que había aún noche por el bosque de Boulogne y entre los árboles las últimas prostitutas se alumbraban con unos farolitos portátiles realmente descorazonadores, sobre todo por tratarse de París. Pero, bueno, una vez en clase, aparte de unas rítmicas y ondulantes sílfides de ébano provenientes de La Martinique o de la isla de La Réunion, *mademoiselle* Bigard y *mademoiselle* Billy –las estoy viendo a las dos, juntas y separadas y en su exámenes orales conmigo: yo no las desaprobaba, no, pero me encantaba que repitieran, y, la verdad, no había razón alguna para querer regresar al Perú–, aparte de ellas dos, en fin, lo que uno tenía que enfrentar desgarradoramente era a toda una muchachada de extracción popular y latinoamericanamente guerrillera, a algunas preciosas euroasiáticas que escribían siempre con tinta verde, nostálgico reflejo tal vez de alguna maleza vietnamita, y las chicas lindas del barrio XVI y de Neuilly, que ya se conocían todas de nacimiento o de los veraneos en la *Costa,* todo un eufemismo que quería decir *Azul,* ellas se entendían. Y la otra *Costa* era la Côte d'Ivoire, pero esa quedaba en África. Gracias a Dios, había un vaso comunicante entre tanta diferencia y tamaña distancia –cada una de estas comunidades humanas como que había nacido en un sector diferente de la gran sala de clases y no estaba dispuesta a moverse de ahí nunca jamás– y este vaso comunicante era nada menos que Machu Picchu. Nadie tenía absolutamente nada contra Machu Picchu *Superstar,* el ombligo del mundo y, digamos, para simplificar, que encima de todo el Perú quedaba en el ombligo de las alturas de Machu Picchu. Incluso el Che Guevara del póster podía tener un poquito sucia la melena, no necesariamente usaba champú, y los pelos hirsutos de la barba rala resultaban tan sospechosos como los de Bob Dylan, que ése sí que no se baña y quiere cambiar el mundo, con lo bien que se está en París, pero, en torno a Machu Picchu sí había en cambio un aséptico acuerdo total y también en torno a mi persona existía el hecho unánime de haber nacido yo en el Perú. Yo era un trofeo. Un trofeo salido de una postal eurocéntrica y excéntrica, a la vez, o sea muy fácil de digerir, allá en París. Y, además, yo no dejaba de tener un aire entre buen salvaje y perrito faldero, me imagino. En fin, que yo debía ser como la comedia musical Metro

Goldwyn Mayer y tecnicolor *Un americano en París,* pero mi melodía de fondo era, eso sí, *El cóndor pasa.* Parece que lo tenía en la mirada y en mis andares: un cierto *look* condorino, además. Y debo confesar que, durante los cinco años que pasé en la Universidad de París-X, llamada Nanterre, y conocida sobre todo como cuna de la revolución de mayo del 68, donde incluso se prohibió prohibir, mis clases versaron todas sobre Machu Picchu. Resumiendo, pues: durante cinco años seguidos y durante cinco horas semanales de clases, yo fui profesor de Machu Picchu en la universidad.

Y era delicioso, conmovedor, era anfibio y turbulento navegar por los ríos profundos que llevaban de un sector a otro de las clases sociales de mis clases en Nanterre, pues había sectores muy populares entre los cuales las palabras Machu y Picchu funcionaban como contraseña o santo y seña revolucionarios, y otros sectores muy muy chic entre los cuales estas mismas palabritas tenían más bien un efecto Alí Babá, mágico, secreto, oriental y sensual. Y yo era el ciudadano peruano que buceaba de un lado al otro de aquel inmenso mar, de una gran latitud, con la antorcha olímpica y un imponente aspecto de trofeo en disputa. Así fue, créanme, en aquellos viejos buenos tiempos. Y hoy daría lo que fuera por ser Proust y tener algo que mojar en cualquier infusión caliente, a ver si de golpe regresan a mí Sylvianne Tiennot, *mademoiselles* Bigard, Billy y Amélie Senghor, la chica de Senegal, Claire Neyreuneuf y Brigitte Barbey, Jo Dissard y Cathérine, pero la Rouyer, no la otra Cathérine, y Jeanne Rogale, en fin, todas aquellas *yenfilles* que me acompañaron en los sensuales baños de piscina temperada calientita en que desembocaban siempre mis otoños e inviernos universitarios. El trofeo nadaba los lunes, miércoles y viernes, de 6 a 8 p.m., y absolvía cualquier duda que aún quedara acerca de Machu Picchu, Ollantaytambo, el valle sagrado de los incas, el Huayna Picchu o Sacsayhuamán.

Pero entonces sí que sentí la necesidad de regresar al Perú. De verdad. Me urgía. Me urgió. Y es que yo ni siquiera conocía Machu Picchu. Yo me estaba convirtiendo en uno de esos profesores que no prepara sus clases, que se repite y repite, y que lo saca todo de las notas que conserva en unos papeles amarillentos que mira a escondidas. En cualquier momento me podía sorprender aquella alumna euroasiática que me observaba tanto –me acuerdo clarito de la linda Julie Kwan y su tinta verde, verde Vietnam–, o algún extremista deprimido me podía ver el pespunte suelto, este profe aburre y se repite. Tenía que ir al Perú y ponerme al día. Llevaba ocho años sin poner los pies allá. Pero había algo mucho peor. En mi vida había estado en el Cusco, jamás en Sacsayhuamán, tampoco en Ollantaytambo, y de Machu Picchu no se diga nada. Incluso era posible que alguien, en Lima, alguna vez, me hubiera propuesto ir a visitar la famosa ciudadela y yo le hubiera respondido, fruto de una educación, que a París o nada. La verdad, visto así, frutal y educacionalmente, tampoco habría nada de anormal en ello. Crecí mirando hacia Europa y, como todos, entonces, me eduqué en libros escritos en Europa. Y recuerdo, por ejemplo, que cuando en su primera campaña presidencial Fernando Belaúnde Terry lanzó consignas del tipo LA CONQUISTA DEL PERÚ POR LOS PERUANOS o CONOZCA EL PERÚ PRIMERO –con gran sentido turístico, por cierto–, Fortunato Flores, el segundo mayordomo de casa de mis padres, nos recibió al Gordo Alberto Massa y a mí, que regresábamos de la universidad a almorzar, con una interrogante atroz: "¿Qué será de nosotros cuando llegue el comunismo, doctores?". Cursábamos el segundo año de Letras, en calidad ya de doctores, el Gordo Massa y yo, y éste me miró como diciéndome que si el segundo mayordomo estaba así de anonadado, mi padre debía haber muerto ya. Cuarenta años después, tenemos que hablar de realidades tan distintas como que ya deben andar por los dos millones los peruanos que se han lanzado a conquistar cualquier otro país, antes que el Perú.

Pero fue en 1972 cuando, por primera vez, mi tendencia a regresar al Perú se concretó en un viaje de dos meses y medio. Y nadie fue tanto y tan bien a Machu Picchu como yo, aquella vez. Luis "El cholo" Nieto, poeta popular, vate, comunista línea Moscú, y que antes de brindar contigo le echaba siempre su traguito a la madre tierra, sin folclor, me apadrinó. Era como si me hubiera apadrinado el mismísimo Pablo Neruda, pero digamos que incamente. Y, además, había pugnas en el seno del partido pues nada menos que su lugarteniente y secretario, en el comité central del partido, en su casa, y en cuanta cantina abierta o cerrada hubiera en el Cusco, *by day or by night* –porque la izquierda unida, de un cohetazo las abría, con nocturnidad–, su lugarteniente Ángel Avendaño se acababa de escindir en prochino, pero también se deshacía por atenderme con cerveza y con pisco, aunque sin el encanto que da brindar con la madre tierra, eso sí. Además, Avendaño no era vate: tal vez era poeta, pero no era vate. Yo me dejaba atender, la verdad, porque ya quisieran mis alumnos unas clases tan bien preparadas, tan intensas como las mías, como si se las dictara directamente desde Machu Picchu. Aunque también es cierto que ya en el vuelo chárter París-Lima yo me había dado cuenta de que un alto porcentaje de los viajeros provenían de mis cursos, tal como me lo temía, por lo que jamás me quité unos anteojos negros y un sombrero de *cowboy* detestable, si se le veía desde los sectores populares de mi alumnado, y que ni con el cocodrilo de Lacoste hubiera perdido su vulgar sabor a chicle de Texas, entre el sector *Elle* de mis pupilas. Y en el Cusco no usé poncho, con lo cual a nadie se le hubiera ocurrido que ése podía ser yo, porque en París sí que usaba un precioso poncho y no me lo quitaba ni para dormir, en mi afán de intensificar el efecto Machu Picchu que deseaba transmitir en clases.

La batalla entre El cholo Nieto, promoscovita, y su lugarteniente Ángel Avendaño, que, digamos, amaneció un día maoísta, arreció durante los días que me pasé tocando íntegro Machu Picchu, piedra por piedra, y cuando volví al Cusco me contaron ya de broncas y entreveros. Y mi despedida fue sublime, inolvidable, entre trágica y pueril, entrañable, en todo caso. Era mi última noche y las dos tendencias del Partido Comunista cusqueño querían agasajarme con una comilona en el mismo restaurante y, cómo no, a la misma hora. El asunto, si no peligroso, podía ser desgarrador. Y, sin embargo, no dejó de tener su gracia. Las dos tendencias del Partido Comunista del Cusco habían firmado una tregua. Y habían llegado al siguiente acuerdo: Los brindis impares serían con los moscovitas, encabezados por el inolvidable Cholo Nieto, don Luis; los brindis pares serían con el prochino Ángel Avendaño. La entrada fría, la comería con los moscovitas, la entrada caliente, con los chinos, y así sucesivamente los segundos platos y los postres y el millón de brindis que, cómo no, seguirían hasta el alba. Reinó la disciplina, no lo puedo negar. Y no bien entraban unos, salían los otros, chinos y moscos. Y eso que afuera hacía un frío que pelaba. Pero fue perfecta la alternancia y en ningún momento se notaron las contradicciones en el seno del partido. Justo es reconocerlo. Fue una tregua perfecta y no se juntaron ni para llorar a los acordes de un lamentable charanguito, la partida del escritor peruano, autor de *Todo un mundo para Julito* (sic), que, como su César Vallejo, poeta del alma y del alba, que se murió de hambre, carajo, militaba con la pluma en el frente de París.

También Maggie, mi primera esposa, y yo, habíamos hecho nuestra tregua. Ella había decidido separarse de mí y había regresado al Perú varios meses antes que yo, de París. Pero al Cusco fuimos juntos y a Machu Picchu también y las fotos de ella en Sacsayhuamán con El cholo Nieto y el poeta proletario Leoncio Bueno –que acababa de salir de varios años de cárcel, por haber asaltado un banco para llevarle dinero a la guerrilla, y vivía ahora una suerte de reposo del guerrero y *dolce vita*–, y el poeta y broker de seguros italiano Paolo Vitale, son realmente preciosas. Mona Lisa en todo su esplendor, pero es Maggie. Y le haría bajar los ojos a Mona Lisa con su sonriente enigma total. Recuerdo que fuimos felices en el soleado y helado Cusco y en la chata Lima invernal que me recibió. Maggie ya trabajaba, en Lima, aunque todavía no en el sector turismo, en el que después se luciría como empresaria. Pero se dio maña, día tras día, para madrugar conmigo y con cada uno de mis amigos, durante aquellas vertiginosas semanas del 72. Fueron en total dos meses y medio de reencuentros y amanecidas, al cabo de ocho años, con la resistencia que uno tiene cuando anda aún por los treinta. Engordamos mucho, Maggie y yo, y nos volvimos a separar. Y, ya de regreso, en París, en plena clase sobre Machu Picchu, lo recuerdo claramente, yo hacía siempre un inesperado minuto de silencio andino por su ausencia. Aspiraba profundo, enfocaba el mismo punto del infinito histórico que el Che Guevara en su póster, aspiraba un poquito más, todavía, me exhalaba íntegro, lentamente, cuerpo y alma, y además con su toque de yoga y también casi de queda. Confieso que mi minuto sublime produjo siempre un gran efecto entre las muchachas en flor, sin molestar en absoluto a los varones. Y se fue perfeccionando con el tiempo, automatizando, incluso, hasta que al final ya ni siquiera sabía muy bien por quién doblaban las campanas en el Perú. París puede ser muy canalla. Uno también.

La cantidad de gente que había muerto en mi familia era impresionante, en 1972, y sin duda alguna las cartas que mi madre me había escrito desde 1964, hasta ese primer regreso a Lima, daban muy cumplida cuenta de este hecho. Pero también es muy cierto que los comentarios que ella agregaba, en cada caso, tuvieron mucho que ver con la manera en que yo asimilé aquellas muertes. Tal vez las muertes epistolares tengan esto, de especial, dependen mucho de quién las cuenta y cómo... Ya he hablado de las cartas de mi madre, del gótico de su letra, de su tinta tan azul, del papel casi transparente que usó siempre. Pero había olvidado este detalle: por detrás, el sobre quedaba en cierta forma lacrado por una preciosa estampilla redonda, amarillenta, apergaminada y tristona, en cuyo centro estaba el anagrama de mi abuelo Francisco, su padre. Se conoce que quedaron decenas y decenas de esos anagramas, de uso postal, a la muerte del abuelo. Y yo, ahora, con mi gran debilidad por los helados de vainilla, les atribuyo este olor, este sabor, *ce parfum*. Porque, en francés, *parfum* quiere decir *gusto, sabor,* además de *perfume:* sabor aromatizado, como el anagrama del abuelo en las cartas de mi madre. Y, por supuesto, porque también existen la memoria olfativa y la gustativa, a lo Marcel Proust, al que una simple magdalena, un bollito en su aromática infusión, casi lo mata a lo largo de tomos enteros de asma y souvenirs.

En cambio, en Lima, mi familia no tenía ya *ese* gusto, *ese* sabor a carta de mamá. No olía como cuando uno abría cualquiera de esos sobres, y en algunos casos tenía cierto sabor amargo e incluso rancio. No todo había sido color de rosas, tras la publicación de mi primera novela, *Un mundo para Julius,* además. Por ejemplo, mi tía

Teresa Echenique, hermana menor de mi madre, un ser demasiado bueno y débil y sensible, para este mundo, insistió con verdadero amor familiar en que yo almorzara todos los sábados en su casa, situada al lado de la casa en que viví hasta que me fui a Francia, y que mi madre alquilaba tras la muerte de mi padre. Mi tío Jorge von Bischofshausen, esposo de la tía Tere y un ídolo de mi infancia, jugaba golf siempre a esa hora, me contó ella, y yo se lo creí, por la sencilla razón de que el tío Jorge se pasó la vida jugando al golf, entre una herencia y otra, porque el tío era lo que se llama un gran heredero, mas no un gran trabajador, aunque, bueno, esto ya es harina de otro costal. La verdad, nunca vi a nadie heredar tantas veces en mi vida. Total que uno de esos sábados, almorzando con mi tía Tere, lo vi pasar de una habitación a otra, de su propia casa, y bien en punta de pies, nada menos. Iba pegando saltitos, como de ardilla o conejo, el tío alemanote, ridiculísimo. Comprendí lo que realmente ocurría. Dos y dos eran cuatro, desgraciadamente, y el inefable tío Jorge acabó de venírseme abajo. El recuerdo de la explicación que dio cuando me casé sólo civilmente con Maggie, en París –la decisión fue de ella, sólo de ella, a mí me daba lo mismo, porque la amaba y entendía y porque entonces las ideas de Maggie estaban contra el matrimonio religioso y actuó en coherencia con ellas– fue que, como yo pertenecía a la familia que pertenecía (sic) y Maggie era hija de inmigrantes (sic sic: así de bruto resultó, también, el tío Jorge), seguro que la plebeya había quedado embarazada y el muy vivo de Alfredito se casaba así, sin iglesia, porque su verdadera boda se la reservaba para una muchacha de su condición. Textual.

En la siguiente reunión familiar, en casa de mi madre, lo confirmé todo. Me pasé la noche sentándome junto al tío Jorge y viéndolo huir de mí en punta de pies de un lado a otro, como loco, y con los saltitos esos medio conejo y medio ardilla, esta vez porque entre mi primera novela y el *Manifiesto comunista,* de Fidel Castro, (sic), él no lograba establecer diferencia alguna. "El pobrecito murió sin lograrlo", según una carta posterior de mi madre, que era mi incondicional y en el bar de su departamento –algo así como su eterna morada– me tenía colgado en foto por todas partes y desde ahí mismo me escribía, viéndome millones de veces, según se burlaba ella misma, copichuela en mano, Y así fue. El tío Jorge había fallecido sin lograr establecer diferencia alguna entre los citados textos y, debido a su corto entender, siempre según mi mamá y su letra azul gótica con sabor, color, y olor a helado de vainilla.

Y ahora que regreso con la memoria visual a aquella reunión familiar, la primera para mí en ocho años, y los veo a todos ahí, sobreviviendo como podían a las cartas de mi madre, los hay entrañables, como el siempre noble y caballero tío César Chaparro (el tío fortachón y sonriente ya lleva bastón y una irremediable viudez, de terno y corbata negras), o como los primos Alejandra y Pepe, o, cómo no, mi afrancesada madre dándole al vodka pero oliendo al perfume de violetas que le envié o llevé siempre, y adquirido en la Provenza, o como Paquito, el hermano mayor, sordomudo, retrasado, epiléptico, después ciego, después, de todo, y hoy, por fin, ya aliviado del todo, un consuelo; en fin, pero ahora, este agosto de 1972 en que me vuelvo a instalar en el rincón perfecto, detrás del piano de media cola, para abrir a escondidas una carta de mi madre y compararla con lo que *me dice la patria,* la verdad es ésta no cesa de susurrarme, me murmura con insistencia, me repite una y otra vez que la familia no anda en busca de autor, como en el drama de Pirandello, sino que más bien huye despavorida de cualquier autor.

La patria me decía, además, en aquel regreso de 1972, que las reformas que el general Velasco y el ejército habían emprendido, tras el golpe militar de corte nacionalista, de 1968, iban a resultar tremendamente negativas para la economía del país, por buenas que hubieran sido sus intenciones iniciales. Es cierto que se había destapado más de una olla de presión social, pero ningún país se gobierna por decretazos, aplastando toda iniciativa privada, engordando las ya abultadas filas de la burocracia estatal, y atentando contra las libertades básicas. Y todos sabemos el desastre en que acabó aquel experimento militarista y autoritario.

No pensaban así mi cuñado Francisco Igartua y mi hermana Clementina, entonces, y recibían a cuanto militar vestido de civil –opino que para blanquearse, un poquito, y para reencarnarse en demócrata, otro poquito– e intelectual y artista apoyara al régimen, en su rústico y hermoso departamento de la calle Roma, en San Isidro, cuyo pedigrí consistía en que lo diseñó un célebre arquitecto suizo deprimido y suicida ejemplar. Aquellas eran noches de bohemia intensa –mi padre siempre aparecía a la mañana siguiente, mientras todos dormían, a comprobar que, entre vasos de whisky abandonados, ceniceros llenos de puchos, botellas de vino desparramadas, lámparas sin apagar, desorden, caos, se pudría una hija suya, en manos de sus enemigos–, pobladas de gente de todas las filas políticas, y en las cuales el vino y el whisky podían llevar las discusiones al más grande apasionamiento, pero aún no a la descalificación personal, al insulto, o a la exclusión, a la marginación. Todavía se podía mezclar perro, pericote y gato, en aquella Lima y, entre aquellas familias, se toleraba incluso a algún militante comunista o aprista, claro que siempre que además tuviera una buena cuenta bancaria o cierto lustre intelectual o artístico. Mi cuñado Francisco Igartua, Paco, era un gran anfitrión, al menos en aquel invierno que pasé en Lima. Apoyaba al general Velasco y su revolución con la terca, con la empedernida pasión que caracterizó su vida de periodista. Y mi hermana Clementina se había casado con él contra viento y marea y había enfrentando con verdadero coraje y amor la oposición de toda mi familia —el único que la apoyó fui yo, creo, aunque debo confesar que de una forma un tanto especial, ya que la avanzada noche universitaria en que volvía a casa un tanto mareadito y me topé por primera vez con el tal Igartua, acompañando a mi hermana mayor hasta las puertas de la decencia Bryce Echenique, lo único que se me ocurrió, al ver, doble además, el emperifollamiento príncipe de Gales a la trinca, de mi futuro cuñado, fueron estas palabras: "¿De qué burdel han sacado a este cabrón?". Y era muy probable que así me lo temiera, también, pero, con seguridad, no hice lo que mi padre hubiera hecho en mi lugar, en aquel instante. O sea dispararle un tiro—. Porque Igartua era comunista, de nacimiento, además de borracho, malhechor, vil, ruin y probablemente tuberculoso, según la escala de valores de mi padre, en la que, escritores, artistas y periodistas pertenecíamos todos a esta calaña, aunque para ser muy exacto diré que, en el inefable mundo aquel de mi padre, los escritores no éramos necesariamente comunistas. Estábamos expuestos a ello, sin lugar a dudas, y muy predispuestos al contagio, pero, a diferencia de los periodistas, no éramos fatalmente comunistas.

Francisco Igartua y mi hermana se casaron en 1964, muy poco tiempo antes de que yo zarpara rumbo a Europa, en un barco de carga, en mi debut como pobre. Entonces, él, desde su semanal revista *Oiga*, defendía con pasión al régimen democrático y pusilánime del arquitecto Fernando Belaúnde Terry, el de LA CONQUISTA DEL PERÚ POR LOS PERUANOS, en el que mi familia más cercana también había visto una encarnación del demonio, cómo no. Belaúnde Terry no tenía mayoría en las Cámaras, por lo que una tras otra se fueron frustrando todas sus iniciativas reformistas –lo cual, tenía yo la impresión, le encantaba al pusilánime, porque le daba un toque de mártir– y desde su semanario mi cuñado clamaba por un referéndum en el que los peruanos optaran o no por una ley de reforma agraria, por ejemplo. La democracia había que llevarla hasta sus últimas consecuencias, según mi cuñado.

Pero el arquitecto, como si nada. Lo suyo, definitivamente, era dibujar, o, a lo más, trazar, que ya resulta bastante más cansado que dibujar, porque es con regla, escuadra, compás y más aparatitos de esos, filopunzantes. Porque la verdad es que nada se movía en la superficie del Perú político de entonces, y el arquitecto, tan pusilánime y tan palaciego, diseña y diseña una carretera marginal en la selva, que iba a terminar con todos los males de Perú, Colombia y Brasil, por lo menos. Y sí, claro, y tal vez, y, a lo mejor, y en el futuro, cómo no. A gritos se notaba que le faltaba un ingeniero constructor, al arquitecto. Y es que después de todo lo que había prometido, le había dado por encerrarse en palacio a dibujar plano tras plano y explicarlo luego en la televisión, en sucesivos pizarrones llenos de garabatos, y el pueblo, que no es cojudo, pero que es pura televisión, como que entendía y no entendía nada, a la vez, y para eso estaban Cantinflas o los Troveros criollos entonando el valsecito aquel que parodiaba a la clase política de siempre y sus maravillosas promesas electorales: "... y las corvinas / sobre las olas / nadarán solas / con su limón". Bien merecido se tenía Belaúnde el apodo de Belagogo.

Mi recuerdo es que en el Perú oficial de entonces casi no existía la política, sino la politiquería. Desde cualquier cóctel se complotaba, whisky en mano, y aún veo con nitidez una reunión en la avenida Angamos, de Miraflores, en que las copas y las discusiones de la camarilla probelaundista se habían prolongado. Era la casa de algún pariente del presidente, me acuerdo claramente, y un primo de mi madre, que ocupaba un alto cargo en el gobierno, discutía acaloradamente con otros invitados, entre los cuales no podía faltar Paco Igartua, mi cuñado, apodado Campanita, por su interminable capacidad de llevar la contra, de entender las cosas siempre de la manera más rara del mundo, y de alegarlo absolutamente todo con una voz sumamente aguda. Yo me aburría soberanamente en un rincón, sin explicarme ni siquiera qué diablos hacía ahí, y hasta el día de hoy no sé cómo fui a dar a una reunión tan pesada, tan aburrida, tan inútil, pero tan importante y poderosa, parece ser, en lo que entonces se consideraba el poder político nacional. Y no sé por qué, alguien me preguntó, al verme ahí, tan ajeno a todo, incluso por edad, ¿qué pensaba yo del gobierno del presidente Belaúnde? Respondí, más que nada por desahogarme: "Tanto discutir, para que después todo esto acabe en un golpe de Estado". En el Perú de entonces, no se necesitaba ser adivino para soltar una frase así. Las estadísticas hablan por sí solas. Los golpes de Estado han sido parte de nuestra triste realidad republicana. Pero a mí casi me matan. Mi cuñado Paco y mi hermana Clementina, los primeros. Fui expulsado del cóctel, y todo. "¡Bellaco, sí; belaundista, no!", exclamaba yo, con cierta agudeza histórica, mientras me sacaban a empujones.

Con la misma vehemencia que aquella noche en que me largaron, con la misma terquedad, y con la misma posesión de la verdad, mi hermana y mi cuñado pretendieron también expulsarme, la próxima vez que hablamos de política. La diferencia, claro, es que ahora estábamos en París, en mi departamento de la rue de

Navarre, y de aquí mí no me saca nadie, que quede muy claro, aunque, para mi asombro, resultó que ahora ellos apoyaban el golpe de Estado que había defenestrado al presidente arquitecto Belaúnde Terry, el bienamado de hace tan sólo unos añitos y el calzonudo de hoy, para que te enteres, Alfredo. En fin, lo que se llama los vaivenes de la política. Y así resulta que, ahora, mi cuñado se desgañitaba defendiendo al general Juan Velasco Alvarado –"éste sí que tiene un par de huevos", era su leitmotiv–, y, sin que yo hubiera empezado a atacarlo aún, siquiera, sus palabras ya campaneaban por París con la agudeza y el poderío suficientes para espantar a los mismos cisnes del bosque de Boulogne a los que, meses antes, mi madre, qué diferencia, por Dios, les había recitado de memoria párrafos enteros de *En busca del tiempo perdido*, durante su entrañable visita de 1967.

Mi departamento quedaba en el último piso de un alto edificio y en lo más alto de una colina, pero, de todos modos, cómo gritaba mi cuñado en defensa de la revolución, esta vez. Pobres cisnes y pobre arquitecto Belaúnde, hasta parece que habría merecido que lo defenestraran desde un piso más alto, por candelejón, por calzonazos, y hasta por arquitecto, me tenía que enterar yo, con vaivén político. Y mi hermana lo apoyaba ciegamente, me imagino que por amor conyugal, y porque mi cuñado, hecho un manso cordero, le había asegurado que el avisaje de la revista iba muy bien, con la revolución y con la nacionalización del petróleo creo que vamos a estar mucho mejor, mujer. Pero volvía a desdoblarse y, por calles y plazas o en la redacción de su revista, realmente parecía el Zorro, Paco, cuando de argumentos se trataba, porque era un solo de florete, un gran espadachín, el más grande alegoso que he conocido en mi vida. Paco jamás argumentó, ahora que me detengo a recordarlo bien. Paco sólo esgrimió. A grito limpio y campanero. No replicaba. Repicaba. Y escribía repicando, también, esgrimiendo y a gritos. Eternamente respaldado por don Miguel de Unamuno, debido sin duda a sus orígenes vascos. La verdad, yo nunca he llegado a conocer a nadie que opine tanto y conozca tanto y tan de cerca la realidad peruana como a don Miguel de Unamuno. Al menos, a juzgar por editoriales que, semana a semana, nos esgrimió mi cuñado, desde su púlpito vasco, y a lo largo de décadas. El pensamiento de Unamuno daba para todo, parece ser. Y también evolucionaba desde las trincheras de la revolución hasta *La Tour d'Argent*, en París, por ejemplo. Aunque es cierto que, en el menú de la vida, Paco Igartua antes lo había probado todo, de puro esgrimiente: mazmorras –no he dicho "mazamorras", que es un delicioso postre limeño, que conste–, tortura, calabozazos mil, deportaciones –aunque cuando el ministro del Interior que lo deportaba era de origen vasco, siempre aparecía deportado en el más elegante hotel de San Sebastián o Madrid– y exilios: a cada rato le caía a uno por casa e incluso hubo una vez en París, en mi departamento, en que le quitó la cama al poeta Balo Sánchez León, al que yo había invitado a quedarse en casa, y se comió íntegra en una noche la provisión que poeta y narrador habíamos adquirido para una semana, esa misma mañana, incluyendo el vino. Aquella vez, lo recuerdo fotográficamente, había aparecido por mi casa días antes, diciéndome que sólo pasaba un momentito para darme noticias de la familia, ya que venía invitado por el presidente Pompidou y se estaba dando la gran vida por medio Francia. Reapareció al cabo de unos días, anunciándome que la invitación presidencial se le había acabado y pidiéndome por favor que lo alojara unos días, porque estaba sin un centavo. Así vivía el cuñado Paco Igartua, y también hubo veces en que apareció por mi departamento parisino lleno de dinero, me pagó por mis colaboraciones en su *Oiga*, su revista, me invitó a comer en grande y con grandes vinos, y a la hora de la cuenta me obligó a pagarla porque, caray, se acababa de acordar, se había olvidado de pagar sabe Dios qué facturas. Y me dejaba sin un céntimo otra vez. Pero quién iba a discutir con Campanita, con un tipo tan simpático y cuya generosidad con lo propio y ajeno nunca tuvo límite.

En 1995, quebrada para siempre su longeva revista *Oiga*, durante la dictadura de Alberto Fujimori, respondió con unamuniana y conmovedora sinceridad, a la pregunta: "¿Y qué es lo que más va a extrañar usted del periodismo, don Paco?". "El canje", fue su respuesta. El tipo se había canjeado toda una vida de cinco estrellas contra publicidad. Gritado por mi hermana, es cierto. La familia entera viajó gracias a él, diría yo. Y por una vez me incluyo entre la familia entera.

Y ahora me viene a la memoria algo genial, algo realmente genial que le debo a sus editoriales espadachines. Mi tío Enrique Basombrío Echenique, por todos adorado y caballero a carta cabal, ex ministro de Agricultura en los años cincuenta y jubiladísimo caballero que vivía cultivando su jardín y era primo hermano doble de mi mamá y de mis abuelos maternos, ya que por todos lados era pariente y gente decente, nuestro entrañable tío Quique, de golpe resultó que en un editorial de mi cuñado se había apropiado ilegalmente de centenares de hectáreas de tierras de regadío y gran valor, en el norte del país, cuando fue ministro. En casa de mis padres, mi padre había muerto de un colerón, como cada lunes, al enterarse del contenido del editorial de *Oiga* —era su estilo y era coherente y sincero, la verdad—, mi madre se estaba matando con el vodka, y mi hermana Clementina lloraba desconsoladamente. Y ninguno de los tres tenía aspecto de querer ceder ni en su muerte ni en su bebida ni en su llanto a mares. Francisco Igartua, "el cangrejo ese" –éstas habían sido las palabras *mortem* de papá–, mientras tanto, seguía esgrimiéndole por toda la revista más pruebas unamunianamente falsas al tío usurpador y prevaricador y ladrón –"... y entre estas pruebas, cómo no, su cuarto apellido, Ladrón de Guevara: Enrique Basombrío Echenique Porras Ladrón de Guevara (cont. en la pág. 47)"–, por más que éste ya hubiese probado *urbi et orbi* que los límites de sus tierras no sobrepasaban ni un centímetro la pared del jardín de su casa única, que era, además, pared medianera, según consta fehacientemente en los documentos depositados en la secretaría de todos los diarios de circulación nacional y ante el notario Chepote, famoso en la Lima de entonces.

Yo corría de un lado a otro, calmando ánimos, consolando, intentando probarle a mi cuñado que, en el colegio, yo también había leído a Unamuno y que hasta lo había entendido, llamando al médico del Banco Internacional, para atender a mi padre, que se había quedado *mortem* en la palabra "cangrejo", llevándole cajas de kleenex a mi hermana Clementina, hielo para el vodka a mi mamá, pidiéndole a Paquito, el hermano sordomudo, que, por favor, bajara la voz, porque papá moría, cerrándolo todo con llave para que, en medio de la confusión, mi hermano Eduardo, el incomprendido, no alzara con la cubertería de plata, también. En fin, que andaba en todo esto, puedo jurarlo –y además es por esta razón que lo recuerdo todo tan al pie de la letra y al pie del cañón–, cuando, maravillosamente, mi padre, que yacía *mortem* en el sofá de la sala grande, habló, produciendo en mi vida uno de los momentos más increíbles que había vivido hasta entonces, en tanto que futuro escritor. Y, por supuesto, uno de los recuerdos más entrañables que me ha producido la escritura de este libro.

Ya creo que les he contado hasta el cansancio cómo, cuánto, dónde, cuándo y por qué mi padre despreciaba a los escritores, me obligaba a estudiar Derecho, y renegaba de su hijo Alfredo ante la sola perspectiva de que éste pudiera escribir un par de frases bonitas, digamos. Pues ahí estaba el viejo, bien yacente, y la familia entera pendiente del *affaire* "tío Enrique Basombrío Echenique", cuando mi padre me llamó a su lado y me dijo desde el otro mundo que no bastaba con que Lima entera tuviera constancia de la honorabilidad de tu tío, hijo mío: "De esta casa tiene que salir una carta escrita a mano y personalmente dirigida a tu tío, en la que quede muy claro que jamás hemos creído ni creeremos una sola de las palabras del 'cangrejo' y en la que se le reitere nuestro afecto familiar y nuestra altísima estima y consideración". Dicho lo cual, me miró fijamente, desde el otro mundo, y agregó que, ya que yo quería ser escritor, sirviera para algo alguna vez en la vida.

Es cien por ciento real que yo no sólo escribí esa carta sino que además fui el cartero que se la entregó en mano al tembloroso y viejo tío Enrique, en su casa de la avenida Coronel Portillo, en San Isidro, mientras él señalaba insistente hacia la pared medianera del jardín que delimitaba íntegra su hacienda, íntegros sus bienes muebles e inmuebles, y evocaba nombres de gente como tu papá, mi primo Francisco Bryce, y tu abuelo, mi tío y primo doble Francisco Echenique Bryce, querido sobrino Alfredo, y para qué se han molestado, por favor, no no, no han debido tomarse la molestia. Después, el tío Enrique empezó a mover como loco la oreja izquierda. Era el truco favorito que utilizaba para entretener a mi hermano Paquito, el sordomudo, que en su mente infantil hacía años que lo tenía calificado en la categoría humana "Payaso", de su entendimiento. Bastaba con que uno le labializara, más que vocalizara, las palabras

"Tí-o En-ri-que", al hermano Paquito, para que se atracara con la palabra "pa-pa-pa-yaso" y soltara enseguida la carcajada señalándose agudamente una oreja, trasladándose el pobrecito a una perfecta tarde de circo.

Pero bueno, estábamos en que, defenestrado el presidente arquitecto Fernando Belaúnde Terry, a quien antes habían defendido apasionadamente, en París se me habían aparecido en 1968 mi hermana Clementina y mi cuñado Francisco Igartua, defendiendo ahora al general Juan Velasco Alvarado –"que tenía un par de huevos, éste sí que sí", según mi cuñado–, y que además lo debió haber defenestrado al candelejón ese desde una ventana más alta, todavía, por decir lo menos. Mi cuñado se ocupaba de la ideología, o sea que citaba a Unamuno más que nunca, mientras que mi hermana se ocupaba de la sección sociales de palacio, digamos. Y fue así como me enteré de la cantidad de frases geniales o profundas o astutas o divertidísimas que el general Juan Velasco Alvarado –el que siempre tenía un par de huevos, según mi cuñado– le había soltado en un cóctel en palacio al embajador de los Estados Unidos, por ejemplo. Era tan irónico, nuestro general, y tenía tal dominio de la elipsis, de las metáforas, el subjuntivo y el gerundio, que ni Jorge Luis Borges, en un día de fiesta, era capaz de soltar tal cantidad de frases agudas seguiditas.

Me resultaba abrumador, el asunto, allá en París, cómo no, y se los dije, pero eso me pasaba a mí por vivir en el extranjero y no palpar la realidad nacional y su urgencia. Aparte de que la señora Consuelo, ella, o sea la esposa del Chino Velasco, que, bueno, chino, no, cholito más bien, pero conoce París... Aparte de que la señora Consuelo es bien buenamozona y fina, y aparte, también. En fin, este eterno "aparte de...".

Cinco años más tarde, cuando regresé nuevamente al Perú, ya los había visitado en México, en un pequeño departamento del Distrito Federal, adonde habían llegado huyendo del general Velasco, que ya no tenía ese par de huevos ni nada. Gobernaba otro general, Francisco Morales Bermúdez, pero, bueno, vamos por partes, como decía Jack el Destripador, y repasemos ahora aquella visita mía a *la patria*, en 1977.

Cinco años más tarde, *la patria*

En 1977 intenté regresar al Perú para siempre, pero nadie se dio cuenta. O es que yo siempre me he expresado muy mal. Aquel viaje empezó siendo muy doloroso y terminó siendo una fiesta que duraba ya varias semanas cuando tomé conciencia de que había llegado el momento de regresar a París, aunque ya no por mucho tiempo. Y fue sin duda entonces cuando sentí también que más de una década seguida en esta ciudad era suficiente y que, si *la patria* no me ofrecía nada, tendría que buscarme algo así como una patria chica, un pequeño lugar bajo el sol donde seguir ganándome el sustento y disponiendo de mucho tiempo libre para escribir. La condición única, por mi parte, era la de poder seguir escribiendo. Todo lo demás me importaba un rábano, en aquel incómodo momento, lo recuerdo claramente, y esto incluía el amor.

Me acercaba ya a los cuarenta años y había perdido a mi primera esposa, Maggie. Mi furtiva e itinerante relación con Sylvie, ese fruto prohibido que la dulce Francia me sirvió en bandeja, sólo para que me enterara de lo que es el paraíso, creo yo –aunque hoy, como Maggie, Sylvie es también una amiga muy especial–, empezaba a sonar a disco de cantina, a esas melodías de tema traumático que nos brindan la gloria y nos la quitan también, un par de horas y de copas después. Y Claude Deblaise, la muchacha con quien convivía entonces en París e imaginé incluso vivir en el Perú, simple y llanamente no acudió a la cita limeña y prefirió marcharse con su hijo Alexandre a vivir en el campo. Nuestra relación continuó algún tiempo, arrastrada por el cariño que siempre sentí por aquel niño, pero la verdad es que deseaba estar solo, absolutamente solo, en alguna ciudad pequeña, con buen clima y con el mar por ahí cerca. Claude y Alexandre fallecieron en un accidente de automóvil, en la época final de París, en que yo salía con dos muchachas muy lindas, Evaine Le Calvé, apasionada amante de lo ruso, y Marie Hélène Crolot, empleada de una agencia de turismo. Pero, la verdad, ya sólo pensaba en irme de esta ciudad, de una vez por todas. Mi traslado a Montpellier, en 1980, arrasó con todo aquello. Y sólo Maggie y Sylvie reaparecieron, algunos años después, cuando vivía por primera vez en Barcelona

Pero bueno, regresemos a *la patria*, regresemos a Lima, en aquel mes de junio de 1977. Y tengamos muy presente lo que sobre esta ciudad escribió uno de sus hijos notables, el arquitecto e historiador del arte Héctor Velarde: "En Lima, ser y no ser es lo mismo".

Para empezar, en casa de mi madre las cosas se me pusieron muy difíciles casi desde el comienzo. Empecé alojándome ahí y disfrutando de la excelente cocina de Armandina, que cada día me preparaba uno de mis platos preferidos de siempre, con verdadero afán, con mucho cariño, y que se quedaba de pie mientras me lo comía y daba fe de su alta calidad, llenándola de piropos y comparándola con los más grandes *chefs* parisinos. La mesa la servía Fortunato, otra de esas joyas del servicio doméstico que había sobrevivido a la casa de mi padre y vivía también en el departamento que mi madre compró al enviudar, y de mi ropa se encargaba Belinda, una hija de Armandina que creció en casa de mis padres y terminó siendo una gran costurera, incapaz de cobrarle un centavo a nadie de quien ella sospechara el más leve parentesco con mi familia. Y aquel *dream team* pudo durar hasta el día de hoy, por decirlo de alguna manera, pero una serie de acontecimientos dignos de la familia Simpson precipitaron mi absoluta caída en desgracia.

Todo empezó, cómo no, porque mi hermano Eduardo, gran jaranista, mortal enemigo del trabajo, y mujeriego exaltado, andaba una vez más en problemas conyugales y estaba dispuesto a matar o morir por una muchacha que había conocido una noche en un restaurante criollo de Barranco, ante la vista y presencia de su segunda esposa, de mamá, y de la mía. Parece que el tipo era un genio para bailar una marinera con su esposa y al mismo tiempo enamorar a la chica de la mesa de al lado. Lo cierto es que del restaurante ya salió con el proyecto de abandonar a una cónyuge más y a una nueva camada de hijos por los que, la verdad, jamás habría de mover un dedo.

Y aquí arrancaba la parte televisiva y sumamente romántica, a juzgar por lo que me contó al día siguiente en un café de la avenida Larco, en Miraflores, donde me había dado cita para hablarme de hombre a hombre, de hermano a hermano, de corazón a corazón, y para pedirme un pequeño préstamo que le sirviera para costearse los gastos de un viaje en vapor a los Estados Unidos y su instalación en Madison, Wisconsin. Mi hermano Eduardo, como se verá, sólo viajaba en vapor.

Allá, en Madison, Wisconsin, vivía Florita Herencia, su amada desde la noche anterior, en el restaurante de Barranco, mientras bailaba la marinera con su esposa. La verdad, salvo que él y Florita Herencia fuesen ventrílocuos, ambos, un par de consumados artífices de la ventriloquia, hasta el día de hoy no he logrado establecer cómo lograron recabar tal cantidad de información el uno del otro en tan poco tiempo. Y sin moverse de la punta de nuestras narices, tampoco, ya que el gran Eduardo era tan vago que la marinera la bailaba sin desplazarse ni hacia un lado ni hacia el otro, íntegra sobre

403

una loseta, por ejemplo, alegando que así se baila la marinera limeña, sin duda para no esforzarse ni en eso, lo cual además hacía de su marinera una verdadera danza inmóvil. Doy fe.

Florita Herencia, el nuevo gran amor de Eduardo, era psicóloga y estaba de visita en Lima, donde se había sentido sola y desubicada, al cabo muchos años de ausencia. Y, como también él se había sentido muy solo y desubicado, de nacimiento, según me fue contando en el café de la avenida Larco, les bastó mirarse para amarse, mientras él bailaba la marinera, y ahora ella tenía que volver a su destino laboral de Madison, Wisconsin, y él iba a tener por fin la oportunidad de embarcarse en un verdadero vapor y de entregarse íntegro a una mujer. No le importaban su esposa ni sus hijos, ni de este ni de otros matrimonios, me lo advertía. Sí: *me* lo advertía y, para tal efecto, había roto una botella de cerveza grande –de tamaño familiar como le suelen llamar–. Por supuesto que yo le dije que nos abandonara a todos, en el acto, empezando por mí, que el día mismo de su embarque yo pondría a su entera disposición la ansiada suma de dinero, y que le deseaba una feliz travesía en vapor y una vida plena en el estado lechero de Wisconsin.

Mi hermano dejó caer la botella, me besó, y se vio a sí mismo embarcado rumbo a Madison, Wisconsin, en vapor, sin duda alguna, porque ahí lo dejé sentado en ese café de la avenida Larco, oteando el horizonte con cierto cansancio, ya, creo yo. Eduardo siempre fue experto en este tipo de situaciones melodramáticas y más de un abogado me ha contado en Lima de la cantidad de veces en que huyó de algún gran amor con embarque y vapor e incluso con promesa de esponsales firmadas ante un juez. Pero, yo, aquel día de junio de 1977, recién llegado a Lima, me retiré pensando en algo que pude comprobar, por última vez, el año 2002, también en Lima, en casa de unos primos muy queridos: la absurda nostalgia de embarcarse y navegar en vapor que desde niño había tenido este hermano mayor que yo. Y se negaba a navegar en ningún otro tipo de embarcación, desde bote, lanchita o velero, hasta acorazado. Ni siquiera en *vaporetto*, lo sé, me consta, porque yo una vez en Lima, entre copa y copa, le solté esta palabra italiana, *vaporetto*, y traté de embarcarlo en Venecia, digamos que experimentalmente, pero mi hermano me soltó un bostezo enorme. Eduardo siempre soñó con navegar, pero en vapor, y la sola mención de la palabra lo sumía en una suerte de ensoñación, de la que sólo su eterna pereza lo rescataba. Y en estas ensoñaciones embarcó a cuanto gran amor tuvo en su vida y, desde muy chico, lo recuerdo claramente tarareando esta canción, día y noche: "En el mar / la vida es más sabrosa / en el mar, se quiere mucho más / con el mar, el sol y las estrellas / en el mar todo es felicidad". Y es que amar y navegar en vapor eran sinónimos, para él, parte de un sueño eterno, de un todo inseparable e inconmensurable. Porque, para mi hermano Eduardo, sin amor no había vapor y sin vapor no había ni hubo jamás amor. No me cabe la menor duda.

La cosa era rarísima, sí, pero realmente formaba parte de su humana condición, como la suelen llamar, y me lo había colocado en plena cara. Por supuesto que le dije naturaleza, como también su sobrehumana pereza, algo realmente enfermizo, y tanto, que mi madre –que a sus propias ensoñaciones y deliciosos delirios mezclaba un sentido práctico total y un duro realismo de mujer que ha sufrido demasiado, y demasiado joven, sobre todo–, a menudo, cuando se refería a sus dos hijos mayores, varones ambos, decía que ella no había tenido *un* hijo anormal –Paquito, el hermano mayor, el niño eterno–, sino *dos*. Y, hasta donde yo sé, Eduardo jamás pisó la cubierta de un barco, ni siquiera en un museo de la marina. Soñaba con ello, eso sí, hasta el final de su vida, y era sumamente penoso verlo interrumpiendo cuanta conversación tuviera lugar en la que alguien hablara de algún viaje al extranjero. Como aquella tarde del año 2002, en casa de unos primos, en que empezó a interrumpir a todo aquel que se atreviese a hablar de un viaje al extranjero. "Conozca el Perú primero", intervenía, inoportuno como casi siempre, sobre todo al final de su vida, realmente pesado. "Conozca el Perú primero", repetía, y con una mano se golpeaba la palma de la otra, para darle un agotado énfasis a su frase violentamente nacionalista y turística. Uno de mis primos, que acababa de llegar de Chile y probablemente no lo había visto desde niño, se le acercó con verdadero afecto y sin adivinar aún su estado de abandono y ebriedad. Fue una maravilla. Parecía que nuestro primo hubiese pronunciado la encantada palabra *vapor*, con sólo acercársele y saludarlo. En menos de lo que canta un gallo, Eduardo se olvidó por completo del "Perú primero" y ahí solito se contó un viaje entero en vapor maravilloso, indocumentado, sin puerto de embarque ni puerto de llegada, ni nada, aunque por ahí mencionó las islas Galápagos como lugar de paso. Un ciudadano norteamericano que tenía un vapor lo invitó un día a navegar, mientras él se hallaba sentado en la terraza del café Haití, en Miraflores, "disfrutando y nada más, hace de esto muchos años ya y también muchos años ha...". Y, a juzgar por lo intensa que fue su vida en alta mar, realmente parecía que había naufragado muchas veces, antes de desembarcar justo a tiempo para llegar a ese almuerzo familiar, en un estado francamente calamitoso. Pero no. Porque resulta que el mismo ciudadano norteamericano que lo invitó a bordo, tuvo la amabilidad de volver a dejarlo sentado otra vez en la misma terraza del café Haití, en Miraflores, "disfrutando y nada más, hace de esto muchos años ya y

406

también muchos años *ha...* ". Podía ser una pesadilla el hermano Eduardo.

La psicóloga Florita Herencia fue la primera razón de mi caída en desgracia de 1977, en casa de mi madre, pues resulta que mamá, que siempre protegía a nueras y yernos de sus hijos, porque "Nadie conoce mejor a mis joyitas que yo", había decidido acompañar a la entonces esposa de mi hermano, que, a su vez, aquella tarde de nuestra conversación en un café de la avenida Larco, había decidido seguir al infiel en automóvil. Y como mi hermano me recogió en casa de unos amigos, para llevarme a aquel café y abrirme su corazón, yo resulté siendo el cómplice de aquella maldad y, cómo no, el mismo alcahuete parisino de toda la vida, mi entonces cuñada *dixit*. No era nada fácil regresar al Perú con una cuñada así, créanme.

Yo me hice el tonto, por supuesto, y creo que hubiera podido sobrevivir a aquel absurdo y ridículo malentendido, sobre todo por la cerrada defensa de mi persona que hicieron todos los empleados de casa, incluyendo a aquellos ya jubilados que llegaban de visita para ver al niño Alfredo convertido por fin en escritor. O, como decía la entrañable Mama Rosa: "Para verlo a nuestro Alfredito ahora que ya escribe en lengua". Para este ser maravilloso, todo lo que no era castellano era lengua. Y debía ser ya centenaria, cuando en 1986 la llamé, como siempre, para anunciarle mi llegada a Lima y la que habría de ser mi última visita a su casa de la urbanización La Florida. "¿Cómo estás, Mama Rosa?", le pregunté. "Aquí, mi Chinito, mi Alfredito lindo, que siempre quería ser escritor. Aquí, pues, estoy, papacito: dándole pena a la tristeza". La Mama Rosa no sospechaba que acababa de obsequiarme un título de novela que ni el poeta César Vallejo hubiera imaginado, con todo su dolor universal y metafísico a cuestas: "Dándole pena a la tristeza".

En casa de mis padres, abuelos, y de mis tíos más cercanos, y también entonces, en el departamento de mi mamá, los empleados domésticos gozaron siempre de múltiples privilegios y consideraciones. Pero al cariño y respeto que se les tuvo siempre, se agregaba un cierto temor. Ellos eran los cuerdos y nosotros los locos, nosotros nos equivocábamos a cada rato, ellos nunca. Mi tía Tere, por ejemplo, la hermana menor de mi madre, tuvo a lo largo de toda su vida de casada y de viuda una cocinera llamada Eusebia, esposa de taxista, con taxi regalado por mi tía y por su esposo, cómo no. Eusebia era piurana, y cada vez que se le antojaba, partía de viaje al terruño y no se volvía a saber de ella en meses. Y cuando uno menos se lo esperaba, mi tía Tere aparecía aterrada en el comedor de nuestra casa, para anunciarnos: "Anoche me contrató Eusebia, de nuevo. Y no está nada conforme conmigo, porque hoy me ha tenido toda la mañana contando la cubertería de plata y falta una cucharita". Lo peor de todo es que estas cosas tenían un fondo muy real, aunque éste no fuera más que el temor –o terror– que la pobre tía realmente sintió siempre en circunstancias como ésta. Durante su adolescencia, Tere había pasado una larga temporada en un hospital psiquiátrico, y lo menos que puede decirse es que, aparte de haber inscrito su nombre en la larga lista de parientes que hemos visitado este tipo de establecimiento, la fragilidad de su salud mental fue palpable a lo largo de toda su vida. Murió completamente loca.

En mi familia, los empleados domésticos tuvieron además un peso mayor del que incluso ellos mismos hubieran querido tener. La inmensa saga de primeros y segundos mayordomos, cocineras y cocineros, empleadas de la limpieza, amas, mamas y choferes que pasaban de una casa a otra de mi familia, y podían dominar por completo a uno de sus miembros, como Eusebia dominó la mente de mi tía Tere y el primer mayordomo Paulino la mente y el alma de mi abuela materna Teresa, un ser tan adorable como divertido y tan frágil como inútil. Y, en casa de mis padres, fueron los empleados domésticos los que, al morir papá y perder la memoria mamá, decidieron con quién se iban a trabajar, con cuál de nosotros, los cinco hermanos Bryce Echenique, se iban a vivir y trabajar. Por supuesto que muchos se quedaron con mi madre, ya que de ella dependía el hermano enfermo, el niño eterno, y esto fue lo que primó en su elección, en vista del cariño que al mundo entero le inspiró siempre el hermano Paquito, y porque además mamá necesitaba más bien de enfermeras.

Con Nelson y Elena se fue a vivir y trabajar la maravillosa morena Cecilia Santa Cruz, cuyos hermanos varones morían siempre que yo estaba de regreso en Lima, o murieron incluso antes de que yo me fuera del Perú. Y mis padres siempre prestaron su mejor automóvil para el entierro de cada uno de esos negros grandotes y tan guapos como la Ceci, pero, como los choferes de la familia fueron siempre medio blancones y presumidos, usaban siempre gorra y su sueldo se los pagaba el Banco Internacional, donde trabajaron siglos mi abuelo materno y mi padre, en fin, como los choferes de la familia, costeños siempre, no se *juntaban* con la domesticidad, andina siempre, ni en día de velorio, el chofer de Cecilia Santa Cruz y de sus hermanos vivos y muertos fui siempre yo. Orlando Monterroso –que se fue a la guerrilla pero volvió del *foco*, como él le llamaba al frente batalla, para el entierro de mi padre– fue el único chofer que sí se mezcló con cualquiera, aunque, eso sí, casi mata a una hermana el día en que ésta se le presentó con novio negro. "Tan negro", Alfredo, me decía, desesperado, "que, si viviéramos en el Congo, en su tribu le llamarían El negro", y yo le pedía que no se alterara, que por favor no se acalorara. Muchos amigos y amigas de mis hermanas y míos pensaron siempre que el muy guapo y blancón Orlando Monterroso era nuestro hermano Eduardo, lo cual, la verdad, no le parecía mal a nadie, en casa, aunque sí nos parecía imposible lo contrario, ya que Monterroso fue siempre un hombre trabajador y puntual.

Mi partida a Europa, pocos años antes de la muerte de mi padre y del traslado de mi madre de una casa bastante amplia a un departamento, impidió que algunos de esos empleados domésticos que conocí desde muy niño, como Isaías Farfán, Fortunato Flores, Juana Briceño, Rosa Cruz, Lucila, Armandina, Arminda, Belinda, o el *foquista* Monterroso, me aprobaran o no en aquel examen en el que ellos nos elegían como sus patrones. Creo que muchos se habrían quedado con mi madre, como en efecto lo hicieron Armandina, Belinda y Fortunato Flores, aunque este último, santo entre santos, definitivamente consideró siempre que, al servicio de mi madre y de mi hermano Paquito, su ahijado de confirmación, sólo se quedaría un tiempo determinado, y que al final acabaría sirviéndome –es la palabra que él usó siempre– en Europa. Con los años, ese día llegó, para él, aunque no para mí, que por poco me veo embarcado en la aventura de traerme a vivir conmigo a un anciano, tan venerable como enfermo, aunque muy dispuesto a abandonar a su joven esposa, eso sí. No sé quién hubiera servido a quién, la verdad, pero lo cierto es que yo me pasé varios años, en los noventa, dándole largas como pude al eternamente fiel Fortunato Flores. Vivía yo en Madrid, entonces, y jamás podré olvidar la frase con que este buen hombre arrancaba su aterrador ofrecimiento laboral: "¿Y si se enferma, doctor, quién le va a alcanzar el agua para sus pastillas?". Fortunato me llamó doctor desde que yo tenía cinco o seis años.

Pero, volvamos a los años setenta y a aquel mes de junio de 1977, cuando recién llegado a Lima caí en desgracia en casa de mi madre y en el seno de la familia, primero por haber empezado hablando de corazón a corazón con mi hermano Eduardo, el badulaque (mi padre nunca usó otra palabra para referirse a él) y haber terminado de alcahuete parisino, y, segundo, porque mi adorable tía Tere, que había enviudado y estaba ya bien achacosa, se puso, de un momento a otro, de lo más incoherente en torno a mi persona. Todo empezó un día a la hora de almuerzo, en que ella se tomó una copa de pisco realmente inmensa, sin que mi mamá, que la cuidaba y adoraba, se diera cuenta. O era que mi mamá, a su vez, se había tomado una inmensa copa de vodka y ni se había fijado en lo de mi tía y su copaza. No me extrañaría. Paquito, el niño eterno, gesticulaba en silencio y de tiempo en tiempo le hacía unos gestos de absoluta felicidad a una papa rellena de las que hacía Armandina, la cocinera, únicas. Yo era feliz con mi propia papa rellena, mi mamá comía feliz su dieta blanca –claras de huevo, arroz, pechuga de pollo–, y mi tía Tere me miraba con una intensidad y un amor inmensos y por momentos como que me iba a decir algo absolutamente maravilloso, aunque por momentos como que no me iba a decir nada, tampoco. Belinda, la costurera, me remendaba toda la ropa traída de París, mientras tanto, para intentar mejoras en mi atuendo, por una suma módica que jamás aceptó. Era, pues, lo que se llama una escena familiar, cuando de pronto mi tía Tere me dijo que, en realidad, yo no era hijo de mi padre sino de nuestro tío Andrés, el que murió atropellado en Londres y no fue reconocido jamás por nadie ni en el Perú ni en Londres. Y yo la estaba mirando con mi mejor cara de ¿en qué quedamos, por fin, Tere?, cuando mi madre le pegó una feroz bofetada, arrojó su inmensa servilleta blanca,

411

de tal manera que Fortunato, que asistía sumamente triste y contrariado a la deteriorada escena familiar, la pudiera emparar a tiempo, con una mezcla de habilidad y costumbre, y le ordenó a mi tía que se fuera inmediatamente a dormir. Tía Tere obedeció, espantada. Terminamos de almorzar con angustia en la boca del estómago, todos menos Paquito, que repitió papa rellena y después se estuvo horas haciéndole todo tipo de guiños y sonrisas a un chatísimo bistec apanado –las célebres sábanas, de Armandina–, y mi madre me dijo que, por favor, esperara a que se despertara la tía Tere y la llevara a su casa. Así fue. Llevé a tía Tere a su casa, y todo iba de lo más bien, hasta que al pasar por la casa de al lado, que era de mi madre y entonces se alquilaba, recordó que ahí había vivido yo desde los diez años hasta los veinticuatro, cuando partí a Europa y mi padre vivía aún. Le abrí la puerta del auto y creí que aquel viaje había terminado, cuando de pronto la tía Tere me dijo que yo había sido la persona más abandonada que había conocido en su vida, que eso no había sido justo, que había sido todo aquello una monstruosidad, por parte de mis padres, y que, por favor, se lo recordara la próxima vez que nos viéramos para que ella me lo contara todo con pelos y señales. A la mañana siguiente, la tía Tere apareció nuevamente en casa de mi madre, para la copichuela y el almuerzo, pero como mamá no estaba aún lista se metió a la cocina, donde yo conversaba en santa paz con Fortunato, Armandina y Belinda. Y ahí realmente me espetó que yo siempre había sido un tipo muy raro y que ahora resulta también que era el alcahuete de mi hermano infiel. Instantes después llegó la esposa del infiel, que incluso tenía la voz bruta. Y finalmente mamá se asomó a pedirle a Fortunato hielo para las copas, pero desapareció. Comprendí que estaba perdido, y fui directamente donde ella para explicarle que si queríamos continuar manteniendo una excelente relación, como siempre, era preciso que yo me marchara de su casa inmediatamente. Me dio toda la razón del mundo.

Desgraciadamente, aquella fue la última vez que vi a la inolvidable tía Tere, el ser más amoroso e inteligente que recuerdo en la familia, pero el más frágil, también, a pesar de su extraordinario sentido del humor. Pero, como no hay mal que por bien no venga, aquella fue también la última vez que vi a la entonces engañada esposa de mi hermano Eduardo. Era su segunda esposa, y una más entre sus muchas víctimas, aunque lo que realmente ha quedado grabado en mi memoria es la brusquedad de su voz, la torpeza de sus modales, y su manera siempre tosca y agresiva de dirigirse a la gente.

La relación con mi madre continuó, como siempre, excelente, aunque tuve que limitarla casi siempre a las mañanas, en que diariamente pasaba a recoger mi correo y conversar con Fortunato, Armandina y Belinda, en la amplia cocina del departamento. Mamá me daba la voz desde el baño de su dormitorio y yo iba y me sentaba en un sofá, muy cerca de su cama, de espaldas a la amplia ventana que daba a un parque lateral y también posterior del edificio. Desde su propio baño, donde también terminaba con su higiene y acicalamiento diarios, de maniática minuciosidad, nos llegaba la voz tartamuda de Paquito, el hermano enfermo, monotemático como siempre, y que algunas mañanas optaba por exterminar a balazos y pisotones a la nomenclatura entera del Partido Comunista de la Unión Soviética, y otras por acusar a nuestro hermano Eduardo de haberle robado millones y millones de dólares, producto de la venta de los dibujos que copiaba con un profesor de pintura también mudo, como él, aunque normal, y más y más millones de dólares, todavía, producto de la venta de una serie de objetos de cerámica que fabricaba en el torno y el horno de un amplio taller situado al lado de su dormitorio, ante la atenta mirada del señor Abraham Rojas, su profesor eterno. Desde el baño de Paquito nos llegaban también a mamá y a mí sus carcajadas felices, cuando imaginaba que, aun descontando todos los millones de dólares que Eduardo le había robado, él era simple y llanamente multimillonario en el Perú y en todos los estados de los Estados Unidos, mientras que yo, su hermano Alfredo, era en cambio muy pobre, sumamente pobre en París, pasaba mucho hambre y mucho frío en esta ciudad, y era un escritor de pacotilla y con anteojos y bigote de loco y de Chaplin y de Groucho Marx... Paquito no podía continuar con la descripción de mi miseria total y del frío que me mataba en París, por ser tan pobre y tan escritor y usar una gorrita tan de muerto de hambre... No, no podía continuar con la descripción de su gran fortuna y de mi total miseria, y es que le había entrado tal ataque de risa, de sólo pensarlo, a Paquito... Entonces yo iba y lo pescaba en plena burla y carcajada, a mis expensas, y él de inmediato se ponía serísimo, lo negaba todo rotundamente, disimulaba como loco, ponía su mejor cara de santo, y partía la carrera hacia el baño de mamá para abordar allá un tema tan grave como los últimos contactos secretos, en el infierno, cómo no, entre Fidel Castro y Mao Tse-tung. Y de paso le consultaba a mi mamá, que podía comérselo a besos, si en aquellos contactos no habría participado, también –o era sólo que él lo había soñado– nuestro hermano Eduardo. La cosa nunca quedaba clara, la verdad, porque ya era hora de que mamá se tomara la primera copa de la mañana y además porque no tardaban en llegar otros miembros de la familia –como la cuñada engañada–, de los que Paquito y yo sencillamente huíamos como de la peste.

Mi madre nunca me perdonó que me fuera de su casa, por más que yo le dije siempre que esta solución sería la mejor para todos. Y a Marta Ribeck, la amiga que me alojó durante varios meses en su casa de Miraflores, mamá se negó siempre a recibirla en su departamento o a saludarla en alguna reunión en que coincidimos. Es más, la calumnió, contando por calles y plazas que me cobraba millones por una habitación y un baño, cuando la verdad es que Marta jamás me cobró un céntimo por vivir en la casita aquella de la calle Ignacio Merino, en Miraflores. Y a Doris Rivas, la maravillosa amiga que Marta me presentó, y que fue mi salvación, aquel largo y triste invierno limeño, todavía hoy quiere matarla.

La compañía de Marta Ribeck y Doris Rivas, en las buenas y en las malas, fue lo mejor de aquel largo y programado regreso al Perú. Y ya después, al final, con la llegada del sol y del verano y la aparición en Lima de Pepe Rivas, el hermano de Doris, arrancó de golpe una temporada muy feliz. La casa en que me alojaba se llenó de amigos que entraban y salían, y Quique y Rancho, los entrañables hijos de Marta, empezaron a sentirse más cómodos con mi presencia y nuestra callada relación de las primeras semanas se fue llenando poco a poco de cariño y de confianza. Me hacía gracia verme tumbado sobre la cama de alguno de esos adolescentes, hablándonos de tú a tú, contándonos nuestras inquietudes y temores, los tres. Recuerdo siempre con gran cariño las tardes y noches en que se nos iban las horas, a Quique, Rancho y a mí, pero no parábamos nunca de contarnos nuestras cosas. Les hablé, estoy seguro, del absurdo malentendido familiar que me había obligado a abandonar la casa de mi madre, de la pena que me ocasionaba no poder ver a seres tan queridos como mi tía Tere, y de las tristes noticias que, carta tras carta, no cesaba de recibir de Claude Deblaise, mi novia francesa.

Claude era una muchacha tremendamente bella y tremendamente complicada. Su hijo Alexandre, al que su padre había abandonado, se había encariñado conmigo y yo había terminado por aceptarlo. En realidad, poco a poco, yo le había ido tomando un gran cariño a ese chico, pero tanto él como su madre tenían mil problemas de todo tipo en el mundo parisino en que vivían, en casa de los padres de ella, en el colegio en que él estudiaba y en la universidad en la que, con mi ayuda, Claude intentaba recuperar los años de estudio que había malgastado. Y a los tres se nos dio por pensar, casi simultáneamente, que en el Perú podíamos empezar una nueva vida, lejos de todas las cosas que ellos odiaban en su entorno familiar y social, y olvidar por completo ese desagradable pasado que tanto atormentaba a la madre y a su hijo. Pero, una tras otra, las cartas de Claude dejaban entrever que su sueño peruano había empezado a desmoronarse muy poco después de mi partida. Su eterna inseguridad, sin duda alguna, y ese miedo a enfrentarse a las cosas, que no era más que el miedo que tenía a sus propias limitaciones, la paralizaban allá, en París, en mi ausencia, y seguro que también a causa de ella, empujándola a huir de todas sus responsabilidades y aun de aquel gran sueño que creíamos compartir a fondo. Todo se vino abajo el día en que Claude apareció por la agencia de viajes en que habíamos comprado los pasajes. Venía a devolver el suyo. No iría a buscarme a Lima. Ya no habría viaje al Perú. El Perú se había acabado. Para siempre. Algún tiempo después, ya de vuelta en París, un amigo que trabajaba en aquella agencia me contó que Claude no había parado de llorar, aquella tarde, y que todos en la oficina habían pensado que era yo quien la había dejado sin viaje al Perú. Yo más bien sentía todo lo contrario. Y hasta hoy creo que nunca hubiera dejado a Claude y Alexandre sin su sueño de empezar de nuevo conmigo, en mi país. No lo creo. Aunque sí me temía mucho, ya entonces, e incluso antes, tal vez, que aquel sueño tripartito no existiera. Ni para Claude, ni para Alexandre. Y que sólo hubiese existido para mí, aquel gran sueño.

Pero la vida cotidiana continuaba, con el sueño peruano o sin él, con Claude o sin ella, con Alexandre o sin él. Y la verdad es que no supe nada de ninguno de los tres, durante mucho tiempo. Por las mañanas, dictaba un cursillo en la Galería Forum, de Miraflores, sobre problemas de la narrativa latinoamericana, y por las tardes me encerraba a revisar y ordenar todo tipo de libros, notas y documentos destinados a la redacción final de una tesis para obtener el doctorado en Letras, en la especialidad de literatura. Sí, aquella dichosa tesis sobre los "Temas principales" del teatro de Henry de Montherlant, que había empezado años antes y que me convirtió en "Doctor por error"[1], anduvo olvidada durante un buen tiempo, en París, tras haberme enterado yo de lo antipático que le resultaba este autor a la mayoría de sus compatriotas. Sin embargo, a mí el tal Montherlant no dejaba de hacerme gracia, sobre todo debido a ese pueril exhibicionismo de una *grandeur* y de un heroísmo, más un donjuanismo y un machismo, cargados todos de tanta misantropía como mariconada, al menos hasta donde yo entendía las cosas. Y parece que no las entendía tan mal. De él, creo, pudo haber dicho el inefable Louis-Ferdinand Céline lo mismo que sobre André Gide, otro de sus colegas y contemporáneos:

"Ése sólo entra en trance cuando ve el culo de un beduino". Y creo que la misma frase hubiera sido válida también para otro colega y contemporáneo, Roger Peyrefitte, con quien, por lo demás, Montherlant mantuvo una oculta correspondencia sólo posible entre un par

---

[1] Véase el capítulo titulado "Doctor por error", *Permiso para vivir. Antimemorias 1*. Editorial Anagrama, Barcelona, 1993.

de mariquitas de su tiempo y calaña. Pero algo redimía a Henry de Montherlant, a pesar del rápido y largo olvido literario en el cual caería muy pronto, y a pesar de la grandilocuencia de la mayor parte de su obra narrativa y teatral y de sus actitudes eternamente provocadoras, llenas de vanidad, de altanería y de antipatía. A Montherlant lo redimía su escritura, la belleza y la perfección clásicas de su francés, a menudo profundamente poético.

Y a mí, huérfano como andaba ya entonces de un sueño peruano, tan a la deriva como andaba desde los primeros días de aquel regreso a *la patria,* tan perdido en un intento de regreso del que nadie a mi alrededor se daba cuenta, nunca, a mí me redimiría el solo hecho de entregarme de lleno a una tesis sobre un autor como Montherlant, que prácticamente nadie en el Perú conocía, de la misma manera en que nadie tampoco reconocía en mí a un tipo que regresa de ninguna parte a ninguna parte. Al menos, pues, yo me entregaba a Montherlant, que escribía un francés maravilloso, esa misma lengua que lo había sido todo para mis padres y abuelos y para todo el mundo en el mundo entero, pero que ya entonces empezaba a estar en franca decadencia y retroceso en el propio Perú y por todas partes. Tampoco nadie, a mi alrededor, se dio cuenta de nada de esto, por supuesto, pero, si a Montherlant lo redimía la belleza de su francés, a mí me redimiría en mi propio desierto nacional eso de convertirme en un doctor en Letras peruano con un profundísimo estudio sobre un aspecto muy delimitado de la obra de un tipo que nadie conocía en el Perú al que había regresado.

Durante meses volví locas a Doris Rivas y a Marta Ribeck con mi total entrega a la obra de Montherlant, a la crítica que hasta entonces se había publicado sobre ella, y finalmente a la redacción de aquella tesis que sustenté ya entrado el mes de diciembre, con los primeros y aún tímidos rayitos de sol de un verano que aún tardaría en llegar. Se acababan de cumplir diez años de la muerte de mi padre, y consideré oportuno dedicarle –sin que nadie, absolutamente nadie, se fijara en ello– aquella tesis que tanta mortificación le hubiera causado en vida, pero bueno, así son las cosas, y francamente me hacía gracia en aquel momento tan difícil para mí dedicarle a mi viejo un trabajo cuyo autor y cuyo tema sin duda alguna lo estarían haciendo revolcarse en su tumba, pero que habían sido realizados con un rigor y una seriedad que, al mismo tiempo, le habrían encantado.

El jurado, enteramente compuesto por poetas y catedráticos peruanos a los que conocía desde siempre, fue de una gran generosidad conmigo, y apenas si me dirigió la palabra, salvo para felicitarme y para brindar. Pero hay dos o tres cosas que recordaré siempre, de aquella mañana. La primera, el gran esfuerzo que realizó don Augusto Tamayo Vargas para que aquel doctorado tuviera lugar en el histórico salón de grados de la Universidad Nacional Mayor de San Marcos, en la vieja y hermosa casona del Parque Universitario en la que yo había estudiado íntegras mis carreras de Derecho y de Letras. Ninguna de las dos carreras me sirvió nunca para nada, es cierto, y esto es algo que entonces yo estaba a punto de constatar una vez más. Y aunque no tiene absolutamente nada que ver una cosa con otra, sí es cierto que yo fui el último alumno en el Perú que se graduó en aquel bellísimo salón colonial. Y que después de ello buscó como loco un trabajo para quedarse a vivir en el Perú, aunque ya no tuviera sueño peruano alguno, y aunque ni Claude ni Alexandre fueran a llegar ni entonces ni nunca. Jamás conseguí trabajo alguno, la verdad, y sólo tuve una oferta, que jamás estuve dispuesto a aceptar, para dictar una tonelada de horas de clase semanales que hubieran sido, cómo no, el equivalente más exacto de un suicidio literario. O sea, pues, que aunque nada tenga que ver una cosa con otra, repito que yo fui el último alumno del mundo que se graduó en el histórico salón de actos de la varias veces centenaria Universidad Nacional Mayor de San Marcos, de Lima, Perú, y enseguida regresó a su calidad de extranjero en París y muchas otras ciudades del mundo, abrió y sigue abriendo la puerta del baño, y colgó y sigue colgando sobre un váter sus diplomas de abogado y de doctor en Letras. Y he aquí, precisamente, la segunda cosa que siempre recordaré acerca de ese jurado de mi tesis de doctor en nada, para hacerla breve. El poeta Francisco Bendezú, el gran Paco, uno de los miembros de aquel jurado del absurdo, no tuvo mejor idea que la de negar rotundamente que Montherlant fuese poeta o hubiese intentado siquiera escribir verso alguno, jamás. Hasta hoy pienso que lo hizo más que nada por justificar su presencia en aquel salón de grados, aquella mañana de diciembre, pero yo no tuve más remedio que citarle la obra poética de Montherlant, libro por libro y edición por edición, y él no tuvo más remedio que confesar, ante sus colegas del jurado, ante el doctorando, y ante las señoras Doris Rivas de Cossío y Marta Ribeck, que eran mi público, su crasa ignorancia montherlaniana. Pero, acto seguido, nos invitó muy hidalgamente a tomar una copa en su casa de la plaza Cuba. El último recuerdo que me ha quedado de aquel 7 de diciembre de 1977 nos sitúa ya a todos en casa del gran Paco Bendezú, donde la tarde de copas se estaba prolongando demasiado, a juicio de la madre del poeta, viuda ejemplar, ama de casa ejemplar, y madre ejemplar de dos hijarrones. Paquito, su hijito poeta, eterno solterón y enamorado perpetuo, estaba bebiendo demasiado, a juicio de todos. Le dijo, pues, su señora madre, que por favor no siguiera empinando el codo y que, sobre todo, pensara en su futuro. A todos nos entró un gran temor por el futuro del poeta, aquella tarde, sobre todo en vista de que ya bordeaba los sesenta años y la jubilación.

La vida nunca ha existido para mí sin mis compañeros de colegio en secundaria, pero aquel 1977 –que se prolongó hasta febrero del 78– lo recuerdo siempre como un desierto a este nivel. Para mis amigos del colegio San Pablo, hijos en buena parte de agricultores del norte, el centro y el sur del Perú, la reforma agraria había significado ya entonces, al nivel material, algo bastante similar al que para mí había significado, en lo afectivo y psicológico, que Claude y Alexandre no hubieran llegado nunca al Perú. Es curioso, porque en 1972, durante mi primer regreso a Lima, proclamada ya la reforma agraria, yo me había reunido prácticamente todas las semanas con esos amigos, con sus esposas, con sus hijos aún pequeños, y había encontrado entre ellos el mismo espíritu combativo y trabajador, alegre y sumamente generoso, sano y limpio; en fin, había encontrado el mismo maravilloso grupo de amigos de siempre. Mis compañeros del colegio San Pablo eran unos tipos maravillosos, y punto.

Hoy, pasadas tres largas décadas de todo aquello, he llegado a la conclusión definitiva de que fui educado entre la gente más buena del mundo. Los estupendos compañeros de los colegios Inmaculado Corazón y Santa María, en los que pasé mi infancia y los albores de mi adolescencia, eran muchos, y yo era demasiado chico, cuando me apartaron de ellos, para recordarlos luego como algo más que una gran unidad, un todo, aunque los hay también maravillosos, individualmente, cómo no. Pero el colegio San Pablo tuvo, de único, el hecho de que ahí fuimos siendo apenas adolescentes y siendo muy pocos –sólo once alumnos de unos trece años, el primer año– y de que fuéramos internos provenientes no sólo de los cuatro rincones del Perú sino de varios países del mundo, de varias religiones, incluso. Como que nos encerraron sólo para que nos quisiéramos entre las pocas paredes blancas de un local que había tenido su elegancia y su edad de oro, su leyenda y su momento histórico. Todo en el colegio San Pablo fue divertido e intenso, aunque en la ciudad de Lima o en las ciudades de provincia de las que proveníamos nos estuviera llorando o haciéndonos llorar lágrimas muy amargas una muchacha que, a su vez, se parecía a otra muchacha de alguna película francesa, italiana, las primeras que llegaban por nuestras tierras, las primeras tan liberales y tan vieja Europa de posguerra, a la vez. Sin duda es también debido a esto que nuestra adolescencia tuvo algo tan profundamente nostálgico, tan felliniano y sentimental, tan mágico y provinciano, alguna tristeza como de bien anticipadamente perdido, adivinadamente mortal, perecedero como nuestra propia infancia, ya muerta, frágil y fugitivo como nuestra incontrolable adolescencia de estación de tren. Todos los sábados, a mediodía, tomábamos el ferrocarril para ir a Lima, la gran ciudad, y todos los domingos por la noche, a las 19:55 en punto, lo volvíamos a tomar de regreso a la feliz reclusión del colegio San Pablo. Aquello realmente tenía su ternura, su tragedia, su grandeza y su miseria, e incluso su neorrealismo italiano de época.

En el desierto en que se fue convirtiendo, poco a poco, aquel regreso al Perú, de 1977, aquellos largos ocho o nueve meses, yo viví a cada rato la sensación de estar pasando lista en el colegio San Pablo, y de que nadie me respondía. Con el poeta Abelardo Sánchez León, con Balo, recién regresado de París, visitamos incluso el local del colegio. Estaba deshecho, era una ruina. Un viento de mierda –sin belleza ni gloria ninguna– se lo había llevado a la mierda, simple y sencillamente se había llevado a la mierda mi colegio. Y uno podía dar de alaridos ante los muros y los techos derrumbados. Ninguna voz familiar, limeña, trujillana, serrana, piurana, chinchana, iqueña, gringa, alemana, italiana, respondería jamás.

Yo creo que fui clarísimo, que tuve mucha razón, cuando en París le dije a Abelardo Sánchez León que, ya que estaba en Francia, y por más que extrañara el Perú, o anduviese misio, sin un billete siquiera para renovar su matrícula en la universidad, se quedara hasta completar los cinco años. Cinco años en Europa eran buenos siempre, de la misma manera en que sólo dos o tres no bastaban nunca. Pero quedarse más de cinco años ya era demasiado, se extraviaba uno, venía aquello del desarraigo, y después aquello peor del desarraigo doble, y después también aquello atroz del desarraigo múltiple, y el total, en que siempre que saca uno la cuenta nunca le sale el total.

Y aun así, a Abelardo Sánchez León, uno de esos peruanos maravillosos que a uno le da París –y, a lo mejor, no le hubiera dado nunca el propio Perú–, al gran "Balo" Sánchez León, el poeta, decía, yo a su vuelta a Lima lo fui a visitar a la casa en que se alojaba, temporalmente, en la calle Chacaltana, de Miraflores, aquel año 1977 de mi regreso invisible a *la patria*. Andaba el poeta recién llegadito al Perú, amilanadísimo y muy solo en una mesa oscura y rectangular y como ancha y ajena, al fondo de una sala comedor de lo más triste. Sólo el sentido del humor y el cariño fraternal podían recuperarlo de aquel estado tan nacional de regreso a *la patria*. Le dije, pues, que aquella, la suya, era la soledad de la última cena, con esa mesota tan vacía y rectangular. Él ni me había visto, aún. Pero me buscó en la oscuridad de aquella salota comedor y por ahí apa-

423

recí asomado entre las rejas de una ventana abierta sobre algún pasillo o fachada.

Creo que no paramos hasta nuestra visita aquella a un colegio desaparecido, cuyos alumnos, mis compañeros de internado, luchadores infatigables, se habían dispersado por el mundo. Los había en Canadá, en España, en Italia, en Venezuela, en México, en Ecuador, en Bolivia. Mis compañeros de colegio, que era la gente más rica que yo había visto hasta que me fui del Perú, en 1964, lo perdieron todo cuando la reforma agraria, incluso en el caso de aquellos que jamás tuvieron una hacienda, un fundito propio, ni nada que ver con la tierra, la agricultura, con nada de eso. A aquellos seres nobles, trabajadores, buenos, alegres, limpios, generosos, la vida nacional de los años setenta les hizo uno por uno todo el daño que se le puede hacer a un hombre que debuta en la vida laboral de su país. Perdieron excelentes haciendas, grandes y medianas empresas, bancos y compañías que andaban en plena expansión, excelentes empleos, cosechas enteras, casas, muebles y enseres, y se fueron a empezar de nuevo a otra parte, a muchas partes, por todas partes. Así es, mi amigo. Y en 1977 andaban por cualquier otro rumbo, cualquier otro rumbo menos el de su país. Y así también en la década de los ochenta. Y todavía en los años noventa se encontraba uno con el negrito Humberto Palma, por ejemplo, haciendo empresa en el Distrito Federal, en México, trabajando como sólo él sabe hacerlo, creando algo, dejando tras de sí un historial de honradez y de progreso. Nunca me rompió la vida tanto tantas cosas, me doy cuenta cada día más, y nunca la sensación de orfandad fue para mí tan grande como en aquel interminable invierno de 1977.

Después, poco a poco, los compañeros del colegio San Pablo han ido regresando al Perú, algunos bien, bacán, incluso, algunos mal, algunos muy mal. Pero me gusta hacerme la ilusión de que, a diferencia de aquel duro 1977, nuevamente vuelvo a pasar lista ante los muros y los techos derruidos de un colegio en que no sólo yo, sino todos, fuimos muy felices. Y, desde el fondo de un atardecer en Los Ángeles, desde los altos y empinados cerros que anuncian las primeras estribaciones de los Andes, con un clima ya bastante serrano, de días soleados y frías noches estrelladas, el que fuera el autovagón Lima-Chosica suelta el extraño aullido de su bocina, y, horas más tarde, hace temblar el suelo el Ferrocarril del Centro, que pasa casi por adentro del colegio San Pablo, mientras por aquellos rincones tan familiares escucho la voz de los amigos del colegio, de la A a la Z, cada vez que paso lista, cada vez que los llamo por sus nombres y apellidos.

Los viajes que hice a Ayacucho, Cajamarca, y Tumbes, siempre en compañía de escritores peruanos, no lograron sacarme de aquel largo desaliento, por más que para mí significaran una ocasión muy valiosa de conocer a una serie de personajes y de colegas de provincia y disfrutar de la compañía de personas tan entrañables y divertidas como el poeta y catedrático Washington Delgado. En Ayacucho la pasamos muy bien, lo recuerdo, festejando el tricentenario de una universidad que sólo había funcionado setenta años, en total, hasta entonces, y no de forma continua, parece ser. En fin, que de sus trescientos años de vida, la Universidad de San Cristóbal de Huamanga se había pasado hasta entonces doscientos treinta en receso. Los profesores que ahí trabajaban, aquel 1977, parecían estar bastante ocupados con su vida laboral y sin duda también con su vida militante, porque apenas se dieron por enterados de nuestra visita. La ciudad de Ayacucho, hermosa y llena de templos coloniales, estaba sembrada de libros políticos provenientes todos de la China de Mao. La politización de la universidad peruana, donde ya en mi época estudiantil se encontraba uno con delegados estudiantiles cuarentones, a los que ningún profesor se atrevía a desaprobar, y a veces ni siquiera a examinar –los aprobaban de *oficio*–, debido a la temible *tacha* de los profesores por los representantes del alumnado, había ido degenerando hasta llegar a aquella situación penosa y peligrosa en la que estaba prohibido pensar, sobre todo si el pensamiento de uno no coincidía beata y ciegamente con las consignas de Moscú o Pekín. Todos esos libros tirados por el suelo de la hermosa plaza de Armas de Ayacucho y por casi todas las calles de la ciudad, todos esos vendedores ambulantes que le ofrecían a uno catecismos de ceguera totalitaria, auguraban la pronta irrupción de las huestes fanáticas de Abimael Guzmán, el camarada presidente Gonzalo, y el horror terrorista de Sendero Luminoso, que durante diez largos años iba a penetrar buena parte del territorio peruano. Todo aquello empezó en Ayacucho, cómo no.

Pero aquel viaje, y todos los que iba a realizar aún, tuvieron momentos tan divertidos y entrañables como el del recital de poesía que tuvo lugar en un hermoso claustro ayacuchano. Luis "El cholo" Nieto, el amigo responsable de mis mejores horas en el Cusco, cinco años atrás, había hecho su irrupción en la escena de aquella celebración en Ayacucho, no había cesado de brindar con la madre tierra y su amigo Bryce, en las comidas de camaradería al aire libre y en las fiestas campestres, y acababa de autoproclamarse "Poeta popular", parado ahí sobre el escenario de aquel auditorio, luciendo un poncho de gala y con un fajo de poemas que iba extrayendo del bolsillo derecho de un saco que uno le adivinaba bajo el poncho. Pidió que abrieran bien amplias las

426

ventanas del auditorio "sobre la plaza pública" y leyó uno tras otro sus rimbombantes cantos épicos, que iba alternando con estrofas líricas y con sus mejores poemas pastoriles y amatorios. El auditorio se venía abajo con los aplausos de un público compuesto en su mayor parte por damiselas (era su vocabulario) y yo me asomaba muy nervioso a la gran ventana por la que el bardo popular arrojaba una tras otras sus cuartillas a la calle, para que el pueblo las recoja, que eso sí que es ser poeta popular, amigo Alfredo, "autor dilecto de *Todo un mundo para Julito* o *Juliuscito,* que a ver si se lo peruanizamos un poco a su niño ese tan francés". Las hojas del Cholo Nieto volaban entre las ventanas del salón y planeaban sobre las calles de Ayacucho, una tras otra, a medida que el Cholo las sacaba de su –sin duda– inmenso bolsillo derecho, las recitaba, les decía *mamacita* a las muchachas más lindas del auditorio, y las arrojaba para que el pueblo peruano entero las recogiera. Inefable, Cholo. Me ofrecí a bajar e intentar recuperárselas yo, pero el hombre me tranquilizó diciéndome que sólo eran fotocopias, ni cojudo que fuera yo, querido Alfredito.

El periodista y escritor peruano Alfredo Pita me acompañó en un lindo viaje a Cajamarca, con la única finalidad de visitar Celendín, en el norte andino del Perú, donde había nacido Rosa Bazán, la Mama Rosa que me crió y que por aquellos años aún vivía. A ella la había visitado semanas antes en su casita de jubilada, en una urbanización popular de Lima, y entonces le había jurado que iría a conocer la tierra donde nació y de donde, sabe Dios cuándo, había emigrado con su familia a Lima. Yo creo que hasta el día de hoy, toda la bondad humana proviene de aquel pueblo grande y frío en que nació la mujer que me dio un título tremendo para una novela que aún no he escrito: *Dándole pena a la tristeza.* A las diez de la noche dejaba de funcionar el motor eléctrico, Ce-

427

lendín se apagaba por completo, y, por decirlo de alguna manera, sus hombres de letras y sus intelectuales desaparecían en las tinieblas. Toda una vida así. Toda una vida de encuentros en la plaza de Armas, de cervezas conversadas, de escasa o nula animación cultural, pero toda una vida también de bondad como la del maestro Mime, con quien hice una de esas grandes amistades que parecen eternas. Gente buena del mismo lugar de donde vino mi adorada y santa Mama Rosa, a cuya hermana María se le llamó siempre en mi familia María Santísima, María Santísima y punto. La Mama Rosa y su hermana María murieron hace siglos y el Mime debe tener mi edad, tal vez un poco menos. He sabido de él. Allá sigue, en Celendín, donde me imagino que el motor de la luz se sigue apagando a las diez en punto de la noche.

También hice un atroz viaje por la Amazonia peruana, interminable para mí y aburridísimo, pues he sido siempre un pésimo "viajero geográfico". Siempre he dicho que yo "viajo a amigos", refiriéndome muy claramente a que es el paisaje humano, y no el geográfico o pictórico, el que se impone de lejos para mí, el que realmente me interesa y me hace viajar. Sin un amigo no existe una ciudad, ni un paisaje, ni una playa, ni un río o pueblo. Martín Romaña, el personaje central de dos de mis novelas, toma un ómnibus interprovincial para viajar de Lima a Piura. Es un viaje de muchas horas de carretera. O sea que, no bien parte el ómnibus, Martín Romaña se duerme y, de esta manera, "se caga olímpicamente en el paisaje nacional". Por la Amazonia viajé con gente aburrida, y aunque esos escenarios –que apenas describo– estén presentes en mi breve novela *Los grandes hombres son así. Y también asá,* la realidad es que aquel viaje me resultó particularmente pesado. Pero bueno, así son las relaciones entre la realidad y la fantasía.

Mucho más divertido fue el viaje que hice al norte del Perú, hasta Tumbes, con el poeta Arturo Corcuera, y de ahí hasta la feria de toros de Quito, alegre, llena de vida y de buenas corridas de toros. En realidad, había aceptado ir a dictar una charla en Tumbes porque había oído hablar muy bien de la feria de toros de Quito, y estar en Tumbes me ponía ya en la frontera con Ecuador. Y había aceptado también ese viaje porque la temporada taurina de Lima, la famosa Feria del Señor de los Milagros, andaba ya en plena decadencia, como tantos otros valores criollos e hispánicos de una ciudad como Lima, llena de tugurios y plagada de gente proveniente del campo, eternamente sin trabajo, hacinada en barriadas de miseria que los militares autoritarios habían bautizado "Pueblos jóvenes", en su entonces ya fracasado afán de erradicar la pobreza consustancial al Perú a decretazos. Sólo lograron crear más pobreza, al espantar a los pocos empresarios y técnicos que había en el país.

Con el pretexto de hablar del "Papel del escritor en la coyuntura actual", yo me mandé una tremenda arenga contra la dictadura del general Francisco Morales Bermúdez, en la plaza de Armas de Tumbes, pero, para mi sorpresa, el prefecto del departamento huyó despavorido, en vez de ordenar que me metieran de cabeza al calabozo. Acto seguido, el poeta Corcuera, que no había cesado de soliviantarme en el hotelito-hotelucho en que nos alojábamos, por invitación del Instituto Nacional de Cultura, de Lima, donde él trabajaba, el poeta, digo, que realmente no había cesado de decirme que había que tumbarse al régimen esa misma noche, en Tumbes, porque éste era el deber de los intelectuales, me dejó completamente solo y se soltó toda una hermosa alegoría a no sé bien qué, mediante breves poemas sobre el escarabajo, los saltamontes, las arañas, y en fin toda una serie de bichitos más, que, la verdad, en nada podían afectar

429

al prefecto de una ciudad como Tumbes, situada en tropical zona ecuatorial, y plagada por lo tanto de mosquitos, zancudos y todo tipo de bichos. El acto lo había organizado el Comité de Apoyo al Instituto Nacional de Cultura, en noviembre de 1977, y se presentaba bajo el eslogan "Ser cultos para ser libres". Arturo Corcuera, buen poeta y buen amigo, definitivamente no se la podía jugar. Era uno de esos artistas nacionales para quienes, como dicen en México, "Vivir fuera del presupuesto es vivir en el error".

Arturo soportó todas las vejaciones del mundo, con tal de que no lo expulsaran de su puesto burocrático en la sede limeña del Instituto Nacional de Cultura. Ahí aguantó años, hasta que se jubiló. Y forma parte, creo yo, como tantos otros poetas, narradores e intelectuales peruanos, de toda esa serie de personas –a veces maravillosas– que simple y llanamente se humedecieron en Lima, que simple y llanamente pasaron a engrosar la larga lista de Zavalitas vasgasllosianos, o que simple y llanamente han pasado a engrosar la interminable nómina de Geniecillos dominicales a los que se refiere Julio Ramón Ribeyro en su novela sobre este tema. Todos ellos tienen una salida, una tibia explicación, una coartada o una escapatoria para esos "años sin excusa", como los llama en sus memorias el poeta y editor Carlos Barral. Arturo Corcuera, por ejemplo, me contó esta linda excusa. Su esposa era de una ciudad tan pero tan fría del norte de España –no sé si León, Burgos o Valladolid–, que cuando él le pidió la mano de ella a su futuro suegro, éste, tras haberlo mirado y tasado –un poco *avant la lettre,* digamos–, de sudaca, y en todo caso de estudiante pobre, muy flaco, muy solo, muy hambriento y muy mal abrigado, le dijo que encantado le daría la mano de su hija, pero siempre y cuando soportara un invierno más, prácticamente a la intemperie, con hambre y con muy poco abrigo, con pura bufanda de algodón fino, digamos. O sea que el padre de su gran amor prácticamente lo estaba sentenciando a una muerte lenta y atroz por congelamiento. Pero el poeta enamorado aguantó, poniendo en ello todo su amor e íntegra su resistencia humana –para siempre, se diría, a juzgar por lo que viene–, se casó con su novia ártica, y juntos se fueron a vivir al Perú.

Lo malo, claro, es que inmediatamente después, en Lima, el poeta tuvo que aceptar un trabajo en la antártica burocracia peruana y ya no le quedaban fuerzas para aguantarse otro invierno a la intemperie. Y desde entonces soportó que lo rebajara, que lo humillara, que lo vejara, que lo insultara, que lo aburriera, que lo puteara cuanto reyezuelo burocrático colocara el gobierno de turno en la dirección del inútil Instituto Nacional de Cultura. Lo que falla siempre es el presupuesto para obras, claro que sí, pero en cambio jamás falla el presupuesto para nuevos poetas burócratas, árticos o antárticos, no importa. *Y perdonen la tristeza,* como decía César Vallejo, poeta que huyó del Perú, pero que escribió del dolor y de la pena, del honor y de la grandeza, de la miseria y de qué sé yo, pero pensando y sintiendo siempre su terrible país.

Nos queda, cómo no, el caso de poetas como el ya mencionado y maravilloso Washington Delgado, sonriente, clásico, entero, divertido, bueno, noble, y siempre recién fallecido, o será que uno no se acostumbra nunca a su ausencia. Pero no vayan a creer ustedes que esto es un homenaje a un poeta difunto. Es sólo un recuerdo de Washington y de tantos como él. Yo lo había conocido en mis años de estudiante universitario y, durante mis primeros viajes de Europa a Perú, lo visité infaliblemente en su casa de la avenida José Leal, en Lince. No voy a decir que era una gran casa, pero sí que era la gran casa de un intelectual de clase media de los años cincuenta, sesenta, setenta. Washington era catedrático de universidad, había viajado, vivido, amado, había escrito poesía de verdad. Pero, sobre todo, era feliz leyendo y era feliz conversando. Y tenía por eso una excelente biblioteca y por eso también recibía a la gente en la puerta de su casa, con los brazos abiertos, con su característica sonrisa de anfitrión y su abrazo de bienvenido a tu casa, amigo mío.

¿En qué momento se acabó todo esto? ¿En cuál de mis viajes a Lima empezó a no estar nunca en casa, Washington, y también, seguramente, a no comprar más libros? ¿En qué momento se acabó aquella casona de Washington, vieja y popular, si quieren, pero muy suya, siempre con libros nuevos y amigos de los libros para conversar acompañados de una copa de vino, de un excelente café, de una cerveza? ¿En qué momento, con su inmensa elegancia de clase media de aquellas décadas, la gente como Washington empieza simple y llanamente a no estar nunca para nadie? Y así en adelante. Muchos dicen que todo esto se debe a que el Perú es uno de los pocos países de América latina que jamás ha tenido una política cultural. Puede ser. Aunque a mí, que tanto le temo a las políticas culturales y a las culturas mínimamente pensadas desde la política, se me ocurre ahora decir que ningún país ha tenido una política cultural tan clara como el Perú, donde gobierno tras gobierno de vida republicana, lo único que se ha pretendido es erradicar la cultura de la vida del país, reducirla a su grado cero. Y con ella, también a los hombres de cultura. Hay que matar al pianista. Maten al pianista. *Tirez sur le pianiste, Shoot the piano player.*

Pero, por favor, no vayan a creer ustedes que en la poesía peruana no hay finales felices. El gordo y altote poeta Francisco Bendezú, por ejemplo, el gran Paco, el

432

mismo que fue jurado de mi tesis sobre el antipático Henry de Montherlant, aquel tristón 1977 de mi regreso inadvertido a *la patria,* el que nos llevó luego a brindar a su casa y bebía tanto que su señora madre andaba de lo más preocupada por el futuro de su hijote, que calzaba casi sesenta años, entonces, y no andaba muy lejos de la jubilación, pues nada menos que el poeta Paco Bendezú heredó mucho dinero, dicen. Dios quiera que le alcance para todo su futuro.

Yo continuaba observando serenamente la vida nacional, a juzgar por las declaraciones que le hice a un periodista del diario *Correo,* en agosto de 1977. "Mi reencuentro con el Perú será largo", le decía, como si nada hubiera ocurrido desde mi llegada a Lima, dos meses atrás. Pero el mar de fondo era otro, completamente negativo. El país vivía horas muy bajas, la más grande crisis financiera de su historia, aunque el exitoso paro nacional del 19 de julio pasado había significado sin duda el principio del fin para la dictadura militar que encabezaba el general Francisco Morales Bermúdez. A los milicos del momento no les quedaba más remedio, en lo nacional y en lo internacional, que ponerse a hablar de un retorno a la constitucionalidad. Casi una década de despilfarro militar había dejado al país contra las cuerdas y los ajustes económicos de la llamada "Segunda fase de la revolución" empezaban a pasarle la factura social a los gobernantes de turno.

Pero dejemos al país en paz, que ya bastante tiene con sus políticos de toda la vida, o con sus gobernantes de turno, que para el caso es lo mismo. Y aquí sí quisiera que me entiendan, que tomen en cuenta y no me condenen demasiado apresuradamente por mi pesimismo congénito. Soy un gran pesimista que se pasea feliz entre amigos maravillosos. Qué le voy a hacer. Por el mundo entero me paseo feliz entre amigos maravillosos. He

433

tratado de quitarle nicotina a todo esto, declarando una y mil veces que soy un pesimista que desea que todo acabe bien. Y no está mal. No lo voy a negar. Pero ya que se trata de contarse uno con toda su circunstancia, incluso la agravante, debo decirles que tampoco me crean mucho esto del pesimismo positivo, porque la verdad es que el pesimismo es de por sí negativo, de la misma manera en que la envidia jamás puede ser envidia sana ni bellaquerías de esas. No hay envidioso sano por la sencilla razón de que la envidia es esencialmente tiñosa, roñosa, perversa. No deje que le vengan a usted con cuentos. Por todo lo cual, yo, en todo caso, sería un pesimista que nunca se mete. Y punto. Uno que, digamos, no se inmiscuye negativamente en nada y sólo busca a sus amigos en el agitado trayecto que lo lleva de un lugar a otro de este valle de lágrimas. Y con tan poco que pido, soy ya, eso sí, una persona profundamente agradecida. Sólo pido un poquito más de lo mismo, que toda mi vida ha sido además lo mismo. Más amistad, dada y recibida, más amor, dado y recibido.

Y aquí concluyo, eso sí, con lo negativo, con aquello que venía diciendo acerca del Perú político-social, unas líneas más arriba. Creo pesimistamente que cuando antes hablé de "políticos de toda la vida y gobernantes de turno" refiriéndome a la cúpula militar de los años setenta –antes y después del general Juan Velasco Alvarado–, no sólo me refería a los gobernantes de entonces sino a todos los que ha tenido y tendrá siempre el Perú. En el Perú, créanme, no hay, no ha habido, ni habrá jamás gobernantes de nuevo cuño. No sé por qué. No me pregunten. Si lo supiera le vendería mi secreto mágico al Banco Mundial y al Fondo Monetario Internacional. A los dos. Y me lo pagarían en oro, diamantes, platino y uranio, seguro. Pero, eso sí, el pesimista que soy les jura que, así por ejemplo como algunos creyeron que, uno

434

detrás del otro, Alan García y Alberto Fujimori eran dos gobernantes nuevos, ahora les ruego que me digan si, en el instante mismo en que tocaron la silla presidencial del Perú, esos dos personajes no se convirtieron en simples gobernantes de toda la vida o simples gobernantes de turno. ¿Cómo la ven? ¿Soy demasiado pesimista? ¿Y ustedes? En fin. Como me decía una y otra vez mi gran amigo, el poeta Abelardo Sánchez León: "Yo no soy duro, Alfredo. Yo soy claro".

Mi mamá y yo en su Peugeot verde, *made in France*, que siempre estaba al día con los repuestos que furtivamente le enviaba o traía yo de París, por lo de las importaciones prohibidas y el ensamblaje de autos en el Perú –menuda ilusión nacionalista de aquellos años, la sustitución de importaciones–, mi mamá y yo en su Peugeot íbamos con todo el amor del mundo donde la ya jubilada Mama Rosa, el 19 de julio de 1997, justo la fecha en que se había convocado un paro nacional y estaba prohibido circular, entre otras cosas. "Nada podrá detenernos", me había dicho mamá, antes de embarcarnos en semejante aventura, aquel día, tempranito por la mañana. Yo la miré mucho y hasta la olí un poquito, para ver si mi señora madre no estaba dándole al vodka también en las horas en que, según creíamos mis hermanos y yo, siempre se había consagrado a la oración o a sus arriesgadísimas prácticas de la caridad, porque mamá repartía y además aplicaba ella misma unas inmensas inyecciones vitamínicas, en más de un área deprimida de la melancólica Lima. –"¿No les estará metiendo vodka a sus inyecciones, mamá, por error?"–, nos aterrábamos sus hijos.

Pero no. Mamá olía a lavanda de violetas de la Provenza –otro regalo traído por mí, de Francia, furtivamente, junto con los repuestos para su automóvil–. O sea que emprendimos el camino del amor en dirección Ma-

435

ma Rosa, el rumbo feliz que nos llevaría hasta la urbanización popular La Florida, donde mi papá le había construido una casita con su pizca de campiña escarpadita, de un color verde Cajamarca, o verde Celendín, si se quiere, en fin, toda una propiedad que bien pudo haberle construido a cualquiera de sus hijos. Lo nuestro, lo de mamá y yo atravesando avenidas populares y barrios populosos y ya después francamente peligrosos, con o sin paro nacional, era lo que en el cine se llamó *Amor sin barreras,* mismísimo *West Side Story,* lo juro. Una tras otra nos encendían y arrojaban ardientes llantas de automóvil y la ciudad entera empezaba a llenarse de humo y a oler a caucho quemado y demás pestilencias chamuscadas; una tras otra se nos venían encima llamaradas rodantes que, de golpe, se nos aparecían entre la endemoniada humareda y pasaban feroces a milímetros del Peugeot, mientras que, a su vez, mamá, con formidable destreza las dribleaba, las gambeteaba, las esquivaba por un pelo, y se iba saltando uno tras otro los controles del paro nacional, uno tras otro los piquetes de la huelga general, uno tras otro los santo y seña y las banderas rojas y las hoces y los martillos, todo, todito se lo iba saltando olímpicamente mamá, hasta que por fin llegamos donde la adorable Mama Rosa y su hermana María Santísima, contra todo pronóstico.

Mamá siempre se lució contando esta historia de amor absoluto, y siempre dijo, además, que yo no había estado nada mal como copiloto, pero que la peor parte estaba aún por venir. Y es que la peor parte fue que una enardecida muchedumbre barrial nos impidió salir de casa de la Mama Rosa, para emprender la odisea del retorno a San Isidro, y que ésta, a pesar de lo precavida que había sido siempre, no tenía en aquella oportunidad vodka, ni whisky, ni gin, ni siquiera unas cervecitas tenía, y encima de todo nos impidió una y otra vez ir en busca de una botellita clandestina y rompehuelgas, por favor, Mama Rosa, una botellita de vodka o de lo que sea, porque en tiempo de guerra, ya sabemos, Mama Rosa, te lo rogamos. Pero ella nones y nones, por nada de este mundo nos dejó salir a probar suerte por las calles de la protesta socioeconómica nacional. Sí, varias veces nos impidió salir, juntos o separados, maldita sea, qué tal terquedad, la indígena, todo un tira y afloja de amor que desembocó, como era de esperarse, en que nos tuvimos que quedar a secas hasta el día siguiente, mamá y yo, sin una sola gota de vodka, o de lo que sea, porque agua bendita era todo lo que se bebía en casa de la Mama Rosa, se diría, aunque, eso sí, ella misma nos preparó una gran fuente de quinua con arroz, un plato tan nacional y exitoso como el paro que agitaba al país.

El Perú es un país extraño y necrófilo, en el que se venera a los héroes muertos en batallas perdidas. Por ejemplo, si el mariscal Andrés Avelino Cáceres hubiese muerto en batalla, en vez de morir de viejo, tras haber ganado muchas batallas, hoy sería un hombre recordado con fervor patriótico. Pero el llamado "héroe de la Breña" vivió tal vez demasiados años, no la pasó nada mal en varias ciudades de Europa, y no tuvo el trágico destino de nuestros héroes más amados. Qué se le va a hacer. Nunca será llorado como héroe. Porque por los héroes hay que llorar de pena. Y mucho, llorar mucho, en lugar de dar vivas de felicidad. Ah, y todos nuestros muertos fueron nobles, buenos y honrados. Así parece que somos los peruanos.

Por eso me encanta cuando el luterano cónsul alemán Heinrich Witt, cuyo diario abarca sesenta y seis años de nuestra vida republicana (1824-1890), no duda en despachar a tres de nuestros militarotes presidentes, el mariscal Ramón Castilla y los generales Luis José de Orbegozo y José Rufino Echenique con los adjetivos de borracho, jugador, y libertino, respectivamente. Esto en el Perú oficial nos produce horror. Porque el mío es un país en el que hay que atenerse al libreto, en que un intelectual de la talla de Manuel González Prada molesta, precisamente porque denuncia nuestro "pacto infame de hablar a media voz". Y porque a los peruanos nos rechifla el protocolo, sobre todo en los entierros. Y queremos mucho más a nuestros muertos que a nuestros vivos.

Escribo todo esto sólo para aclarar mejor lo del entierro del general Juan Velasco Alvarado, el lunes 26 de diciembre de 1977. Y para poder hacer la siguiente digresión acerca del presidente Alejandro Toledo Manrique, un pobre hombre que realmente entró al palacio de gobierno con el pie izquierdo. Todo nos haría pensar que Toledo iba a ser un presidente sumamente popular. Pero no. Ha sido tal vez el más impopular de todos, y a la mitad de su mandato tan sólo un 7% de los peruanos confiaban en él. Nos encanta reconocerle, eso sí, que fue el más valiente adversario del tiranuelo Fujimori. Pero en el pasado y empleando siempre el tiempo pasado del verbo ser. Toledo *fue*. Toledo no *es*. Toledo tampoco *será*. ¿Qué nos pasa a los peruanos que somos totalmente incapaces de ser ecuánimes, cuando del presidente Toledo se trata? ¿Se debe esto a que, siendo él de origen popular, indígena, cholo, no ha sido un populista? ¿A que no ha sido un manirroto más en el poder? ¿Se debe a que ha tenido que tomar algunas medidas impopulares? Todos los presidentes del mundo tienen que tomar medidas impopulares, y de hecho la política es muchas veces el *arte* de saber elegir entre dos medidas detestables, como decía Raymond Aron. La cifras económicas del Perú son buenas, mejores en todo caso que las de muchos países de América latina, o que las de todos, con excepción de Chile, tal vez. Es cierto que aún no se notan estas buenas cifras entre los más desfavorecidos, que desgraciadamente en el Perú son los más. Pero también es cierto que hay realidades sumamente positivas y promesas muy bien cumplidas por el gobierno que preside Alejandro Toledo. El plan de vivienda, por ejemplo, es enérgico, positivo, progresa. ¿Tiene el presidente Toledo malos asesores? No lo sé. Y a estas alturas del partido tampoco me interesa. Porque lo que realmente quiero decir es que el problema de Alejandro Toledo somos nosotros, los peruanos, y nuestra manera de ser. A Alejandro Toledo no se le ha dado ni un minuto de gracia, desde que ingresó a palacio. Por eso he dicho antes que al palacio de gobierno ingresó con el pie izquierdo. Lo grave, creo yo, es que los peruanos simple y llanamente llevamos el problema Toledo en la sangre y en la piel. Toledo es el cholo de mierda que todos los peruanos llevamos dentro. Por eso es que somos totalmente incapaces de hablar de Alejandro Toledo con ecuanimidad. Si las cosas positivas que decimos de él las situamos siempre en el pasado, empleando el tiempo pasado del verbo, si Toledo siempre *fue,* mas nunca *es* ni *será,* es porque quisiéramos verlo lejos, muy lejos del gobierno del Perú, fuera del palacio de gobierno, sin esa pinta de peruano que se le rebalsa cada vez que estrecha las manos del presidente de otro país. Nos avergüenza Toledo. Ha llegado demasiado lejos y no podemos permitírselo.

Los peruanos, a este nivel, somos unos tipos realmente rarísimos. Y baste con recordar aquella mañana de 1977, plenas Navidades, lunes 26 de diciembre, exactamente, en que al defenestrado y olvidado Cholo Velasco lo llevaron a enterrar. Yo estuve ahí, pero eso qué importa, claro. Al general soldado de tropa y chino (era su apodo: el Chino Velasco, aunque no le viniera de raza) y cholo peruano Juan Velasco Alvarado, el que ponía su pistola sobre la mesa del Consejo de Ministros, en cada reunión del gabinete, al mismo hombre al que los peruanos llegaban a gritarle enfáticos y fervorosos: "¡Contigo, Chino, hasta la muerte!", al mismo general que tenía cojones pero que perdió una pierna y nos desconcertó a todos, al mismo general al que el poeta César Calvo le dedicó un poema titulado "Los ojos de Juan", que le recitaba en vida, pero que luego, después de muerto Velasco, publicó con una fecha posterior a la defenestración del general, para pasar a la historieta de cafetín y a la comidilla literaria como amigo fiel, no como el adulón tremendo de un dictador, pues sí: al mismísimo Juan Velasco Alvarado, a ese general, ni más ni menos, lo llevaban a enterrar aquel 26 de diciembre increíble.

Y ahora, una digresión dentro de una digresión. Perdonen. Pero a todos nos pasa, porque así es la memoria. Y felizmente que es así la memoria, porque si no qué sería de nosotros y de todo ese equipaje que vamos recogiendo en el camino a Ítaca, y que hace que al llegar a Ítaca haya sido mejor el viaje, mucho mejor que la soñada Ítaca, según el célebre poema del griego Constantino Kavafis. Yo vivía, como recordarán –desde que tuve que dejar el departamento de mi madre–, en casa de la señora Marta Ribeck. Y conversaba por las noches con Quique y Rancho, sus hijos adolescentes. Y resultó que, en su faceta de mujeriego –mi teoría fue que siempre odió a las mujeres y gozó humillándolas–, el poeta César Calvo le había hecho un daño tremendo a Marta. Los muchachos esos, sus hijos, lo odiaban. Habían sido testigos de muchas cosas, indudablemente. Y éste fue el tema de conversación, una noche, lo recuerdo tan claramente. Y como por ahí andaba un libro con la poesía completa de César Calvo, lo abrí por la página del poema "Los ojos de Juan" y les mostré cómo, por su propia situación en el libro, ese poema había sido escrito y leído y publicado en la prensa diaria en fechas muy distintas a las actuales. Velasco vivía y era el gobernante de facto, cuando ese poema se escribió. Las miradas de Quique y Rancho se convirtieron en sonrisas de inteligencia, en abrazos, lo noté. Me bastaba con verlos, tumbados ahí en sus camas, con la luz de su dormitorio encendida, esperándome para la conversa de aquella noche. Estoy seguro de que un par de horas más tarde, terminada aquella plática, se acostaron más aliviados que en los últimos meses. Y yo, que hasta entonces debía parecerles otro intruso, me gané mis puntos en esa casa.

Por lo demás, la vida de César Calvo, un monstruo de incoherencia humana, estuvo hasta el final llena de luces y sombras. El origen de su "donjuanismo", qué duda cabe, más que en la caza o en el coleccionismo de mujeres, fue un odio profundo por ellas. César pasaba de la luz a las tinieblas probablemente sin tomar siquiera conciencia de ello. Podía ser el mejor amigo y el peor traidor, casi sin solución de continuidad. Se alojó un mes entero en mi departamento de París, me parece que en 1970 o poco después, y fue Maggie, mi esposa, un modelo de rectitud y bondad. Aparte de las mil alegrías que nos dio con sus bromas y locuras, no me abandonó un solo instante durante los días en que unos incontrolables dolores, producto de una grave infección, me impidieron moverme de la cama. Sin embargo, muy poco después, cuando Maggie me abandonó y partió rumbo a Lima, intentó seducirla sin éxito alguno. Ya ella lo conocía. Años más tarde, olvidado todo aquello y, amigos nuevamente, trató de violar a mi madre en un ascensor. Fue exactamente el año 1984, cuando mi madre ya estaba siendo dominada por la arterioesclerosis y era una anciana que caminaba con dificultad. ¿Qué podía tener contra mí aquel hombre que en París había sido el mejor de los amigos, sentado siempre al pie de la cama en que yo sufría los más atroces dolores?

El final de este hombre perverso y abnegado, al mismo tiempo, fue atroz. En la década del noventa llegó a Barcelona con una importante suma de dinero que un gobierno más, el de Fujimori, en esta ocasión, le había regalado para que fuera operado y siguiera enseguida un tratamiento postoperatorio que, además de ser carísimo, exigía constancia y disciplina. Diríase que el hombre bueno que también fue una rata de alcantarilla se pudría ahora con unos gusanos que se le habían metido por las orejas hasta el cerebro, durante una temporada en su Amazonia natal –César Calvo nació en Iquitos, en 1940, y su padre, el pintor César Calvo de Araujo, en Yurimaguas–, y que los atroces zumbidos y estruendos que le retumbaban en la cabeza y no lo abandonaban nunca, creo, como una vengnza final de sus infinitas víctimas, hacían indispensable una intervención cuyos mejores especialiastas se encontraban en la ciudad condal. No contento con el dinero obtenido del gobierno, César sangró también a sus amigos, el novelista Juan Marsé y el poeta José Agustín Goytisolo, que entre otras cosas le consiguieron que no se le cobraran los gastos de quirófano y que, al final, ya no sabían qué hacer con las exigencias de un hombre que, además, se gastó una fortuna en ropa muy cara y otros caprichos más del mismo estilo, que nada tenían que ver con la gravedad de su enfermedad.

Al final, César Calvo prácticamente dilapidó todo el dinero obtenido, tanto en el Perú como en España, no siguió el tratamiento postoperatorio y terminó haciendo una huelga de hambre ante el Consulado del Perú en Barcelona para obtener un pasaje de regreso al Perú. Las últimas noticias que tuve de él son del año 2000 o 2001. Paloma Lagos, una muchacha que estudiaba entonces Periodismo, me mostró una entrevista que acababa de hacerle. El pobre César enloquecía con los ruidos incontrolables de sus oídos y sus eternas y sonoras carcajadas también habían aumentado de volumen. Nunca olvidaré esas carcajadas con que César celebraba bromas propias o ajenas, mientras se golpeaba fuertemente la rodilla derecha con la palma de la mano. Estaba bastante solo y vivía muy pobremente, pero sin quejarse jamás. Me propuse visitarlo, pero dejé pasar el tiempo tontamente. Hasta que un día me enteré que un infarto había puesto fin a sus tormentos. Y, cómo no, inmediatamente después arrancaron los homenajes al gran poeta, al amigo fiel, al hombre noble, en fin la "beatificación" y entronización del terrible César, que tuvo mucho de bueno, pero bastante también de ruin, y fue más bien un hombre tremendamente incoherente y contradictorio. Pero la necrofilia limeña ya se había puesto en marcha y preferí abstenerme de todo ceremonial (recordé además uno de sus más importantes libros de poesía, se titula precisamente *Pedestal para nadie*) y contentarme con una afectuosa carta que César me escribió antes de su muerte y que Lotta Burenius, una amiga común, me hizo llegar poco tiempo después.

Fin de digresión y entierro del general Juan Velasco Alvarado. Qué les voy a decir, salvo que los peruanos somos tan increíblemente raros. Y que, a lo mejor, si se muere Toledo –que, recuerden, siempre *fue,* nunca *es* ni *será*– se gana un entierro tan multitudinario como el del olvidado y caído en desgracia Juan Velasco Alvarado. ¿De dónde salieron esas multitudes? La policía no pudo hacer nada por contenerlas, el ejército tampoco, el general Morales Bermúdez, que había defenestrado a Velasco, prácticamente tuvo que huir, las multitudes asaltaron la carroza, cambiaron el itinerario inicialmente previsto. Yo no me lo podía creer. Fue y es y será lo nunca visto, tanto amor después de un olvido absoluto. La revista *Caretas,* en su edición del 12 de enero de 1978 habla de "La emoción sincera de miles de personas, el maniobrar tumultuoso de ávidos grupos políticos, y la adhesión de una gama contradictoria de personajes (...) allí estuvieron generales anticomunistas y comunistas persistentes, social cristianos de izquierda y algunos hombres de negocios poco cristianos (...) Hubo auténtico pesar popular expresado en rostros tristes y criollos aplausos de aprecio". Pues al poco tiempo, surgieron grupos políticos que se autoproclamaban sus herederos, afirmando que en su nombre, que en nombre del pensamiento y de la obra del Chino Velasco, del mero Juan Velasco Alvarado, etcétera. Cuatro gatos votaron por ellos y poco después alguien debió apagar la luz. El Perú es un país extraño y necrófilo, ya lo decía.

Pasaban los meses. Uno tras otro se me iban pasando los malditos meses, desde junio, hasta que diciembre me dio la hora de regreso ya de aquel viaje a Tumbes y Quito con el poeta Arturo Corcuera. Recuerdo haberme comprometido para dictar un nuevo cursillo de literatura, esta vez sobre algunos autores peruanos de gran prestigio, entre los cuales no podían faltar Mario Vargas Llosa, José María Arguedas, y Julio Ramón Ribeyro. Aquellas charlas tuvieron lugar en la galería Trapecio y sin duda me ayudaron a sobreponerme a la sensación de fracaso y al desasosiego que me acompañaba desde que comprendí que en Lima no había nada semejante a lo que tenía en París, o sea un horario de clases no sobrecargado, con tiempo para prepararlas gustosamente y no andarme repitiendo de un curso a otro y, paralelamente, con mucho tiempo libre para leer, escribir, ir al cine y al teatro, y para viajar.

Yo todavía era un gran viajero, por aquellos años, y consideraba sin dramatismo alguno que viajar y escribir son placeres reservados a las personas que, como yo, no han encontrado un lugar en nuestra sociedad. Era –y soy– un gran defensor del viaje solitario, además, porque considero que éste es todo lo contrario del turismo, que un viajero solitario es una suerte de diablo, y porque viajar solo me parece uno de los placeres más tristes que hay, una de las más grandes paradojas del ser humano. Siempre creí que mi afán de conocer varios idiomas se debía sobre todo al deseo de leer la menor cantidad de libros traducidos, pero con el tiempo descubrí que, si mis viajes por Europa y los Estados Unidos, por varios países de África y por el Cercano Oriente, habían sido tan sensuales y exhaustivos, tan maravillosos y tan intensamente vividos, tan egotistas y diabólicos –por qué no–, ello se debió a los varios idiomas que tan esforzadamente estudié en Perú, desde mi infancia y adolescencia, y después en Italia, Francia y Alemania, hasta los treinta y cinco años de edad, más o menos.

Con la llegada del sol, y ya en pleno mes de diciembre, acepté presentar en Lima una edición peruana de *Tantas veces Pedro,* mi segunda novela, el cuarto libro que hasta entonces había escrito. Guillermo Thorndike, periodista joven, pero de la vieja escuela bohemia y noctámbula, amante de lo prohibido y de las crónicas rojas, dilapidador, autor de excelentes crónicas periodísticas basadas en hechos o personajes de nuestra historia, capaz de deformarlo todo y de inventar las noticias en su afán de servir a un nuevo patrón, un hombre que definitivamente no podía vivir sin el olor de las cloacas, decidió lanzarse al ruedo como editor. La presentación de mi novela, durante un acto al que concurrieron personajes de todas las esferas y calañas, fue para mí una suerte de triste despedida al Perú. Aún recuerdo la cantidad de manos que tuve que estrechar, la cantidad de abrazos y besos que di y recibí, el licor que corría a mares, las mesas dispuestas a lo largo y ancho de un amplio salón del hotel Country Club, y varias pilas de mi novela colocadas encima de esas mesas, para que se sirviera una copa y un libro, o veinte, el que lo deseara. La Editorial Libre-1, el sello con que Guillermo Thorndike debutaba como editor, no había tenido mejor ocurrencia que la de regalar así toda la primera edición. Por supuesto que no hubo segunda edición ni nada. Con el sello Libre-1 se publicaron muy pocos libros más, antes de la presumible bancarrota que puso fin a una más de las empresas que Guillermo Thorndike dejó varadas en una larga estela de aparatosas aventuras condenadas de antemano.

Volver a tratar con Guillermo Thorndike fue toda una experiencia para mí, aquel 1977, porque había dejado de frecuentarlo desde la época en que ingresamos juntos a trabajar en el desaparecido diario *La Prensa*, de Lima, y en que todas las mañanas pasaba a recogerme por casa de mis padres para llevarme a la universidad. Guillermo era entonces un muchacho sumamente brillante e inquieto, con la mirada oculta detrás de unos grandes anteojos de marco muy negro y muy grueso, amante de la buena mesa y de los grandes pedos y eructos, entre los hombres, grandazo y tímido, entre las mujeres, inseguro y arrinconado por la maldad social de las adolescentes limeñas. Gordo, muy blanco y cachetón, altote y bastante lampiño, en casa de mis padres se le llamaba el Niñazo. Recuerdo que mi madre lo trataba con especial cariño al ver que se había prendado de mi hermana Clementina y que ésta, desde los altos de la casa, soltaba todo tipo de improperios dirigidos a ese pretendiente que, ruborizado y herido, la esperaba en el vestíbulo. Mi hermana jamás bajó, jamás lo miró ni quiso salir con él, y poco a poco se hizo costumbre en casa que Guillermo apareciera cada mañana para llevarme a la universidad, con la cada día más lejana ilusión de que mi hermana Clementina apareciera por algún lado, para verla aunque sea un instante. Pero no, ella nunca apareció, y yo me quedé desde entonces con la imagen del Niñazo herido, con cierta culpabilidad, incluso –he sido siempre un tipo muy culposo–, y recuerdo que me alegré mucho el día que supe que por fin se había casado.

A pesar del fiestón, de la cantidad de amigos y de gente interesante que se reunió en el Country Club de Lima, invitada a la presentación de *Tantas veces Pedro,* aquel fue un día triste para mí. la culpa fue toda mía, me imagino, por haber tenido la peregrina idea de escaparme de aquel acto y de ir al departamento de mi madre, en busca de Fortunato Flores, su angelical mayordomo. Aparecí por ahí con un ejemplar de la novela, que le llevaba de regalo, y fue él mismo quien me abrió la puerta. Fortunato se emocionó, me abrazó con fuerza, enseguida apretó bien el libro abierto, como quien lo está leyendo, y enterró una y otra vez la cabeza entre las páginas que iba pasando, lentamente, decididamente. Y desde ahí, desde adentro de aquellas páginas, me dijo por fin que iba a leer ese libro hasta que lo entendiera, que no pararía jamás de leerlo hasta haberlo entendido. Aquello fue atroz. Un momento atroz y muy peruano. El típico afecto profundo que se estrella con inmensas barreras étnico-culturales.

Che te dice la patria? Pues esto, esto lo que me dijo. Sí. Me dijo que Fortunato iba a leer *Tantas veces Pedro* hasta que lo entendiera, en aquel tiempo de la revolución militar, en aquella "democracia social de participación plena" de la que hablaban aquellos intelectuales trepados al carro en que viajaban "Los ojos de Juan", del poema de César Calvo. Sólo que ahora, en diciembre de 1977, los ojos del ex dictador Juan Velasco Alvarado habían sido reemplazados por los de Francisco Morales Bermúdez, un militarote más, el último salvador de *la patria,* precisamente.

447

Muy a tiempo para la temporada de playa limeña, como siempre, regresó mi hermana Clementina de México, aunque esta vez regresaba acompañada de su esposo y de sus hijos. El nuevo gobierno les permitía retornar del exilio mexicano. Fuimos pocos los familiares y amigos que les dimos la bienvenida en el aeropuerto de Lima y que los acompañamos en los días siguientes de su llegada. La obsesión de Paco Igartua, mi cuñado, era sacar una nueva edición de *Oiga,* su revista de siempre, muy venida a menos por entonces, a todo nivel. Yo lo ayudé, en la medida de mis posibilidades, aunque tal vez sería mejor decir que yo lo acompañé a ir pensando, en voz alta y sin hacer el menor caso a mis comentarios, cuáles serían las líneas generales que deseaba trazar para la nueva etapa del maltrecho semanario, que él bautizó como *Oiga-78, 4ª etapa,* en vista de que el primer ejemplar iba a salir a la venta el lunes 12 de enero de 1978.

Para mí, Paco ya no era ni volvería a ser nunca el mismo de siempre. El destierro de cuatro años en México lo había marcado mucho más que sus anteriores fugas, calabozos y deportaciones, sin duda debido a que había sido el primero que tuvo que enfrentar con esposa y dos hijos. Pero había otra razón, de la que él me había hablado en un solitario y muy amistoso encuentro en el hotel Casa de Suecia, de Madrid. Que había cumplido ya los cincuenta años, me dijo entonces, y que a esa edad todo el mundo se vuelve conservador. Y volverse conservador, pedazo de mentecato (o sea yo, que tanto lo quise siempre, aunque presa siempre de mil contradicciones, debo reconocer), quiere decir, en esta vida, que sin el capital privado y el libre mercado la economía simple y llanamente no puede existir. Acto seguido, Paco empezó a darme de gritos, sin duda alguna porque él jamás imaginó la vida sin discusión, aunque la verdad es que yo sólo había pedido un café y hacía siglos que no le discutía absolutamente nada, acerca de nada, jamás, por experiencia. Pero Paco concebía la vida como una eterna discusión acerca de todo. Y hasta el día de hoy recuerdo, por ejemplo, su absurdo alegato por causa de un diente que perdió al darle un feroz tarascón a un excelente trozo de pan, en un excelente restaurante madrileño, en 1994. Cómo olvidar los gritos que le dio a un pobre maître explicativo, que, con toda la magnífica educación de su oficio, intentaba hacerle entender que no, señor, que aquello no era un trozo de sal gorda metida en un trozo de pan sino un diente de cliente, señor, con el debido respeto.

En todo caso, al cumplir los cincuenta tacos, el gran Paco se volvió, mucho más rápido que lo que canta un gallo, no sólo un conservador sino además un tipo tan reaccionario, tan pero tan reaccionario, amén de atrabiliario, que nuestro común y entrañable amigo José Durand Flores, bohemio y jaranista como pocos, bibliófilo que logró reconstituir, en su linda casa de Berkeley, íntegra la biblioteca del Inca Garcilaso de la Vega, del siglo XVI, y altísimo academicote juriásico –de todo tipo de estatura, volumen, y sobrantes para reposición– inventó que su mejor amigo, el escritor guatemalteco Augusto Monterroso, bajito de porte, y casi de feria o de circo pobre, y cervantino de descomunal ironía: "Era tan chiquito pero tan chiquito que, sin duda alguna, no le cabía la menor duda". Acerca de los dos metros largos de estatura de José, del gran Pepe Durand Flores, replicó el pequeño Tito Monterroso que a su amigo Durand, al gran Pepe, "Él se lo pasaba por alto".

Pues bien. Vuelvo ahora a mi cuñadísimo Paco Igartua y a su cada día más acentuado paso de la izquierda y la rebeldía al reaccionarismo y al conformismo, *in extremis*, y recuerdo, cómo no, nuevamente, al insuperable José Durand Flores cuando afirmaba al respecto que: "En la historia de la tauromaquia, jamás nadie había pe-

449

ga'o unos pases de derecha como los de Silverio Pérez, cuya gesta con la mano y el brazo conservadores la ensalzaba el popularísimo pasodoble que llevaba el mismo nombre que el diestro maestro: *Silverio Pérez,* así, a secas, y muy tal cual. Y que entonaba, entre sus estrofas, aquello de *Monarca del derechazo,* que las mozas de entonces cantaban en una España grande y eterna plagada de machos más bien bajitos, inmerecidamente". Un limeñazo de tanto humor como el entrañable José Durand Flores, el inmenso Pepe, no podía dejar pasar por alto una oportunidad tan contundente como la que le brindaba el cambio de bando de Paco Igartua, para recordar aquel pasodoble. Y para sentenciar el nuevo apodo que habría de llevar hasta la tumba el gran Paco Campanita: "Silverio Pérez, *Monarca del derechazo".*

Y quedémonos por ahora en aquella visita mía a la ciudad de México, por más que volver a ella –aun sólo con la memoria– sea siempre para mí como pasar sobre ascuas.

Mi cuñado y mi hermana ya no esperaban un segundo bebe, diez años después del primero, pero muy poco antes de tener que abandonar el Perú a la fuerza, ella había dado a luz a un niño francamente precioso, al que bautizaron con el nombre de Esteban. Parecía un querubín, el más juguetón y divertido y rubio y enrulado de todos los querubines. Tenía algo también de genial payasito. No se le podía llevar ni a la esquina sin que la gente reparara en el güerito, como le llamaban allá en México. Una década, o casi, separaba a este hermanito menor de Maite, hasta entonces la chochera de Clementina y Paco, y ahora, en el tenso y difícil destierro mexicano, una reina brutalmente destronada, descuidada, reemplazada por ese niño totalmente inocente.

Estuve con ellos cada uno de los días que pasé en México, sólo para comprobar cómo Paco, desbordado por las tensiones, dentro y fuera de casa, no era capaz ni tenía ya la fuerza para enfrentarse a una situación insostenible. Clementina sólo tenía ojos para Esteban y además se levantaba cada día más tarde, sobre todo cuando tenían algún compromiso social en el que, estaba segura, le iban a pedir que cantara. Y cantaba lindo, la verdad, realmente lindo, y muy emotivamente. Además, con sus canciones en italiano, francés, portugués, o en castellano, a uno le bastaba con cerrar los ojos para sentirse ante un gran auditorio en el que triunfaba una Édith Piaf, una Amalia Rodrigues, una Chavela Vargas. Lo malo, claro, es que Clemen se cuidaba de tal manera antes de cada una de estas brillantes *performances* que a veces eran las ocho de la noche y aún no había salido de la cama.

Maite quedó totalmente abandonada, sin tener siquiera un dormitorio propio en aquel pequeño departamento con el que se tuvo que contentar mi cuñado en los primeros meses de su llegada a México. Y cuando las reuniones eran ahí –cosa que ocurría a menudo– el ambiente se cargaba de humo y se bebía tanto y hasta tan tarde que a la mañana siguiente la agotada Maite no lograba despertarse a tiempo para llegar al paradero del ómnibus que la llevaba al colegio. Y nadie había tampoco para despertarla y para llevarla, ya que las empleadas venían por horas, Paco había volado ya a la oficina, y Clementina dormía a pierna suelta por lo menos hasta mediodía. O estaba ocupándose feliz de su sonriente y travieso y coqueto querubín y no sentía disposición alguna para consagrarle un solo minuto a la pobre Maite.

Decidí ocuparme de este asunto, y no sólo me dediqué a llevar a Maite al colegio o al menos al paradero de su ómnibus, sino que la tomé totalmente a mi cuidado e hice con ella paseos y visitas que la impresionaron mucho, como aquella al museo antropológico que evoca una y otra vez en la correspondencia que me envió por aquellos años. Pero mi estadía en la ciudad de México tenía un límite impuesto por mis obligaciones, y al pensar que iba a dejar a Maite tan abandonada que ni al colegio llegaba, a veces, no me quedó más remedio que enfrentarme con mi cuñado para hacerle ver la situación de su pobre hija. Paco era mucho más consciente de ello de lo que yo creía y me dijo que sólo había querido ganar un tiempo con mi llegada y aprovechar la estupenda relación que había entre Maite y yo, pero que sí, que en efecto, que había llegado el momento de llamarle la atención a Clementina sobre un asunto tan delicado como el de su hija.

Era tal el pavor que Paco tenía de los gritos de mi hermana que, sin duda con la intención de contenerlos un poco, siquiera, decidió tocarle a Clementina el tema de su hija mayor delante de mí. ¡Qué tal metida de pata, por Dios! Porque Troya ardió, de inmediato, y su reina enfurecida no sólo decidió abdicar de toda responsabilidad en el cuidado de su hija, sino que incluso le encargó al abrumado Paco que en adelante se ocupara hasta de comprarle los calcetines. Minutos después, en cambio, ya era nuevamente feliz con su travieso querubín. Recuerdo que la noche de mi partida, Paco me autorizó a invitar a Maite a un lindo restaurante. Allí le juré que siempre la esperaría en París para llevarla a museos, zoológicos, cines, teatros y restaurantes. Y le hice jurar que me escribiría y me lo contaría todo, siempre. En la primera carta, desgraciadamente, Maite me contó que su gatito se le había caído del techo del edificio en que vivían y que se había matado... En fin, dejemos este tema, alejémonos de estas ascuas.

Yo siempre había colaborado en *Oiga* y, feliz, iba a colaborar de nuevo, pero por supuesto que el gran Paco ni caso me hizo cuando le dije que había entregado ya un artículo a *Marka*, un semanario de izquierda con cuyo subdirector me unía entonces una estrecha amistad. Me dijo que estaba bien, que no importaba, y que en adelante, eso sí, siempre le entregara mis colaboraciones a *Oiga*, y tan felices los dos. Pero el lío fue cuando, al aparecer en el primer ejemplar de su semanario, el 12 de enero de 1978, una reseña de mi novela *Tantas veces Pedro* afirmaba que ésta era "la autobiografía de un sinvergüenza". Mi hermana Clementina, su esposa, siempre sostuvo que cada ejemplar del semanario *Oiga* había significado un amigo o amiga menos para ella. Pues estuvo en este caso a punto de significarle un hermano menos. Pero, en fin, los buenos oficios de una amiga común hicieron que las aguas volvieran a su cauce y que yo volviera a colaborar en *Oiga*.

Yo ya me había dado por completo a la bartola, después del *incidente* Fortunato y, como el personaje llamado Frederick Henry, en *Adiós a las armas*, de Ernest Hemingway, había firmado una paz separada con mi país, desde aquel 21 de diciembre en que, en compañía de la única persona capaz de entenderme en aquel momento de mi vida, el poeta y sociólogo Abelardo Sánchez León, hice mi ingreso al formidable restaurante Chalaquito, de la avenida Constitución 224-230, del Callao. Es cierto que aún tuve ánimo, ese mismo día, para realizar con él y con Raúl Guerrero, otro sociólogo especializado en el tema, un largo e intenso recorrido por las barriadas de Lima y Callao, empezando de madrugada en lo más alto del cerro del Agustino y terminando en los barracones del puerto. Fueron horas entre la angustia y la basura, deteniéndonos, conversando, recapitulando, observando otra vez con profunda aflicción y, en lo que a mí se refiere, huyendo finalmente en busca de un lugar para relajarme. En el Chalaquito nos atendieron con gran esmero, con cariño y con una formidable carta de deliciosos platos, el gerente y el administrador del más antiguo y surtido restaurante de la provincia constitucional del Callao.

"Una paz separada". No hay nada tan estratégico y astuto como firmar una paz así de inteligente y lógica, por lo demás. En inglés se utiliza la fórmula *"If you can't beat them, join them"*, aunque yo considero que la manera en que el soldado herido Frederick Henry sencillamente se quita de la guerra, sin dialogar siquiera con ella, es muy superior. No olvidemos que el personaje de Hemingway vivirá enseguida un gran amor, lejos ya de la furia guerrera. Y no olvidemos tampoco que mi simbólica despedida del Perú, por muchos años, la había vivido con amigos como Abelardo Sánchez León, en un lugar tan mágico e histórico como aquel desaparecido El Chalaquito, con su decadente aroma de damas y caballeros de tiempos idos de *una patria* irreconocible. Aquello ocurrió muy precisamente el 21 de diciembre de 1977, o sea ya en vísperas de una Navidad como la que, en su momento, le haría escribir al trágico y romántico Francis Scott Fitzgerald una de las frases más hermosas y duras de la literatura epistolar, dirigida nada menos que a su amigo Ernest Hemingway: "Mi querido Hem: hace veintiún días que no me tomo un trago, pero ya se acerca la Navidad".

Y cómo no. En *la patria* también se acercaba la Navidad y mi hermana Clementina acababa de regresar de México, al cabo de cuatro años. La familia, pues, tenía que reunirse, muy dentro del espíritu de esta fiesta esencialmente cristiana. Que, además, le hacía tanta ilusión infantil a mi hermano Paquito, el enfermo, el niño eterno y a los nietos de mi madre. Lo malo, claro, es que mi hermana Clementina y mi madre tenían una vieja rivalidad, desde mucho tiempo atrás y, como suele decirse, también, *sencillamente no se soportaban.*

Yo vivía en casa de Marta Ribeck, no lo olviden. Y estaba a punto de desgarrarme entre la reunión familiar de Navidad que mi mamá quería organizar en su departamento, sobre todo porque le daba una flojera inmensa asistir a la otra reunión de Navidad, o sea a la que mi hermana Clementina organizaba en su casa, y exactamente por las mismas razones de flojera y por la absurda rivalidad con mi mamá. En fin, la familia Bryce Echenique de siempre, o sea los hermanos Karamazov, hijos de Iván el Terrible, hijo a su vez de Atila, más o menos. Y tan estaba a punto de volverme loco, allá en casa de Marta Ribeck, que de buenas a primeras decidí aplicarle también a mi familia una paz separada y opté sencillamente por ingerir una buena dosis de Rohipnol. Una maravilla cómo funcionó todo, porque al día siguiente amanecí en una playa del sur de Lima, en compañía de Doris Rivas, Marta Ribeck y Pepe Rivas. Entre los tres me habían cargado, me habían metido a la camioneta que mi gran amiga, la pintora Julia Navarrete, me prestaba a menudo en Lima, y me habían colocado ya sobre una toalla tendida en la arena, para que me despertara mirando al mar Pacífico, actor feliz de aquella "paz separada" que había firmado una vez más la noche anterior.

A principios de febrero regresé a París y me reincorporé a mi trabajo en la Universidad de Vincennes, aunque convencido ya de que aquello tampoco podía continuar mucho tiempo. En efecto, no duró ni dos años. En 1980 trabajaba ya en la Universidad Paul Valéry, de Montpellier, donde continué recibiendo puntualmente el semanario *Oiga,* y leyendo uno tras otro aquellos editoriales furibundos que parecían haber sido escritos siempre por Paco Igartua y don Miguel de Unamuno, a cuatro manos.

Regresé muchas veces al Perú de aquella "paz separada", pero sólo para divertirme, comer bien, y viajar a provincias. *La patria* se había reducido a unos cuantos paisajes, unos cuantos amigos que, además, casi siempre vivían en el extranjero, y, hay que decirlo todo, a apenas unos cuantos familiares y viejos servidores de casa de mi madre. Esto último se debió, sin duda alguna, a la terrible predicción del sismólogo norteamericano Brian T. Brady de que un maremoto y un terremoto de magnitud 8,5 iban a arrasar la costa del Perú, empezando por la sureña ciudad de Pisco, el 28 de julio de 1981, Día de la Independencia. Esta predicción coincidía además con la profecía de Santa Rosa de Lima, según la cual ese mismo día los barcos del puerto del Callao anclarían en la plaza de Armas de Lima, en pleno centro de la ciudad fundada por el conquistador Francisco Pizarro. En fin, la noticia era el acabose, un verdadero horror, por más que uno pensara que más de ciento cincuenta años antes era imposible que Santa Rosa hubiese soñado siquiera con un submarino, un acorazado o un portaaviones del siglo XX. Pero bueno, ya sabemos lo que es la fe y lo que son las supersticiones: exactamente lo mismo, en cuanto a resultados, creo yo. En todo caso, lo cierto es que Lima se había dividido entre los que le creían a la santa y al sismólogo y se mudaban para siempre, rematando sus propiedades o simplemente abandonándolas, y entre aquellos que, digamos, sólo creían en las leyes del mercado y compraban a vil precio todo aquello que un huracán bíblico iba a arrasar, igualito que al final de *Cien años de soledad,* dejando la ciudad de Lima convertida en una fantasmal planicie en la que sólo sobrevivían las cucarachas y las hormigas.

Desde el muy amplio y cómodo departamento en que vivía en la soleada y preciosa ciudad de Montpellier, me sentí en la obligación de ponerme en contacto con mi familia, antes de aquel atroz huracán católico y científico. Aunque lo iba postergando siempre, no puedo negar que, como buen limeño, me sentía en la obligación de cumplir con mi familia, de quedar bien con ella, al menos con una llamadita de larga distancia. Por otro lado, es cierto que me tentaba mucho la idea de que toda aquella colección de primos, hermanos, sobrinos, etcétera, desaparecieran para siempre de mi vida, en lo que bien podría llamarse un crimen a control remoto o con mando a distancia. Sólo las portadas de *Oiga*, que realmente sobrepasaban de lejos las peores predicciones de Santa Rosa de Lima y el sismólogo Brian T. Brady juntos y hablaban de una mezcla de guerra de los mundos, *los marcianos llegaron ya*, y *Apocalipsis now*, con millones de muertos y heridos, me inspiraron solidaridad familiar y me obligaron a salir de aquella burbuja de lujo que era mi moderno y cómodo departamento montpellerino. Me sobraba el espacio, me sobraban los baños y las habitaciones, aunque tampoco eran tantos como para meter a un familión entero. ¿Cómo hacia, entonces? Debo confesar que en aquel momento creí muy pertinente convertirme en un moderno Noé con un arca de cinco estrellas, pero en la cual de ningún modo cabría todo un familión como el mío. Y esto me llevó, lo confieso, por puras razones prácticas, a hacer una lista de familiares dignos de sobrevivir en mi arca de Montpellier. ¡Qué barbaridad! Apenas fueron tres: mi madre, mi hermano Paquito, y Maite Igartua Bryce, mi sobrina. Mi hermana Elena y su esposo Nelson Bértoli, felizmente, vivían muy al norte del Perú, en Tumbes, fuera del alcance de Santa Rosa de Lima y Brian T. Brady. Y todos los demás eran miembros del servicio doméstico. Negocié con Paco Igartua, en una interminable llamada de larga distancia, en la cual negó a gritos una-munianos que jamás hubiese publicado portada alguna escandalosa sobre el tema y me aseguró que yo estaba to-talmente loco con el asunto aquel de mi moderna y muy espaciosa arca de Montpellier.

Visité Lima, en pleno mes de julio, y pude compro-bar que en efecto sus habitantes se habían dividido en-tre aquellos que creían en la predicción atroz y aquellos que no, entre aquellos que vendían y aquellos que les compraban. Llegado el día, no pasó absolutamente na-da, y creo yo que los bonos de Santa Rosa de Lima ba-jaron mucho, desde entonces, entre la gente de toda condición social. Y aunque no hubo huracán bíblico, ni terremoto ni maremoto ni nada, los daños causados por la falsa y catastrófica predicción de Brian T. Brady fue-ron de todos modos enormes. No vinieron turistas de Europa y Estados Unidos, se dilataron muchos proyectos de construcción porque los inversionistas temieron el te-rremoto, y en total se habló de pérdidas por un monto de trescientos millones de dólares. Hasta en la literatura peruana se encuentran frases como ésta, de la obra tea-tral *Collacocha,* de Enrique Solari Swayne: "¿Qué clase de peruano eres que te asustas con un temblor?". Pues el es-poso de una muy querida prima de mi mamá, Ernesto de la Jara y Ureta, fue un peruano muy valiente, aparte de todo un señor. Era ministro del gobierno de Fernan-do Belaúnde Terry y se encontraba con el presidente, la víspera de aquel fatídico y fallido 28 de julio de 1981, por la noche. El teléfono sonó. Era de la Casa Blanca, de Washington, y el que habló fue el presidente mismo de los Estados Unidos. Llamaba, con gran pesar, para de-cirle a su homólogo peruano que, desafortunadamente, no quedaría piedra sobre piedra de toda la costa del Pe-rú, mañana por la mañana, y que ya era demasiado tarde para anunciarlo, por ejemplo, en la televisión, porque ello podía inducir a millones de peruanos a suicidarse masivamente.

Después, callaron los mariachis. Y presidente y fiel y caballeroso ministro se encerraron en palaciego mutismo. Y allí amanecieron y desayunaron y almorzaron y nada. Nada tampoco por la noche y entonces comieron y, a las doce en punto de la noche, según las campanadas históricas de la catedral de Lima, cada uno saltó de su sillón y corrió a abrazar a su viejo amigo, compañero de tan mala noche, copa de champán en mano. A las doce y cuarto, el impecable primo político de mi madre, hombre muy querido por mis padres y abuelos, abandonó el palacio de gobierno. Dicen que salió con el pelo muy blanco y que había entrado con el pelo muy negro que yo recuerdo. Pero, claro, yo era muy chico cuando aquel tío querido caía por casa de mis padres con el pelo negro, y después no lo volví a ver.

Visité el Perú varias veces más, en la década de los ochenta, desde Montpellier, Barcelona y Madrid, pero creo que este cambio de ciudades, y aun de países, a lo largo de muchos años, da muy bien cuenta de lo larga que fue aquella "paz separada", de 1977. Tuve que esperar bastante antes de que *la patria* volviera a llamar a mi puerta. Además, como que no entendí muy bien su llamado, en más de una ocasión. Y es que *la patria* tiene maneras muy enrevesadas de llamarlo a uno y de llevarlo de aquí a allá. Y así, cuando uno cree que es a esta ciudad o a este país, que quiere ir, resulta que es a otra ciudad y a otro país, que termina yendo. Y de San Juan de Puerto Rico hasta Madrid y siempre Barcelona y otra vez San Juan y en el medio Lima y New Haven y otra vez Lima y el Perú y... En fin, ya les decía que *la patria* tiene unas maneras de lo más enrevesadas de llamarlo a uno. Las cosas seguían muy confusas, a principio de los noventa, cuando de pronto, una tarde del 93 o 94, el entonces ministro español de Economía, Pedro Solbes, desde la pantalla del televisor, telediario de las 15 horas, primera cadena, TVE, en el departamento en que vivía en Madrid con Pilar, mi segunda esposa, desencadenó la gran avalancha, con sólo aconsejar que no debíamos confiar cuerpo y alma en la Seguridad Social del Estado de bienestar y que ya era hora de que nos animáramos todos a contratar además seguros privados, de todo tipo, porque los tiempos cambian, y ni sé qué más...

Pilar tronó. Su voz tan sexy, como de aguardiente y tabaco negro en el bar de un pueblo, me puso a gritos al día de todo lo que llevaba ya cotizado a la Seguridad Social, como funcionaria, para que ahora le vinieran con éstas... Y yo la escuchaba y no le daba del todo la razón, pero sólo para que tronara más rato, así tan sexy, aunque también es cierto que la mente se me disparaba hacia otras voces, otros horizontes, otros sentimientos y geografías que aún no lograba descifrar del todo...

Otras voces, otros horizontes, otros sentimientos y geografías

Estuve a punto de irme a vivir a mil lugares, antes de descifrar, en 1995, que era el Perú el que me venía llamando desde la vez aquella en que el ministro de Economía Pedro Solbes aconsejó lo de los seguros privados, en lugar, o además, de la Seguridad Social, y Pilar le replicó con su sonido y su furia, en el comedorcito de diario de nuestro departamento madrileño. Y lo que es la vida. Porque ahora que estoy, una vez más, de regreso a España, y que vivo y escribo parte del año en Barcelona y parte en Lima, dándole gracias al cielo y, por qué no, también a mí mismo –mi esfuerzo me ha costado– por haberme dado tanto, acabo de enterarme por otro telediario de que el ex ministro Pedro Solbes vuelve a ocupar la cartera de Economía en España, el 2004. Conociéndome, voy a estar sumamente atento, concentradísimo voy a estar, durante cada telediario, no vaya a ser que el señor Pedro Solbes tenga algo nuevo que decirle a los españoles y yo logre descifrar entre sus palabras algún mensaje codificado proveniente de *la patria*.

Porque así es de enrevesada *la patria* mía, y así de extraños son sus motivos y razones. Aquella vez en Madrid, por ejemplo, aquella vez del telediario de las 3 p.m., el ministro de Economía, sus seguros privados y el consiguiente colerón de Pilar, con su voz tan sexy, como de aguardiente y tabaco negro en el bar de un pueblo, cuando llegó la noche y apagamos la luz y ninguno de los dos lograba conciliar el sueño, yo le dije que no tenía que preocuparse, porque si algún día nos faltaba algo o envejecíamos mal o nos sentíamos muy solos, etcétera, siempre nos quedaría el Perú, Pilarín, como a Humphrey Bogart e Ingrid Bergman siempre les quedaba París, en *Casablanca*. Y le expliqué cómo y por qué. Además, ya ella había pasado una temporadita en Lima y provincias, con mi familia, con mis amigos y con mis colegas, y sabía por lo tanto que la gente en esos países no te abandona nunca, que esa gente de allá ignora por completo la frialdad egoísta de los países industrializados, que en cambio es inmensa solidaridad de los pueblos pobres, que el humanismo aún perdura en esos maravillosos países, y que vale más que todo el oro del mundo...

—En fin, Pilarín, tú me entiendes...

Pilar me tronó –con sordina, es cierto– su sonido y su furia, desde el otro lado de la cama, y me dijo que a ella en el Perú no se le había perdido absolutamente nada. Textual. No me quedó más remedio que consolarme pensando que no era yo quien se había hecho merecedor de esas iras santas, sino el ministro de Economía Pedro Solbes, pero al mismo tiempo me entró un amor tan mundial por el Perú que no tuve más remedio que aplicarme yo también mi propia sordina, aunque no para vozarrón sino para lagrimones. Y no paré de bañarme en lágrimas hasta llegar al patrioterismo, cosa que me hizo sumamente feliz e infeliz, al mismo tiempo, porque así es la vida de compleja y así son de enrevesados los mensajes que le envía a uno, de golpe, *la patria*.

No había estado en el Perú desde 1990, y mis dos últimos viajes me habían convencido, con gran dolor y rabia, de que poco me quedaba por hacer en un país que el ex presidente Alan García había tugurizado mental y moralmente. Los peruanos dejaron de creer en su país masivamente, durante su gobierno, y empezaron a emigrar como nunca antes. Alan García le sirvió en bandeja el alma corrupta de miles de peruanos a Fujimori y Montesinos. Un país sin moral, ya no tiene remedio. Y un país sin moral y corrupto y económicamente deshecho ya me dirán ustedes qué remedio tiene.

Y ahora voy a contarles lo que me pasó dos veces seguidas con un par de ejemplares de esa canalla fujimorizada, montesinizada, y alangarcizada, en el aeropuerto Jorge Chávez, de Lima. Nada menos que en el aeropuerto de un país que tiene maravillas que mostrarle al mundo y que pretende atraer turistas de todo el mundo. Hay, además, algo profundamente simbólico en esta historia muy real que voy a contarles. Hay un hombre, un señor, una persona hoy fallecida, que es don Nicanor Mújica Álvarez Calderón, aprista de los grandes años, de cuando había ilusión y su partido jamás hubiera permitido que en el Perú naciera gente como la que me tocó ver dos veces seguidas en el aeropuerto Jorge Chávez, de Lima. El señor Nicanor Mújica vivió destierros, cárceles, creyó en su partido y en lo que hacía por su partido y su país. Por eso es tan simbólico que me lo haya encontrado en el aeropuerto, cuando me ocurrió esto que les estoy contando. Fue en julio de 1990, al final del primer viaje que hice ese año al Perú. El segundo viaje fue en diciembre y recuerdo clarísimamente que aterricé el día 13 de ese mes. Pero me estoy adelantando mucho, o sea que volvamos a julio de ese mismo año.

Pues bien. Ya yo había oído hablar de este asunto, de esto que mucha gente en Lima llamaba "sembrar coca". Pero simple y llanamente uno cree que estas cosas sólo le pasan a los demás. Pues bien, no. Le pasan a cualquiera, a todos, y el día en que precisamente dejan de ser un escándalo y la gente las menciona como cotidianas, como parte de nuestra manera de ser, casi, ése es el día en que un país está ya moralmente sarnoso y nuestros mejores compatriotas se ven forzados a huir para no contagiarse, para escapar de la peste, e increíblemente para que sus hijos no crezcan en el país que ellos, sus padres, sus madres, aman con pasión. ¿Existe una tragedia familiar mayor que ésta? Bien. En julio de 1990 se acababa el mandato de Alan García. ¡Al fin! Y ya era presidente electo Fujimori. El muladar que dejaba el gobierno anterior estaba muy bien abonado para su sucesor.

Perdonen la tristeza. Y la rabia. Yo había estado en Lima para un evento preparado por la Unión de Ciudades Capitales Iberoamericanas. Había asistido a esos actos acompañando al entonces alcalde de Madrid, Agustín Rodríguez Sahagún, un hombre fino, bueno, realmente entrañable, y al novelista español Camilo José Cela. El alcalde de Lima, Ricardo Belmont, era aquel año el anfitrión. Fueron días simpáticos y movidos, sumamente entretenidos y útiles. Recuerdo que estuve alojado en el hotel Cesar's, en Miraflores, y que el día de mi partida me encontré sin saber muy bien qué hacer con las medallas, diplomas y placas recordatorias que me habían obsequiado, a lo largo de aquel evento. Decidí arrojarlo todo a mi maletín de mano y tomé un taxi rumbo al aeropuerto. Y había pasado ya migraciones, cuando me crucé con el señor Nicanor Mújica. Regresaba de París, donde había sido embajador ante el gobierno francés. Me saludó como siempre, amable y simpático, conversamos un momento y me deseó buen viaje. El señor Mújica era ya un hombre mayor, pero sus inquietudes seguían siendo las de una persona mucho más joven. Y era un estupendo conversador, además, algo que siempre he apreciado en una persona. Acababa de despedirme de él, y aún me quedaba la alegría de haberlo visto muy bien, duplicada por la satisfacción de haber estado ante un hombre de honor, cuando sentí que dos energúmenos se prendían de mi saco y me arrastraban a un baño estratégicamente situado, cómo no. Se decían policías y probablemente lo eran. Esto era lo peor. Pobre país. Hombres hechos de estiércol por dentro y por fuera. Policía peruana. Pobre, pobre país.

Es ese momento en que absolutamente nadie te conoce. Ni aquel que te estaba pidiendo un autógrafo. Me resistí en la puerta del baño, aunque ya uno de esos tipos se había apoderado de mi pasaporte y el otro abría mi maletín de mano. Y recuerdo que los dos empezaron a convertirse en estiércol, en mucho más estiércol de lo que normalmente son, cuando les solté una frase muy apropiada para el fango de sus mentes, para la miserable mugre de su alma. "¿La policía peruana no tiene un sitio mejor para interrogar a un ciudadano que un baño inmundo?". Pero más que esta frase, mucho más, lo que los hizo desistir fueron las placas, las medallas, los diplomas que encontraron en mi maletín. Lo cerraron inmediatamente y me lo devolvieron con mi pasaporte. Pensaban sin duda que habían metido las cuatro patas. Que yo debía ser alguien importante, con tanta medalla dorada y tanto diploma. Desaparecieron.

Pero no para siempre. ¡Qué va! La mugre no sale así nomás. Llegué a Lima seis meses después, para participar en un evento que había sido muy promocionado. Había varios periodistas en el aeropuerto, varios amigos y curiosos, y en el instante en que salía y me dirigía al auto que iba a llevarme al hotel, aparecieron los dos tipejos esos para rendirme pleitesía, para llamarme doctor y deshacerse en reverencias. Uno no se olvida de dos rostros que lo han aterrado. Nunca. Debí denunciarlos, pero ante quién, cómo, dónde. Recordé que, en Madrid, evocando el incidente de mi viaje anterior, me enteré de que los empleados de algunas empresas españolas que operaban en el Perú llevaban importantes sumas de dinero para situaciones como las que me tocó vivir, en el aeropuerto de Lima. Era el aeropuerto Jorge Chávez, tal y como lo había dejado el gobierno de Alan García. ¿Gobierno? Seres abyectos como los que acababa de cruzar, rebajándose en inútiles reverencias y saludos. El terreno nacional estaba moralmente abonado, listo para que echaran sus frutos en él los herederos de todo esto que les cuento. Fujimori, Montesinos y compañía. Mientras que por otro lado, cientos de miles de peruanos se lanzan a cruzar fronteras para depositar su fe, sus ilusiones, su amor a la vida, a la familia, al amor, sí, su amor al amor, y al trabajo y al futuro, en cualquier parte del universo mundo. Se van dolidos, muy resentidos con ese Perú que apesta. Van a convertirse en extranjeros, en habitantes de ese tremendo país llamado Extranja. Y por el mundo entero irán creando el departamento número 26 del Perú, el que le envía dinero a millones de familiares, el que invierte en el mismo país que no les brindó una sola oportunidad, nunca. El ingrato país corrupto, el entrañable país que soñamos. El departamento número 26 del Perú está situado en el mundo entero, como una patria movible, y está eternamente lleno de banderitas, de Inca Kola, y de bebidas así, sumamente azucaradas y de sospechosos colores amarillos. Y está lleno también de César Vallejo, lleno de José María Arguedas y Julio Ramón Ribeyro, lleno de Mario Vargas Llosa y de Javier Corcuera. No es que los lean, no es que entiendan sus películas. O, a lo mejor, los van a ver y leer dramáticamente hasta que los entiendan, como el viejo mayordomo Fortunato Flores y *Tantas veces Pedro,* en casa de mi madre. Cómo será. El cable les permite ver fútbol peruano, que con su cervecita, con su latita de cusqueñita y su picantito, parece menos malo, menos triste, menos domingo por la tarde en Extranja.

Entre esta gente, que cruzo a menudo por el barrio de Barcelona en que vivo, jamás he oído hablar de política. Van a votar, sí, cuando en el Perú hay elecciones, pe-

466

ro es sólo para sentirse peruanos, un día más en su dura y triste vida. Ya dije que esos pobres compatriotas se han ido dolidos, resentidos con su país, pero no son rencorosos, es lo que pasa. Y pasa también que para ellos la política ha muerto. Está muerta y enterrada. Hartos de vivir la eterna dictadura de lo político, se fueron de un país que nada les dio y a cambio de nada les mató a un pariente en una acción terrorista o simplemente los ignoró, los ninguneó. *Y perdonen la tristeza,* que ahorita mismo vuelvo a hablarles de amor, lo prometo, aunque, para terminar con esta sobredosis de Perú, con esta intoxicación patriótica, tenga que decir la verdad, toda la verdad y nada más que la verdad. Sí. Yo salí de Lima, en diciembre de 1990, llorando en el vuelo de Iberia a Madrid, llorando porque me había quedado sin país. Lo juro.

Y ahora sí que ya me toca amor. Se los había prometido. Y es que, en efecto, gracias a Dios, otras voces, otros horizontes, otras geografías y sentimientos me llamaron con tanta insistencia que a punto estuve de confundirlos con la mismísima voz de *la patria.* Y además aquello coincidió con la reaparición en mi vida de uno de esos seres para los que una frontera no es nada más que una ventana abierta al mundo, una de esas personas sin grandes certidumbres pero con mucho corazón. Walter Benjamin decía que "El laberinto es la patria de los que dudan". Pues estos seres maravillosos pertenecen a la cultura occidental y su insatisfacción los lleva a rechazar tanto la desesperación como la esperanza. En Lima, en 1977, había conocido a uno de estos seres maravillosos y ahora me lo volvía a encontrar en San Juan de Puerto Rico, muchos años después. Juan Ignacio Tena Ibarra, alias Juanchín, embajador de España ante el mundo, nada menos. Antes había sido embajador en Montevideo, en Lima, ante la Unesco, en París, y también había sido director de la Academia Diplomática, en Madrid. Juanchín ya había sido todas estas cosas y mil más y ahora era simple y llanamente un embajador de la vida ante el mundo. Y un amigo.

¿Que cómo llegué yo ahí, a Puerto Rico, a San Juan? Recién lo supe bien, *in situ,* de boca de mi propio anfitrión, el abogado Fernando Agrait, entonces presidente de la Universidad de Puerto Rico. Alguien dejó un ejemplar de la primera edición de *La vida exagerada de Martín Romaña,* en su despacho, y a él le bastó con ver la fotografía de la solapa para pedir que le trajeran a ese loco a dar un par de conferencias. Y allá fui, como el jibarito de la canción que una y mil veces le escuché entonar al doctor cantante Alfonso Ortiz Tirado, eco feliz de mi infancia *"... diciendo así / cantando así, por el camino...".*

Después de todo lo que me había ocurrido en el Perú, San Juan, el viejo San Juan de Puerto Rico, podía ser un buen lugar para escribir, un buen lugar para vivir. Y hacia allá fui, para estudiar el terreno, primero, gracias a aquella generosa invitación a dictar una conferencia en el campus de Río Piedras y otra en el de Cayey. Y también porque había firmado una suerte de paz separada con Cuba, ese mismo año, durante el mes de mayo, como cuento largamente en el primer volumen de estas antimemorias. Puerto Rico, la menor de la Antillas Mayores, podría convertirse en mi segunda patria, como un día soñé que sería Cuba. Y también, ¿por qué no?, Puerto Rico podría convertirse en un punto estratégico a mitad de camino entre España y Perú, como había hecho Juan Ignacio Tena, adorador del Perú, casado con una limeña, con casa y familia y obligados viajes a Madrid y a su bellísima casa de campo, situada, según él, "en la sierra pobre de Burgos".

Se diría, incluso, que me estaba volviendo un hombre calculador, una persona que escoge la vida que ha de llevar, que mueve bien sus fichas y toma grandes decisiones, cuando de pronto, en medio de la segunda de sus conferencias, en Puerto Rico, allá en el verde campus de Cayey, el amor entra al auditorio. ¡Y qué manera de entrar, la del amor, en aquel auditorio! Tan bonita y tan pinturera, que yo perdí el habla por completo. Y tan majestuosa, que yo iba perdiendo, al mismo tiempo, el equilibrio. Y por completo, también, perdía la compostura mientras el amor continuaba haciendo su ingreso en mi ya tambaleante conferencia, y mientras literalmente el amor iba haciendo de las suyas en mi reputación de conferencista.

Y aquí habría que cederle la palabra al inmenso Borges. A él, sí, a él. A nadie más que a él. Quién, sino Borges, puede colocarle un adjetivo perfecto a la llegada del amor, en medio de una conferencia. Aunque el maestro ciego sólo vea manchas, es a él a quien hay que cederle la palabra. A él, o a Homero. A nadie más. La misma ceguera, el mismo esplendor, en ambos casos. Y yo como un lazarillo de ciegos caminantes, ahora, llevándolo a Borges de la mano por aquel auditorio. Adelante. Pase adelante, maestro. Pase y adjetive, por favor. Yo se lo cuento todo detalladamente y usted me lo adjetiva, maestro. Ahí va.

—Esa mancha sobre la tarima de la izquierda es un conferencista peruano. Se ha quedado sin palabras, a pesar de que aún le quedan unos siete folios por leer. Se ha quedado mudo y lelo. Y se le ha caído un vaso de agua, que es esa manchita mojada de la derecha. El conferencista peruano sufre una especie de conmoción. Tal vez una parálisis facial, maestro. Por mirar a esa muchacha. Sólo por mirarla, maestro. ¿Me sigue? Y ella es la mancha que camina por el centro del auditorio, porque ha llegado tarde a la conferencia y porque...

—Eso no es mancha, joven –interrumpe el maestro–, ¡Qué va a ser mancha eso, oiga usted! Eso es todo un desembarco, che... Un gran desembarco... El desembarco total... Y que no me escuche María Kodama, pero esto es francamente un despelote, che...

—¿Y, maestro?

—Ya yo he hablado alguna vez de *la unánime noche,* ¿recuerda...?

—Y ahora, ¿de qué hablaría usted, maestro?

—Pues yo diría que el infinito se repite hasta el infinito, che... Como en *El Aleph.* O sea que sólo remplazaría la palabra noche por la palabra amor. Y quedaría así: *El unánime amor desembarcó en el auditorio...* ¿Le parece bien?

—La mancha que dicta la conferencia se cae, maestro. Se nos desploma.

—No es para menos, oiga usted. Con tanto despelote, aquí entre nos. Y que ni me oiga la María Kodama.

Terminada, por fin, la accidentada y tambaleante conferencia, se sirvió una copa de vino, como siempre después de todas las conferencias, aunque por encontrarnos esta vez en pleno Caribe, me imagino, se sirvieron miles de copas de vino. Y la Unánime amor fue la encargada de acercarle siempre la bandeja plateada al conferencista desplomado. No se hablaron. No se dijeron ni una sola palabra, ni hubo tampoco sonrisas. Tan sólo temblor agudo, por parte de él y temblorosos labios, por parte de ella. Porque aquello simple y llanamente no podía ser... *"... Borinquen / ... la tierra del Edén / la que al cantar / el gran Martí / llamó la perla del Caribe..."*.

No. Aquello sí que no podía ser. O sea que, al día siguiente, el conferencista tembloroso y loco abandonó la isla de Puerto Rico. Y el embajador Juan Ignacio Tena, que lo acompañó hasta el último momento, juraba que le había escuchado decir, poco antes de embarcarse en el vuelo San Juan-Madrid, que acababa de firmar una nueva paz separada. Y que ya iban tres. Perú, Cuba y Puerto Rico. En este orden.

—¿A qué se referiría Alfredo –le preguntaba siempre, allá en la casita linda de Cayey en que vivían, a Marta Montoya, su esposa peruana.

—¿A qué se referiría, no? –le respondía ella.

Como verán, he preferido que sean otros los que cuentan esta historia por mí. Después, ya de vuelta en Madrid, recuerdo haber vivido una interminable y penosa temporada con la convicción de que aquello había sido un espejismo, un milagro, y de que el tiempo y la distancia son tan crueles que hasta los milagros terminan por borrarse. Ni siquiera me había enterado del nombre de aquella muchacha de la piel tan blanca y el cabello tan negro y tan corto. En mi adolescencia había amado a una muchacha parecida, de piel muy blanca y pelo muy corto, pero más baja, mucho más baja. Se llamaba Tere Ghezzi y fue un gran amor, un tremendo final de la infancia y una brutal entrada en la adolescencia. Y a mí me dio por pensar que la chica del campus de Cayey se llamaba Tere, también, y que algo tenía que ver con todo aquello, algo que se remontaba hasta la misma infancia, hasta aquel día increíble en que mi madre, harta de mis travesuras, decidió enviarme antes de tiempo al colegio, con Clementina, mi hermana mayor. Yo apenas tenía tres años y además el colegio era sólo para niñas. Pero allá fui.

Vivíamos entonces en Chosica, a unos cuarenta kilómetros de Lima, y mi hermano Paquito, el niño eterno, se educaba ya en los Estados Unidos. Elena, mi hermana menor, aún no había nacido. El clima de Chosica era muy seco y soleado y mi padre había decidido que nos mudáramos a esa localidad debido al terror que le producían las enfermedades pulmonares o bronquiales. El abuelo Bryce, su padre, a quien nunca conocí, había muerto de tuberculosis en un sanatorio de la andina ciudad de Jauja. De ahí venía la inmensa nostalgia que mi

471

padre siempre tuvo por ciudades como Jauja, Huancayo y Tarma. Había pasado muchos años de su adolescencia trabajando en aquella inmensa región y Chosica le debía parecer una suerte de anticipo o de puerta de entrada a aquellos lugares mágicos de su pasado. Nuestra casa era hermosa y amplia y tenía gran jardín y un pedregal. Recuerdo siempre la linda vicuña que alguien le regaló a mi hermano Paquito, el enfermo, y que pastaba libremente en el jardín. Al frente de la casa quedaba el colegio Belén, sólo para niñas y señoritas, aunque ahí fui a dar yo, también, antes de tiempo, acompañando a mi hermana Clementina, que sí estaba ya en edad escolar.

Aparte del local, que recuerdo precioso, entonces, y que hace poco vi hecho una ruina, lo único que mi memoria ha retenido del colegio Belén es que un día nos pusieron en fila a las niñas y a mí, en un amplio patio posterior, y que me hice la caca de inmediato, con poca consistencia y mucha diarrea nerviosa. La monja profesora preguntó quién había sido, quién había ido dejando un reguero tipo pato sobre el cemento, y mi hermana Clementina, sin duda abrumada por el hermanito que le había tocado en suerte y avergonzadísima, me señaló con el dedo.

Nadie nunca ha sido más deliciosa, más divinamente castigado por una religiosa que yo. Me enviaron al hermoso jardín que había a la entrada del colegio y me dejaron ahí suelto entre las chicas del último año de secundaria, las mayores, las más altas de todo el colegio y, sin duda también, aquella mañana milagrosa y celestial, las más lindas del mundo entero. Fue un castigo digno de *Las mil y una noches,* por supuesto, y yo, putísimo, me dejé hacer de todo y me pasé íntegra la mañana mirando hacia arriba a esas chicas tan altas y divinas para que, del cielo de sus bocas y de sus manos, bajara hasta mis mejillas otro besito más, una deliciosa caricia más.

472

Y de ahí que, hasta hoy, aunque una chica esté sentada o echada y yo de pie, siempre la miraré hacia arriba. Tere Ghezzi, mi primer amor, por ejemplo, es una mujer baja, pero yo, desde entonces, desde los trece o catorce años en que empezó nuestra relación, hasta hoy, cada vez que la veo, veteranos ya ambos, la sigo mirando desde abajo, física y psicológicamente. Así ha sido siempre. Y de ahí pues que entre la chica del campus de Cayey y Tere pudiese haber algún vaso comunicante, algún eco, algo en común, más allá de la piel blanca y el cabello tan corto y oscuro. Pero la chica del campus de Cayey tenía unos treinta años menos que yo, y además, sólo había sido un milagro, un espejismo, el efímero flash de una cámara fotográfica. Quedaba muy linda en el verde prado del campus de Cayey y tenía aspecto de llamarse Tere, pero enseguida pestañearon mis ojos y todo aquello se esfumó, sencillamente se acabó. Y se había acabado para siempre todo aquello, también, poco tiempo después, en Madrid.

Pero no habían pasado siquiera dos años y ya estaba yo de vuelta en Puerto Rico, en calidad de profesor visitante y nada menos que por seis meses. Puedo jurar que hice cuanto estuvo a mi alcance para que aquello no sucediera, para que nadie en la Universidad de Puerto Rico se acordara de mí, jamás, para que nunca me invitaran, ni nada, pero una tarde llegó un sobre del rectorado con la tentadora oferta y, en vez de hacerla añicos y tirarla a la papelera, la estudié como loco. Un buen sueldo, pocas horas de clase, mucho tiempo libre para escribir, y una linda gira de conferencias por todas aquellas ciudades y universidades de los Estados Unidos en las que tenía un amigo, cobrando como torero y, cómo no, derrochando. Y, aunque esto, por supuesto, no figuraba en la tentadora oferta del rectorado, alguna remota posibilidad de cruzarme por algún verde campus del Estado Libre

Asociado de Puerto Rico con el Unánime amor, también. Acepté y firmé como loco mi respuesta y, digamos, la arrojé en un buzón de correos como quien lanza una botella al mar. Después, imperdonablemente, preparé el terreno para que todo el mundo sufriera, de tener lugar esta improbable historia, y al mismo tiempo, lo juro, hice todo cuanto tuve al alcance para que ella jamás tuviera lugar.

Para empezar, me pasé semanas rogándole a Pilar que pidiera un año año sabático en la universidad en que enseñaba, pero sin éxito. Y nunca he logrado saber si ella no quiso o no pudo obtener esos meses libres que yo le prometía muy provechosos en Puerto Rico, estudiando inglés, por ejemplo, y ayudándome en mi trabajo. En sus horas libres, ella me ayudaba enormemente en la corrección de mis artículos, sobre todo. Y era genial en lo suyo. Le bastaba con mirar una página escrita por mí, o por quien fuera, para saber dónde estaban los errores. Pero, bueno, Pilar sólo pudo venir por unas semanas, en abril, cuando ya yo estaba muy bien instalado en una casona de la universidad, muy cerca del campus de Río Piedras y muy lejos del campus milagroso de Cayey, aunque el Unánime amor hizo su aparición una mañana, en sentido contrario, y en el lugar menos adecuado, para ambos, o sea en el campus de Río Piedras. Primero hubo una sonrisa y después nos saltamos al cuello y a los labios y a los brazos y así sucesivamente, en un loco afán de disfrutar cada uno de su milagro, porque tampoco ella había esperado verme nunca jamás y menos aún en un campus que no era el de Cayey. Y como yo la vi más alta que nunca, aquella mañana de marzo, y se llamaba Tere y también creía en milagros, y muy en particular en este milagro, yo esgrimí lo de mi estado civil, casado y muy enamorado, y ella esgrimió que eso le importaba un repepino. Acto seguido, yo le reesgrimí que Pilar, mi esposa, con esa voz tan sexy, como de aguardiente y tabaco negro en el bar de un pueblo –para no ocultarte nada, Tere–, estaba al caer, y ella me reesgrimió un llanto silencioso e interminable, con unos tremendos espasmos de mandíbula y hombros. Llegamos entonces a un acuerdo. Nos volveríamos a ver cuando Pilar ya se hubiese marchado de vuelta a Madrid. Eso. Nos volveríamos a ver cuando Pilar ya se hubiese ido, y nuevamente en calidad de milagro, ambos. Y yo le dije a Tere que, con seguridad, en nuestro próximo encuentro ella habría crecido unos centímetros, por lo de mi castigo divino en el colegio Belén de Chosica, que entendió de maravilla, cuando se lo conté. Tere me acarició horas, desde el cielo, pero cuando le pregunté por su apellido me dijo que eso quedaba para nuestro próximo encuentro. Y como todos los tontos del mundo, este fue el acuerdo al que llegamos.

Poco después, Pilar aterrizó en San Juan, y juntos disfrutamos inmensamente de esta ciudad y de los amigos, viajamos juntos por los Estados Unidos, y regresamos a mi casona de Río Piedras por unos días más. Fueron semanas realmente felices las que pasamos, aunque a veces ensombrecidas por sus extrañas y desmedidas reacciones, producto sin duda de su inseguridad y de alguna inesperada fobia a los Estados Unidos. En el aeropuerto de Nueva York, el primer día de nuestro viaje, la tempestad se desencadenó mientras esperábamos el puente aéreo que nos llevaría a Washington. El avión tenía algún atraso y estaba prohibido fumar por todas partes. Pilar estaba sumamente nerviosa y había intentado dar unas cuantas pitadas en el baño de señoras, pero finalmente no se había atrevido. La tensión de su rostro, de todo su cuerpo, iba en aumento, y yo ya había fracasado comprándole chicles y todo tipo de caramelos o grageas. Hasta que se anunció que por la puerta número 6, o sea la que teníamos asignada para nuestro vuelo a Washington, iban a llegar los héroes de la patria, y todo el aeropuerto se llenó de cintas amarillas y por los altavoces empezaron a sonar los himnos del gran país y al mismo tiempo se lanzaban patrióticas soflamas a todos los pasajeros del aeropuerto para que corrieran a la puerta número 6 y le dieran la gran bienvenida a los soldados héroes de la guerra del Golfo. Aquello fue demasiado para Pilar, y fue tal su colerón en las narices de los héroes –que además fumaban de todo y bebían chorros de cerveza– mientras hacían su triunfal entrada por la puerta número 6, la nuestra, encima de todo, que yo me alejé prudentemente de ella, aunque sin dejar de vigilarla, por temor a que los dos fuéramos a terminar a la cárcel o al manicomio.

Menos de dos horas después, fumaba a sus anchas y bebía un buen whisky en casa de mis amigos Tom y Peggy Buerghental, en Washington D.C. Con excepción de Berkeley, donde visitamos a otros viejos amigos míos, Ray y Anne Poirier, Pilar disfrutó como nadie de aquel viaje por muy distintas ciudades de Estados Unidos y juntos compramos todas las baratijas del mundo, en cuanta tienda o supermercado encontramos a nuestro paso. Pocos años después, cuando los visité nuevamente y conocieron a Anita, mi tercera esposa, Anne y Ray Poirier me dijeron, al despedirnos, que era la primera chica normal que habían visto a mi lado. En efecto, en París, en los años heroicos, Maggie, mi primera esposa, se había negado a dirigirles la palabra por ser ambos norteamericanos y ella de izquierda antiimperialista. Y años después, Pilar también se había negado a dirigirles la palabra, pero con una agravante: estaba alojada en casa de ellos. Y yo, como en el aeropuerto de Nueva York, cuando lo de los héroes groseros, tenía que hacerme el de la vista gorda para evitar más tensiones. Y allá, en la linda casa de Ray y Anne en Berkeley, en Capistrano Avenue, Pilar se pasaba horas tendida sobre una alfombra, acariciando al precioso perro Django, y sin dirigirles la palabra a mis amigos, que se mataban organizándonos paseos por San Francisco o por el valle vitivinícola del Napa.

Para darme mi tiempito, como quien dice, tremendo calculador, yo ni siquiera le había dicho a Tere Milagro qué día regresaba Pilar de San Juan a Madrid. Y estaba hecho un nudo de contradicciones, un saco de nervios, y qué sé yo, cuando de pronto Tere tocó el timbre de la casona de Río Piedras como si hubiese estado siempre oculta en el jardín exterior. Tenía un automóvil blanco, muy elegante y muy viejo y vestía pantalón blanco y una blusa negra muy ceñida y sin mangas. Y por supuesto que, debido al *efecto Chosica,* estaba más alta que el día en que nos cruzamos, por primera vez, en el campus en el que yo trabajaba y ella cursaba su extraña mezcla de estudios de filosofía y ciencias de la comunicación. No volvimos a separarnos y fuimos inmensamente felices, aunque siempre parecíamos estar huyendo del mundo entero. Ayudados sin duda por las pequeñas distancias de la isla, no hubo ciudad por la que no pasáramos ni bar ni restaurante u hotel en el que no recaláramos. Y pasábamos horas enteras abrazados en el mar, siempre callados. Tere miraba siempre a lo lejos, como si intentara divisar algo muy preciso en el horizonte. Era modelo y se reía siempre de las libras de peso que tendría que perder, cuando yo me fuera. Una tarde me llevó a su casa y me presentó a sus padres y a una hermana inmensamente gorda. Rezaban en la mesa. Su madre se inquietaba por el porvenir de Tere, pero en cambio su padre, que jamás hablaba con nadie y sólo pensaba en ganar más dinero –recuerdo que hacía posar a Tere en su casa, para cobrar un porcentaje de cada sesión de fotos–, estuvo aquella noche de lo más comunicativo. Y así pasaban los días y los

Bloody Mary se acumulaban en nuestro organismo. Tere un día destrozó un lindo bar del viejo San Juan, sin razón aparente, aunque creo que fue porque nos encontramos con el presidente de la Universidad de Puerto Rico, un hombre que poco o nada sabía del mundo de las letras, y yo, para evitar enredos, la presenté como la escritora chilena Isabel Allende. La treta funcionó, además, y Tere se rió, pero bueno, tal vez en el fondo no le gustó. Sin embargo, la verdad es que muchas veces tuve que volver a utilizar este truco, y aún recuerdo una mañana en Barcelona, meses más tarde, en que acababa de recurrir a toda mi imaginación cuando una sobrina mía nos sorprendió abrazadísimos en una banca del paseo de Gracia y yo le presenté a Tere como mi secretaria, la señorita Graciela Gracia, nada menos. Y, minutos después, abrazadísimos en otra banca, un poco más allá, en el mismo paseo barcelonés, el hermano de un gran amigo me sorprendió nuevamente. Esta vez presenté a Tere como Carmen Balcells, mi agente literario. Cuántas veces recurrimos a este tonto ardid, en esa suerte de fuga que fue siempre nuestro amor. Tere tenía un importante nombre de modelo que ocultar y yo estaba dispuesto a mentirle al mundo entero, para lograrlo. Pero nuestras locuras no cesaban, como si estuviésemos tratando de tentar a la suerte. Y creo que en Puerto Rico era poca la gente que nos toleraba tal como éramos. Con especial cariño recuerdo a la escritora Mayra Montero y a Jorge Merino, su esposo, hombre de negocios español. A Tere le producía cierto temor que la llevara a casa de estos buenos amigos, pero yo le decía que Mayra había escrito novelas eróticas y, por consiguiente, muy poco o nada le iba a impresionar que apareciéramos algunas noches para bañarnos desnudos en su piscina. Y la noche de San Juan, fuertemente enlazados, Tere y yo decidimos sumergirnos y pedir un solo deseo, cada uno. Mayra y Jorge nos miraban desde la terraza iluminada y tuve la impresión de que les causábamos pena.

Por supuesto que Juan Ignacio Tena, Juanchín, se puso incondicionalmente de nuestro lado, al minuto de conocer a Tere. Fue en el bar restaurante El Hipopótamo, a pocos kilómetros de San Juan, en una de esas avenidas que parecen autopistas. Martha, la esposa de Juanchín, estaba en Lima, y pensé que se estaría sintiendo solo. Presentarle a Tere me pareció lo más simpático, en esas circunstancias, pero él me dijo que como lo volviera a llamar, estando en compañía de una muchacha tan linda, haría todo lo posible por robármela. Aquella fue una entrañable mañana en El Hipopótamo, y la he recordado siempre como la más nítida de las fotografías. Juan Ignacio estaba exultante y Tere me repetía al oído *bello, bello, bello*, refiriéndose a él y a su porte impresionante, a pesar de la alta edad. Nos vimos muchas veces más, siempre furtivamente, en alguna playa prohibida, en alguna embarcación prestada, en la maravillosa cabaña de sabe Dios quién. Era imposible imaginar entonces que, algún día, Juan Ignacio iba ser el encargado de buscar a esa muchacha hasta en el último rincón de la isla. Yo temía por la suerte de Tere, cuando partí de Puerto Rico rumbo a Madrid. Se puso demasiado mal en el momento de la despedida, y yo incluso llegué a temer por su vida. Esas mujeres tan calladas, cuando hablan... Y, cuando tras soltarlo todo, actúan... Hay que estar siempre muy atentos.

Pero nosotros, a nuestra manera, estábamos preparados aquella tarde de fines de junio en que una amiga y colega me llevó al aeropuerto. Tere y yo habíamos decidido volvernos a ver en Barcelona –su familia era de origen catalán–, pero esta vez no para corrernos una juerga permanente, como en Puerto Rico, sino para pasear y conversar sosegadamente. Yo había alquilado una suite

479

en el hotel Colón, para el mes de octubre, y en ella nos pasamos mañanas enteras. Con insistencia, Tere, callada y bella y alta como nunca antes la había visto, increíblemente sencilla y elegante, deseaba que estas apacibles semanas en Barcelona sirvieran para compensar el ritmo frenético de nuestra relación en Puerto Rico. Asistíamos a cuanto espectáculo estuviera en cartelera y luego cenábamos muy rico en lugares que yo conocía más o menos bien, por haber vivido en Barcelona varios años, antes de casarme con Pilar y de trasladarme a Madrid. Fuimos sumamente felices con los payasos y los animales de un circo ruso y tuvimos la gran suerte de que mi buen amigo Antonio Ferrer abriera, sólo para Tere y para mí, las puertas de su ya clausurado restaurante La Odisea. Nos atendió como a reyes caídos en desgracia. También, un día, animado por el excelente recuerdo de algunos escritores de Barcelona que he leído y querido siempre, la llevé al restaurante Salambo, en el barrio de Gracia. Tere fue muy feliz conversando con otros amigos que se acercaron a nuestra mesa. Seguía siendo la muchacha más parca del mundo y su ausente y sin par belleza muda le había traído a veces problemas laborales con otras modelos. Max Factor era su gran patrón y Tere había vuelto a tener el peso ideal para posar y para participar en desfiles. Eso la tenía contenta y también la tranquilizaba mucho que a mí me gustaran sus cabellos muy negros y lacios, con un mechón que se le venía encima y le tapaba la cara. Llevaba el cabello largo, ahora, pero mantenía siempre el aire entre infantil y juvenil que tanto intrigaba a los fotógrafos. Niña y mujer. Curiosamente, Tere se sentía insegura ante mí, y en Barcelona, por ejemplo, mil veces me preguntó si realmente le quedaba bien ese nuevo peinado de cabellera más larga. Y, de la misma manera, tampoco compró traje alguno sin antes pedirme mi opinión y hasta mi autorización.

En casa, en Madrid, yo me había inventado un viaje a Francia, a Burdeos, invitado a dar una serie de conferencias. Y al llegar la fecha en que debía regresar, me inventé todo un cursillo sobre autores jóvenes latinoamericanos, para prolongar mi ausencia. Llamé a una hora en que sabía que no había nadie, grabé mi mensaje en el contestador, y prolongué mi estadía feliz y serena con Tere en Barcelona. Pero llegó el momento en que ella también tenía que regresar, porque era esperada en Washington para un pase privado de modelos. Antes de embarcarse, me dijo que había decidido marcharse de casa de sus padres e instalarse en un departamento del viejo San Juan. Ahí me esperaría, en el número 9 de la calle Luna.

Y ahí la llamé el día en que asumí, por fin, que yo era el más débil en esa relación. Treinta años de edad nos separaban, y por más que ella me juraba y rejuraba que ello, en su caso, no tenía importancia alguna, yo me pasaba la vida buscando parejas tan disparejas como la nuestra por calles y plazas de Madrid. Pero fue sin duda en un precioso restaurante del Distrito Federal, durante un viaje relámpago a México, donde una desigual pareja elegantísima me clavó el puntillazo. Terminaban de almorzar, en el lindo claustro del restaurante, y ella lo ayudaba a él a levantarse de la mesa. Esa señora, de unos cuarenta años perfectamente bien llevados, guapa, alta, ágil, acababa de extenderle un brazo solícito a su esposo, todo un dandy y alto y delgado y todo lo que ustedes quieran, pero que necesita de ese apoyo de su esposa para ponerse correctamente de pie. Entendí. Más claro ni el agua. Por otra parte, Pilar me quería matar, en Madrid, pues lo había descubierto todo, mientras que Tere, mi adorada y siempre más alta Tere Milagro, me acababa de matar en el claustro de un restaurante de México, sin siquiera estar ahí.

De regreso a Madrid, miré muy detenidamente las fotos que Tere y yo nos habíamos sacado en Barcelona, y descubrí por fin una en que ella, aunque no me está ayudando a ponerme de pie, en uno de esos restaurantes árabes en los que todo anda por los suelos, sí me está mirando como quien espera finalmente tener que echarme una manito para empezar con mi maniobra. Casi la mato, pero Tere, la chica de la foto, mi adorada Tere de carne y hueso, ni siquiera estaba en España, para matarla.

Lo que hice entonces fue enviarle todas nuestras fotos del viaje a Barcelona, e inmolarme. Era tan linda, tan increíblemente linda, pero decidí quedarme sin una sola de esas fotos de nuestro viaje más feliz y sosegado, en esa ciudad de sus antepasados que juntos recorrimos hasta el último rincón. Después, la imaginé mirando una por una cada foto, hasta encontrar la aquella en la que está a punto de ayudarme a ponerme de pie, en declarada guerra con una maldita alfombra y una mesita árabes.

Las fotos se las envié con una breve carta que, finalmente, estaba de más, creo. Esperé unos días, para darle tiempo de llegar a mi sobre, y marqué su número de teléfono, calle Luna número 9, en el viejo San Juan. Había cambiado la canción grabación de su contestador y, en vez de sus palabras y una suave melodía de fondo, escuché toda una descarga de rock atómico, o algo así. *Finito*.

Pero bueno, ya sabemos, por el tango, que el mundo *yira, yira* y ya les he contado también, hasta el cansancio, creo, lo del ministro de Economía Pedro Solbes, que se hizo de la cartera de Hacienda en julio de 1993. O sea que debió ser ya en el otoño cuando dijo aquello de los seguros privados que tanto enfureció a Pilar, con su voz tan sexy, como de aguardiente y tabaco negro en el bar de un pueblo. Después viene la escena en que estamos en la cama, los dos, acabamos de apagar la luz, y yo le digo, de

482

corazón, aquello de que en el Perú, por ser éste un país en vías de desarrollo, tremendo eufemismo, la gente no te abandona nunca ni en las buenas ni en las malas.

Y así, una tarde, Pilar, que siempre fue muy temperamental, pero también inmensamente cariñosa y generosa, me había soltado dos lindos piropos hacía un instante, mientras almorzábamos con el telediario de las 3 p.m., que ella no se perdía por nada. Pero, bueno, yo estaba ahí realmente feliz con mis piropos, ya que eran de lo mejor de su repertorio, sobre todo tratándose de mi terrible personita. Uno tras otro, Pilar, coquetísima y con su voz sexy más sexy que nunca, lenta como una verónica de Curro Romero, me acababa de soltar estos dos ramos de flores: 1) "Hoy no es sólo un día muy feliz de nuestro matrimonio. Hoy es el día más feliz de mi vida". 2) "Me da vergüenza ir a la universidad con esta cara de felicidad, porque mis colegas se van a poner celosas". Y todo esto, imagínense ustedes, conmigo con el rabillo del ojo bien puesto en la pantalla del televisor, no vaya a ser que se nos aparezca una vez más el ministro Pedro Solbes y nos lo arruina todo.

Pues durante este mismo almuerzo y sin que apareciera ministro alguno de Economía ni de nada, en el telediario de la primera cadena ni en ningún otro, Pilar, furiosa de no sé qué, hasta el día de hoy, se incorporó de golpe y se fue para siempre de casa. Lo había hecho antes, sí, pero no sé por qué esa vez algo me dijo que no volvería más. Nos faltaban apenas unos días para cumplir cinco años de casados y teníamos ya los pasajes para ir a Roma y una reserva de hotel. La esperé ese día, en el aeropuerto, con la seguridad de que vendría y pasaríamos unos días felices en Italia. Pero no vino. No volvió más, y se instaló provisionalmente en el departamento de una prima, en la calle Ponzano. Un día la visité ahí y conversamos mucho rato, muy relajadamente. Pero no quiso volver nunca más a nuestro departamento de la calle Francisco de Rojas, en el barrio de Chamberí.

Dejé pasar unos meses antes de tomar la decisión de volver con Tere, pero otra persona me respondió al marcar su número de teléfono de Puerto Rico. No sabía nada de ella. Tampoco sabía nada de ella Nany, su mejor amiga, y tampoco sabía absolutamente nada de ella su familia entera. Y muérase, señor Bryce. Finalmente, llamé a Juan Ignacio Tena y le expliqué la situación. Buscaba desesperadamente a Tere, por más inmensa y famosa y rica que fuera ahora. Había pasado sólo un año de lo nuestro, y al menos recordaría mi nombre. Juanchín me entendió mejor que nadie, porque según me dijo él mismo, "Conozco el percal". Aunque inmediatamente después, la búsqueda de mi Tere hasta en el último palomar de Puerto Rico, terminó convirtiéndose en una partida de caza llena de humor, de elegancia y de ternura. Y Tere quedó convertida en "la pieza".

Un año más tarde, "la pieza" continuaba sin aparecer y yo me aprestaba a viajar a Puerto Rico para agradecerle a Juanchín el cariño con que se había ocupado de este asunto y para decirle también que podíamos terminar ya con nuestra tierna y triste partida de caza. Anita y yo lo habíamos llamado desde New Haven, donde yo había sido contratado como profesor visitante en la Universidad de Yale, por un semestre. Y yo venía de Lima, del Perú, precisamente de conocer a Anita, mi compañera, entonces, y mi esposa, hoy, nueve años después de habernos conocido, el 13 de julio de 1995. Acababa de realizar un viaje muy feliz por la costa norte del país, en compañía de varios amigos escritores, y en Pimentel y Máncora había tenido la enorme suerte de conocer a Susana y Juan Brescia, Lalín y Raúl Pinillos y al sin par Harry Schuler, la única persona que he conocido que te cuenta sus propios chistes, recién inventados por él en la

484

barra de un bar, mientras te espera. Además, la Universidad Pedro Ruiz Gallo acababa de nombrarme doctor honoris causa en un local del que habían huido prácticamente todas las autoridades académicas, por temor a comprometerse con un tipo –yo– que acababa de rechazarle la Orden del Sol al dictador Fujimori. Sólo acudió a la cita el ejemplar decano Luis Facundo Antón, y por supuesto que le costó el cargo. Aquel fue, sin duda, un viaje feliz, y a mi regreso a Lima ya no me cabía la menor duda acerca de mi retorno definitivo al Perú. Vivía una suerte de "estado de gracia" muy personal, muy íntimo, y a la vez muy rodeado de amigos, aquel 13 de julio de 1995 en que mi amigo escritor y periodista Fernando Ampuero decidió celebrar su cumpleaños e invitar a Anita Chávez. Otra gran amiga, Marita Sousa, presente aquella noche de fiesta, siempre me ha recordado que, minutos después de mi primer baile con Anita, ya yo andaba anunciándole mi matrimonio con ella a todo aquel que quisiera escucharme.

Pero volviendo al otoño del 95, en New Haven, recordaré siempre el alivio que le produjo a Juan Ignacio enterarse de la existencia de Anita y de la andanada de cosas divertidas y bellas que le soltó en el teléfono, cuando se la presenté. Después, cuando ella me pasó el auricular, Juan Ignacio empleó su mejor voz de circunstancias para hacerme saber que "la pieza" se había largado a Washington, que había abandonado para siempre Puerto Rico, y que "dicen que dicen" que se fue con algún pajarraco. "Caza menor", fue la sentencia con la que Juanchín me mostró, al mismo tiempo, su alivio, al sentirse liberado de aquella triste responsabilidad, y su pesar, porque de Tere, la muchacha linda que crecía siempre entre cita y cita, no volveríamos a saber nunca más, ni él ni yo, aunque ahora mismo, al escribir estas líneas, recuerdo que, en más de una oportunidad, mientras Pilar y yo estábamos en nuestro sofacito de ver la tele y ella hojeaba revistas como *Elle* o *Marie Claire,* de golpe aparecieron súper fotos de una súper Tere súper top model, y que, muy desgraciadamente, no me devoraba con los ojos ni me ayudaba a incorporarme de un suelo árabe, ni siquiera eso, ni nada, ingrata y pérfidamente. Y yo en ascuas, claro.

A las pocas semanas aterricé en San Juan y rápidamente me dirigí a un campus situado muy al sur de la isla, donde tenía que dictar una conferencia que clausuraba el año académico. Juanchín estaba entre el público y, durante el cóctel que se sirvió después y del que quería rescatarme lo antes posible, le comentó a nuestro común amigo Gilberto Concepción Suárez que nada le gustaría tanto, al morir, como ser enterrado en el precioso panteón histórico de Puerto Rico, entonces ya lleno y cerrado, en el que descansaban los grandes hombres de la historia y la cultura nacional. El cementerio, en efecto, es una perfecta combinación de paz y de color, y se extiende sobre una colina verde que desciende hacia un mar eterno, sereno y azul.

Muy pocos días más tarde, a pedido de su esposa y de todos sus hijos, tuve el honor de decir unas palabras para despedir a Juan Ignacio Tena de este mundo, en ese mismo precioso cementerio marino. Sus ocho hijos estuvieron presentes, llegados de los cuatro rincones de este mundo. Las autoridades de Puerto Rico, donde Juanchín era querido por todos, habían logrado que se cumpliera el último deseo de este hombre bueno, de este español enamorado de la isla que escogió como residencia porque quedaba a medio camino entre sus dos grandes amores: Madrid y Lima.

Juan Ignacio Tena murió como vivió: conversando con amigos ante una buena mesa y con una copa de champán entre las manos. Esa noche, Juanchín había logrado raptarme del incómodo cóctel que siguió a mi conferencia y me había llevado a cenar a un restaurante español con Fernando Agrait, ex presidente de la Universidad de Puerto Rico, el hombre que años atrás me había llevado a esta isla por primera vez, diciendo que le trajeran al loco ese de la solapa de uno de mis libros. Nos acompañaba también Luis Agrait, entonces encargado de la Fundación Luis Muñoz Marín. Y es cierto que, lo último que hicimos en el restaurante, con la cuenta ya pagada, fue brindar con champán. Y salíamos en busca de su automóvil, cuando Juanchín pronunció apenas la palabra Luis y se fue de bruces sobre la calzada. Me di cuenta muy pronto de que estaba muerto, por la incomodísima postura en que tenía una de las piernas, doblada hacia atrás y totalmente aplastada por el peso de todo su cuerpo. Era una calle muy oscura, de doble sentido y de bastante tráfico, y Fernando Agrait, impresionado por lo visto, había sufrido una lipotimia y yacía también sobre la calzada, a pocos centímetros de Juanchín. Luis corrió al restaurante, donde todos ellos eran conocidos, para pedir auxilio, y yo, que había llegado a la isla apenas tres horas antes, tuve que convertirme en improvisado guardia de tránsito, para evitar que alguien me atropellara a mis dos muertitos. No pasó nada, felizmente, y Fernando Agrait se incorporó momentos después. Llegó una ambulancia con un médico que confirmó que Juanchín estaba muerto, y se procedió a cubrir el cuerpo con una sábana, en espera de un juez.

Pero las cosas que tiene la vida. Momentos antes, cuando nos escapamos del cóctel universitario y salimos rumbo al restaurante, en su automóvil, Juanchín Tena me había dicho que Martha, su esposa, no había podido acompañarnos esa tarde, porque tenía cistitis, pero que confiaba en estar bien para al día siguiente. Y, ahora, como los hermanos Agrait eran los más indicados para encargarse de su cadáver en los siguientes momentos, yo me ofrecí para tomar un taxi y darle delicadamente la noticia de su muerte a Martha. Entré al amplio y hermoso departamento de El Condado en que vivían ahora, frente al mar y muy cerca de San Juan y, con sólo verme, ya ella sabía lo ocurrido. Juan Ignacio estaba muy cansado últimamente y esa mañana había salido demasiado temprano y se había ido hasta Ponce, en el extremo sur de la isla. Por la noche le voló el corazón. Era casi lo lógico. Yo no hice más que ratificar sus palabras y, mientras pensaba en alguna estrategia para demorar nuestra partida hacia la calle en que yacía Juan Ignacio, de tal manera que Martha viera lo menos posible los manejos de médicos, policías y jueces, fue ella misma quien me dijo que antes que nada había que sacar a su perro Romulito a hacer su pipí y su caquita. Y que ya después, cuando Romulito hubiese terminado, paseado y ladrado a sus anchas, emprenderíamos el camino que nos llevaba donde Juanchín.

En el cementerio, ante el féretro de mi gran amigo y cómplice, dije unas palabras de amor, de amistad, mirando a la bahía, como quien intenta divisar en lontananza algunas de las playas en que Tere y yo permanecíamos horas abrazados en el mar, callados, amándonos. Tere usaba mucho la palabra *amar*, cuando de amor se trataba. No decía querer, en estos casos. Y sus palabras, el día que conoció a Juanchín, fueron *"Bello, bello, bello..."*. Después, él convirtió a Tere en "La pieza". Y la pieza salió volando, antes de que Juan Ignacio muriera y su cuerpo se quedara descansando para siempre en el lugar que había escogido, un par de horas antes de caer fulminado por un ataque al corazón. Martha Montoya, su esposa, menuda, fina, muy limeña, decidió quedarse a vivir en la isla. Con Romulito, por supuesto.

Y yo regresé a New Haven, a mis clases de profesor visitante en la Universidad de Yale. Y de ahí regresé a Madrid, y a muchas ciudades más, como Las Palmas de Gran Canaria o Montpellier, donde dictaba clases y conferencias, y todo lo que me echaran, con la única finalidad de aislarme al máximo y de imponerme horarios muy rígidos de escritura. Tenía dos novelas y un libro de cuentos en el tintero, por un lado, y tenía a *la patria* llamándome con insistencia, por todos los demás lados. Escribir así, vivir así, fue una verdadera delicia. No sé si volví a ser muy joven, entre 1995 y 1999, pero en todo caso combiné como nunca antes, creo yo, las más brutales y deliciosas jornadas de trabajo, de lectura y escritura, con las más deliciosas palizas de buen amar, de buen comer, de buen beber, de maravilloso tener amigos por doquier, de estar aquí, allá y acullá, viendo rostros amables y reafirmándome como hombre agradecido, como deudor de todos y acreedor de nadie. Y, en el centro de todo, Anita, Anita y sus tres hijas, La Pinta, La Niña, y La Santa María. Nunca navegué tanto y nunca estuve más seguro, más en tierra firme. Y, entre 1995 y 1998, en tan solamente cuatro años, Anita y yo hicimos cuatro formidables viajes por los Estados Unidos y por España. Debo haber dado unas cinco mil conferencias y unas veinticinco mil horas de clases, para financiar tanto derroche torero y alojarnos ya no sólo en hoteles de todas las estrellas, sino también en palacios –para que le cuentes a tu papá, mujer, y a tus niñas–, y no hubo mesa de gran restaurante que se nos resistiera. Más el granito de locura que todo lo aclaró, para siempre: Estábamos en New Haven, y yo acababa de empezar a escribir *Reo de nocturnidad*. Tenía once páginas totalmente pulidas, del todo corregidas, y ella se puso a juguetear con mi ordenador. Y apretó la tecla que nunca debió apretar, y borró para siempre lo que nunca debió borrar. Normalmente, yo debí de haberla borrado a ella del mapa. Increíblemente, momentos después, Anita y yo celebrábamos, felices, abrazados, sonrientes y traviesos, en el aterrador y prohibidísimo bar de *Ruddy,* este prometedor borrón y cuenta nueva.

Cuatro años más tarde, yo regresaba al Perú. Ahora sí, *la patria* parecía haberse quitado hasta el último de sus velos. Su mensaje parecía clarísimo. Había, pues, que ir a ver. Ir a ver, contra viento y marea, eso sí. Porque es cierto que, a mi alrededor, las voces en contra de un retorno eran tantas o más que las voces a favor. ¿Estaba yo loco?

Centenares de miles de peruanos habían abandonado el Perú en los últimos años. Ya pasaban, largo, de un millón los peruanos que se habían ido para no volver. De toda extracción y de toda bandera. Yo mismo recuerdo las copas que me tomé con dos compatriotas ilegales, en Rhode Island. Un desertor del ejército, asqueado de combatir a Sendero Luminoso, en plena selva amazónica y tropical y lluviosa, con insoportable uniforme de invierno y sin botas. Un ex senderista, asqueado de Sendero, y punto. Perro, pericote y gato literario (yo), bebimos en la misma copa del desconsuelo y el recuento patrio. Miami era la nueva Ciudad Luz de la burguesía peruana. Y así, medio Perú respiraba sólo cuando sacaba el pescuezo al extranjero. Y la otra mitad se ahogaba. Medio Perú se largaba con el cuerpo y el alma, y la otra mitad sólo podía largarse con la mente. Y al loco de Alfredo se le ocurre regresar. Y anda repitiendo por calles y plazas algo de *una patria,* algo así como *Che te dice la patria?*

—Parece que se las da de italiano.

—Lo que parece es que le ha dado por regresar, justo ahora que...

—Bueno, pero hace cuchucientos mil años que también le dio por irse del Perú, y se fue.

—Bueno, ya veremos qué sucede cuando pise territorio nacional.

Territorio nacional

Siempre he dicho que entrar a la Universidad de San Marcos, de Lima, fue para mí entrar al verdadero Perú. En los patios de la vieja casona del Parque Universitario, en las Facultades de Letras y de Derecho, entre los años 1957 y 1964, comprendí hasta qué punto la educación elitista que mi padre escogió para mí, poco o nada había tenido que ver con la inmensa complejidad de la realidad peruana. Mucho más que los estudios de leyes y de literatura, lo que recuerdo de esos años sanmarquinos es la efervescencia social, cultural y política que caracterizaba la vida estudiantil de aquellos patios, lo que nos unía o separaba a limeños y provincianos, a serranos, costeños y amazónicos, a pobres y ricos, a indios, mestizos, blancos y negros. De poco o de nada me han servido los diplomas en Derecho y Letras que obtuve al final de mis siete años de estudios en San Marcos, y que, por lo demás, desde entonces han colgado siempre sobre el váter, en un baño de todas las casas y departamentos que he habitado desde que abandoné el Perú, en 1964. En cambio, he atesorado siempre cada recuerdo de lo que fue y significó para mí la vida cotidiana de aquellos patios, sus alegrías y penas, sus ilusiones y desilusiones, y la convivencia plena con los sueños y las realidades de una juventud a menudo pobre y aterrada por lo incierto de su porvenir profesional y de su situación individual en una sociedad profundamente clasista. Para mí, el más triste y recurrente de todos los recuerdos de mi vida sanmarquina es el de aquel alumno de la Facultad de Derecho –hoy Juan, mañana Pedro, y pasado mañana Luis–,

491

que, cada vez con mayor frecuencia, a medida que nos acercábamos al final de los estudios, me seguía por el centro de Lima, a la salida de la universidad. Poco a poco, se había ido acercando a mí, en los últimos meses, y poco a poco, también, se iba acercando a mí esta mañana o esta tarde en que camino por el Jirón de la Unión. Yo sé quién es ese muchacho, porque ingresó a Derecho conmigo hace cinco años, y entonces no me saludaba, tampoco me miraba, y sin duda me despreciaba porque él era de izquierda y yo para él era muy probablemente un blanquiñoso de mierda, un burgués, un futuro explotador del pueblo, hijo de un explotador actual del mismo pueblo. Aunque últimamente las cosas parecen haber cambiado y también la distancia entre ese muchacho y yo parece haberse acortado. Desgraciadamente, eso sí, este cambio y este acercamiento no se deben a que yo haya tomado plena conciencia de los males que aquejan a nuestro país y haya hecho causa común con aquellos que anhelan incluso un cambio radical, sino al terror que ese muchacho siente al ver que de un momento a otro se va a encontrar con un diploma de abogado entre las manos, y punto. Por supuesto que ya sé que ese muchacho no es un traidor a sus ideales ni un trepador social ni nada que se le parezca. Es puro drama nacional, en un país que paga la educación completa de centenares de miles de profesionales sin más salida individual que la de largarse al extranjero para poner todos esos conocimientos a la disposición de otro país. Pero, bueno, volvamos a los años sesenta y al muchacho que me sigue por el Jirón de la Unión. Ya me alcanzó y ya me pidió que, por intermedio de mi padre, al cual él además le atribuye un poder que yo mismo le desconozco, le consiga un puestecito en qué sé yo qué notaría o estudio de abogados. Promesa hecha, aunque a sabiendas de que no servirá estrictamente para nada.

De todo este conocimiento de la realidad nacional –y de mucho más– me dotó a mí la Universidad de San Marcos. Y en sus patios y claustros disfruté también inmensamente de esos momentos libres, entre clase y clase, siempre conversados y bromeados con varios compañeros de estudios que desde entonces han sido grandes amigos que siempre sentí muy cercanos, a pesar de las décadas que he vivido en el extranjero. Y, si fue gracias a San Marcos que *ingresé* realmente al Perú, tenía que ser también gracias a mi *alma mater* que regresaba a mi país, casi treinta y cinco años después de haberlo abandonado por primera vez, en 1964. Creo que le debo este privilegio a mi buen amigo, poeta y profesor sanmarquino, Hildebrando Pérez, y a su iniciativa para que se me otorgara un doctorado honoris causa en la vieja casona del Parque Universitario, hoy convertida en museo y en centro cultural, gracias a una iniciativa del gobierno español. Recuerdo siempre esa soleada mañana y mi entrada al local por el antiguo patio de Derecho, mientras una banda de música interpretaba *Todos vuelven,* el precioso vals muy criollo y limeño de César Miró. Literalmente abrí las compuertas de la emoción y de los mil y un recuerdos, y aún me veo detenido ahí, escuchando las mil veces cantadas y tarareadas palabras de aquel melancólico canto al retorno final. Habían pasado semanas desde mi llegada al Perú, pero nuevamente había sido la Universidad de San Marcos la encargada de hacerme sentir, cuarenta largos años después, que acababa de hacer mi ingreso a un país bastante más intenso y dramático que el que yo hubiera querido asumir. El Perú que yo dejé en 1964, el "territorio de desconcertadas gentes", del que había hablado José de la Riva Agüero en su *Paisajes peruanos,* se había convertido ahora en un "país violento y vulgar", a decir de uno de mis más grandes amigos. Pero, por supuesto que no hay peor sordo que el que no quiere oír. Yo llevaba semanas en Lima sin querer oír –y mucho menos ver– todo esto que paso a contarles, desde aquel mundo limitado por tres o cuatro historias del cariño y de la amistad, de los encuentros y desencuentros más absurdos, de muchísima violencia, de muchísima vulgaridad, de maravillosos amigos, de *tientos y diferencias,* que diría Alejo Carpentier, el mundo de *Hillside Drive* y el de mi adorable compañero Malatesta di Rimini, que se negó nuevamente a encarnarse y quedó convertido, una vez más, en un perrito boxer de barro que hace como mil años llevo por donde voy, en calidad de amuleto, a la espera de encontrarle un lugar digno para vivir de verdad. Hubo varios perros boxer a lo largo de los años, en la casa de mis padres, pero hubo uno excepcional, llamado Happy. Durante años, en las tristes sobremesas familiares, en las que mi madre languidecía de amor, en términos abstractos, mientras mi padre maldecía por lo poco o nada anglosajón que era el Perú, en términos generales, Happy era la encarnación de la alegría y de la travesura, y se pasaba horas haciendo todo tipo de piruetas y pegando mil saltos increíbles para pegarle su tarascón a la más alta hoja o rama del árbol que adornaba el gran patio, y aterrizaba de muy mala manera, de barriga, de espaldas, con las cuatro patas abiertas, sin alcanzar jamás objetivo alguno, como el mayor bufón de aquella silenciosa y cabizbaja corte que lo aprobaba agradecida desde el lado sombrío y mustio de los ventanales, desde aquel hermoso comedor en el que siempre, eso sí, había un pariente tan querido como la prima Charo Chocano o un amigo tan divertido como el eterno senador Enrique Dammert.

Cuando me fui a Europa, Happy vivía aún, y como digno miembro que soy de tan inefable familia, hasta hoy recuerdo que despedirme de él fue bastante más duro para mí que despedirme de mis padres y hermanos. Y cuando Happy murió en Lima, en París nació Malatesta di Rimini, que fue primero un boxer grande de platina, casi de tamaño natural, increíblemente dorado y brillante, y luego se transformó en un objeto más fácil de transportar en mis viajes, en el perrito de barro pintado que siempre descansa sobre una mesa de noche y que, en la casa que bauticé *Hillside Drive* –situada al este de Lima, en los cerros de Monterrico que habían pertenecido a la hacienda del mismo nombre, del general José Rufino Echenique, presidente de Perú a mediados del siglo XIX, abuelo de mi adorado abuelo Francisco Echenique, y casado con doña Victoria Tristán, hija de virrey y propietaria también de la hacienda de La Victoria, ricachos de su época que la política arruinó–, languideció y se destiñó tanto como los hermosos muebles de salón que, gracias a mi amigo italiano Marco Calamai, copié de un antiguo palacio genovés del XVIII.

La historia de *Hillside Drive* es tan hermosa como triste, pero nunca dejará de ser, al mismo tiempo, una gran historia de amistad y celebración. Generó –cómo no, en la maledicente Lima, inmenso pueblo polvoriento– celos, chismes y maledicencias, pero se mantuvo siempre muy por encima de aquellas baratas circunstancias. Y durante tres largos años me permitió darme el lujo de reunir unas veces a mi familia entera, o casi; otras, a mis amigos artistas, escritores, editores, hombres de empresa; otras, a mis amigos españoles, de paso por Lima; y otras, a mis maravillosos compañeros de colegio. El hermoso jardín que colgaba sobre la ciudad me permitió hacerlo cada verano, varias veces, mientras que en invierno lograba reunir en el interior de la casa a grupos mucho más pequeños, más íntimos, que formaban parte de los grupos grandes del verano. En *Hillside Drive* se alojaron dos de mis más queridas amigas: Cecilia Hare y Lidia Blanco. Y ahora que lo pienso, la casita aquella que la envidia de algunos convirtió en palacete y el cariño de otros en mansión, resistió muy bien los embates de la pena, de la violencia y de la muerte.

Inauguré *Hillside Drive* en el invierno de 1999, casi diría que a pesar de todo. Al gran amigo que me la construía le raptaron a una hija y la obra quedó abandonada, como es lógico. Y cuando, por fin, aquella chiquilla fue liberada por una banda criminal, falleció en Hartford, Connecticut, Luis Bernardo Eyzaguirre, un viejo y extraordinario amigo chileno al que yo había convencido para que se jubilara y pasara temporadas en la casita que me estaba construyendo en Lima. Había pensado poner una pequeña placa con su nombre, en la habitación de huéspedes, pero el fallecimiento del pícaro Luis me lo truncó todo. Y ahora, cuando pienso nuevamente en *Hillside Drive,* necesito remontarme hasta el origen de aquel lindo proyecto para que éste recupere todo lo que tuvo de entrañable y de divertido. Claro que las reuniones que organicé siempre, contra viento y marea, a veces, bastarían para olvidar que, al menos para mí, esa casa estaría ligada siempre a la más tristes historias de violencia y de muerte. Sin embargo, la historia de *Hillside Drive* que me ayudó a atravesar los difíciles meses de mi llegada a Lima, se remonta nada menos que a veintisiete años antes de esa llegada, o sea a 1972, y de ahí, incluso, hasta mi adolescencia. Y en esta divertida y entrañable historia de una gran amistad he encontrado yo las razones y los sentimientos que me permiten recordar siempre mi vida en los cerros de Monterrico, muy alejado del mundanal ruido de Lima, como una etapa muy cumplida y muy hermosa de mi vida. No todo fue violencia y dolor.

Durante mi primer retorno al Perú, en 1972, los amigos del colegio San Pablo nos reunimos varias veces con la infantil alegría que nos ha permitido navegar por muy distintos mares y volvernos a encontrar siempre enteritos, como amigos, en los más diversos puertos del mundo y en las más diversas condiciones. La más grande de aquellas reuniones tuvo lugar en la mansión no estrenada del dos veces presidente Manuel Prado, al que un golpe de Estado había devuelto a su parisino departamento de l'Avenue Foch, con su elegante esposa, Clorinda Málaga. Felipe del Río Málaga, nuestra entrañable "loca" escolar, y su esposa, Luchita Labarthe, habitaban una parte de aquel caserón, como privilegiados guardianes familiares. Detrás de la gran casa, en un campo reglamentario de fútbol, nos enfrentamos la primera y segunda promoción de ex alumnos, en un partido que demostró que nuestro sentido del humor no moriría nunca, pero que en cambio nuestras condiciones físicas eran tan lamentables ahora como lo habían sido el único año en que nuestro colegio participó en un campeonato interescolar de fútbol, perdiendo absolutamente todos los partidos por goleada y sin marcar un solo gol, ni de chiripa.

Era mi primer regreso al Perú, en ocho años y, cómo no, las bromas en torno a mi vida de bohemio en París no se hicieron esperar entre los amigos del colegio. Y continuaron en todas las reuniones. Yo me había ido a París a morir de romántica tuberculosis y de hambre literaria y, de regresar algún día al Perú, sería sin duda alguna con una mano adelante y otra atrás. Y entre Jaime Dibós, uno de esos grandes amigos, y yo, resucitaba siempre la divertida anécdota contada por su padre, años antes de partir yo a Europa, según la cuál él y mi padre habían sido durante largos años directores del Banco Internacional y en tanto que tales habían tenido que contar cada año el dinero depositado en las grandes bóvedas del banco, antes de preparar el balance anual de la institución. Pues bien, don Jorge Dibós, gran irónico, gran conversador, y osado y valiente empresario, atormentaba a ese par de adolescentes muy amigos que éramos su hijo mayor y yo, contándonos que sí, que claro, que a él le correspondía contar cada año los grandes caudales del banco con mi padre, a quien todos conocíamos como hombre sumamente tímido, pesimista total para cualquier negocio o empresa, como hombre pegado a cuanto reglamento le salía al paso, y que hasta timorato no paraba. O sea pues que, según el padre de Jaime, mi padre sólo contaba el dinero del banco, a diferencia de él que, que bueno, que digamos, no sólo lo contaba...

Duro de corazón tierno, gran sentimental, y amigo de años, Jaime Dibós nunca olvidaría esa gran pendejada que su padre le habría hecho al mío, por más que en la historia de su viejo hubiese mucho de ironía y también de fantasía, además de una buena percepción del carácter tan introvertido y anglosajón de mi padre, algo así como un británico perdido en Indias o, en todo caso, un hombre que funcionó muy mal en la sociedad limeña, que jamás fue miembro de club alguno, cuyos amigos eran en realidad los amigos que mi madre le imponía, con excepción de su adorado primo Pedro Gastañeta, jefe de la sección legal del Banco Internacional, con quien, por lo demás, se habló siempre de usted, a pesar de que, una vez a la semana, brindaron infaliblemente por los dos únicos hombres honestos que hubo jamás en el Perú: "Usted, Pedro, y yo".

La deuda afectiva que Jaime había heredado de su padre fue algo que él nunca olvidó. Bromeábamos siempre en torno a ella, en torno a lo pendejo que había sido su padre y lo cojudo que, sin duda, fue el mío, pero no por ello el asunto en sí dejaba de tener un toque de realidad que a él lo incomodaba, de tiempo en tiempo, sobre todo cuando me veía. Y fue sin duda por eso que, en aquella visita al Perú de 1972, rodeado de amigos del San Pablo y en plena jarana, me soltó aquello del pedazo de tierra que tenía para mí en la urbanización en que trabajaba. Curiosamente, jamás le llamamos pedazo de tierra a aquel trozo de terreno que Jaime guardaba para mí entre los cerros de Monterrico; *piece of land,* en inglés, fue la fórmula que quedó para siempre entre nosotros, tal vez porque le quitaba dramatismo al asunto, tal vez porque sonaba más divertido y quimérico. Y así, cuando el pobre amigo que se fue a escribir en Europa regrese famélico, contará al menos con un *piece of land* donde reposar sus agotados huesos.

Jaime Dibós jamás olvidó su promesa, y en agosto de 1995, después del delicioso viaje al norte del Perú en que decidí que volvería a vivir en Lima, y ya acompañado por Anita Chávez, a quien acababa de conocer días antes, aparecí en la linda casa en que vivía entonces con Marta, su esposa, para presentarles a mi novia, con la seguridad de que congeniarían fácilmente. Pero, bueno, también los visitaba para volver a tocar el tema del *piece of land,* en vista de que andaba buscando un lugar donde instalarme para siempre. Y, a eso de las tres de la madrugada, después de una frugal cena y varias copas y varias copas más, Jaime, que se había contagiado de mi entusiasmo, pegó un salto y nos dijo que, en efecto, en la punta de alguno de esos cerros que urbanizaba me esperaba desde hace años mi *piece of land.* Salimos disparados en su automóvil, Anita, Marta, él y yo, y nos detuvimos ante una pendiente bastante oscura y cubierta de neblina. "Bueno, esta mierda que ahora no se ve, es tu *piece of land*", dijo Jaime, que sabía de lo que hablaba.

Poco después arrancaron las obras de *Hillside Drive*, que apenas visité en los dos o tres breves viajes que hice a Lima antes de 1999. Confiaba plenamente en Jaime, que sólo ha construido casas muy lindas en aquellos terrenos, luchando menudo a capa y espada contra los atroces caprichos de más de un cliente vulgar, en unas urbanizaciones en las que la terriblemente huachafa burguesía limeña de hoy nos da cuenta cabal de los extremos a que ha llegado al hacer de la peor Miami, hoy capital de facto de América latina, su Ciudad Luz, o más bien, su Suburbio Neón. Carísimas y horrorosas residencias me tocó ver, día y noche, en mis paseos por aquellos barrios sin alma, y no olvidaré nunca la horrible casa cuyas falsas e inefables puertas coloniales eran de un plástico chillón.

Hillside Drive se construyó casi toda por fax, entre Lima y Madrid, donde yo aún residía, porque a Jaime le gustaba consultármelo todo, a medida que iba avanzando. Y en la historia de su edificación hubo momentos tan divertidos como el de la piscina, la terraza y el jardín. Acostumbrado a vivir en departamentos, a lo largo de las décadas pasadas en Europa, la idea de tener que darle órdenes a un jardinero la imaginaba como una insoportable pérdida de tiempo, lo de la piscina me parecía un exceso, sobre todo porque en Lima a uno lo que le gusta es irse a la playa, y lo de la terraza realmente me parecía demasiado para un hombre que suele permanecer gran parte del tiempo que pasa en su hogar encerrado en su despacho. Además, el enorme despacho había sido equipado también para oír música, solo o con amigos, para ver la inmensa colección de películas clásicas que llevo por donde voy, y la mesa de trabajo inmensa y muy hermosa que me fabricó mi sobrino Jaime Bryce, al mando entonces del *Atelier Bryce*, de muebles, puertas y pisos, era toda una invitación al trabajo solitario de escribir. Como también lo era, para leer, la estupenda biblioteca que hoy conservo muy parcialmente en mi casa de Barcelona. "En fin", le dije un día muy claramente a Jaime, "me quedo con el dúplex, pero suprimimos todo lo demás, sobre todo el jardín". La respuesta de Jaime no se hizo esperar: "Sin jardín y piscina no puede ser, porque me tugurizas el barrio, Alf". Y así fue, tuve terraza, piscina y jardín, y la verdad es que los disfruté inmensamente con la cantidad de amigos y familiares que desfilaban por ahí cada verano, aunque sin la ayuda de Anita se me hubiera hecho insoportable ocuparme de tanto electricista, de tanto jardinero, de tanto maestro de obra que llegaba para ocuparse de esto o de lo otro.

Pero lo que me llamó siempre la atención fue la poca solidaridad que hay entre la gente pobre de un mismo oficio, en todo caso. Los jardineros que desfilaron por *Hillside Drive* eran realmente una pesadilla, no cesaban de mentir, de venderme plantas robadas de otros jardines de la urbanización, y de echarle toda la culpa a su predecesor cada vez que eran contratados para corregir algún desastre. Exagerando un poco, parece que lo único que saben hacer bien los jardineros de este país es hablar pestes de sus colegas de oficio. Al final, prescindí de todos, y le dije a María Antonia, la empleada permanente, que se ocupara también del jardín, a cambio de un aumento de su sueldo. Lo hizo mejor que todos mis ex jardineros juntos.

O sea que la casa se fue poniendo preciosa, aunque el elegante e inmenso vestidor que el gran Jaime le añadió como regalo sorpresa, y en el que yo incluso remaba diariamente, en un aparato de gimnasio, empezó a deslizarse por el cerro y a adquirir casi una vida independiente de la casa, a la cual había sido sólo pegado. Felizmente, viajé bastante en aquella etapa del resbalón generalizado de mis ternos, camisas, zapatos, corbatas, y qué sé yo, y que en alguna pesadilla imaginé desembarcando totalmente catastrofeados en la piscina de un notario que vivía en la parte baja del cerro. Las obras se realizaron en mi ausencia y el espléndido vestidor quedó en perfecto estado al cabo de tres resbalones, me parece recordar.

Y la casa estuvo por fin completa, totalmente lista, mucho más grande de lo que yo la hubiera deseado, muchísimo más bonita de lo yo jamás la había soñado a través de los muchos faxes que, con paciencia de gran profesional y amigo, Jaime me fue remitiendo personalmente de Lima a Madrid. Por supuesto, *Hillside Drive* dio lugar a cuanta comidilla se pueda uno imaginar. Primero, al pobre Jaime lo volvieron loco diciéndole que de cuándo aquí le ha dado a usted por la literatura, o que cuánto billete le calculaba al escritor que regresaba de Europa. La gente se le acercaba, mientras visitaba la obra, y le preguntaba una imbecilidad tras otra. A Anita, por otra parte, miles de personas se le acercaron para contarle que fulano o mengano iban a ser mis vecinos, lo cual le resultaba totalmente idiota y falso a alguien que conocía perfectamente el lugar del *piece of land*.

Pero sin duda lo que más incitó a la gente a decir sobre esta casa lo primero que se le venía a la cabeza fue las condiciones reales en que se construyó. Jaime Dibós, poniéndole un entrañable punto final a la anécdota de su padre y el mío contando el dinero del Banco Internacional, me regaló el *piece of land* sobre el que se construyó *Hillside Drive* y construyó íntegra la casa a precio de costo, o sea sin ganar él un centavo. Pero esta sencilla verdad de una amistad, que la gran bonhomía, la enorme alegría de vivir, y el sentido exacto de la amistad de nuestros amigos del colegio San Pablo, que tanta veces brindaron por Jaime y su amigo Alfredo ("ese par de locos que se construyen casas y no se cobran, insuperables son, matadores del afecto, toreros, aunque siempre fueron medio brujos, pero es que son amigos desde chicos"), este mismo sentido del afecto callado que también mis amigos escritores y varios más captaron en toda su real dimensión, fue sin embargo demasiado limpio para otras mentes limeñas, que de qué no hablaron. *Hillside Drive* ya no era una casita sino un caserón, producto de extraños negocios entre dos tipos raros, o una mansión habitada por un hombre que esconde su fortuna del mundo entero.

La gente no ha sabido nunca que cosas como aquélla me llevaron a deshacerme de esa linda casa, gracias a Dios sin que el amigo Jaime hiciera nunca nada por impedir que se le fuera su vecino y visitante de los viernes de la buena música, el vino, el vodka, y de nuestros viejos sueños, pero también de los nuevos. Anita, Marta, yo, Jaime, sus hijos, cuántas horas felices hemos pasado esos viernes en que don Jaime tocaba la campana y los vecinos acudíamos al llamado. O sea que amistad nunca me faltó, allá arriba, aunque sí eché de menos algunas visitas, como la del Gordo Massa, que una mañana, acompañado de Sargento, su chofer, subía por los cerros que llevaban a mi casa, mientras yo bajaba desesperado en busca de un médico que me aliviara el dolor de una feroz fisura intestinal. Siempre pensé que el Gordo volvería, pero no fue así, y realmente no sé por qué no volvió, aunque me imagino que, como tantos amigos más, fue devorado por sus problemas y obligaciones.

Tal vez esto que vengo contando no parezca suficiente como para que uno se sienta mal en su pellejo y muy mal en el pellejo de su ciudad. Pero creo yo que las cosas cambian radicalmente cuando se sabe que uno acaba, realmente acaba de aterrizar en su ciudad para cumplir los sesenta años con su novia y las hijas de ésta, con sus amigos y con su familia, cuando se sabe que uno se está consagrando con minuciosidad de relojero a organizar sus encuentros y reuniones con estas personas, en fin, cuando se sabe que el Perú ya es para uno sólo unos cuantos paisajes y amigos, nada más que unas cuantas playas y amigos, y cuando se sabe que precisamente uno de esos amigos te ha llamado un día y te ha dicho cosas que tú, de puro recién llegado feliz, ni siquiera entiendes. –"Se llevaron a mi niña"–. Y sigues sin entender. –"Sí, Alf: se llevaron a mi niña. Por favor, no me llames más, Alf, aunque pasen muchos días. No me llames hasta que yo te llame"–. –"Pero, ¿por qué?"–. –"Porque tú acabas de regresar a Lima después de mucho tiempo y no conoces bien los tejemanejes, las calles, las barriadas, los tugurios, la mierda de esta ciudad"–. –"Pero, ¿por qué?"–. –"Nada, Alf. Yo te llamaré, cuando todo pase. Porque a mi niña la voy a recuperar. Pero tú no nos eres útil, o sea que por favor no llames...–".

Pasaron semanas, meses, pero yo entendí que no podía ser útil y entendí también la extremada finura que hubo en la llamada de mi amigo para ponerme al tanto del horror, y claro que se la agradecí, pero aún pensaba en todo eso con gran rabia y total impotencia cuando me fui a Buenos Aires a presentar un libro mientras pasaba el tiempo y la niña de mi amigo retornaba con vida del horror. Fue así, gracias a Dios, pero el daño hecho, y lo visto y vivido, lo oído contar, son capaces de matarte tu llegada a Lima. La habían cubierto de lodo, en todo caso.

Mientras tanto, Luis Eyzaguirre, tu último gran amigo, ese niño setentón cuyas historias en Hartford, Connecticut, o durante los lindos viajes que hiciste con él y Anita por la costa este de los Estados Unidos, te deslumbraron siempre, te hacían desternillarte de risa, había muerto. Anulaste la reserva para ir a verlo. Claudia, su última compañera, te avisó que ya no valía la pena. Nunca pusiste la plaquita con su nombre en la habitación de huéspedes, y luego, para exorcizar esa pena que se incrustaba en *Hillside Drive,* invitaste a dos de tus más queridas amigas y las alojaste en el cuarto que debió ser del gran Luis, el amigo chileno al que convenciste de que se jubilara y se viniera a vivir trozos del año en *Hillside Drive.*

Sidi se llamó la primera empleada que trabajo en *Hillside Drive.* Venía recomendada por amigos de Anita como persona muy trabajadora y honrada, y tal vez lo fuera, pero sin duda la desilusión que sufrió al saber quién era yo, o mejor dicho quién no era yo, alteró bastante su buena disposición para el trabajo y sin duda también sus convicciones morales. Su ingreso en mi casa fue todo un espectáculo lleno de humor y de color, pues la tal Sidi venía ataviada con una gran manta violeta, casi un poncho, pantalones azules, un sombrerito como el de Chaplin, pero blanco, y en una mano traía un osito rosado de peluche, mientras que en la otra portaba con gran dificultad varios libros de Mario Vargas Llosa. Todo quedó clarísimo, momentos después, cuando Sidi me miró de pies a cabeza y afirmó lo equivocada que estaba y lo mucho que lo sentía. Se trataba ahora de averiguar, claro, si Sidi lo sentía mucho por ella, por Vargas Llosa, o por mí, para lo cual apenas bastaron unos cuantos minutos más, durante los cuales recibió varias llamadas telefónicas en las que, sin duda, le preguntaron por Vargas Llosa, o, en todo caso, nadie le preguntó por mí, ya que su respuesta fue siempre la misma: "No, no, él no es".

Yo, por mi parte, llegué a la convicción de que Sidi era una gran pícara y que había mentido sobre sus aptitudes y conocimientos. Me había hecho creer, por ejemplo, que sabía manejar, pero fue suficiente sentarla al volante de mi automóvil para darme cuenta que no sabía ni encender el radio. En realidad, lo único que sabía hacer esa chiquilla era llorar por su familia –su padre era cocinero en Buenos Aires y su madre vivía en Trujillo– y contestarles el teléfono a los miles de pretendientes que la llamaban cada tarde, cuando regresaba de una academia de idiomas que para ella funcionaba como centro de reunión. Y en casa rompía una cosa tras otra, demostrando al mismo tiempo no sólo una torpeza sin nombre sino también el profundo desinterés que tenía por el tipo de trabajo para el que fue contratada. Y su gran picardía la puso en práctica, sabe Dios con qué fines, una noche en que la llamé espantado para que matara una enorme araña que se desplazaba feliz sobre el edredón de mi cama. Ya yo le había hablado de mi aguda aracnofobia, durante una de nuestras cenas compartidas, por iniciativa suya, por supuesto, y que por lo general venían precedidas de largas conversaciones en torno al *sunset,* su gran anglicismo y obsesión, de la misma manera en que el amanecer y el *sunrise* eran mi gran obsesión, ya que Sidi insistía en abrir todas las cortinas y persianas de la casa, mientras que yo le rogaba que por lo menos la mesa en que desayunaba me la pusiera de espaldas a la linda vista de Lima y su mar que a uno le venden, por la sencilla razón de que tanta neblina, tanto cerro pelado, tanto patético arenal, tanta tristeza y humedad me estaban matando de pena y angustia, y ya más de una vez había soñado con peces que pasaban nadando por esas mismas ventanas, en la anfibia ciudad de Lima.

Pero, volviendo a la araña de mi dormitorio y a mi tremenda fobia, nunca olvidaré que Sidi se me adelantó y que con fingido interés y eficacia liquidó a la araña mucho antes de lo que yo hubiera pensado. Después, me llamó y me dijo que fuera a ver lo limpio que había quedado todo y a comprobar también que de la araña no quedaba ni huella. Estaba totalmente desnuda, tumbada sobre la cama, y llorando porque su papá trabajaba de cocinero en Buenos Aires y su mamá languidecía en Trujillo. Le dije que era la perfecta Lolita, pero que yo no era el perfecto Nabokov, ni nada por el estilo. Y cuando ella me preguntó cómo se comía todo eso que yo le estaba contando, porque no entendía ni papa, sólo atiné a arrojarle la ropa que había desparramado sobre la moqueta del dormitorio y a decirle que fuera y le preguntara por Lolita a Mario Vargas Llosa. "Pues es lo que voy a hacer", me soltó Sidi, furiosa. "Él, seguro que es más bueno que usted, y me lo cuenta".

Pocos días más tarde, Anita puso a Sidi de patitas en un autobús rumbo a Trujillo, después de haber hablado por teléfono con su mamá. La reputación de la muchacha se había deteriorado mucho por nuestros cerros, ya que, entre otras cosas, resultó ser especialista en sablazos. A un maestro de obras que trabajaba por ahí le había pedido centenares de soles, y yo mismo tuve que pagarle al mayordomo de unos vecinos el dinero que le sacó la inefable Sidi, que tan recomendada llegó por casa como persona trabajadora y honrada.

Recomendadísima, también, llegó otra inefable trabajadora del hogar llamada Ernestina. Lo suyo, según nos habían contado a Anita y a mí unos amigos españoles, eran los diplomáticos solteros procedentes de Madrid, motivo por el cual, sin duda, la mulata que ahora me aterraba en *Hillside Drive* lo primero que pidió fue una fregona, ese gran invento español para trapear, que, en Lima, tuve que buscar como aguja en un pajar. Pero Ernestina tenía pinta de empleada de alto vuelo e importantes patrones, mientras que yo continuaba dando pruebas de que nací para cualquier cosa menos para dar órdenes o recibir quejas. Simplemente, huyo. Y Anita, aunque me ayudaba siempre con todo, tenía también una casa y una familia que atender, por su lado, y no siempre estaba disponible para calmar la desesperación que a mí me produce que una empleada quiera una fregona el mismo día en que el jardinero te dice que se acaba de morir otra buganvilia, el electricista te anuncia que se ha vuelto a quemar el foco de la piscina y el maestro Prado te anuncia que, justo ahora que estaba instalando tu corbatero y tu zapatero, el vestidor ha empezado a resbalarse cerro abajo y apunta ahora a la piscina del vecino notario. A menudo, en estos casos, yo me acerco a la mesa de noche de mi dormitorio, tomo a Malatesta di Rimini en mis manos, y le pregunto si le gustaría por fin encarnarse en perro boxer de verdad. A veces sus respuestas me sorprenden, porque me dice que sí, cuando yo pienso que va a ser todo lo contrario. A veces, también, tarda mucho en responderme, como ahora, y yo pienso que ello se debe a que me está pidiendo que sea un poco más paciente, tal vez debido a que está sumando todos los pros y los contras. Pero, eso sí, Malatesta di Rimini responde siempre, y a veces de golpe y en el momento más inesperado e inoportuno, aunque en esta oportunidad definitivamente había optado por un largo mutismo que algo tenía que ver también con mi propio estado de ánimo y con los desesperantes altibajos del comportamiento de Ernestina, a quien más le gustaba conversar que trabajar, y que de pronto preparaba el más delicioso gazpacho y un perfecto lomo saltado, pero que enseguida se negaba a realizar la más elemental de las tareas domésticas. Llegado el momento, y como empezaba a ser ya costumbre con la gente que trabajaba mal en casa, Anita era la encargada de ponerlas de patitas en la calle. Y la gente se iba con sorprendente resignación, como si incluso le diera a uno toda la razón en sus quejas, y en cualquier caso como si la oferta de puestos de trabajo fuera inagotable en Lima.

Pasear por la urbanización y por el barrio tampoco fue cosa fácil, sobre todo por la total ausencia de veredas a lo largo de grandes tramos y porque constantemente era interrumpido por gente que se bajaba de su automóvil y no me hacía el menor caso cuando les decía que estaba caminando o corriendo. Se bajaban del auto, me pedían las cosas más pesadas del mundo, como visitas a cuanta universidad hubiera yo oído nombrar, lecturas de cuentos, poemas o novelas de hijos, sobrinos o padres, charlas en colegios, clases de literatura a domicilio o una simple visita a una hija universitaria muy amante de la literatura. Mis respuestas negativas se tomaban muy a mal, por más que yo me deshacía en explicaciones acerca de la vida disciplinada que llevaba y de mis horarios muy estrictos y diarios para leer o escribir. Nada, aquello era un invento mío, para darme importancia, porque quién no sabe que ustedes los escritores convocan a sus musas y a la inspiración y son todos unos bohemios, sueñan día y noche, y así se les va la vida, soñando. Recuerdo ahora mismo que un día logré espantar a una señora que plantó su todoterreno a mi lado, abrió la puerta, y estaba a punto de atacar, pero se quedó sumamente desconcertada cuando le dije que, sin duda alguna, ella era hija de campesinos norteamericanos venidos a menos, o también, por qué no, urbanizados en alguna migración campo-ciudad. La señora me pidió una clara explicación del tipo *oiga, ¿usted qué se ha creído?*, y feliz le dije que acababa de leer que la posesión de un todoterreno delata en el usuario nostalgia de la granja perdida, y del tractor, el caballo y el camión, todo perdido, también, como en *Lo que el viento se llevó*. Y, como la vi desconcertadísima, aproveché para decirle que, debido a que entre los escritores no es inspiración lo que existe, sino más bien una transpiración todoterreno, no me cabe la menor duda, *madame*, de que usted y yo sudamos la camiseta. "O sea, *madame*,

509

¿bailamos?". El odio de la señora se manifestó en la dificultad que tuvo en subir al todoterreno, primero, en tirar un portazo, enseguida, y en ponerse de acuerdo con su palanca de cambios, después. Finalmente, asomó la cabeza y remató su faena con una mentada de madre sumamente chillona, y en general muy a tono con la horrible fachada millonaria de una casa cuyo andino y matinal jardinero llegaba, bucolicón aún, el pobrecito migrante, en una bicicleta todalavida que cargaba con perfecta armonía sus útiles de trabajo y humildad. El hombre me había saludado con una educación, con unas maneras que jamás tendría, ni para un día de fiesta, *Madame Todoterreno*. E ingresaba silencioso y educadísimo a una vivienda aún dormida, cuando un gigantesco cholo con cara de raza mejor, aunque sin llegar a superior, lo paró para informarle a gritos que los señores se habían acostado tarde, anoche, que él era el encargado de velar por el sueño de la familia, y que: "Si tú, indio de mierda, te atreves a meter bulla, yo te capo, ¿me oyes?". "Todos le oímos", intervine, urbanizada y propietariamente, "y hasta mi perro Malatesta, que vive allá arriba, en ese cerro, le está ladrando en respuesta. O sea que no me cabe la menor duda de que tiene usted un inmenso poder de convocatoria, y también de que, si sus amos despertasen, la culpa sería toda de usted". El tipo me reconoció, me llamó doctor, y se llenó de quimbas y venias del tipo *usted disculpe, señor escritor, usted discúlpeme, por favor.* "Es usted lo que un sociólogo peruano ha calificado de cholo blanquiesciente", rematé, y lo rematé, sólo por joder, ya, y sólo por ver ese nuevo bouquet de venias podridas. El tipo realmente se esmeró.

Pocos días después, ya casi me había convencido de la total imposibilidad de caminar de día por mi urbanización y además extrañaba todo lo que significa una calle en Europa. La calle, en cualquier ciudad grande o me-

510

diana de cualquier país europeo, y en especial de Francia, Inglaterra, Italia o España, la calle es la continuación natural de nuestra casa, y ya no se diga el barrio, con su interminable oferta de todo tipo de tiendas, de los más variados restaurantes, cafeterías y bares, con cines y teatros, con estaciones de metro o estupendos servicios de autobuses ciudadanos. Mujeres, hombres y niños caminan por esas calles que, además, se van anchando con los años e incluso cada vez más tienden a hacerse peatonales. En Lima, para buscar un botón, la gente se desplaza de un punto a otro de la enorme ciudad peligrosa cuyos transportes públicos han cedido su lugar a la informalidad más agresiva, inútil, ruidosa, fea y vulgar.

Decidí salir en busca de veredas, para lo cual tenía que bajar en mi automóvil y estacionarlo en la calle Jacarandá, que a menudo recorría de un extremo a otro entre bocinazos que alguna vez buscaban un saludo, pero, las más, pertenecían a esos choferes de taxi que, sabe Dios por qué, se atribuyen un enorme poder de adivinación y de convicción, porque literalmente lo persiguen a uno desde la calzada y deciden que no, que uno no va hacia el sur sino hacia el norte, sólo porque ellos van en ese sentido y qué diablos les importa el sentido en el que uno vaya o en el que uno tenga estacionado su propio automóvil. Lo suyo es meterlo a uno a su auto y llevarlo de todas maneras a cualquier parte, previa negociación tan aburrida como esmerada de una tarifa *no estafa*, y, por supuesto, previa explicación por parte del cliente del lugar al que desea ir, y sobre el cual, cómo no, uno tras otro los taxistas limeños lo ignoran absolutamente todo, empezando, claro, por la dirección y el trayecto a seguir. Por lo demás, todavía no ha nacido en el Perú el presidente de la nación ni el alcalde de Lima –o de cualquier otra ciudad importante– que se haya atrevido a imponer un taxímetro reglamentario y una guía de calles a cuanta persona se declara taxista. Este macho no ha nacido todavía en el Perú, o sea que ya es hora de que, una vez más, sea una dama la que nos dé la lección de honor y de valor.

Terminé caminando por un parque situado frente al supermercado Santa Isabel, de la calle Jacarandá, en busca de paz, de silencio y de anonimato. Pero, digamos que en este parque, precisamente, aquellas tres exigencias mías para una caminata feliz parece que resultaron ser el peor de los inconvenientes, un riesgo atroz, algo prácticamente suicida. Y yo, que ni cuenta me daba y una mañana tras otra estacionaba mi automóvil en las cercanías y arrancaba con mi diaria caminata feliz. ¡Por fin! Y me imagino que por recién llegado e imbécil no se me ocurrió pensar nada malo de los tres automovilotes negros de lunas ahumadas para interiores invisibles que, de pronto, aparecieron por ahí una mañana y la otra también y también la otra, y así. Todo estaba cerradísimo en esos carrazos, cuando uno pasaba, y además de ellos como que irradiaba un silencio mortal, y la verdad yo estaba tan feliz esos días con mi caminata anónima y eficaz que ni se me ocurrió asociar todo aquello con la boca de lobo que, sin duda alguna, controlaba cada uno de mis pasos desde hacía un buen par de semanas. Pero yo, nada. Yo, tan disciplinado y caminante.

Y así hasta que por fin se animaron los salvajes esos y en un instante se abrieron como mil puertas y compuertas y hasta maleteras de esos vehículos y apareció una canalla bastante engordada y siniestra y todos se parecían a todos o en cualquier caso vestían muy semejantemente traje gris, aunque la verdad es que, a partir de este momento, yo ya no tuve posibilidad alguna de observación y más bien vivía la experiencia de quedar tan o más doblado que esos hombres de goma que en los circos de mi infancia anunciaban no tener un solo hueso y

512

ser enteramente plegadizos. Ésta es la palabra, sí: plegadizos. Y plegado fui. Y plegado me mantuvieron en el fondo del automóvil que iba en segundo lugar durante el paseo más aporreado de mi muy breve carrera de torturado. Oía muy mal, también, por la inmensa venda que me cubría ojos y oídos, pero digamos que los insultos y las amenazas eran los de rigor y no sólo venían de los cuatro ocupantes del automóvil negro por dentro y por fuera en que iba yo, sino que también venían intercomunicadamente del automóvil que iba adelante y del que iba atrás. ¿Cuánto tiempo duró aquello y por dónde me pasearon? Tengo la impresión de que no pasó de una media hora y de que nunca se alejaron mucho del punto inicial. Al final, eso sí, me dolían tremendamente los brazos y las piernas y me había quedado enroscado, totalmente plegado, y absurdamente aleccionado y amenazado por unas palabras que no siempre oía bien, a pesar de los gritos, y que más o menos se resumían así: "Si no se mete usted la lengua al culo, se la meteremos nosotros". Y, viniendo yo de España, donde había vivido los últimos catorce años de mi vida, para nada niego la posibilidad de haber soltado algún "¡Ole, Fujimori!" u "¡Ole, Montesinos!", con la convicción absoluta, eso sí, de que no me equivocaba de toreros, y de que a aquellos gorilas mis gritos debieron sonarles a música celestial.

Y, sin embargo, desde mi llegada a Lima, a fines de febrero de 1999, yo estaba convencido de que la dictadura de la vulgar dupla formada por los siniestros Montesinos y Fujimori pendía ya de un hilo, sobre todo por la penosa soberbia de ambos personajes y el halo de vulgaridad y corrupción que los rodeaba y seguía por donde fueran. Escuchar hablar a Fujimori, sobre todo, era comprobar una y otra vez lo barato que era ese tipo, lo vanidoso, lo huachafo, lo realmente cursi y soberbio. Fujimori en la televisión parecía decirnos, siempre entre líneas, y con la impostada sonrisa de quien no cree en nadie, que sólo tenía la idea que se hacía de sí mismo para sobrevivir sobre el océano de mierda y de crimen en que se movía, lo cual hubiera podido ser tan probable como atroz, si no hubiera venido acompañado por ese tonito de burla con que lo miraba todo y con que encaraba día a día la realidad del país. Pero ya entonces se le veía perdido, como si la distancia entre aquel primer vladivideo que bastó para echar por tierra el podrido andamiaje sobre el que se montaban el circo, su pan y su tecnocumbia, se acortara minuto a minuto, ante los ojos de un ser envanecido hasta la ceguera y la sordera totales, y que se tomaba por el acontecer nacional, que sentía ser el Perú y su historia.

O sea, otro tiranuelo más, a punto de recorrer el trayecto que lleva a estos enfermos de sí mismos de la luz a las tinieblas, y durante el cual ya no escuchan a nadie, con la excepción, cómo no, de los patéticos adulones y los canallescos ayayeros. En compañía de ellos, pero también de empresarios y políticos de toda hora y de toda la vida, Fujimori acabó con las instituciones del Perú, pudrió todo lo que tocó, rebajó la mente y el alma de los peruanos e instauró la dictadura de lo político hasta límites inauditos de bajeza humana, de abyección, de sordidez, de total chatura moral. Su envilecimiento de todo lo que es política en el Perú, o casi, camina aún por los pasillos del Congreso y en general por todas las esferas de nuestra sociedad política y ha rebajado hasta convertirlo en cainita el estilo mismo e incluso –por increíble que parezca– la apariencia física de gran parte de nuestros políticos, arrasando además con los límites entre lo público y lo privado. El linchamiento moral ha acompañado al gobierno de Toledo, ante la mirada siempre desconcertada y huidiza de un presidente que no ha sabido limpiar a fondo, como habría sido indispensable, esa manera inmunda de hacer política, entre los peruanos, ni ha encontrado tampoco entre sus partidarios y allegados, entre su propio partido, quien lo acompañe en una tarea que, además de todo, es indispensable para que este pobre territorio desconcertado no siga cosechando balotas negras en el tan importante índice de riesgo y honestidad que consultan las empresas foráneas antes de invertir en un país. Chile, nuestro vecino del sur, sube año tras año en esta determinante tabla de posiciones, mientas que el Perú juega ya en zona de descenso.

"Un país violento y vulgar", me dijo un amigo, y no le falta razón, tampoco, en lo que a la tremenda vulgaridad de nuestra burguesía se refiere, ya que la vulgaridad es, por definición, una perversión del mimetismo, una enfermedad de la legitimación que, según el novelista, economista y pensador francés Pascal Bruckner (*L'Euphorie perpetuelle*. Grasset. París, 2000), "consiste en simular aquello que no se es. En vez de someterse a un aprendizaje paciente, el hombre vulgar se coloca en el lugar de la persona que imita, y no sólo pretende igualarla sino destronarla".

"Muy a menudo", agrega Bruckner (y entre nosotros, los peruanos, sucede exactamente lo mismo), "la vulgaridad desdobla la historia de la burguesía como si se tratara de su sombra, y de esa manera siembra la duda sobre cualquiera de sus conquistas. Por otro lado, las viejas familias fascinan al burgués, por ser poseedoras únicas de un estilo que éste jamás alcanzará. El burgués se pasa la vida desgarrado y copiando sus modales con una aplicación que roza lo grotesco, ya que de esta manera sueña con crear una tradición que le será siempre ajena. El imitador cree haberse apoderado del alma que admira y envidia, sin darse cuenta que nunca pasará del nivel de la apariencia y de que se está empantanando en la parodia".

"A esto se debe, sin duda" (y en Lima basta con mirar a nuestro alrededor), "que la vulgaridad esté muy ligada al dinero, o, lo que es más, a la tentación de comprar la elegancia, la clase, la consideración que no se tuvo al nacer, algo que es consustancial y emblemático en el personaje del nuevo rico. En su desesperada tentativa de convertir la gramática del tener en lengua del ser, el nuevo rico exagera, traicionando su origen en el momento mismo en que desearía hacerlo olvidar. Diga lo que diga y haga lo que haga, siempre le faltará la soltura y la innata despreocupación de los verdaderos hijos del bienestar y la tradición. Entre su atuendo demasiado cuidado, la perfección del corte de sus ropas, y sus opiniones fingidamente seguras, lo que finalmente encontramos en él es un tipo profundamente endomingado. Y son sus mismos patéticos esfuerzos los que lo rechazan y envían hasta aquellas odiadas tinieblas de las que siempre está tratando de escapar. Puesto que el nuevo rico, ese vulgarón desesperado (pienso en esos *yuppies* peruanos, en cuya ignorancia y vulgaridad nunca se pone el sol), aprende siempre a costa de sí mismo. Y lo que aprende de esta dura manera es que no se es distinguido por ser uno rico y que uno tampoco forma parte del mundo de los ricos porque tiene dinero: uno es, a lo más, un tipo que ha tenido éxito. Los hay, pues, que tienen dinero, pero los hay, también, que son el dinero; los herederos provenientes de un largo linaje, por un lado, y los desesperados nuevos ricos, por otro, y a los que además les faltará siempre la educación, la pátina del tiempo y el refinamiento".

Por lo demás, he incluido entre los epítetos de esta parte de mis antimemorias uno del arquitecto Héctor Velarde, apacible pero mordaz contemplador de esa Lima de mediados del siglo pasado –que, a comienzos del XXI, no está tan muerta como uno creería, y además suele esconderse a menudo entre las mil formas de simulación y nuevo riquismo miamero de nuestra burguesía media y alta, para sobrevivir, y un poco también por masoquismo, creo yo–. Dijo don Héctor que: "En Lima, ser y no ser es lo mismo". Y yo me pregunto por qué, cuando somos, y lo que somos no está nada mal, y hasta puede compartirse alegremente con amigos, necesitamos sin embargo ser un poquito más de lo que hemos sido, tal vez por esta eterna carencia del nuevo rico, tal vez por aparentar algo, tal vez para llegar a creer en la simulación que fabricamos con la complicidad o el silencio de los amigos.

Veamos el caso de mi buen amigo Jorge Salmón Jordán, empresario de mucho éxito, viudo codiciadísimo en Lima, amigo muy fiel y divertido, ex decano en una universidad de cuyo nombre todavía no quiero acordarme (aunque "todo se andará"), hoy exitoso alcalde de San Isidro, a todas luces, y no sólo porque todo lo ilumina caribeñamente, en lo cual, creo yo, hay alguna falta de consideración por la tristeza eterna de nuestras limeñas arboledas, aunque éstas, en el San Isidro de la clase A, se vistan a veces de largo, de pura antigüedad y clase que tienen. Pero, bueno, los vecinos están muy contentos con el alcalde Salmón, en quien algunos ven, incluso, un futuro candidato a la Presidencia del Perú, motivo por el cual le sugiero que intente ser ese gran alcalde o presidente que le puso por fin taxímetro al caos que es la circulación en esta inmensa ciudad.

Pero volviendo a aquellos primeros meses de mi retorno a Lima, y muy concretamente a un neblinoso domingo de noviembre de 1999, una muy afectuosa invitación del gran Jorge nos permitió reunirnos en La Punta a un viejo grupo de amigos, entre los que se encontraban Marta y Jaime Dibós, Alberto y Delia Massa, el propio Jorge y una amiga suya que fungía también de secretaria-gobernanta, Anita y yo. Hacía siglos que no navegaba por las costas de Lima y el Callao y la verdad es que vi todo el mundo de los yates y demás embarcaciones de placer tan pobretón, y el horizonte tan feo, tan triste, tan fujimorizado y montesinizado, o sea tan bajamante vulgar, que opté por la charla con los amigos y por no hacer comentario alguno de mis impresiones, ni, mucho menos, comparación alguna con otros puertos deportivos del mundo. El viaje fue breve y siniestro, pues se limitó a un rápido y prudente acercamiento a la cárcel de alta seguridad en que se halla recluido Abimael Guzmán, fundador del grupo terrorista Sendero Luminoso. Pero la animada conversación permitió que regresáramos a puerto sumamente satisfechos de nuestra excursión dominical.

Y creí que de ella nunca más se hablaría, cuando, para mi sorpresa, el magazine *Somos* reprodujo una foto en color de la sencilla y gris travesía, en su número de Año Nuevo, en Lima. Alterando totalmente las fechas, por consiguiente, hasta colocarlas en el día de Año Nuevo, Jorge Salmón nos había invitado a realizarle una visita al dios Poseidón, huyendo de la repetitiva frivolidad de las fiestas de Año Nuevo. Y el yate en que emprendíamos tan grave y sentimental travesía se llamaba nada menos que Macondo. En aquella embarcación no podían estar ausentes las letras de América, me imagino que porque yo estaba presente. Yo, lo que estuve, fue feliz, feliz y muy agradecido a Jorge. Pero de ahí a hacernos macondear los mares para acudir al abrazo letrado y culto de Poseidón, y nada menos que el día de Año Nuevo, sí que hay un trecho. Debe ser s esto, creo yo, lo que le hace decir tan agudamente a Héctor Velarde que, en Lima, "Ser y no ser es lo mismo".

Y también publicar descaradamente una mentira parece ser en Lima –mi experiencia en este caso se limita a la capital del Perú– exactamente lo mismo que publicar una verdad. Mentía el gobierno sin cesar, hasta crear ese asqueroso mundo delictivo que Fujimori creía controlar de cabo a rabo, pero que día a día se le iba escapando de las manos, sin que su vanidad le permitiera siquiera sospecharlo. La sonrisita que esgrimía casi como único argumento en todas sus apariciones en televisión, delataba una profunda ignorancia de su debilidad, un profundo desdén por todo lo peruano y por todos los peruanos, y ese convencimiento común a todos los tiranos de que ellos son la quintaesencia de su patria. Yo no estaba acostumbrado a la imagen de Fujimori en la televisión, porque no había estado en el Perú durante los nueve años en que, de una manera u otra, ejerció la presidencia de gobierno, y, sin embargo, no bien lo vi en la pantalla de mi televisor, cargado de presunción y de suficiencia, supe que el barco hacía agua por todas partes. Demasiada sonrisita, demasiado tufillo, demasiado pan y demasiado circo. El resto es conocido. Bastó un video para que se viniera abajo aquel extraño y pestilente régimen cuyos dos máximos autores fueron un exhibicionista y un *voyeur*.

Hedían también las redacciones de muchos diarios y publicar una mentira valía tanto como publicar una verdad. Así de mal encontré a mí querida *patria,* así de mal y así de mal en peor. Porque, sabe Dios por qué –tal vez sólo por ser gracioso–, el periodista Juan Carlos Luján aseguró una mañana, en la primera y séptima páginas del diario *El Comercio,* haberme visto haciendo colas de cinco y seis horas ante las oficinas de la gubernamental Sunat, sin duda para ponerme al día en asuntos fiscales. Me costó semanas que se publicara una carta en la que aseguré que todo aquello era falso. En otro momento, en la revista *Caretas,* Enrique Planas, otro periodista, haciendo gala de un espíritu de comisario del pueblo estalinista, decidió que un grupo de ciudadanos peruanos –entre los que me encontraba yo–, no nos habíamos opuesto con claridad a la dictadura de Fujimori. Por cierto que el espíritu comisarial de Enrique Planas era el termómetro que decidía cuánta o cuán poca claridad se requería para ser enviado al paredón.

Y así, los días del retorno iban trayendo las cosas más sorprendentes que uno pueda imaginar. Como esta carta que mi hermana Clementina me dejó un día julio de 1999, en casa de Anita.

Querido Alfredo,

He recibido esta mañana una llamada insólita, y traté de hablar con Anita, pero no fue posible. Siempre te niego y digo que no estás en Lima, pero ahora no he podido hacerlo, como verás cuando te lo cuente.

X, prima hermana de Y, y esposa del famoso doctor Z, me ha contado una historia conmovedora, y es mejor que te la transmita por escrito, ya que no sólo sería la molestia y dificultad que tengo en estos momentos para hablar, por lo de la hinchazón en la boca y en la lengua, por la operación, sino que me resultaría demasiado difícil contar verbalmente algo tan desgarrador.

A, un chico de 16 años, sobrino de Z, está en la clínica B, en el cuarto (...). Tiene un tumor en el cerebro que lo ha paralizado, pero su mente todavía está intacta. Su único entretenimiento es que le lean (...). Nadie sabe cómo complacerlo, qué darle, y no sé si ha sido a X, o tal vez a sus padres, que se les ha ocurrido recurrir a ti para poder hacerle un regalo; es la palabra que ha usado X. Que tú fueras donde él, le regalaras, no sólo un libro dedicado por ti, sino tu presencia y compañía, de la manera más natural, sería para él una alegría inmensa. Tú tienes desde siempre contacto con los chicos, como maestro que has sido tantos años. Nadie lo haría mejor que tú.

Conociéndote, sé que no te negarás. No te demores. No creo que quede mucho tiempo.

Un abrazo, con mucho cariño.

Clemen.

Recuerdo haber llamado a mi hermana inmediatamente, para explicarle hasta qué punto el contenido social de su carta me dejaba profundamente indiferente o, más bien, como se dice en francés, *Il passait à coté de moi.* Con excepción de uno, los nombres que aparecían en la carta –y que he reemplazado por una letra– me eran totalmente ajenos, no me decían absolutamente nada, y todos sabemos hasta qué punto ciertos sectores de nuestra sociedad funcionan aún con una serie de códigos de obligatoriedad y reciprocidad que la gente obedece ciegamente, pero que para una persona como yo, que nunca se sintió miembro "a tiempo completo" de grupo social alguno y que incluso ha sido considerado como un doble marginado, poco o nada significan. Escribí mucho sobre este tema de mi doble marginalidad, en el primer volumen de estas antimemorias, y Paco Igartua, mi cuñado, autor de un estupendo libro de memorias, cuyo título es nada menos que *Siempre un extraño,* me comentó más de una vez la gran afinidad que a ese nivel había entre nosotros, precisamente en esa sensación de no pertenecer del todo, a nada. Y a menudo me dio pena ver a Paco, sobre todo en sus últimos años, metido en un mundillo que poco o nada tenía que ver con su manera de ser y de estar en la vida, y, al mismo tiempo, huyendo despavorido de todas las pequeñas pero tremendas obligaciones que la pertenencia a ese mundillo conlleva. Otras veces, sus reacciones frente a cualquiera de estas pequeñas torturas de la sociabilidad eran tan absurdas, ilógicas, contradictorias, o simplemente incomprensibles, que uno terminaba preguntándose si Paco realmente le prestaba atención al mundo que lo rodeaba o si simple y llanamente fue impermeable a él hasta el último de sus días. Por eso no me extraña tampoco que en una de mis últimas conversaciones con él y con otros amigos, en su casa, en mayo de 2002, insistiera tan traviesa y arriesgadamente en resaltar su buena relación con Vladimiro Montesinos, quien, hasta que fue encarcelado, siguió enviándole una caja de vino cada mes, "Y cada vez de mejor calidad", según el mismo Paco. También lo soltó todo sobre su excelente amistad con otro dudoso personaje de nuestra política, acusado de tráfico de armas, y por último se explayó feliz, incluso con una coqueta ingenuidad y con toda su enorme simpatía y desenvoltura, en su amistad de años con Luigi Einaudi, uno de los más importantes hombres de la CIA en América latina. Nadie sabía muy bien dónde meterse ni cómo tomar tantas y tan increíbles y provocadoras *confesiones,* hechas todas con el tono más ingenuo, inocente, y casi infantil. Recuerdo haberle dicho, al despedirnos, que esa noche había hecho un ensayo general de su juicio universal, cosa que le causó gran risa.

¿Qué habría hecho Paco con una carta como la que acababa de dejarme mi hermana? Por lo pronto, no entender nada, y ni siquiera darse por aludido. Además, Paco huía espantado de todas aquellas situaciones en que hubiera enfermedad, dolor, y muerte. Sin embargo, en su adorado país vasco sí se comprometía con estas situaciones, como si en esa tierra y en esa sociedad se sintiera más *perteneciente* que en el país en que nació, vivió y murió. Pues lo mismo me ha pasado a mí, aunque con un elemento añadido, que es la efectiva distancia intelectual y espiritual del mundo en que nací y me eduqué, en que viví hasta mi partida a Europa. Décadas de ausencia han hecho que, quien ya entonces se sentía *siempre un extraño,* lo sea ahora con mayor razón, puesto que todo alejamiento implica buenas dosis de olvido, sobre todo de aquello que ya entonces nos resultaba *ancho y ajeno,* y por ello es que, no bien aterricé en Lima en 1999, supe que me iba a ser muy difícil ponerme en la mente de la gente en montones de cosas, de la misma manera en que hasta mis propios familiares iban a encontrar en mí rasgos de carácter y formas de comportamiento de total extrañeza para ellos, y que muy a menudo a mí me iba a ocurrir lo mismo también con ellos. Si difícil me iba a ser adaptarme a determinadas convenciones, obligaciones, y reciprocidades, que poco o nada me decían ya, imposible tenía que resultarme acatar aquellas pautas sociales que ya había rechazado muchos años atrás, o al margen de las cuales me había mantenido incluso desde antes de mi partida a Europa. Me parecía ya increíble, en la Lima de mis años universitarios, esa cultura del tarjetazo, que no es sino una manifestación más de una obligatoriedad social que, a menudo, tiene más que ver con la mentira y la ilusión, o el sueño, que con la realidad misma. Recuerdo a un muchacho de primero de Letras de San Marcos, buen amigo mío en aquel momento, que entregaba feliz, a todo aquel que quisiera recibírsela, una tarjeta con su nombre impreso y, debajo, lo siguiente: "Alumno del Primer Año de Letras de la Cuatricentenaria Universidad Nacional de San Marcos, Decana de América". Y también me tocó ver un delicioso ejemplar del eterno querer ser de los limeños: "Fulano de tal. Ex pasajero del Reina del Pacífico". Toda una cultura del tarjetazo, con que la gente diariamente nos llena los bolsillos, y que se supone debe desencadenar todo tipo de relaciones y reacciones.

Cuando lo de aquella carta de mi hermana Clementina, muy claramente le dije que yo iría a ver a ese chico, pero sólo por cariño a ella, ya que el contenido de la carta, sobre todo en su aspecto social, me resultaba prácticamente ininteligible, debido sin duda a que sólo conocía a una de las personas mencionadas. Visitaría al niño en la fecha y hora que me señalaran, pero, eso sí, con excepción de una posible enfermera, quería hacerlo totalmente a solas, y además no ser presentado a sus padres o demás familiares, porque no deseaba que nadie tuviera que agradecerme nada. Desgraciadamente, aunque sí pude estar a solas con el chico un rato, y leerle algunas páginas, la conmovedora conversación sobre mis viajes, que tanto lo interesaba y lo llevaba a hacerme una pregunta tras otra, fue interrumpida por una invasión de jóvenes enfermos o accidentados provenientes de otras habitaciones del hospital, y que hasta el día de hoy no he sabido quién organizó, ni con qué derecho. Aun así, firmé el yeso de varias piernas y brazos rotos, respondí a muchas preguntas más, de todo tipo y color, pero la conmovedora intimidad que habíamos logrado crear, ese chico moribundo y yo, quedó literalmente hecha trizas, por lo que decidí marcharme, realmente desgarrado. Mi buena amiga Marita Sousa me envió su chofer a recogerme en la puerta de la clínica, felizmente, porque hubiera sido totalmente incapaz de manejar, e incluso de solicitar un taxi.

El chico falleció muy poco tiempo después, sin que yo cumpliera con mi deseo de volver a verlo, debido a que, sin duda por causas ajenas a su familia, la noticia se divulgó, y entonces sí tuve que armarme de toda una coraza social para no ceder a las presiones y chantajes que recibí después, sobre todo mientras trabajé en la Universidad Peruana de Ciencias Aplicadas. Sorprendiendo a la gente cuando empezaba a insinuarme una nueva visita a un nuevo enfermo, de lo que fuera, les decía a uno y otro que me negaba rotundamente a acompañar a más niños desahuciados, por temor a que, de pronto, uno de ellos sanara milagrosamente, convirtiéndome en una suerte de santón local o de renovado Niño Jesús de Praga, al que seguiría una turba de plañideras y todo tipo de beatas y santurronas, exigiéndole nuevos milagros y más resucitaditos. La posibilidad existía, por supuesto, en una ciudad como Lima, en que la cucufatería, la religiosidad mal entendida, y las supersticiones y fetichismos mil pueden fácilmente derivar, y nada menos que entre las cabezas "mejor pensantes" del país, en todo tipo de *sincretismos,* tal y como ocurrió cuando, durante las elecciones de 1990, un ramillete de damitas de la *high* limeña, al ver que Fujimori empezaba a revelarse como uno de los candidatos más fuertes, organizó unos tés rosario en los que colocaban la foto del futuro monstruo en una cubeta de hielo que guardaban en el congelador, mientras, digamos, muy cristianamente oraban pidiendo una muerte por congelación, o algo así, para el candidato oriental y plebeyo. La entonces embajadora de España en el Perú me mostró una tarjeta de invitación a estos helados y píos tés rosario de limeñísimas damiselas.

Otra cosa que me recordó *la patria,* en mi accidentado retorno de 1999, es hasta qué punto queremos más los peruanos a los muertos que a los vivos. Quien no *comulga* con esto, va frito, en esta tierra en que la gente tiene poco o ningún respeto por la alteridad. Las personas parece que hasta cambiaran de nombre y cambiaran de nombre y profesión, no bien exhalan su último suspiro, porque de golpe se convierten en verdaderos dechados de virtudes y ay de aquel que lleve la contraria. ¡Cómo te atreves a hablar así de él, si era hijo de su padre, padre de sus hijos, hermano de mi mamá y se confesó al final! En el olvido ha quedado para siempre que este hijo de su padre mató a disgustos precisamente a su padre, y también a su madre, que jamás educó a ninguno de sus hijos, que ni siquiera vivió con éstos, que huyó una por una de todas sus responsabilidades, que estafó a cuanto pariente tuvo, una y mil veces, y a cuantos tuvieron la bondad de darle algún trabajo que no atentara demasiado contra su reputación de vago. Este mismo hombre, hoy muerto, puede producirnos aún repulsa, total repulsa, pues hemos visto con nuestros ojos y oído con nuestros oídos cómo estuvo a punto de matar a sus padres, de rabia y desesperación. Pero no importa. No, no importa, porque ya *la patria,* tan hipócrita como remilgada, tan santurrona como fetichista, y siempre incapaz de romper el pacto infame de hablar a media voz, ya *la patria,* o esa variante de ella, llamada *la familia,* en este caso, ha inclinado su dedo feroz, como el más déspota de los emperadores romanos, incapaz también de tolerar la voz diferente, la mínima alteridad... Pacata y provinciana, y horriblemente necrófila, esta *patria* nuestra...

Todo se arregla en el Perú con unos cuantos sacramentos, empezando por la confesión, que le permite al *fiel* rebajar la tensión que lo traspasa y le permite también el pecado, el arrepentimiento, y por último, la absolución, en ese singular vaivén que escandalizó tanto a Calvino como a Freud. Nosotros, en nuestro culto por los muertos, en nuestra necrofilia "a la peruana", siempre iremos más allá, siempre innovaremos, siempre mantendremos la ilusión, si no de una vida eterna, para nuestro difuntito, al menos sí de una vida tan prosaica como festiva. Marita Sousa, viuda del pintor Alfredo Ruiz Rosas, entrañable amigo, me puso al día hace poco de las fiestecillas que se realizan en algunos cementerios limeños, en los que, a diferencia de la canción que dice: *"No estaba muerto / Estaba de parranda...",* también tenemos parranda, cómo no, pero ésta se da entre los propios muertos. Y son sus inconsolables deudos los que distribuyen globitos de colores con el nombre de los diversos difuntitos, de tumba en tumba, para enseguida ponerlos a todos a bailar, de tal manera que, al bailar mi globito con el globito de otro deudo y tumba, mi Alfredito ha bailado con la señora Rafaela... ¿Cómo la ven? Pues Lima al desnudo. Pero que Lima es el Perú, no se nos olvide, tampoco. En fin, cosas de *la patria mía,* y también casos de *la patria mía...*

Casos de *la patria mía*

Sin duda por arte de un atormentado o muy mordido fotógrafo, *El Casuarinero,* Boletín Informativo de la Asociación Casuarinas de Monterrico (la urbanización en que quedaba *Hillside Drive),* publicaba en el centro de su portada de febrero de 2001 la cabezota loca de un perro aterrador, de ojos que ya mordieron, pero que van por mucho más, de boca profunda, gruta engullidora de espeleólogos nacionales y extranjeros, y de dientes cual estalactitas tarasconeras de alcance desigual, quiero decir que unos para la yugular, por ejemplo, que otros para la femoral, y así sucesivamente, hasta dar cuenta a pedazo limpio de lo poco que somos los seres humanos. Acto seguido, y siempre en primera página, *El Casuarinero* sometía a sus lectores a un pequeño "test" que no debía tomarnos más que unos segundos. Los vecinos de la urbanización debíamos responder sí o no a las siguientes preguntas (todas, a mi entender y experimentar, de una total pertinencia: 1) **En los últimos tiempos, ¿Ha tenido usted que cambiar la ruta de su caminata para evitar ser molestado por los perros? 2) ¿Sale usted a caminar dentro de Casuarinas con un bastón, spray defensivo o palo, por si se encuentra con un perro? 3) ¿Usted o sus familiares han tenido algún problema con un perro dentro de Casuarinas? 4) ¿Tiene usted que manejar esquivando los perros que salen a la carrera detrás de su auto? 5) Simplemente, ¿Siente usted temor a encontrarse con un perro suelto dentro de Casuarinas?**

Desgraciadamente, mis respuestas a las cinco preguntas eran cien por ciento afirmativas. Y, lo que es más, a mí me parecía que la encuesta, con ser muy bienintencionada y concreta, no incluía todos los casos de terror por perro que uno podía experimentar en sus paseos por la urbanización. Un caso no comprendido en este cuestionario era, por ejemplo, el de las rejas y alambradas en mal estado que abundaban en los muchos jardines semiabandonados de horribles casonas como aquellas, en clara decadencia, de los años setenta –arquitectura militar y brusca, de aquel apogeo militar y brusco–. Yo, que ahora, en mi afán de averiguar si no era mejor caminar de noche que de día, paseaba con dos bastones de estoque heredados de mi abuelo materno, a menudo fui perseguido y ladrado a todo lo largo de una reja o alambrada que impedían la escapada del can, pero que, de pronto, hacia el fondo o hacia el fin del jardinzote en mal estado, habían sido arrancadas o simplemente estaban podridas y agujereadas por efecto de la humedad. O sea, pues, que cuando yo creía tener muy bien controlado el problema con los perros que se me venían encima, con alevosía y gran maldad, aunque de frente y limpiamente, como dignos perros que eran de jardines de casas de gente de la clase A, en buena medida, me di con el problema de los perros laterales, o sea de aquellas fieras que se le aparecían a uno recién escapadas por algún maldito agujero en la reja de una casa a nuestra derecha o a nuestra izquierda, o a ambos lados, que también me pasó una vez en que un señor, al despedir a sus visitas me despidió también a su fiera, y que debió de pasarle a su vez a los personajes que ilustraban parte del artículo que, con grandes titulares, ocupaba íntegra la portada del siempre eficiente y correcto boletín casuarinero: **PROBLEMAS CON PERROS DENTRO DE LAS CASUARINAS:** "Hace muy poco tiempo, el perro de un residente atacó a la esposa de un embajador que paseaba con su mascota, quien felizmente no sufrió daños personales. Luego, el perro volvió a amenazar a otro residente que hacía su caminata y sólo logró salvarse gracias a su rápida y ágil reacción al subirse al muro de una casa".

Pensé inmediatamente qué habría ocurrido si, como me contó un día, de visita en *Hillside Drive,* una simpática vecina de urbanización, el muro de la casa por el que logró salvarse un residente hubiese tenido setenta metros de altura. Y todo por el capricho de un inefable embajador cuya paranoia lo había llevado a construir ese muro de Berlín entre la residencia de su embajada y la casa de su señora vecina. Ésta, mujer emprendedora, paciente, tenaz, tuvo que soportar los abusos de aquel diplomático, sin lograr siquiera que acudiera a las citas que le hicieron jueces y tribunales peruanos, ante los cuales ella había presentado una demanda. Harta de la situación, logró lo increíble, gracias a una idea magistral que muchos a su alrededor consideraron disparatada y del todo inútil. Escribió al gobierno del país que representaba tan poco diplomático, logrando nada menos que el propio jefe de Estado le ordenara derrumbar íntegro, y en el acto, su pared loca, o en todo caso dejarla de una altura manejable por un residente que huye despavorido de un perro casuarinero.

Éste era mi caso, y a cada rato y cada noche peor. Porque de día, acababa de tirar la esponja, dentro o fuera de la urbanización. Primero había sido aquel asunto plegadizo, tan del momento nacional, y al final fue simple y llanamente el hartazgo que me produjo ser interrumpido constantemente en mis desplazamientos por la urbanización. Simplemente abdiqué de mis caminatas con luz del día, en que abandonaba *Hillside Drive* en el automóvil que utilizaba sobre todo para subir y bajar la curvilínea cuesta de mi cerro. Después, estacionaba en un florido y hermoso rincón, me bajaba y me ponía en marcha con rumbo desconocido. Me gustaba sobre todo perderme por los caminos en curva y las cuestas no muy empinadas de la urbanización, explorar sus límites y contemplar sus vistas, por supuesto que en la medida permitida por los perros y por las obras que muchas veces lo obligaban a uno a desviarse y emprender nuevos itinerarios. Es cierto, eso sí, que de día los perros se comportaban de forma bastante más prudente y razonable que de noche, como si de noche les pagaran un extra para transformarse en fieras.

Pero aquellos perros que tanto podían aterrarlo a uno y cuya peligrosidad había ocupado íntegra la portada de *El Casuarinero,* eran también víctimas de amos y amas cuya crueldad e indiferencia se hacía patente sobre todo los fines de semana. Por las casas de los cerros de la urbanización, por las de la planicie, de día y de noche, aullaban y paseaban desolados, entre los viernes y los lunes, animales preciosos, pobres bichos de lujo abandonados sin comida, en muchos casos. Podían volverlo a uno loco con sus aullidos y sus lastimeros ladridos sin fuerza, pero nada había que hacer. La familia se había trasladado a alguna casa de fin de semana, y aquel reinado que empezaba cada lunes y terminaba cada viernes, se había desmoronado por ahora. Solían ser perros muy caros y muy hermosos, e incluso muy bien atendidos en algún salón de belleza, pero su destino verdadero era el ornato y la ostentación, mucho más que la seguridad de una urbanización muy estrechamente vigilada, por cierto, con garitas de control que mejoraban día a día –a medida que aumentaba el descontrol en la ciudad, como es lógico–, con guardas privados, con policía pública y privada, con todo tipo de vehículos de seguridad; en fin, con todo aquello que va convirtiendo a las zonas residenciales de América latina en búnkers cada día menos camuflados, más feos. Y, por añadidura, estos perros maravillosos, de lunes a viernes, y pordioseros de lujo el fin de semana. La familia se iba a otra casa, este sábado y este domingo, y el adorable perrito Tartufo pasaba a ser el miserable Tartufo suplicante. Conocí a una señora tan presumida como cretina y cruel: tenía un Tartufo de turno en la casa de la urbanización, otro en la de campo, y el tercer Tartufo se bañaba con ella en una playa del sur, asfixiándose en su calidad de ostentación pura y peluda, también. En fin, que cuanto más observaba a Malatesta di Rimini, tan de barro cocido y tan destiñéndose ya –en Lima se destiñe absolutamente todo–, más me daba cuenta de su absoluta convicción de perseverar en su materia prima.

Ni tonto. En una cercana ladera, alguien había abierto una suerte de campo de concentración para perros. Una construcción precaria, un terreno sumamente empinado, y perros que llegaban a pasar el día, que eran forzados a quedarse entre esas violentas rejas, que ladraban locos, gruñían feroces, se quejaban lamentablemente, se resbalaban enterrados. Era un espectáculo cruel. Preguntado por qué estos pobres animales eran educados de tan cruel manera, para ser guardianes, si con tanta guardia profesional bastaba, el encargado del negociete respondió: "Es que los perros no roban".

Me entregué a la nocturnidad, tal vez porque de noche se caminaba casi sin interrupciones, tal vez porque de noche se veía menos. Por lo demás, había decidido enfrentarme al mundo canino, primero con un bastón de estoque, después con dos, tras haber desenterrado en mi memoria las lecciones de quijotesco esgrima que un ex campeón militar impartió unos meses en mi colegio, cuando yo andaba por segundo de media. No sé por qué decidí, además, que en la urbanización Las Casuarinas los perros atacaban siempre de frente, rectilíneamente, habiendo tantas esquinas, tantas calles y avenidas curvas. Éste era un error tan grave como creer que en aquella urbanización vivía tan sólo gente de recta conducta, damas y caballeros de gran honorabilidad y ejemplar rectitud. Dios mío, lo equivocado que estaba, lo curvilíneamente equivocado que estaba.

Con mi equivocación a cuestas, emprendía cada noche un camino diferente, con mi primer bastón de estoque en mano y una confianza absoluta en mi pericia de esgrimidor. Después, claro, la cosa como que se iba descomponiendo a medida que oía el ladrido nervioso o malhumorado de los perros y me empezaba a asaltar una duda tras otra. Por ejemplo, un perro no tenía por qué saber todo lo que yo sabía acerca de mi bastón y el botón de mi bastón, destinado a que el estoque saliera ágil e instantáneo de su largo palo de estuche, al primer automático apretón. Porque mi bastón había sido concebido para enfrentarse a seres humanos, y no a perros. Por lo menos, éste era el más astuto y eficaz de sus modos de empleo, y consistía exactamente en que, primero, uno era atacado, levantaba airoso su bastón veloz, después, y se lo extendía toma-toma al enemigo, que tenía que ser humano, claro, para que, a su vez, creyera que nos lo podía arrebatar, prendiéndose del palo bastón y jalando con toda su alma. Pero, "¡Ay de ti, pobre infeliz!", gritaba uno, entonces, apretando confiado su bien aceitado botón, de tal manera que el cretino del atacante se quedaba con un buen palo en la mano, sí, claro, pero no, sí pero no y te jodiste, cretino, porque uno, mientras tanto, se había quedado con tremenda espada mortal en la mano en alto triunfadora y estoqueadora, mientras el cangrejo aquel huía despavorido tras haber arrojado, a guisa de devolución, el madero de su derrota.

Este uso de mi bastón no incluía a perros, como es sabido, y por más que yo empleé mi imaginación a fondo, noche tras noche, mientras caminaba, jamás incluyó a perros. O sea, pues, que hasta aquí mi rectilínea teoría, que rápidamente hube de reemplazar por otra giratoria, según la cual yo era el centro de todos los mordiscos nocturnos de la urbanización Las Casuarinas. Y el epicentro. Y el más desgraciado de sus habitantes. Y adiós para siempre a esos perros que me llegaban de frente y con tiempo para desenvainar, espadachín, recibirlos matadoramente con el acero y despacharlos en sensacional anticuchada canina, o sea perfectamente ensartados uno tras otro, rumbo al más allá. Ahora veía perros por todas partes, demasiados para un solo botón, para un solo bastón, una sola espada, por lo que decidí recurrir a un bastoncito suplente, digamos que para inesperados perros laterales con curva en el ataque, un bastoncito muy fino y lleno de gracia, con empuñadura de oro y plata, de una madera tan brillante y ligera que incluso parecía cristal. Mi abuelo contaba que lo había comprado después de ver a Fred Astaire bailando feliz, cantando feliz, y jugueteando feliz con un bastón exacto y musical. Y es cierto que mi bastón heredado tenía su *swing*, su ritmo, su melodía, e invitaba al baile, y en mi caso, también a musitar o tararear mientras caminaba muy urbanizadamente por Las Casuarinas. Tampoco se trataba de cantar, ya lo sé. Cantar hubiera sido atentar contra el buen sueño de los vecinos y una verdadera provocación para los mismos perros que yo trataba de mantener a raya, sin que se notara que, a pesar de lo bien armado que iba, me estaba muriendo de miedo. Además, cantar con *swing* y dos bastones, aunque no fuera *in the rain*, porque en Lima ni siquiera llueve, era presumir, y la verdad yo sólo intentaba dar un buen paseo nocturno y regresar a mi casa sano y salvo, gracias a esos dos bastones de distinto peso y tamaño con los que diariamente giré con asombrosa agilidad y equilibrio, de tal manera que jamás estuve descubierto por flanco alguno, ni de frente ni de perfil ni por atrás, y los perros continuaban aterrados todos, por estricto orden de raza y tamaño, y hasta de precio, en el espejo de cuerpo entero de mi vestidor, cada mañana, mientras me entrenaba giratorio, antes de ducharme *singing in the rain,* porque ahora sí que iba a llover a chorros, no bien abriera yo ambos caños y, duchoso ya, prosiguiera siempre feliz mi camino entre la realidad y la ficción.

Ninguna felicidad podía aplicarles, sin embargo, ningún exorcismo, a los tipos esos, uniformados o no, de Seguridad del Estado. Cuidaban las casas de varios miembros del gobierno de Fujimori que vivían en Las Casuarinas, rodeados por todo tipo de vigilantes diurnos y nocturnos, y que se desplazaban en negros vehículos de lunas ahumadas muy semejantes a los que me condujeron y acompañaron el día de mi breve rapto y larga paliza. Esos hombres cumplían una función, lo sé, aunque la verdad es que, cuando caminaba, yo siempre pensaba que si bien por ahora protegían al ministro tal y tal, no tardarían mucho en ser ellos mismos los encargados de dar con los huesos de aquel mismo personaje en la cárcel, y que todo era cuestión de tiempo. Fue lo que sucedió, por ejemplo, en el caso de un ministro llamado Joy Way, de origen chino, que fue condenado por importar y vender equipos clínicos en mal estado y medicamentos caducados, utilizando para su distribución sus propias empresas y farmacias. La historia de Joy Way, cuya esposa logró darse a la fuga, se asemeja mucho a la de Harry Lime, en *El tercer hombre,* genialmente interpretada por Orson Welles. Se trata en ambos casos del envenenamiento sistemático de una población, pero *El tercer hombre* es también la historia de una amistad llevada hasta el delirio, mientras que la del ex ministro peruano, de probarse los hechos por los que fue inculpado, no pasaría de ser un abyecto historial delictivo, quién sabe si aderezado al final por aquel momento de justicia, casi de arreglo de cuentas, en que sus propios guardias de seguridad procedieron a su arresto.

De todas las interrupciones que soporté durante mis caminatas por la urbanización, las de los hombres de Seguridad del Estado fueron las peores para mí, las únicas que me obligaron realmente a reflexionar antes de torcer por una esquina u otra. Y es que estos tipos se aburrían tanto, creo yo, que a veces se ponían de acuerdo para que un par de entre ellos me salieran al encuentro en algún lugar en el que no tenían por qué estar. Pero ahí estaban, cuando yo pasaba, y si les decía que estaba caminando y no deseaba detenerme para no enfriarme, me seguían descaradamente con la misma cantaleta de siempre, o sea un libro de regalo. "Y otro para mí, y otro para mi hijita, que lo lee a usted", y: "Por favor, señor Bryce, ese libro no me lo traiga porque ya mi señora lo leyó, o sea que piense usted, si fuera tan amable, en un título distinto", y: "¿Usted qué siente, al escribir, señor?", y: "Dígame, don Alfredo, ¿de qué color son sus ojos de la inspiración?, ¿ella es morenita? ¿rubiecita?, ¿delgadita?, ¿llenita?". Un día bajé con el automóvil repleto de libros y los distribuí y dediqué y se los comenté y hasta dicté una improvisada charla sobre literatura peruana, en plena pista y ante el jardín y los faroles del ministro Joy Way, cuya casa –llegué a delirar– era móvil y me perseguía por donde fuera, en mis caminatas, y es que todo cálculo fue siempre inútil para evitar a esos agentes de seguridad, entre otras razones porque a cada rato eran reemplazados por otros, y por otros más, y una y otra vez tenía que bajar yo con un nuevo cargamento de libros, en mi automóvil, para los amigos de Seguridad del Estado.

Y así hasta que abandoné mis caminatas, con o sin bastones, harto de dedicatorias y de todo tipo de interrogatorios, literarios o no, pero ello no impidió que continuara llegando mucha gente a mi puerta, y no sólo vecinos de la urbanización, también gente de fuera, aunque la verdad es que de mi puerta nunca pasó nadie, porque ahí los detenía implacablemente María Antonia, la última y más longeva de mis empleadas domésticas, un verdadero gendarme en estas situaciones, aunque tan débil en otras.

María Antonia, que bien vale una cariñosa digresión, era una mujer joven, muy honesta y trabajadora, y llegó a *Hillside Drive* traída por Anita, en cuya casa había trabajado hasta que se casó y tuvo una bebe. Pero Benicio, su esposo, trabajaba en una fábrica de calzado cuyas puertas cerraron para siempre, por lo que María Antonia tuvo que volver a la chamba. Gracias a Anita, como siempre, yo acababa de deshacerme de la tercera de las muy recomendadas empleadas que llegó a mi casa, un verdadero cuervo vestido de cuervo, de edad inmemorial, y que de golpe se quedó estática en los bajos de la casa, en un punto fijo, y empezó a dar de alaridos. Gritaba y chillaba que no sabía hacer absolutamente nada, y así gritando y chillando hizo también abandono de la vivienda, sin haber permanecido ni medio día en ella. Parece que le había dado el síndrome del cerro, algo de lo cual, la verdad, yo hasta entonces jamás había oído hablar. En su lugar, María Antonia resultaba todo un remanso de paz, aunque llegó también el día en que me disparó su primer pequeño dardo, en forma de moneda norteamericana, una modesta suma que me pedía prestada para que su esposo, el desempleado Benicio, adquiriera una máquina para fabricar calzado con que montar su pequeña empresa familiar. Manejé esta situación de la única manera en que he sabido hacerlo durante toda mi vida, y que sin duda proviene del paternalismo cristiano que se practicó siempre en casa de mis padres con los empleados. Le dije a María Antonia que prefería regalarle esa modesta suma de dinero, que no deseaba verla endeudada, y que para mí todo lo que fuera trabajo y espíritu de empresa merecía cien por ciento mi apoyo. Luego, bañado en lágrimas, sublime, y tal vez una ñizca neoliberal, procedí a la entrega de la suma requerida y salí disparado para evitar los besos y los abrazos del debe y del haber.

Para mí, ahí había terminado ese asunto, pero desgraciadamente no para María Antonia y mucho menos para el ya hogareño zapatero Benicio. Y andaba nuevamente encerrado en el maravilloso escritorio bautizado por Jaime, mi amigo constructor, como *the main room,* cuando el silencio con que se desplazaba siempre María Antonia se materializó ante la puerta de cristal cerrada y oscura por fuera, aterradoramente. ¿Qué deseaba esa mujer? Pues nada menos que saber cuánto calzaba yo. Y qué diablos podía importarle a ella cuánto calzaba yo, cuánto calzaba un hombre entregado cuerpo y alma a la relectura de *Ermitaño en París,* de Italo Calvino, un delicioso manual sobre los seres que no desean ser reconocidos ni interrumpidos, nunca jamás, y también, cómo no, una suerte de guía muy práctica para neuróticos y huraños de todo cuño. ¿Por qué un hombre así tenía que calzar? ¿O no calzar? ¡Diablos, por qué!

Pero finalmente le solté mis medidas a María Antonia, una vez más por lo del paternalismo familiar cristiano, aunque ya casi con el síndrome del cerro, también es cierto, e ipso facto llamé a Anita para que, a su vez, llamara a María Antonia y le dijera que jamás en la vida volviera a bajar a interrumpirme. Y ahí creí que se acababa todo, ahora sí, por fin, pero no habían pasado ni dos días cuando María Antonia se me apareció, mientras yo desayunaba, con un impecable par de zapatos que su Benicio me enviaba, sumamente agradecido por mi apoyo empresarial. Le dije que me quedaban perfectos, antes de probármelos, pero nuevamente sucumbí al familiar espíritu paternalista y le pegué su larga y detenida mirada a aquel par de zapatos negros de hebilla dorada y muy correcta confección. Grande fue mi sorpresa, eso sí, cuando vi que, exactamente en el lugar en que se debe colocar, estaba en efecto bien cosidita la etiqueta de seda de la renombrada marca GUCCI, de origen italiano, pero en este caso de origen Benicio y sector informal de la economía peruana. Desprovisto totalmente de un juicio de valor acerca de la legalidad de este par de zapatos, como quedé, sólo atiné a pronunciarme sobre la habilidad de su zapatero, y puedo jurar ante un altar que, por lo menos, el letrerito GUCCI de Benicio superaba en finura y acabado al letrerito GUCCI de GUCCI. Desde entonces, eso sí, la lista de pedidos de María Antonia, desde permisos para retirarse más temprano hasta créditos que alcanzaron los ochenta mil dólares para la construcción de una casita propia en pueblo joven –denegado mientras me arrojaba a la piscina con la esperanza de ahogarme– fue *in crescendo,* aunque al mismo tiempo compensada siempre por una fidelidad y una entrega absolutas a mis más absurdas manías. Humano muy humano, por lo demás: la mujer pobre que alguna vez se ocupó de mantenerme vivo en Perugia, cuidando diariamente de mi magra alimentación, me robaba monedas de los bolsillos mientras yo escribía mi primer libro. Del mismo modo, María Antonia, la mujer que me volvía loco con sus abusos de confianza, fue el feroz gendarme con el que se toparon cuantos pícaros intentaron colarse a mi casa. Recuerdo a más de un congresista, en busca de un prólogo para un libro, a varios entrevistadores de televisión, y a toda una saga de corruptos personajes vinculados al régimen de Fujimori, entre los cuales no faltaron aquellos que llegaron trayendo muchachas y botellas de vino, a cambio de sabe Dios qué. María Antonia arrasó con todos.

Pero, volviendo a los sistemas de vigilancia y seguridad de Las Casuarinas: Si se controlaban los ingresos y las salidas, ¿cómo demonios llegaba tanta gente hasta mi puerta? Muy pronto me di cuenta de que el omnipresente racismo de los peruanos también tenia que ver con esto, y no siempre de la manera más directa o evidente. En realidad, las garitas de control de entradas y salidas de Las Casuarinas eran, según pude darme cuenta con el tiempo y la *experiencia,* una suerte de muy extraño laboratorio de racismo al revés –aunque en el Perú el racismo es, en realidad, multidireccional–, un inefable observatorio de lo que aquellos que en el Perú no son tenidos por blancos opinan acerca de aquellos que suelen tenerse a sí mismos por tales. ¿Y cómo se enteraba uno de esto, allá arriba, en *Hillside Drive,* en su recién inaugurada vida de ermitaño con visitas? ¿Cómo me enteraba yo, por ejemplo, de que mis amigos X o Z eran tenidos por blancos en las garitas de control, pero no mis amigos o amigas A o B? Facilísimo. Me lo contaban ellos mismos. Les levantaban una y otra vez todas las barreras de las tres entradas de la urbanización sin pedirles previamente documento alguno y añadiéndole inclinada y murmurante venia: "Adelante, señor(a) Blanco". O, lo que sería más exacto: "Adelante, señor(a), *por* blanco(a)". Ellos eran vistos como personas cien por ciento aptas para ingresar sin control alguno, como personas a las que no era en absoluto necesario solicitarles documentación alguna. En cambio, el control era muy estricto entre la propia gente que trabajaba en la urbanización, y así, el 4 de enero fue detenido durante un chequeo de rutina el jardinero de una residencia de diplomáticos. Entre otras cosas, se estaba llevando veinticuatro planos, "aparentemente de casas de diplomáticos y funcionarios de la Embajada norteamericana, ubicadas en diferentes partes de Lima", según la circular que publicó con ese motivo la

Asociación Casuarinas de Monterrico, dando cuenta también de la eficiencia con que actuó el personal de seguridad de la urbanización.

Arriba, en *Hillside Drive*, que terminó convirtiéndose en un absurdo laboratorio complementario al de las garitas de control, yo tomaba nota, y aquellos que lograban entrar tres veces seguidas por cada una de ellas, sin la más mínima verificación de identidad, eran tenidos por blancos por aquellos que jamás serían tenidos por tales, con lo cual se comprueba que todos somos jueces –aunque no parte– en esta coladera racial que es el Perú. Dicen pertenecer a la raza blanca montones de peruanos que no son vistos como tales por montones más de peruanos, de la misma manera en que dicen pertenecer a la clase media montones de peruanos cuyos ingresos nada tienen que ver entre ellos. Una vez más, el *país de desconcertadas gentes* del que hablara José de la Riva Agüero en su *Paisajes peruanos*.

Y, arriba, en *Hillside Drive*, yo continuaba huyendo como de la peste de todo lo que no fueran Anita y mis amigos y algunos familiares. Los faxes, las cartas, las tarjetas de visita y demás correos se acumulaban, entregados a veces a la fuerza, sobornando a los mayordomos de los vecinos. Me sentía totalmente incapaz de atender a todos los pedidos que recibía, a todas las promociones escolares o universitarias que solicitaban mi padrinazgo, a las cárceles que solicitaban mi presencia una y mil veces, a las asociaciones de vecinos y clubes de provincias, a las más inefables y locas instituciones, a las presentaciones mil de libros y a los pedidos dos mil de prólogos y lecturas de manuscritos, a las visitas a enfermos y moribundos y accidentados, a las conferencias sobre cualquier tema que me pedían dictar, con el título ya decidido de antemano, quién sabe por quién, con fecha y lugar preestablecidos sin haberme consultado jamás, como una imposición, sí, como una pura y simple imposición, y en Lima o en Jequetepeque, por decirlo de alguna manera. Huía de los actos protocolares como de la rabia, dejaba sin responder decenas de cartas y faxes de inefable redacción, y hasta hoy conservo invitaciones tan divertidas y erráticas como una de la Universidad de San Agustín, de Arequipa, en la que, enterados de que iba a visitar esa ciudad como simple turista, me proponían aceptar un doctorado honoris causa, "aprovechando la ocasión". Se trataba sin duda de una información equivocada, pues yo no pensaba visitar Arequipa en aquel momento, pero ya sabemos, por el refrán, que "la ocasión la pintan calva".

Mucho menos divertida fue mi asistencia a la exposición de fotos de una simpática señora, cuya insistencia al invitarme pudo más que todo mi recelo. No vi una sola fotografía, no lo logré, me lo impidieron en cada intento, un abrazo, otro abrazo, y otro abrazo más, de sabe Dios quién. Y por supuesto que alguien me arrojó una copa de vino encima. Aquello era insoportable. Al final, me sentía confundido, acosado, totalmente mareado y agotado, y me tumbé en un sillón bastante oculto al que llegué tambaleante. Y hasta hoy me pregunto cómo personas de tanto mérito como las que me abordaron aquella noche podían tener tan poca consideración por otra persona, por su trabajo, por su deseo de privacidad. Sin interés alguno por mi real disponibilidad, por mis respuestas a sus pedidos, siempre interrumpidas, sin interés alguno por mi trabajo y mis horarios, o por mi manera de ser, sin escuchar siquiera mis tentativas de respuesta –o sea, atolondrándome, agobiándome, realmente aplastándome– podían solicitarme, al mismo tiempo, que dedicara horas enteras, cada día, e indefinidamente, a visitar cárceles, y que dedicara horas enteras, cada día, e indefinidamente, a visitar barriadas, y que dedicara horas enteras, cada día, e indefinidamente, a dictarle clases a unos novicios. Debí pedirle a cada una de estas autorizadas y autoritarias personas que, en mi lugar, escribiese cada una de ellas cuentos y novelas. Así de absurdo, así de lógico, así de aplastante. Y encima de todo te derramaban una copa de vino.

Pero lo peor, al final, no fue eso, sino el desmayo que sentí, el tremendo mareo que me hizo correr en busca del oculto sillón situado muy cerca de la puerta de aquella galería de arte. Y ahí estaba recordando las maravillosas borracheras que tantas veces se inventó el gran Orson Welles, para que la gente lo dejara en paz, y que en una ocasión filmó su gran compinche cinematográfico François Reichenbach. Más de una vez lo imité con bastante éxito, pero hasta para eso se necesitaba una energía que yo había perdido del todo, aquella noche. Sin embargo, ahora que escribo estas líneas recuerdo claramente que algo atroz me estaba ocurriendo durante aquellos interminables minutos, algo que, por desgracia, entonces, mareado y abrumado como estaba, no veía bien, no comprendía bien, no escuchaba bien. Delante de mí, de pie, intentando saludarme muy afectuosamente, al cabo de muchos años, Lucho Giulfo y su esposa, buenos amigos de los primeros momentos de París, pronunciaban mi nombre una y otra vez, sin que yo reaccionara, sin que lograra reconocerlos, sin duda mirándolos a uno y a otro pero sin lograr dar pie con bola, completamente desmemoriado, ido, y así hasta que se dieron por vencidos, me imagino, aunque el final de aquella escena no he logrado nunca volverlo a ver con claridad. Y aún les debo una explicación, seguramente.

No encajé nunca, pues, en el penoso papel del *"poeta oficial al que todos saludan por la calle"*, de los versos del mexicano Eduardo Lizalde, aunque también creo que una profunda neurosis me arrastraba cada día más a la soledad y al encierro, a pesar de que el inmenso placer que me produjo siempre reunirme con mis verdaderos amigos no decayó nunca. Y la pasaba de maravilla también cuando me situaba en las antípodas de lo que es un ambiente literario, cuando me encontraba en situaciones tan divertidamente lógicas y aparentemente absurdas como la vivida cuando descubrí que mi compadre Luis Elías, uno de los muy grandes amigos de toda mi vida, no había leído ni siquiera la novela que con tanto cariño le dediqué. Con el tiempo, sin embargo, me di cuenta de lo atroz que hubiera sido que mi compadre, hombre totalmente ajeno al mundo de las letras, hubiera intentado leer ese libro y hablarme de literatura, mientras que yo, a mi vez, le hablaba de algo tan ajeno a mí como los productos plásticos que él fabricaba. Ello hubiera significado probablemente el fin de nuestra gran amistad, ya que ésta jamás incluyó el aburrimiento, y sí, en cambio, esa dosis de infantil travesura y adolescente afectividad capaces de rescatar en un instante años de entrañable compañerismo, y esa chispita de locura que casi siempre lo aclara todo y lo vuelve maravilloso. Finalmente, es cien por ciento lógico que Luis Elías siga ignorándolo todo acerca de mis libros y que yo siga sin saber absolutamente nada de sus plásticos, aunque haya gente como el entrevistador francés de televisión Bernard Pivot, director de programas tan famosos como *Apostrophes,* completamente incapaz de entender estas cosas en el fondo tan razonables. Grabé con él, en París, en septiembre de 2003, una entrevista para su programa *Double jeu,* y le conté la historia de mi compadre Luis Elías y mis libros y de sus plásticos y yo, pero me estrellé contra su cartesiana y obstinada incredulidad. Y nada saqué tampoco con contarle que, en otra oportunidad, mi amigo Pepe Esteban me había dicho que el ex futbolista y entrenador argentino Jorge Valdano, muy ligado al equipo de fútbol Real Madrid, le había pedido que

543

nos presentara, y que yo había respondido afirmativamente a este pedido, pero que luego el mismo Pepe había decidido que no, que no nos presentaría a Valdano y a mí, porque en última instancia él iba a terminar siendo el gran paganini el día en que, tras haber sido presentados, el ex futbolista se arrancara a hablar de literatura y yo de fútbol; en fin, que aquella cita y aquella conversación iban a ser con seguridad una pesadilla para todos, empezando por el propio Pepe. "La verdad", pensé yo, en aquella ocasión, "el amigo Pepe Esteban no deja de tener cierta razón", y así se lo hice saber a Bernard Pivot durante nuestra entrevista en París, pero el presentador siguió sin entender estas historias que a mí me sonaban tan naturales, tan sencillas y claras, tan fácilmente explicables.

Mis solitarios paseos por las zonas de Lima y balnearios en que habían transcurrido mi infancia y adolescencia tuvieron siempre un efecto bastante neutro sobre mi estado de ánimo; en todo caso, jamás lograron emocionarme verdaderamente, ni avivaron en mí ningún tipo de nostalgia o reminiscencia de tiempo perdido. Me traían recuerdos buenos o malos, pero no había en ellos la emoción de la nostalgia ni descarga alguna de vida latente que hubiese estado oculta en alguna esquina, en algún rincón de mi vida. La preciosa muchacha de la falda de terciopelo verde que entró a una casa de la primera cuadra de Alfonso Ugarte, y no salió más, fue vista de espaldas, aquella última vez, y se ha quedado así hasta el día de hoy: preciosa y de espaldas. Los fines de semana en que, durante horas, sentado en un Cream Rica de la avenida Venezuela —al lado del gigantesco cine City Hall, cuya desmesurada araña de cristal siempre se iba a venir abajo, con techo y todo— no esperé nunca a nadie, no estuve triste ni contento, no tuve un lápiz ni un papel, no tuve una frase o un verso que escribir, no llevé tampoco un libro, nunca, y tuve trece, catorce y quince años, los recuerdo exactos, con su invariable complemento sensorial: cigarrillos Pall Mall, paquete rojo, *king-size,* y un *milkshake* de vainilla. Y mi experimento consistía en trasladarme, un día, sin ton ni son, de ese Cream Rica al del Jirón de la Unión, otro día al de la plaza San Martín, otro al de Miraflores, no esperar tampoco a nadie en estas cafeterías, fumar eso sí Pall Mall y beber mi *milkshake* de vainilla, en todas ellas, y volver a repetir este invariable itinerario, empezando siempre por la misma avenida Venezuela en la que no se me había perdido absolutamente nada, nunca, como quien desea llevar al paroxismo esta gris rutina del absurdo, la soledad, y el silencio. He hecho disparates de este tipo, de nuevo, en cada uno de mis regresos al país, y los hago y haré aún, aunque claro que ya no queda un solo Cream Rica de los míos, de los de mi semanal itinerario, pero tampoco importa mucho. Aquello fue como la chica preciosa de la falda de terciopelo verde que entró para siempre a una casa, dándome la espalda para siempre. Y aquella ha sido, es, mi doble vida de solitario, creo que de loco o de amante del absurdo, cuya reiteración casi viciosa continúa siendo una sorpresa para mí mismo, porque siempre pienso que ésta ha sido la última vez, pero vuelvo a reincidir. Y el único cambio –o tal vez deba decir la única mejora– es haber permitido que Anita me acompañe, a veces, que ella maneje mientras yo miro y callo y señalo apenas un rumbo perdido, casi errático, el itinerario de un chiflado, que termina siempre, eso sí, con la copa del retorno a la calma, en algún antiguo hotel que fue de lujo. Y nos hemos reído mucho, en alguna oportunidad, cuando el viejo barman de un alicaído hotel nos ha sugerido trasladarnos a otro establecimiento, a un bar inglés cuyos licores dejen menos que desear.

Siempre aprovecho un día de fiesta, en medio de un puente, o sencillamente un domingo. Y arranco de madrugada con mis recorridos entre Lima y el Callao, otro de mis itinerarios preferidos, con larga pausa y almuerzo en el balneario de La Punta, paseo por el malecón Figueredo, o "Cantolao" y regreso a casa de noche, tarde. Hay grandes tramos que hago a pie, dejando el automóvil al cuidado de algún chiquillo que me ha reconocido y espera una buena propina. Menos una parte de La Punta, qué feo está todo. Qué oscuro el interior enfermo de las casas, qué tristes las bombillas anémicas, las lamparitas palúdicas que se dejan encendidas para desanimar al ladrón. La pintura de las fachadas y el polvo pegado a ellas por la humedad, horroroso todo. Y las paredes laterales de las casas son aún más feas e inquietantes, si se puede –y sí se puede– porque no se pintan nunca jamás, porque en esta ciudad misia sólo se pintan las fachadas. Y poco, muy poco. Lima y el Callao son ciudades sobre las cuales se debería verter eternamente pintura de mil colores. Amar Lima es ver estas cosas. Aunque a veces Lima parece ser esa muchacha preciosa de falda verde que se metió a una casa para siempre. Y uno sigue siendo ese muchacho sin lápiz ni papel que toma *milkshake* de vainilla, fuma Pall Mall extralargos, y no espera absolutamente a nadie.

Desde que empecé a regresar al Perú, en 1972, no he cesado de visitar balnearios como La Punta o Ancón, donde veraneé de chico, en casa de mis abuelos o de mis tíos, y he visitado también mil veces la Chosica de mi infancia y las casas familiares de la avenida Alfonso Ugarte, en Lima, de la avenida Salaverry, en San Isidro, y de General La Mar –hoy Ugarte y Moscoso–, en eterna disputa entre los municipios de San Isidro y Magdalena. Pero poco o nada me han dicho esas casas y esos lugares, salvo que, como con todo en esta vida, el tiempo ha ejercido sobre ellos su deterioro, y un deterioro a la limeña, encima de todo, diría yo, o sea sin lluvia pero hasta con 100% de humedad, con muy poco sol al año, con demasiada neblina; en fin, un deterioro bastante más sucio y agobiante que el de otras ciudades.

A veces, yo le injerto algún recuerdo a una de las casas de mis padres, a ver si florece. En la casa de la avenida Salaverry 2231 –la memoria me acaba de devolver el número exacto, 2231, hoy, esta tarde, 22 de junio de 2004, al cabo de cincuenta y cuatro años–, que ya no existe, entró una noche el primer ladrón del mundo, para mí, que era el menor, se cayó por entre las parras de uva, y crujió todo. Con mis padres, despertamos los hermanos niños, menos Paquito, el niño eterno, que, no sólo no oía, es que no estaba, vivía entonces en un colegio para sordomudos en Pensilvania, por los Grandes Lagos, por Canadá, mu-mu-mucho fríí-o, como diría él, loco de señas. El ladrón estaba caído en el jardín, sobre el *grass* –así decíamos en casa–, había chancado unos cuantos geranios, no el rosal, felizmente, y había perdido su maletín en la oscuridad, con todas sus herramientas, que al pobre se le habían desparramado además por medio jardín, con absoluta falta de oficio, o cuando menos de práctica. Y mis padres salieron como locos por la puerta de la cocina, encendiendo unas luces muy alegres, sobre todo en comparación con las de hoy en día, por todas partes. ¿Y qué pasó con el pobre ratero iluminadísimo, cegado, entregado, con un tobillo doblado? Pues que se le trató con todo el cristiano paternalismo que tengo heredado y que hasta se le prestó un frasco de Maravilla Curativa, una suerte de árnica que apestaba a diablos y que vino a malograr un poquito la noche tan linda y cristiana de nuestro ladrón. Le dijeron enseguida, recuerdo clarito, que se la aplicara él mismo, la Maravilla, pero sí se le recogieron y entregaron las herramientas que se le habían desparramado por el jardín, previa exhaustiva inspección de cada una de ellas, por mi padre, para compararlas con las de su propio maletín de herramientas, el que usaba para arreglar cuanta cosa se malograba en casa y en las casas de toda la familia; en fin, cuanta avería se le ponía en su camino. Por fin, humilladísimo y renqueante, el ratero abandonó la casa por la puerta de servicio. Después, esta historia paternalista y cristiana circuló por toda la familia entre grandes risotadas, ya que mis tíos bromistas le añadieron unas palabras que mi padre jamás le dijo al ladrón ya incorporado y frotado, aunque todavía bien cojito, el pobre: "Continúe con su fuga, por favor". Mi papá se moría de vergüenza, de timidez, y mi madre añadía que sólo eso faltaría, que sólo eso habría faltado.

Y así, poco o nada hay que hacer con nuestros recuerdos, en la ciudad de Lima, salvo clasificarlos entomológicamente, con su alfilercito atravesado, aunque también éste se oxide, después, claro. En la ciudad asustada de hoy, ¿qué hacer con el ladronzuelo del maletín y el paternalismo cristiano de mis padres? Los recuerdos cumplen con su función, son buena memoria, pero nada más, y son buenos o malos recuerdos, pero no avivan nostalgia alguna, tampoco. Tenemos pues que aferrarnos a la mirada y la voz de personas muchas veces muertas, o de otras que hemos dado por muertas en un desesperado, en un loco acto de amor destinado a salvarlas de una vejez y de una enfermedad que jamás se merecieron. Y es que la maravilla de la ciencia, hoy, aparte de habernos convertido en esclavos de la buena salud, en personas que al comer no juzgamos los alimentos por lo ricos que son, sino por lo sanos, o no, que son, la maravilla de la ciencia, hoy, consiste en haber alargado la esperanza de vida hasta los noventa y cien años, y aún más, pero, eso sí, con unas enfermedades tan horribles como el Parkinson, el Alzheimer, la demencia senil, ¿Vale la pena? ¿Vivir tanto inútilmente, sin disfrutar ya de nada, haciendo sufrir a todo el que nos rodea con amor? Tengo la incontrolable tendencia a responder negativamente a esta pregunta atroz.

Y es que me ocurrió algo muy similar con mi madre, que aún *vegeta* mientras escribo estas líneas, aunque mi tendencia haya sido siempre la de darla por fallecida desde el día aquel en que, en un último arranque de coquetería femenina, me dijo que ella había sido educada exclusivamente para gustar, y que, en vista de que estaba perdiendo la memoria y la compostura, en vista de que ya no podía agradar –"Ya no puedo gustar, Alfredo"–, se quería meter a la cama para siempre, porque aún le quedaba un último deber que cumplir en la vida: "El de no disgustar, hijo mío". Y vaya que mamá tuvo siempre carácter: Se metió a la cama, y ahí sigue, quince años después[1]. Fui pues un idiota aquel día de 1989 en que, de visita en Lima, creí que la sacaría de su yacente ensimismamiento con el olor de un frasco de perfume de violetas, una de las pasiones de su vida, y el de una copa de excelente vodka, una de sus grandes debilidades. Fracaso absoluto. De mamá obtuve un mutismo total, en aquella oportunidad, un mutismo total y aquella última intensa mirada, y vibrante, incluso chispeante y llena sin duda de amor, pero negativa, rotundamente negativa, eso sí.

Ese día de 1989 me despedí de mamá, con su profundo beneplácito, estoy convencido, y según me hizo saber ella misma con una chispita en aquella larga e intensa mirada que también me decía, traviesa por última vez en la vida: "Échate una buena copa de ese excelente vodka con que me acabas de tentar inútilmente. Y, por

---

[1] Mi madre falleció en octubre de 2004, muy pocos meses después de escribir yo estas líneas.

favor, no desperdicies ese perfume maravilloso. Alguna chica linda tiene que hacerse acreedora a esa fragancia de violetas de la Provenza; y tú, hijo, hazte acreedor a la felicidad más alegre y aromática. Y, por favor, no vuelvas por aquí, porque la señora que tú conociste ha muerto. ¿Tú me entiendes, no?". Once años después de aquel día de 1989, transcurridos todos sin haber visto a mi madre una sola vez, y dejando que las noticias que me llegaban de ella a España me entraran por una oreja y me salieran por la otra, sobre todo porque ellas confirmaban el largo sueño de quien cumplía con su último deber en este mundo, el de no disgustar, ocurrió algo atroz, algo tan atroz como el rapto de la hija de mis amigos, y muchísimo más violento y criminal que la paliza que unos miembros de la cloaca política del momento me habían dado a mí, a los pocos meses de regresar a Lima. Tres delitos de tal violencia en tan poco tiempo son suficientes para desanimar a cualquiera en su empeño de regresar a *la patria,* pero esta vez además no se trataba de gente proveniente del hampa, de policías corruptos, de matones a sueldo, de hampones de alto o bajo vuelo. Se trataba de tres mujeres muy recomendadas –una de ellas enfermera, de profesión–, madre, hija y nieta, en las cuales mis dos hermanas habían depositado su entera confianza para el cuidado de nuestra madre y de nuestro hermano Paquito, a lo largo de muchos años.

Ésta es, como tantas otras en el Perú al que regresé, la historia de una degradación sin límites, de una relación de confianza en la que una de las partes aprende sistemáticamente a engañar a la otra, en contra incluso de sus propios intereses. Ésta es también la historia de tres personas que, en determinadas circunstancias, aprendieron a ser malas, perversas, criminales, a costa de una vieja desmemoriada que dormía casi siempre y de un niño, ya viejo, que nunca había despertado del todo. Marta, la enfermera, fue la primera en llegar, la primera en ser contratada, y sus obligaciones consistían en ocuparse sobre todo de mi mamá, o tan sólo de mi mamá, en un primer momento. Vivían aún en el departamento que mi madre había comprado, tras la muerte de mi padre, en un moderno edificio de San Isidro, Fortunato, el santo mayordomo, Armandina, la mejor cocinera que conocí en mi vida, otra santa, pero muy regañona con todos, menos conmigo, y su hija Belinda, la costurera angelical que jamás nos cobró por su trabajo de virtuosa y, tengo entendido, le hizo el traje de boda a las tres hijas de mi hermana menor.

La llegada a casa de Armandina es un ejemplo más de lo que he llamado el paternalismo cristiano de mi familia. Tocó a la puerta de casa de mis padres, en la entonces calle General La Mar, una mujer que llevaba en los brazos a una niña. Llegaban de algún lugar de los Andes, sin trabajo y sin recomendación. La bebe tenía algún problema, cierto retraso mental que requería por lo menos de una buena alimentación. Nadie en Lima las quería recibir y su situación era desesperada. Mi mamá no preguntó más; por el contrario, le explicó a Armandina cómo y por qué ella la entendía mejor que nadie –su hijo Paquito– y la hizo pasar. Armandina resultó ser una cocinera de real lujo y Belinda, la chiquilla, fue atendida por médicos, empezó a adaptarse, creció en casa de mis padres, y desde muy niña dio muestras de una gran habilidad para la costura.

Y lo divertido fue que, al cabo de unos meses, los alrededores de la casa se fueron llenando de automóviles cuyos choferes esperaban pacientemente a Armandina, con la tarjeta de alguna familia peruana o extranjera que deseaba contratarla. Era gente que había comido en casa o que había oído hablar de las grandes virtudes culinarias de aquella mujer. Le ofrecían sueldos estupendos, muy superiores incluso al que mis padres le pagaban, pero Armandina no les hizo caso alguno. La familia Bryce le había dado trabajo cuando nadie la conocía, cuando nadie sabía si cocinaba bien o no, cuando era una mujer desvalida recién llegada a Lima con una niña problemática, encima de todo. De casa de esa familia ella no se movería jamás. Ni por todo el oro del mundo. Poco a poco, los carrazos aquellos –varios con placa diplomática, lo recuerdo muy claramente– fueron desapareciendo, y Armandina, con su enorme terquedad y el terremoto diario que armaba con el batán y su gran piedra para molerlo todo, pasó a ser miembro de aquella gran tropa de empleados domésticos que trabajaron en la casa familiar hasta la muerte de mi padre y la posterior mudanza de mi madre a una pequeña casa en Miraflores, primero, y al departamento de San Isidro, después. Sólo Armandina, Belinda y Fortunato acompañaron a mi madre en este traslado. Lo increíble, eso sí, es que en medio de este paternalismo cristiano y del excelente humor que prevaleció siempre en casa de mi madre, el santo mayordomo y la excepcional cocinera mantuvieron un duelo verbal interminable, basado sin duda en los celos que sentían el uno del otro, y en la eterna disputa que mantuvieron por la preferencia de mi madre, que ni se enteraba de esas cosas y, en todo caso, los adoraba a ambos.

Marta llegó al departamento de la calle Teniente Romanet a comienzos de los ochenta. Debía ocuparse sólo de mi madre, en principio, pero terminó ocupándose bastante más de mi hermano Paquito, sin duda a partir del momento en que, superada una etapa de violencia senil, mi madre entró en el silencio casi ininterrumpido en que vive hasta hoy, echada o sentada. Y estos cuidados se acentuaron sin duda también cuando mi hermano Paquito se quedó ciego, casi de golpe, y se vino abajo todo aquel mundo de entretenimiento casero que con los años le había ido organizando mi madre, mejor que cualquier médico o institución especializada. Poco a poco, Paquito había ido pasando de ser carpintero –muy torpe– a ser pintor –un simple copista–, y luego a ser ceramista. Con el barro, con la arcilla, con su horno y su torno, y con su eterno profesor Abraham Rojas –objeto de todas sus iras y de todos sus amores–, Paquito realmente había logrado poner en práctica su destreza manual. Y ya leía y escribía bastante, cien por ciento gracias a las clases que, durante mil años, mi madre le dio con paciencia de santa, cada día, inmediatamente después del almuerzo, o sea en ese momento en que una buena siesta es lo que más le apetece a media humanidad. Y, ahora que lo pienso, tal vez tenga alguna lógica que yo tenga la pesada y extraña manía de escribir después del almuerzo. Puedo corregir, a la mañana siguiente, lo que he escrito el día anterior, y puedo continuar escribiendo hasta la madrugada, lo que he empezado por la tarde, pero la verdad es que nunca he logrado sentarme a escribir más que después del almuerzo, muerto de flojera, como seguro también mi madre cuando se llevaba a mi hermano a leer y escribir, contra viento y marea.

Marta se fue apoderando de mi hermano Paquito con perversa astucia y facilidad, al mismo tiempo, ya que él la adoraba. Y no es de extrañar que, a medida que mi madre se iba eclipsando, su presencia en la casa fuera cobrando mayor importancia. La ceguera, creo yo, le puso la voluntad de mi hermano mayor en sus manos, abriéndole todo un abanico de perversas posibilidades de dominio y de falsedad, de engaños y de pequeñas estafas que fueron poco a poco a más. Entre un viaje y otro a Lima, por ejemplo, pude constatar que ella se había logrado convertir en el único medio de comunicación de Paquito con el mundo, ya que había desarrollado un habilísimo modo de escribirle palabras enteras –que funcionaban como núcleos de ideas, de pensamientos y reflexiones– en la palma de su mano, empleando para ello el propio dedo índice de él y accionándolo como un lápiz. ¿Cuántas cosas a su perverso antojo no le escribiría, no lo induciría a pensar, a creer, con este método de dominio total? La evolución cruel de la imagen de mi hermano Paquito y Marta, pegados el uno al otro, sonriente ella, casi siempre, como quien disfruta de un tesoro, y regañando él, a menudo, con una voz quejosa, mientras agita negativamente su cabeza envejecida –completamente entregado ya, el pobrecito–, es algo que se me hace evidente recién ahora, escribiendo, algo que me salta a la vista conforme me acerco, palabra a palabra, a aquel progresivo horror.

Nos encontrábamos todos los sábados en casa de mi hermana Elena y de su esposo, Nelson, siguiendo una costumbre que ese estupendo cuñado había puesto en práctica años atrás, sin duda para reunir a los hermanos y sobrinos, también para sacar de sus casas a su achacosa madre y a la nuestra, poco antes de que ésta decidiera acostarse para siempre, pero, sobre todo, creo yo, para que Paquito tuviera la semanal alegría de un almuerzo familiar y la ocasión, vía Marta, de ponernos al día de sus últimas manías y fantasías, de sus últimos sueños y delirios de grandeza, de sus últimos amores y odios, de sus fobias y de sus infantiles rencores. Miro hacia atrás en el tiempo, echo a volar la memoria unos veinte años atrás, regreso desde ese punto del tiempo hacia el presente, y cada vez veo la mano de mi hermano enfermo más entregada a la de esa mujer perversa, ya casi guardiana única de aquella mano sosa que día tras día le iba contando un mundo mucho peor, tremendamente mentiroso, sobre todo desde que Paquito perdió también la vista. Íntegros los mil y mil y mil cuidados de mis dos hermanas y de sus esposos, Paco Igartua y Nelson Bértoli, fueron pocos para la creciente y asombrosa perversidad de esa tal Marta, de su madre y de su hija. Los estafó precisamente en aquello que, sin duda alguna, fue una hermosa característica familiar, tal vez la más hermosa de todas: su cristiano paternalismo y su confianza en la innata bondad de los seres humanos.

El cuerpo entero de esa mujer, que a mí siempre me pareció sumamente desagradable –pero, viniendo siempre de lejos, y con años de distancia entre un viaje y otro, jamás me atreví a dar una opinión, e incluso creo que me hice varias veces el desentendido–, parecía haberse inclinado y encorvado y empequeñecido, como arrugado o encogido, en función a mantener bien prisioneros, entre sus horribles manos, el dedo índice de la mano derecha de Paquito y esa pizarrita llena de mentiras y maldades, de calumnias y temores que era la palma apenas abierta, atrapada, de su mano izquierda. Pero todos continuábamos cegados por la confianza, a pesar de que con el tiempo, con la muerte de Fortunato, la jubilación de Armandina, la partida de Belinda con su madre, Marta había ido extendiendo sus tentáculos por toda la casa de mi madre. La nueva cocinera resultó ser su mamá y, al menos a mis hermanas y a mi hermano Eduardo, logró ocultarles el embarazo de una hija que poco a poco terminó convirtiéndose en parte del siniestro trío. Marta era la enfermera, su madre la cocinera, y la hija terminó siendo la encargada de la limpieza. Las tres, claro, vivían en el departamento de mi madre y poco a poco se habían ido apoderando de él. Yo dejé de ir de visita, tras la muerte de Fortunato y la partida de Armandina y Belinda. A Paquito lo veía en casa de mis hermanas, y a mi madre la dejaba en su largo sueño, cumpliendo con su último deseo y con su último deber, aunque una vez me atreví a acercarme a ella y a besarla en la frente, mientras dormía incómoda en un viejo sillón. Lo que recibí a cambio fue un rotundo NO, muy ronco y dormido, y como de alguien que trata de enfrentarse con los ogros de una pesadilla.

Yo jamás vi completo al trío Marta-madre-hija, y de todas esas cosas me enteraba sólo durante aquellos alegres almuerzos en casa de mi hermana Elena y de su esposo, los días sábado. Algo siempre me llamó la atención, eso sí: ¿Cómo, si mi hermano Eduardo vivía tan alejado de casa de mi madre, cómo, si tan sólo veía a Paquito los sábados en una casa muy lejana al departamento en que éste vivía con mi madre, cómo, pues, podía ser responsable Eduardo de la desaparición de tal cantidad de pequeñas pertenencias de nuestro enfermo hermano mayor? ¿Cómo, si, además, Paquito, que veía ladrones hasta en la sopa, lo guardaba todo bajo siete llaves? Y, sin embargo, Paquito odiaba a Eduardo, y aun con su ceguera a cuestas pegaba de brincos en su asiento cada vez que Marta le escribía en la palma de la mano que su hermano andaba en las cercanías. ¿Por qué? Evidente. Pero todos, empezando por Eduardo, con santa paciencia, consideramos siempre que esta historia formaba parte del interminable anecdotario cotidiano de nuestro enfermo hermano. Y jamás quisimos verle su sordidez. Era indudable que Marta y compañía le robaban sin cesar y sin cesar también acusaban al pobre Eduardo.

A pesar de estos hechos tan inquietantes, aquellos sábados estuvieron siempre llenos de risas y de bromas, de todo el humor de que es capaz mi familia cuando se mira a sí misma, cuando se cuenta a sí misma. Y se disfrutó incluso de las infantiles manías y maldades del propio Paquito, empeñado, por ejemplo, en ganarle a la madre de Nelson, una señora mucho mayor que él, el uso del baño de visitas, inmediatamente después de cada almuerzo, todos los sábados de la vida. No bien se incorporaba la familia entera de la mesa y se disponía a pasar a la sala, para el café y las copas, la anciana y el ciego emprendían tremenda carrera, entre mesas, sillas, sofás y sillones, en pos de la puerta del baño. Aquella fue una pugna legendaria y una familiar risotada semanal, hasta que, muerta la señora Bértoli, madre de nuestro querido cuñado y anfitrión, Paquito, con toda su ceguera a cuestas, dejó de sentir para siempre la necesidad de orinar o de lavarse las manos después del almuerzo. Se las traía, también, el niño eterno, como pueden ver. Pero, bueno, en mi familia, nada, absolutamente nada, nos debe extrañar.

La maldad criminal del trío Marta-madre-hija estalló precisamente una día sábado, ya de noche, tal vez el último sábado en que nos reunimos los hermanos en casa de mi hermana Elena y de Nelson, su esposo. Aquella alegre costumbre familiar, nacida durante mi larga ausencia en Europa, estaba ya en vías de extinguirse, a mi regreso al Perú, y lo ocurrido aquella noche, creo yo, vino a ponerle un tremendo punto final. Lo cierto es que aquel día el almuerzo se había prolongado más que de costumbre, y que, cuando sonó el teléfono, Anita dormitaba en un sofá y yo conversaba, copa en mano, con mi hermana menor y con su esposo. La noticia era horrible y horrible era también la persona que nos la daba, o sea Marta, la horrible enfermera Marta. Durante años, poco a poco, de menos a más, siempre a más, esta perversa mujer y su familia cómplice habían ido burlando la vigilancia de mis hermanas, abusando de su confianza, estafándolas, privando a las personas que cuidaban de sus alimentos y medicinas, robándose cuidadosamente el dinero que se les entregaba para ello. Durante años, y de tal manera que nadie en la familia se diera cuenta. ¿Cuándo había empezado aquello? Jamás se sabrá. Tal vez ellas mismas, Marta y Cía., no lo sabían ya, tan lento y complejo debieron ser el nacimiento y la evolución de esa conducta delictiva. Y, al contar los años que trabajaron y vivieron con mi madre y con Paquito, uno puede pensar que la hija de Marta era tan sólo una niña cuando todo aquello empezó. Bien puede ser. Yo lo ignoro y, en cualquier caso, lo único cierto para mí es que todo estalló la noche aquella de la llamada. Mis hermanas tomaron cartas en el asunto y Marta confesó que, en el fondo, habían sido muy brutas las tres, ya que tanto ella, como su madre y su hija, se habían quedado sin casa, sin sueldo y sin comida. Se habían quedado en la calle y con una reputación muy bien ganada...

Pero a las nueve de la noche de aquel sábado, olvidando las mil copas que llevábamos en el cuerpo, Nelson, mi cuñado, y yo, nos tuvimos que poner las pilas, porque, debido a los intensivos descuidos de Marta y Cía., mi madre había sido ingresada en estado de coma en una clínica del distrito de Miraflores. Por supuesto que yo recordaba la existencia del distrito de Miraflores –y también la de varios distritos más, en la inmensa ciudad de Lima–, pero, en mi calidad de recién llegado a *la patria,* ignoraba la existencia de la clínica y de la calle en que quedaba la clínica. E iba al volante. ¿Se imaginan? Y, a mi lado, Nelson, que sí conocía la existencia de la clínica y de la calle de su ubicación, mas no recordaba en cambio lo que era un volante. Pero igual íbamos, mi querido cuñado y yo; él, en calidad de vacilante copiloto, y yo, me imagino, de piloto zigzagueante.

Ingresamos por nuestros propios medios a la clínica, eso sí y, valgan verdades, nos distribuimos tan bien las tareas que yo, al menos, decidí tomarme un descanso de mi loca aventura al volante, no bien terminé de arreglar la cuestión administrativa y me enteré de que todo estaba ya bajo control y mamá perfectamente bien atendida.

Vagué y divagué, hasta perderme por completo en unos amplios pasillos que no parecían llevar a ninguna parte precisa de la clínica, y me tumbé en el primer sillón que encontré, con la tranquilidad de saber que las aguas volvían a su cauce, que la horrible Marta lo había confesado todo en presencia del médico que examinó a mamá, que lo de Paquito era menos grave y ya estaba bien acompañado, y en su casa, y que mamá dormía profundamente en la unidad de cuidados intensivos. Lo que no sabía es que la puerta que tenía a mi lado era la de la unidad de cuidados intensivos. Y no supe decir no, no, cuando una enfermera me informó qué puerta y qué unidad tenía a mi lado y, tras haberme reconocido como el escritor, me dijo que si deseaba pasar a ver a mi madre, pasara, empujando ligeramente la puerta, invitándome a entrar.

¿Cómo le iba a decir que no, sin quedar como un desalmado? ¿Y cómo me iba poner a contarle, en esas circunstancias, el viejo pacto sellado con mi madre, cuando me rechazó el aroma de un excelente vodka y el de un insuperable perfume de violetas? ¿Cómo decirle, a esa bienintencionada enfermera, que yo preferiría abstenerme, que yo lo daría todo por no entrar? Inútil. O sea que la miré, miré la puerta esa grande, de cristal ahumado, entreabierta, me incorporé, y fui. Fui, creyendo que mamá estaría solita en su cama blanca de metal, profundamente dormida, cumpliendo para siempre en mi memoria con sus inmensas palabras de adiós.

Pero mamá no estaba sola. Eran doce señoras sumamente dormidas, que conté cuidadosamente, tratando de reconocer a una, en estado de coma. Todo blanco, en aquella habitación, las paredes, las camas, las frazadas, las sábanas. Y las señoras que dormían tenían todas el cabello blanco, y tenían todas los cabellos firmemente recogidos hacia atrás, y tenían todas una sonda en la nariz. Que me habría encantado tener una copita de vodka y un frasquito de violetas, para hacer la prueba, una por una, con todas las señoras, sentí, pensé, imaginé, fantaseé, pero de esa prueba hacía ya trece años, y de mamá también.

Las besé a todas, cómo no.

Aunque no fue necesario hospitalizarlo, también Paquito tenía lesiones en el cuerpo, pequeñas llagas, escaras, como consecuencia de los intencionados descuidos de aquel trío criminal. Mis dos hermanas, que tenían la curatela de mamá y del hermano mayor, del niño eterno, actuaron con tanta rabia como dolor y liquidaron aquel horror con rapidez y eficacia. Alquilaron el departamento de mamá, en San Isidro, y adquirieron uno nuevo, en el distrito de Surco, cerca de sus casas, para vigilar estrechamente al nuevo equipo de enfermeras y empleadas que pasaron a ocuparse de mamá y de Paquito. Pero, desgraciadamente, nuestro hermano mayor sufrió demasiado con aquel inevitable cambio. Rodeado de mimos, de atenciones, de halagos y de regalos, notó sin embargo la ausencia de su criminal dueña y también el cambio de vivienda y escenario, me imagino. Tuvo una larga y fuerte depresión, luego una serie de altibajos de salud, y finalmente falleció, lleno de cariño.

¿*La patria...*? Cualquier cosa, en aquel momento. Y un buen corte de mangas, que es, según la Real Academia: "Ademán de significado obsceno y despectivo que se hace con la mano, extendiéndose el dedo corazón entre el índice y el anular doblados. A la vez se levanta el brazo y se golpea en él con la otra mano".

Pues eso, también. Un buen corte de mangas para *la patria*, en aquel momento.

Que, en francés, se dice: *Bras d'honneur.* Y en inglés: *To give the two-fingered salute.* Y en alemán: *Lech mich am Arsch.* Y en italiano: *Va fan culo.*

Che te dice la patria?

Pues, entonces, todo aquello, a la vez.

Todo aquello

Los niños pobres peruanos –o sea los mucho más– vienen comiendo mal, pésimo, desde hace décadas. Por no ir más atrás, durante el gobierno militar de vocación izquierdista al mando del general Juan Velasco Alvarado –final de los años sesenta y primera mitad de los setenta–, la propaganda oficial se refería al té Toro como el desayuno del niño peruano y, durante la década de los ochenta, los peruanos, niños y adultos, hicieron interminables colas para comprar una marca de leche –Enci– de importación estatal, de cuyas bondades muchos continúan dudando hasta el día de hoy. ¿Y cuál es el desayuno de los niños, a principios del siglo XXI? Pues por lo que tengo conversado y leído, hoy por hoy el té Mc Collins es el verdadero desayuno de una gran mayoría de los peruanos.

Muy mala, pésima nutrición, muy mala, pésima sanidad, muy mala y muy escasa educación. Estos son los tres jinetes del apocalipsis peruano y alcanzaron su punto máximo de horror durante el fujimorismo. En aquellos años noventa la Unesco publicó un informe acerca de los niños de este desafortunado Perú. Entre los ocho y los doce años, el coeficiente intelectual de los niños peruanos desciende hasta alcanzar niveles muy inferiores a los de países vecinos como Chile, Colombia, Ecuador o Bolivia. Y en esos niveles se estanca, irremediablemente.

El fugado ex presidente Fujimori hizo lo posible por evitar que esos informes vieran la luz. También él y su equipo de gobierno hicieron lo posible por ocultar otros informes referentes a educación y sanidad. Y todo esto en nombre del pueblo peruano, cuyos niveles socioeconómicos hasta entonces se habían limitado a ser tres: A, B, y C. Durante el decenio fujimorista, se *consolidaron* (!!!) los niveles socioeconómicos D y E, o sea los de los peruanos paupérrimos, los que comen poco o nada, muy mal, pésimo, y entre los que se encuentran todos aquellos seres que Fujimori y Montesinos rebajaron mental y moralmente mediante una prensa inmunda y un pan y circo que, a fuerza de apelar masivamente a sus más bajos instintos, los embruteció hasta el extremo de que, en su última campaña electoral –y Dios sabe que Fujimori siempre anduvo en campaña electoral– ni siquiera les hablaba, pues se limitaba a bailarles una paupérrima tecnocumbia interpretada por artistas vendidos al régimen. Bailaban también, a su lado, sus ministros señoritos, provenientes de los más altos niveles profesionales y académicos, aquellos "doctores" que Fujimori tanto despreciaba y gozaba humillando, aquellos hombres cultos y refinados –desde la acomplejada perspectiva del dictador, por supuesto– que llegaron al gobierno pontificando sobre política e historia nacional e internacional, y terminaron bailando al paso que les marcaba la inmunda circunstancia. En esta feria de vanidades que se desarrolló en las carpas y estrados de la dictadura, lo que realmente le interesó a Fujimori fue simple y llanamente llamarlos "doctores", o sea "despreciables doctores", mientras todos ellos llevaban al máximo su obsecuencia y su entrega, en cuerpo alma, en una reñida competencia por ver cuál se bajaba más rápido los pantalones mientras los altavoces partidarios emitían ritmos interpretados por artistas sin faldas ni pantalones, también en cuerpo y alma, y ellos, los doctores, "mis ministros de mierda" –debía matarse de risa, para sus adentros, Fujimori–, se afanaban por bailar más y mejor la música chillona y sin palabras de la dictadura, la música que enceguece y los eslóganes que ensordecen. Pocas veces en mi vida he visto una mirada de desprecio tan canalla como la de Fujimori a su ministro Francisco Tudela, en uno de esos mítines en que alguno de "sus doctores" bailaba, un lumpen del sector E –comprado, por supuesto– le preguntaba al "Chino" lo que fuera, y éste, cínico, sonriente, despectivo, miraba con sorna al papanata que danzaba torpemente, y al elector lumpen le decía al mismo tiempo que le preguntara eso a su ministro, al doctorcito ese que tan manganzonamente baila al ritmo de mi tecnodictadura.

Por serios y valiosos que sean los trabajos de estadística aplicada de científicos sociales como Rolando Arellano C. y David Burgos A. *(Ciudad de los Reyes, de los Quispe, de los Chávez.* EPENSA. Lima, 2004), cuando nos hablan del empuje de los jóvenes limeños de origen provinciano, de su afán de progreso y de sus capacidades, en esta urbe en la que ya sólo un 12,7% de sus habitantes son limeños de tercera generación, en esta Lima que es hoy, más que nunca, el Perú real y todas sus sangres, nada impide que –como afirman estos mismos autores– el 36% de los jóvenes de menos de veinticinco años que pueblan los nuevos y viejos distritos de la ciudad desee marcharse del país, que muchísimos sean los que se dan por bien empleados con sólo vender periódicos por las calles, que son miles y miles los niños que piden limosna, en cualquiera de sus formas, con los ojos bastante dormidos, como muy fatigados, como derrotados de antemano, ya casi sin la chispita de la vida, con esa expresión triste y parca que es la misma en todos, por ser la del hambre y el embrutecimiento y la cruel ciudad, mala, muy mala, perversa. Por qué se habla de repúblicas bananeras donde ni bananos hay, donde, como quien dice, ni siquiera un plátano hay, sólo té.

Todo esto, unido a una enorme vulgaridad, producía efectos detestables en la vida ciudadana de un hombre que regresó al Perú por amor y pensaba ya en largarse por demasiado amor, o sea por dolor, por el dolor tremendo que todos estos escenarios me producían, mezclados con una rabia atroz, una impotencia abrumadora, y una vergüenza ajena que me llevaba a huir de un extremo a otro de la ciudad. Y entre una huida y otra, lo grotesco, los náufragos y los sobrevivientes de la historia oficial del Perú, como perros sin amo que lo persiguen a uno y le ladran algo acerca de un pasado histórico mejor. Y que practican deambulante, informal, quijotesca y desquiciadamente el arte de la conspiración y el golpe de Estado moralmente justificado.

Y el del magnicidio, también, ¿por qué no, oiga usted, señor Bryce?, escúcheme bien, por favor, Alfredo, es justo matar al tirano, ¿o no, señor? Yo camino, yo apresuro el paso, yo corro incluso por el tranquilo parque miraflorino en que viven Anita y sus niñas. Pero el corpulento joven cuya novia lo deja y recoge justo cuando yo empiezo y termino de caminar, no abandona. Baja de un automóvil, puntual, y ese mismo automóvil, conducido por su novia, una muchacha muy bella que él me ha presentado, lo recogerá puntualmente, cuando yo acabe de caminar. Yo lo escucho. Él ha sido expulsado del Ejército de Tierra. Su padre, general de Aviación, fue ministro en uno de los gobiernos de Fernando Belaúnde Terry. El tercer personaje que entra en acción es un ex guerrillero peruano, perteneciente a los románticos grupos en armas de inspiración guevarista, diezmados, asesinados, desaparecidos algunos –el negro, el cholo, el chino, o sea los más pobres–, por obra y tiros de gracia del Ejército peruano de entonces. Vive en el sur, en Nazca, y quiere volver al ruedo revolucionario o algo así. No debo olvidar, o más bien, debo tomar muy en cuenta que en *nuestra* –le escucho pronunciar esta palabra a mi cocaminante, casi como un piropo, seductoramente–, que en *nuestra* conspiración también hay un poderosísimo almirante –r– de nuestra gloriosa Armada, uno que cayó en desgracia por obra y gracia del tirano, uno que fue cesado, uno que fue nada menos que todopoderoso director del CNI, a saber: del Consejo Nacional de Inteligencia. ¿Entiendo?, ¿capto?, ¿computo? Bueno, por lo menos camino, digo yo, camino y escucho a mi co-caminante. Lindo grupo de conspiradores el que pasaremos a formar, me digo, primero, y le digo, le confieso, después. Toda una pandilla de desempleados, nostálgicos, defenestrados, y yo, que al menos tengo la honestidad de decirle que no busque en mí a un intelectual e incluso le añado que eso del intelectual profético ya pasó de moda, en mi opinión, que no soy tan entero y lineal y coherente como Sartre, que más bien soy tan dubitativo y frágil como Camus. Dicho lo cual, me siento tan absurdo y dubitativo y ansioso como Woody Allen caminando con otro judío neoyorquino por Central Park. Mi parque, claro, no pasa de ser el Melitón Porras, mi ciudad no es más que la ciudad de Lima, nada de New York y sus abismos fascinantes, y mi co-caminante tampoco pasa de ser un alma en pena militar, una suerte de Proust uniformado y peripatético que deambula en busca de un ejército perdido y de una aventura desesperada y, cómo no, de antemano condenada al fracaso.

Cambié de horario de caminata todos los días, durante un buen par de semanas, pero de nada me sirvió, porque mi co-caminante conspirador adecuó sus horarios de llegada al parque a los míos, novia guapa incluida para depositarlo. Y también para recogerlo, diariamente, una vez concluida nuestra andante sesión conspirativa. ¿Era el ex director y almirante –r– un hombre tan bien informado aún o se había largado a su casa llevándose material de inteligencia realmente detallado e infalible, secretos de tan alta fiabilidad que incluían hasta mis cambios de horarios? ¿Disponía de soplones disfrazados de empleadas domésticas, en casa de Anita, que era donde yo llegaba cada día, a una hora distinta, pero aún vestido de paisano, me ponía luego la indumentaria deportiva y me lanzaba al parque dispuesto a averiguarlo todo, ahora sí que sí? Me quejé ante mi co-caminante y me puse firme en todo lo relacionado con la vida privada y la confianza que debe reinar entre los miembros de un grupo conspirador. Y le dije, clara y firmemente, que, por favor, no me tomara por un paranoico, pero que me resultaba realmente insoportable que, aprovechando su anterior dirección del CNI –ya entonces reemplazado por el SIN, Servicio de Inteligencia Nacional, al mando inmundo de Vladimiro Montesinos–, un almirante –r– se enterara de mis cambios de horario prácticamente en el mismo instante en que yo los efectuaba. Y, de este absurdo modo, más o menos, continuaron dándose aquellas caminatas en compañía de aquel joven ex oficial del ejército, novio de tan bella muchacha. Hasta que, un día, él sencillamente dejó de aparecer por el parque, tal vez desilusionado por mi comportamiento tan obsesivo que ya casi resultaba sospechoso. Me consolé pensando que la culpa de este fracaso conspirador, en lo que a mí respecta, se debía a que yo efectivamente tenía más de Camus que de Sartre, en lo que a duda y fe ciega se refiere. Y también recordaba que Guillermo Cabrera Infante repetía a menudo que, lo peor de un delirio de persecución, es que a uno efectivamente lo persiguen. ¡Cuánta razón tiene! Pero, bueno, en todo caso, siempre es emocionante comprobar que, por más lejos que uno hubiera estado de un tiranicidio, nunca tampoco ha estado tan cerca de poderle gritar "¡Arriba las manos!" a un dictador.

A la divertida nostalgia que siguió a esta inefable historia, hay que agregarle la irritabilidad que acompañaba todos mis actos, mis paseos, mis observaciones, mis impacientes diálogos con todo el mundo. Sólo los amigos eran capaces de hacerme reír y gozar, aunque habría que decir todo lo contrario, aun corriendo el riesgo de parecer un gran presumido. Pero, la verdad, era yo más bien quien hacía reír y gozar a unos amigos que, en su inmensa mayoría, eran devorados por el mundo del multiempleo o, lo que es mil veces peor, por la brutal realidad de las quiebras y el desempleo final. He dicho antes, citando unas bellas palabras de Mario Vargas Llosa, que, con el correr de los años, el país de uno se convierte en unos cuantos amigos y unos cuantos paisajes. ¿Pero qué pasa, cuando, como a mí, tantos amigos que el recuerdo feliz conservó intactos, semidioses del afecto y la fidelidad en la enorme distancia, hasta mi regreso a Lima de 1999, sencillamente se (nos) rompieron, entonces? No me alabo en absoluto cuando digo las horas y los días y los meses y hasta años que pasé intentando pegarlos, tumbado en la cama inventando fiestas, excursiones, sorpresas, cara a caras, copas del estribo y canciones inmortales, trayéndome del fin de nuestro pequeño mundo antiguo a algún cuate desaparecido, a un roto amigo que todos creían muerto o desaparecido. Probé fórmulas y más fórmulas y nuevos pegamentos y obtuve incluso éxitos intensos y llenos de emoción. Malatesta di Rimini me observaba, estatuario y de piedra, aunque fuera muy chiquito y de barro. No se encarnaba, no optaba por la vida, ni siquiera intentaba aprender a caminar, y nunca quiso regalarme unos pasitos de consuelo por la hermosa moqueta de mi amplio, sencillo y elegante dormitorio. ¿Y en cuanto a esos paisajes que un tiempo de mala calidad –años que se pudrieron, me imagino– gangrenó con sus altas dosis de población miserable, socioeconómicamente y enormemente y elásticamente E? ¿Se les suele llamar "asentamientos humanos" a las zonas en que malviven, mal comen y mal se educan los sectores D y E? También se les ha llamado "pueblos jóvenes" y "barriadas". En fin, cualquier eufemismo que nos impida llamarlos "asentamientos inhumanos".

De ahí salen hasta policías como aquel que me escuchó decirle a un amigo, mientras abría la puerta de mi automóvil, que tenía cita con un acupuntor, minutos después, porque un fuerte dolor en la espalda me impedía incluso mover bien los brazos. Mi amigo se retiró, y el policía, que había espiado nuestra breve conversación, se me vino encima en busca de la coima, de su propinita por dejarme partir manejando a mi cita sin poder emplear bien los brazos. Como provenía de uno de esos amplísimos sectores que ha comido mal, pésimo, lo destrocé con mi inteligencia superior. Sí, como suena: mi inteligencia superior. Y con una rapidez mental que contrastaba con su lentitud total. Sí, tal como suena. Rapidez mental contra lentitud total. "Mire", le dije, "los brazos sólo me sirven para una cosa: para el timón, en vista de que los cambios de mi automóvil son automáticos" (lo cual era una mentira, sí, pero con la lentitud total del tipo todo podía ser verdad); "por el contrario" añadí, "con mis dos piernas, que están en perfecto estado, porque camino muchas horas al día, yo domino perfectamente el acelerador, el freno, y el embrague" (una contradicción, claro, pero ya no voy a explicar cómo y por qué se la tragó). "O sea pues, jefe, que pierde usted tres a uno". Y mientras él procesaba tanta información y buscaba la manera de retomar su iniciativa sucia y coimera, la de la propinita, yo ya doblaba ágilmente por la esquina, sin darle tiempo a procesar tampoco mi número de placa.

Y otro día entré a una oficina bancaria a depositar un cheque. La empleada que me lo recibió, flacuchenta, triste y lentísima –las tres cosas para siempre–, no sé qué entendió que le había dicho yo, pero lo cierto es que se fue hacia una ventana que daba a la calle y dejaba entrar mejor luz, aunque limeña y gris y nubladona, y se instaló con mi cheque en alto, sujetándolo con pulgar y anular, esmirriándose hacia arriba, empinándose y dándome totalmente la espalda, mientras con la otra mano sujetaba con orgullo una pequeña lupa. Al principio, el efecto sorpresa total me tuvo contemplándola, ahí, un rato, mano en alto el cheque, primero, mano en alto la lupa, después, esmirriamiento total empinado, y así horas y horas, aplícale y aplícale desconfianza a mi cheque, y como quien al mismo tiempo espera que la Virgen de Fátima se le vuelva a aparecer por la ventana, o algo así. Yo sé que un buen cristiano debe preguntarse antes quién le habrá regalado una lupa a esta pobre chica de clase D o E, originalmente, sin duda, o sea de coeficiente mental deficiente, por exceso de té y leche gubernamentales, y muy poquitas vitaminas y proteínas, más lo de la sanidad y educación lamentables, qué se ha hecho la pobrecita con semejante invento de la ciencia, sino un total lío mental, pero la verdad es que su éxtasis, aplicado a mi pobre cheque, se hubiera prolongado hasta el día de hoy, no me cabe la menor duda, porque, además, la vuelvo a ver extásica mientras escribo esto y tiemblo también igualito que entonces, y ahí sigue la de Fátima, se los juro, y ahí hubiera seguido, también, hasta el fin de los siglos, de no ser por la directora de aquella agencia bancaria, que sí, que aceptó quitarle el cheque milagroso a la flacuchenta subordinadísima, y por fin lo depositó en mi cuenta, aunque no sin antes solicitarme visita y conferencia, a cambio, en la universidad en que, con gran esfuerzo de madre e hija, me imagino, estudiaba su unigénita (sic). Juré acudir a la cita, pero la rabia que me producían todas estas cosas de *la patria, tutto questo che me diceva la patria,* hizo que inmediatamente acudiera a los brazos siempre abiertos y sonrientes de Anita y la amenazara con desertar de la guerra peruana, si no me ayudaba a cambiarme inmediatamente de agencia bancaria.

Pero este cambio fue de película, como suele decirse. Y contribuyó además a agravar seriamente mi neurosis con profundas incrustaciones de paranoia, motivo por el cual el psiquiatra que entonces consulté me aconsejó que empezara a redactar un exhaustivo diario de navegación bancaria, o algo así, como única manera de ir exorcizando tantos demonios y, al mismo tiempo, de irles dando cara a medida que se iban presentando. Y es que mi cambio de oficina bancaria fue realmente lo que se llama "pasar de Guatemala a Guatepeor", y fue, como ya les decía, realmente de película.

Recurro pues a las páginas de ese diario para darle al lector cumplida cuenta de lo que fue mi viacrucis bancario, tanto en el Perú como durante mis viajes al extranjero. Y me apoyo también, para contar estos hechos –y tantos más–, en la enorme cantidad de notas que entonces tomé, de cartas, faxes, emails que recibí, y hasta de recibos y demás documentos que llegaron a mis manos y entonces fui guardando, y que tan útiles me han sido luego en la redacción de estas antimemorias, aparte del hecho de haber cotejado con gente con que entonces trabajé o que simplemente frecuenté –y que me vio dando pasitos a rienda suelta, o dando palos de ciego–, uno tras otro todos aquellos hechos en los que mi memoria no me estaba siendo tan fiel como pensaba y deseaba. Por eso es que uno no debe esperar a la vejez para escribir acerca de sus mejores o peores recuerdos, o acerca incluso de los más anodinos. Nos exponemos a que nuestra memoria sea ya un cementerio, y también el mundo en que nos movemos, y nos exponemos también a ir soltando sin ton ni son juicios de valor sobre personas ya fallecidas, y que, por consiguiente, no tienen manera de alguna de defenderse del juez implacable y del hombre sin matices en que nos han ido convirtiendo la soledad, el encierro, y la falta de una sana curiosidad vital por el mundo que nos rodea.

Bueno, pero basta ya de digresiones y volvamos ahora sí a aquel *diario bancario* que he conservado entre los archivos de mi memoria. Y ya verán. Y ya me contarán. De película, como se dice. En fin...

DIARIO BANCARIO

"En dos oportunidades mi tarjeta de crédito ha caducado un año antes de la fecha señalada. La primera de ellas fue encontrándome yo en Nueva York y mientras realizaba algunas compras. Al regresar a Lima, la explicación fue que yo era el único culpable, por haber viajado sin avisarle al banco de mi partida. Para protegerme (sic) el banco había optado por cancelar mi tarjeta".

"Se me dio una nueva, válida hasta junio de 2002. Pero, de pronto, mirando en internet mis estados de cuenta, descubrí que, para el banco, aquella tarjeta vencía el 2001. La señora Anita Chávez hizo la consulta correspondiente en mi nombre, y la señorita Alejandra Avendaño, ejecutiva comercial, le dijo que no me preocupara, 'que el plástico manda' y que mi tarjeta en consecuencia era válida por un año más. Esa misma noche utilicé esa tarjeta en un restaurante y fue rechazada por estar caducada".

"Ocurrido esto, y siempre en mi nombre, la señora Anita Chávez llamó al banco y habló con el director de la agencia en que tengo mis cuentas (Núñez de Balboa 160. Lima 18. Tel. 449 07 99, fax 271 7026), señor Félix Arredondo (fecha: 1 de junio de 2001), quien le indicó que la culpa era toda mía por no avisar al banco cuando viajaba (sin que yo hubiera viajado ni nada, o sea sólo por hablar y no enfrentar las cosas), agregó que a él le había ocurrido lo mismo e intentó contarle su historia. Ante la impaciencia de la señora Anita Chávez y su negativa a oír la historia del señor Félix Arredondo, éste la remitió donde la señorita Alejandra Avendaño, para que se ocupara de su 'temita'. Textualmente. Esto provocó la ira de la señora Anita Chávez y de varios otros clientes, hartos ya de la vulgaridad y prepotencia de Félix Arredondo, sobre todo cuando de clientes mujeres se trata".

"Alejandra Avendaño, tratando de ayudar y calmar los ánimos, llamó a los responsables de tarjetas de crédito en el banco. Respondió la señora Karim Alberdi quien solicitó que yo, Alfredo Bryce Echenique, me ocupara de ir a recoger una nueva tarjeta al banco. Luego, cuando se le recordó que la costumbre es que todos los bancos envíen una nueva tarjeta, cuando la anterior va a caducar, dijo que bueno, que la enviaría. Pasaron dos semanas, y nada, por lo que la señora Anita Chávez regresó a la agencia que dirige Félix Arredondo, quien aquella mañana atendía a todos los clientes rascándose la entrepierna. Cabe destacar que su oficina tiene paredes de vidrio y que los modales del Sr. Arredondo exigirían que sus paredes fueran, por lo menos, de vidrio ahumado. Esa mañana, la señora Anita Chávez y el director de la agencia quedaron en que, en vista de que la tarjeta no me llegaba nunca, ella volvería a recogerla, cuatro días después. El Sr. Arredondo accedió, pero cuando ella se hizo nuevamente presente, se negaron a entregársela por no ser la titular de la misma".

"La señora Anita Chávez recordó que yo estaba a punto de viajar a Madrid y les dijo que en esta ciudad yo les iba a contar esta historia a mis amigos de la fundación que lleva el nombre del gran mandamás de esta institución bancaria. Esa misma tarde llegó a mi casa una señorita –ajena a todos estos trajines–, se disculpó, y me entregó la nueva tarjeta, con casi tres semanas de atraso, con mil horas y con días perdidos en llamadas telefónicas e inútiles llamadas al banco o visitas en las que lo normal es que uno salga siempre insatisfecho por la total incompetencia de estos 'ejecutivos', a la cual hay que agregarle, en algunos casos, una insoportable dosis de grosería, como la del señor Félix Arredondo, cuya oficina de director de agencia no sólo tiene paredes de vidrio transparente sino que además se encuentra a un nivel más alto que el de los despachos, escritorios y ventanillas de atención al público, en que trabajan sus subordinados, de tal manera que es completamente imposible ingresar a esta agencia bancaria sin ver que, desde el día mismo de su nombramiento como director, Félix Arredondo no ha cesado de exhibir su desmedida inclinación a rascarse las pelotas, mientras atiende a un cliente, mientras otorga un crédito, mientras consulta con sus subordinados; en resumen, desde que abre hasta que cierra su maldita sucursal. Y también creo que hay que señalar –aun con riesgo de redundancia–, que, debido a la elevación de su oficina de vidrio transparente, no he logrado nunca situarme en un punto de aquella pequeña agencia –y miren que los he buscado, más altos y más bajos, de frente y de perfil, verticales, horizontales y diagonales–, en fin, un punto de aquella maldita agencia desde el cual pueda evitar el espectáculo del señor Félix Arredondo rascándose las pelotas allá arriba".

"Pero volvamos al asunto de mis desesperantes tarjetas de crédito. Esta nueva tarjeta VISA-ORO, N° 4941 9460 0001 4363, entre cuyos servicios está el de poder realizar todo tipo de llamadas telefónicas, con cargo a mi cuenta de Lima, está 'invalidada' para llamar, precisamente. Esto es lo primero que he descubierto al aterrizar en España, a pesar de que posee una clave secreta de cuatro números y la acompañan folletos publicidad, indicaciones de uso, etcétera".

"En Madrid, he entregado copia firmada y fechada de este documento a doña Asunción Elcolobarrutia y a don Enrique de Mendoza, subdirectora y director, respectivamente, de la Fundación Ramiro Ferrol, durante la cena que tuvimos en el restaurante Jockey, el 10 de julio de 2001. Pocos días después, don Alonso Echeandía, consejero delegado del Banco Ferrol, escribió a su gerente en Lima, pidiéndole que se ocupara personalmente de mi caso, hasta darme entera satisfacción –he recibido copia de dicha carta–, y también doña Asunción Elcolobarrutia me ha enviado emails al respecto, asegurándome que las aguas volverán a su cauce".

"Pero ha sido todo lo contrario, por supuesto. Y ha sido muchísimo peor. Mis tarjetas de crédito empezaron a no ser válidas cada vez que yo viajaba a Nueva York y, cuando un día me presenté airado en mi oficina bancaria de Miraflores, comprobé, mientras Félix Arredondo luchaba encarnizadamente con sus testículos, que Alejandra Avendaño, en cuyo rendimiento laboral yo empezaba a depositar alguna confianza, estaba hablando por teléfono con nadie. Quiero decir que yo había dado de alaridos por la eterna caducidad de mis tarjetas de créditos, en Nueva York, y que ella acababa de decirme que sí, que yo tenía toda la razón del mundo de estar así de furioso y desesperado, y que este asunto tan enojoso ella lo iba a resolver para siempre, en menos de lo que canta un gallo. Luego, con inusitada firmeza, agarró el auricular de su teléfono y marcó con verdadero ahínco y pundonor el número de la jefa de la sección tarjetas de la oficina central del banco. El número sonó ocupado, cosa que yo escuché clarísimo, pero sin que Alejandra Avendaño se diera cuenta de ello".

Acto seguido, esta inefable oficinista se arrancó con un tremendo alegato a mi favor, lleno de profesionalidad y de eficacia, sí, y de tanta profesionalidad y eficacia que casi me convence de que aquella agitada conversación era real. "Pero, precisamente por eficaz y profesional no puede ser real", me dije, como quien regresa de un sueño, y fue tal mi colerón que no tuve reparo alguno en arrancharle el auricular de la mano y comprobar que, en efecto, el teléfono seguía sonando ocupado y que la tal Alejandra Avendaño me había estado haciendo cholito, desde el momento mismo en que, educadísimo a pesar de mi furia, me dispuse a tratar una vez más el asunto de mis tarjetas con ella.

Casi me da un colapso, les juro, mientras abandonaba aquella sucursal, gritándole a todos ahí: "¡Clase D" "¡Té Toro!" "¡Leche ENCI!" "¡Clase D" "¡Té Mc Collins!" "¡Clase D!". En fin, gritándoles una y otra vez todo aquello del nivel socioeconómico D, cuando, de pronto, echándole una mirada hasta el fondo a aquella siniestra sucursal, a aquel reino del coeficiente mental bajo y la total ineficacia, per *vitam eternam,* vi cómo un confiado cliente le entregaba un cheque a una empleaducha flacuchenta, lentísima y triste, que empezaba a aplicarle su lupa ante la luz de una ventana. "¡La esmirriada!", me dije, con espanto. "La esmirriada ha sido trasladada con su lupa y todo a esta oficina". "¿Qué va a ser de mí?". Y, por única respuesta, volvió a mi memoria la frase aquella de Guillermo Cabrera Infante, que ya cité páginas antes de llegar a este extremo: "Lo peor del delirio de persecución es que a uno efectivamente lo persiguen". Nuevamente, no podía no decir algo, mientras me largaba de aquella endemoniada sucursal bancaria. Aunque claro, como también antes, este *algo* era a mí a quien más heriría, pasados los momentos de rabia y de locura. Porque este *algo,* tras haber visto nuevamente a la esmirriada de la lupa y los cheques, fue un simple cambio de mi grito "¡Clase D!", por otro grito, aún más doloroso y famélico: "¡Clase E!" "¡Inmensa clase E!".

Un par de días después, estacioné mi automóvil en el mismo supermercado Santa Isabel en que, recién llegado a Lima, se había anunciado por los más estridentes altoparlantes y con bombos y platillos mi ingreso al local, presentándome, eso sí, como el famoso escritor peruano Alfredo García Vargas, autor de la internacionalmente famosa novela *Julius y los perros de Macondo,* o algo así. En esta oportunidad, un señor de ojos bien achinados y de pelo negro muy lacio se me acercó y me pidió que le dedicara un libro, que felizmente era mío, ya que a menudo la gente en el Perú le pide a uno que le dedique hasta un misal y, si uno se descuida –ocurrió una vez–, puede terminar estampando su firma en un ejemplar de *Mi lucha,* de Adolph Hitler. Pero, bueno, cuál no sería mi sorpresa, aquella mañana, en ese local del supermercado Santa Isabel, cuando le pregunté a aquel señor, de aspecto oriental, a qué nombre debía yo dedicarle ese libro, y me lo dijo. Y me lo callo, porque, acto seguido, dándose cuenta de su tremenda metida de pata, de que el nombre que me había dado era el de otra cadena de supermercados, me rogó, cesta repleta de compra en mano, que jamás le contara a nadie que él compraba en el supermercado de la competencia. "Perdería el afecto de los míos y podría verme muy seriamente perjudicado, señor Bryce, si usted dijera que me ha visto a mí, a XX, que ha visto nada menos que a uno de los propietarios de la cadena ZZ, haciendo su compra en un establecimiento de la cadena rival. Que mi nombre quede para siempre en la sombra, señor Bryce", me rogó aquel importante empresario, y cumplo con lo prometido, aunque el milagro no deja de tener su gracia aun sin que se revele el nombre del santo.

En otra oportunidad, me paseaba por la muy alicaída zona comercial del distrito de Miraflores, tan importante en la ciudad de Lima, no muchos años atrás. La tugurización anda al acecho, agazapada por las esquinas, y hay joyerías y relojerías que venden relojes viejos, de viejos señores venidos a menos, como si fueran relojes antiguos. La zona agoniza y la avenida Larco, verdadero eje comercial de la Lima previa a los inmensos conos de población situados sobre todo al norte y al sur de la capital, ha perdido para siempre su prestancia. Bueno, pero yo recordaba la calle de las relojerías, y, como andaba en busca de un despertador, hacia esa calle me dirigí. Y entré a muchas relojerías y vi a muchos relojeros entregados a su oficio, pero, en cambio, por más que me paré delante de los mostradores en que reposaban –de su dueño tal vez olvidados– tres o cuatro modelos de los más chuscos y feos despertadores, nadie me hizo caso. O sea que opté por entrar y salir, para ver cómo andaba el coeficiente intelectual por estas calles, antes tan de clase media acomodada, e incluso alta, pero me fue imposible llamar la atención sobre un hecho tan sencillo como la compra de un reloj despertador. Harto ya, le reclamé a un gordo que me miraba abúlicamente, y que por fin se acercó al mostrador, diciéndome que el cacharro ese que despertaba valía cien dólares, así, sin pilas. Le repliqué que, así, pero con pilas, acababa de ver exactamente el mismo cacharro ese que despertaba, en la tienda de al lado, pero a cien soles, no cien dólares, o sea a menos de la tercera parte. El gordo se quedó mudo, sin argumentos, aunque algo en él me decía que aún no había renunciado a su estafa. Y, en efecto, al cabo de un instante, se dirigió a la parte posterior de su tienducha y regresó con un par de pilas que torpemente logró encajar en el desangelado y horrible depertador. "Ahora sí cuesta cien dólares", me dijo, insolentón, pero ahí se quedó tirado, con su estafa en la mano. Tampoco parecía haberle importado mucho, la verdad. "En este caso, no es el coeficiente mental el que falla", me dije, mientras abandonaba la destartalada relojería, "el que falla, en este caso, es el coeficiente moral". Intentó cometer un robo de quinta, ese pobre diablo, y lo terrible es que ello se debe muy probablemente a que no sabe actuar de otra manera, ya, en el mundo en el que le ha tocado vivir.

Al final, conseguir un cacharro que me despertara me costó mucho más trabajo del que jamás imaginé. Y no porque me encontrara con nuevas tentativas de estafas de quinta categoría, sino por el total desinterés de los dueños o empleados de aquellas agonizantes relojerías en los eventuales compradores que ingresan a sus tiendas. Viven, sin duda alguna, de la compostura de relojes viejos, ya ni siquiera antiguos, y han perdido por completo el instinto para detectar, entre todos los curiosos que asoman por sus puertas, a un probable comprador. Sacarlos de su letargo me tomó horas en la tienda en la que, por fin, encontré algo parecido a lo que venía buscando.

Poco tiempo después, en la hermosa y virreinal plaza de Acho, Lima antigua, un torero le brinda el toro a Alejandro Toledo, entonces candidato a la presidencia del Perú. La silbatina es feroz. Y Toledo es un hombre desesperado, un saco de nervios, un pobre hombre que simple y llanamente no sabe qué hacerse con la montera que, según el ritual, el torero le acaba de lanzar elegantemente desde el ruedo. Toledo muere de inseguridad, mira desesperado a cada aficionado, a todos y a ninguno, como quien buscara deshacerse de esa montera, por el amor de Dios. Finalmente, el torero acaba su faena y Toledo le devuelve la montera. Nueva silbatina, breve esta vez, pero sin duda igualmente eterna para él. ¿En qué piensa?, ¿qué siente este pobre hombre que valientemente se enfrenta a la dictadura de Fujimori, ya a punto de desmoronarse, entonces, con el más barato de los desenlaces? De pronto, mientras el siguiente torero se enfrenta al astado, Toledo y los hombres de su servicio de orden deciden abandonar la plaza de Acho y molestan al público al hacerlo. Sensacional bronca, nueva inmensa silbatina para Toledo. "Pero, en fin, ya se fue", me digo yo, mientras compruebo cómo ha decaído la calidad del público que asiste a toros y se dice aficionado, sólo porque agita todo tipo de matracas, a veces a tiempo y con justicia, a veces a destiempo y sólo porque le sale de los cojones. Desde mi asiento me fijo en los aficionados que, enchufados a un aparato de radio mediante pequeños auriculares, siguen, en realidad, el desarrollo de un partido de fútbol, y comentan a voz en cuello, de tendido a tendido. De pronto, un equipo se acaba de adelantar en el marcador y sus hinchas gritan "¡Gol!" y el torero mira desconcertado al ruedo, creyendo que es a él a quien le han gritado "¡Ole!", aunque sin explicarse en absoluto qué diablos ha hecho tan bien. Después, como si hubiesen cambiado de opinión por consejo de algún asesor de imagen, Toledo y los miembros de su servicio de orden regresan a su tendido y vuelven a molestar a los espectadores mientras se dirigen, más inseguros que nunca, a sus asientos. Tercera gran bronca al candidato, tercera silbatina a un hombre que mira desesperado a todas partes, sin mantener la mirada fija en nada y en nadie, y como quien realmente no comprende qué ha hecho para merecer esto.

Horas después, Anita y yo abandonamos el bar inglés del Country Club. Fuimos a tomar un par de copas con amigos, a la salida de toros. Es ya de noche, y en el momento en que nos disponemos a bajar las altas gradas en forma de media luna que dan acceso al hotel, vemos que quien se apresta a subir es nada menos que el tan abroncado y silbado candidato Toledo. Está solo, ahora. Completamente solo. Y está, sobre todo, desolado. Nos mira, una y otra vez, como quien busca unos ojos familiares, pero al mismo tiempo rehúye nuestra mirada frontal, una y otra vez.

Desde entonces, siempre dije que Toledo era un hombre que se sentía eternamente fuera de lugar, eternamente inseguro y totalmente incapaz de sostener una mirada, un hombre que no logra escapar del todo de su pasado muy humilde y que incluso se siente mucho más a gusto en el extranjero que en el Perú. Cruzarse con Anita y conmigo en la escalera de acceso al Country Club pareció haber sido una verdadera odisea, para él, aquella noche. Y nunca vi a un hombre mirar a tantos puntos y a ninguno. Siendo presidente del Perú, su imagen ha sido la de un hombre inestable, que miente incluso en su desesperación por ser aceptado, por agradar. Si en su discurso anual a la nación debe decir que el crecimiento del PBI continúa firme en un 4%, dirá irremediablemente que el crecimiento del PBI es del 5%. Toledo no da la cara, su gobierno se ha caracterizado sobre todo por una atroz ausencia de liderazgo. Toledo, pues, sigue mirando a todos los ojos y a mil diferentes puntos, sin lograr realmente posar su mirada en nada ni en nadie. Sin embargo cuando hablo de él y de aquel nervioso cruce con Anita y conmigo en las escaleras que dan acceso al Country Club, los amigos me interrumpen: "¡Qué inseguridad personal, ni qué ocho cuartos! ¡Lo que buscaba el cholo era ver si encontraba alguien conocido para gorrearle mil whiskies!". La verdad, nunca se me había ocurrido pensar en esta variante de mi percepción. Aunque en ambos casos se trate del mismo eterno problema etno-cultural del Perú, del mismo problema social cuyos orígenes se remontan mucho más allá del nacimiento del Perú republicano, del mismo problema de integración y de justicia para el que Sendero Luminoso fue una respuesta gravemente enferma, trágica.

Cambiando completamente de tercio, debo reconocer que el más grave error que cometí en aquel regreso al Perú, de 1999, fue aceptar el trabajo de docencia que me propuso la Universidad Peruana de Ciencias Aplicadas, la UPC, más conocida entre los jóvenes peruanos de edad universitaria como la YA PASÉ. Un breve repaso por lo que significó para mí aquella desagradable experiencia tiene que empezar necesariamente por el reconocimiento de que, en el fondo, el gran culpable de todo fui yo. Debí haber trabajado en la Universidad de San Marcos, y punto. Es cierto que nadie me invitó a hacerlo, pero también es cierto que yo entonces sentí la tentación de ofrecerle mis servicios como profesor a la universidad en que estudié y me gradué en Letras y en Derecho. Además, la Universidad de San Marcos me había abierto las puertas de sus más antiguos patios y salones –convertidos en museo, años atrás–, para otorgarme un doctorado honoris causa, poco tiempo después de mi llegada a Lima. Debí haberme dado por satisfecho con este precioso homenaje que se dio entre grandes amigos y entre ex condiscípulos que llevaba largos años sin ver. Pero hay aún más culpa, o mayor torpeza, de mi parte. La Universidad Nacional Mayor de San Marcos, que tan excelentes profesores tuvo siempre, a pesar de las politizadas hordas que empezaron a apoderarse de sus aulas y patios y a entrometerse en sus más altos cargos académicos, desde las tan mal entendidas y peor aplicadas reformas estudiantiles de los años treinta, del siglo pasado, en Córdoba, Argentina –cuando los estudiantes politizados de las universidades estatales de América latina pasaron a controlar un tercio de varias de sus funciones–, terminó convertida, primero, en territorio controlado por los senderistas, hasta la derrota de este movimiento terrorista, en 1992, y luego, en buena medida, en territorio controlado *manu militari* por los fujimoristas.

Aun así, la Universidad Nacional Mayor de San Marcos, decana de América, ya me había dado una primera y sensacional prueba de afecto, en 1995, con un entrañable homenaje de las autoridades y el alumnado de la Facultad de Letras, al cumplirse los veinticinco años de la publicación de mi novela *Un mundo para Julius*. Aquello fue una sensacional prueba de afecto. No hay ninguna otra manera de calificarlo. Y de un afecto surgido, en aquellos años del miedo, entre unos estudiantes hastiados ya de la inmunda política nacional, amantes de los libros, de la cultura, de la educación y de la vida misma. Todavía recuerdo el impacto de aquel sorprendente e inesperado baño de cariño, cuando los estudiantes se lanzaron a saludarme a mi llegada al campus de la avenida Venezuela, cuando los nuevos sanmarquinos, hartos de tanta violencia y de tanto control policial y militar, aterraron en un primer instante a los hombres de sable y de a caballo y a los hombres de pistola y cachiporra, con su desbordante y feliz, con su incontrolable y trepidante marcha de amor a la literatura. Y, después, los dejaron estupefactos con su sana alegría y su disciplina, con su benevolencia y su extraordinaria generosidad para con su ex alumno escritor, entonces de visita en Lima. Cinco años después, en pleno regreso tremendo a *la patria*, San Marcos, además, me nombró doctor honoris causa, y su banda de música, casi oculta entre los arcos del viejo patio de la ex Facultad de Derecho, allá en el Parque Universitario de mi adolescencia y de mis sueños europeos, me sorprendió y emocionó hasta las lágrimas al entonar ese viejo himno al regreso que es el vals criollo *Todos vuelven al lugar en que nacieron...*

En lo privado, recuerdo las conversaciones que entonces tuve con la poetisa y narradora Giovana Pollarollo, autora también de excelentes guiones cinematográficos. Esta buena amiga había decidido terminar una maestría en literatura y había optado por San Marcos para seguir diversos cursos. Giovana había regresado a clases, al cabo de muchos años, con cierto explicable temor. Pero en San Marcos estaba encantada, feliz entre un alumnado capaz de sacrificar muchas cosas por asistir a una sola clase, y entre un profesorado cuya calidad y dedicación realmente la conmovía.

Con toda esta información, creo que lo más lógico hubiera sido que, a mi llegada a Lima, en 1999, o, en todo caso, inmediatamente después de aquel doctorado honoris causa, yo hubiese tocado las puertas de mi vieja San Marcos para ofrecer mis servicios, aunque sea de una manera informal que me permitiera atender también a los compromisos que me surgieran en Europa, sobre todo, y en los Estados Unidos. Dos años antes, entre enero y junio de 1997, había trabajado como profesor visitante en la Universidad Paul Valéry, de Montpellier –la misma en que dicté clases, en forma estable, desde 1980, recién llegado de París, hasta que abandoné Francia, en 1984–, y otros dos años antes, de septiembre a febrero de 1995, lo había hecho también en la Universidad de Yale, en New Haven. En ambos casos, mi experiencia había sido grata, muy grata, pero en ambos casos, también, me había dado cuenta de lo difícil o de lo sencillamente imposible que me era ya asumir la docencia universitaria de manera permanente.

Los veinte años de enseñanza permanente, cumplidos en Francia, habían sido más que suficientes para una persona que, cada día más, desea sentirse, saberse libre para las exigencias de su vocación. La docencia es el ejercicio de la crítica literaria en su forma más rigurosa, inteligente, distante, fría, y a la vez más emocionante y profunda –sobre todo hoy, en que se publica tanto que las reseñas de los periódicos sólo pueden brindarnos breves informaciones y superficiales o muy raudas apreciaciones sobre la actualidad literaria–. Ser profesor universitario es, para mí, analizar serenamente, mentalmente, calculadamente, aquellos frutos literarios de la pasión y de la intuición en los que pusimos cuerpo y alma, nuestras tripas y nuestro sistema nervioso. Es buscar el orden total en la emotividad total. Una tarea para Sísifo, que pude realizar con placer y entrega mientras mi cuerpo y mi mente tuvieron las energías que sólo brinda la juventud y un entusiasmo loco. Hacia el final de aquel ejercicio tan esforzado, en Montpellier, en 1983 y 1984, pasé una larga *saison en enfer*, a causa de un insomnio feroz, en un pabellón psiquiátrico. Y tomé debida nota de ello.

A partir de los cuarenta años, creo yo, los profesores que somos también escritores y además amigos de otros profesores, y de los alumnos, y de la ciudad y de la noche y de la mañana, tenemos que empezar a cocinar nuestras vidas a fuego lento. Recuerdo que yo miré a mi alrededor, en la universidad en que trabajaba entonces, y pude enterarme de que no era el único escritor que había optado por el fuego lento. Éramos por lo menos tres o cuatro, aquel año del pabellón psiquiátrico de la clínica Rech. Y uno de ellos, para colmo de males, se apellidaba Proust, el pobrecito...

Nunca más, pues, desde entonces, desde Montpellier, en julio de 1984, el doble tiempo completo de la enseñanza y de la escritura. Era ya catedrático, entonces, y tenía un sueldazo. Pero se trataba también de la bolsa o la vida. Y si debía continuar ganándome los frijoles con la enseñanza, en adelante tendría que ser en pequeñas dosis semestrales, que, en realidad, entre vacaciones y otras navidades y semanas santas o *halloweens* y *thanksgivings*, no llegaban ni a los cinco meses, con poquitas horas de clase, y en sitios entrañables o lindos, y con mucho tiempo libre para leer y escribir y ser realmente amigo de mis mejores alumnos. Porque aquí hay que resaltar otro asunto, creo yo, y de mucha importancia: puede ser que la enseñanza, con la edad, deje de ser también un sutil juego erótico, incluso para un tipo como yo, que ama la materia que enseña, que ama a la gente de todas las edades, y que ama profundamente la vida. Pero lo que no deja de ser nunca la enseñanza es una responsabilidad tan profunda y placentera, a la vez, como la de saber querer a los amigos. Quererlos con gracia, con generosidad, y *cargando la suerte,* como se dice en torería.

San Marcos hubiera podido darme todo esto, creo yo, especialmente después de haber escuchado a su banda de música interpretando para mí el entrañable vals del retorno al país y a la escritora Giovana Pollarollo tan profesionalmente satisfecha con la reanudación de su trabajo universitario en el sanmarquino campus de la avenida Venezuela. Yo debí haber llamado a sus puertas y sencillamente decir, con mucho cariño y humor, *ecce homo,* y enseguida exigir que, a cambio de mi entrega, la banda de música me tocara *Todos vuelven,* antes de cada clase. Estoy completamente seguro de que con eso me hubiera bastado y sobrado. He hecho cosas más disparatadas en mi vida. Pero andaba con lo de mi llegada llena de broncas y entreveros, de raptos, de palizas y de muerte. Y no tuve la bondad. No, no la tuve. Y tuve miedo de manejar cada día mi automóvil desde Las Casuarinas hasta aquella ciudad universitaria que se inauguró precisamente en la época en que me fui a Europa, casi cuarenta años atrás. Desde el distrito de todo tipo y nivel socioeconómico, llamado Surco, hasta el distrito más bien deprimido, llamado Lima-1, pasando por todo tipo de distritos, en el camino, incluyendo los heridos y los muertos, con tan sólo perderme un poquito, sobre todo yo, que suelo ser perfecto en el error. Horas de tráfico loco y agresivo, a la limeña, lleno de mendigos de semáforo y asaltantes y orates de paso. Una mañana, mi gran amigo poeta Abelardo Sánchez León, autor de varios libros sobre Lima, *apocalipsis right now,* en calidad de sociólogo con doctorado y ONG europeos y gran revista especializada, pero también variada y siempre interesante –es mi biblia bimensual peruana–, de nombre *Quehacer,* nos demoramos hora y media de putamadreos, carajeos, y demás roches bullangueros y colerones atascados, en recorrer exactamente la mitad de ese trayecto. O sea que, por fin, no fui a San Marcos, donde creo que hasta pude haber dado un par de charlas a la semana, a cambio de un vals entrañable, de cuando en vez. Pero no fui elegante ni valiente, no fui generoso ni escuché nuevamente *Todos vuelven,* a cambio de nada.

Y en medio de esto, de todo esto, la Universidad Peruana de Ciencias Aplicadas, la UPC o YA PASÉ, me llamaba. Y me llamaba con verdaderas facilidades para un tipo tan acobardado y abrumado como yo. Y tan asustado y tan todo, menos tan generoso. Porque la UPC quedaba bajando mi cerro y saliendo apenas de mi urbanización, y, como quien dice, la primera a la izquierda, y al fondo, todo recto, apenas un par de minutitos. O sea, aquicito nomás.

Esto y una paga absurdamente discutida durante cinco almuerzos me llevaron al campus Liliput, con sucursal bancaria incluida, pero sin biblioteca, de la Universidad Peruana de Ciencias Aplicadas. Bueno, biblioteca sí tenía, siempre y cuando pudiéramos llamarle así a un lugar conocido como Centro de Informaciones, que quedaba en el mismo pabellón Liliput-2 en que dicté mis clases. Más libros tenía cualquier alumno en su casa, y era un lugar sumamente frío, que invitaba a cualquier cosa menos a la lectura, y en el que había apenas unos cuantos libros de historia, literatura y periodismo. Los libros estaban acomodados en unos anaqueles, a lo largo de la habitación, y era tan enano el espacio entre anaquel y anaquel que resultaba prácticamente imposible que dos personas dándose la espalda pudieran buscar un libro en la misma hilera. Internacionalmente hablando, no hay mejor manera, creo yo, de contar lo que realmente es esta institución, que compararla con esos *dream teams* de las grandes ligas europeas de fútbol, como la española o la alemana, que, tras haberse gastado nuevamente el oro de América en contratar a cinco o seis galácticos, amenazan con bajar a segunda división, a pocas jornadas del final del campeonato.

Dicen que la UPC es la universidad que mejores sueldos paga a sus profesores, en el Perú –un país, eso sí, en que se les paga migajas a todos los profesores de todo nivel–, y debe ser cierto, pero también lo es que jamás he trabajado en una universidad tan mala en toda mi vida. Día tras día, entrando o saliendo del campus, me detuve a conversar con los importantes economistas, arquitectos o periodistas que trabajaban entonces en la UPC, y, como quien no quiere la cosa, les fui soltando una serie de preguntas, a manera de encubierta e informal encuesta. Y, lo juro, nunca obtuve una respuesta positiva.

En la UPC, aquella gente marcaba tarjeta al llegar, y se hubiera dicho que lo hacía, también, al irse, porque no existía el profesor que voluntariamente alargara su estadía, que *perdiera el tiempo* con sus alumnos, lo cual es, en educación, en el mundo entero, la única manera en que un profesor pasa de ser un mero instructor a ser un maestro. En esta universidad, marcando siempre tarjeta y llenando a cada rato encuestas en hojitas impresas con letras y cifras casi invisibles, interrumpido una y mil veces por razones publicitarias, los profesores van corrigiendo pruebas cronometradas, tensas e incómodas, y con ello se limitan a ir teniendo alumnos y más alumnos contantes y sonantes, cómo no, semestre tras semestre, confundiéndolos a todos, convirtiéndolos en una mera grey, y abdicando cien por ciento de la posibilidad de formar no sólo a un discípulo sino también a ese joven profesional moderno, sólidamente equipado y flexible, al mismo tiempo, y con reflejos que le permitan adaptarse al movimiento perpetuo de un mercado laboral tan exigente como cambiante y, diríase, tan irritable como voluble.

Es más: varias veces, durante los aburridos y tristes meses que trabajé en la UPC, busqué un lugar propicio para mantener encuentros informales con los alumnos que desearan hablar, no sólo sobre el contenido de mis cursos –absurdamente bautizados como "Talleres de tópicos especiales 2", cuando en realidad no pasaban de ser comunes talleres literarios–, sino también sobre *esto y aquello*, pero fracasé siempre en el intento, ya que todo en aquella sociedad anónima que es la UPC parecía haber sido concebido y arreglado de tal manera que tanto el alumno como el profesor desearan irse siempre, no bien cumplieran con su horario. Vuelvo la mirada hacia atrás, vuelvo a mirar aquel estrecho campus de paredes color fábrica muy humeante, y no encuentro un solo lugar que invite a la conversación o a la reflexión. El ruido era casi callejero y la cafetería la más incómoda y estrecha de todas las que he visto en un campus, en toda mi vida. Y pienso, con tanta sinceridad como pena, porque tuve alumnos entregados a lo suyo y excelentes y porque hubo y tiene que seguir habiendo profesores tan excelentes como los arquitectos José García Bryce, Miguel Cruchaga y Pedro Capriata, fotógrafos de la talla de Billy Hare, apasionados y grandes conocedores de la literatura, como Liliana Checa y Alonso Cueto, autor de memorables cuentos y novelas, y pienso, sí, que la UPC era como un *Titanic* enano y de cartón piedra, a cuyo mando algún Maquiavelo criollo hubiese colocado a Shylock, en calidad de rector.

La UPC logró convertirse en sociedad anónima más o menos por la época en que yo soporté sus rigores y la falta de elegancia que caracterizó mi breve paso por su encogido campus. Nada, en absoluto, tengo contra las sociedades anónimas, ni contra el espíritu de empresa, pero sí tengo la más grande aversión contra los malos empresarios y sobre todo contra los cortoplacistas, aparte de lo perversa que puede resultar, si uno no se anda con mucho cuidado, la rentabilización a cualquier precio de algo tan sagrado como la educación. Es cierto, muy cierto, que las universidades estatales, eternamente deudoras y eternamente subvencionadas, rozaban a menudo el desastre, pero también lo es que de ellas han salido casi todos los hombres grandes que ha dado al mundo nuestro país. La lista es interminable. Y, por otro lado, también es cierto, por lo que vi, que si bien la UPC no mamaba de la inmensa ubre estatal, sí lo hacía —y no siempre con elegancia— de la también inmensa ubre de la empresa privada. Lo cual, ya me dirán ustedes, no crea diferencia alguna entre los lactantes de lo público y lo privado, por la sencilla razón de que no hay mil maneras diferentes de succionar, nos digan lo que nos digan. Educar, por lo demás, debe ser una actividad rentable, cómo no, pero todo educador sabe que hay que andar con muchísimo cuidado con el significado y los alcances de la palabra rentabilidad, cuando de un solo alumno se trata.

Pero, bueno, dicho todo lo cual, y así tan arengadamente, con el perdón, paso ahora a ocuparme de lo que fue mi relación con Shylock y compañía, en la UPC, o sea con las personas que, con exceso de almíbar, lograron convencerme para que trabajara en ese campus, primero, y para que me largara, desesperado, poco después, con un amargo sabor de boca y con una sensación que sólo puedo calificar de *infra dignitatem*. Jorge Salmón, viejo amigo de barrio sanisidrino y muy exitoso publicista criollo de bebidas como la Kola Inglesa, y de un millón de cosas más, pasando luego, con igual o mayor éxito, por empresas de marketing e imagen, había decidido posteriormente optar también por la toga académica, y era entonces decano de la Facultad de Ciencias de la Comunicación, con aroma a palmas y laureles académicos, quién sabe si, incluso, útiles más adelante para nuevos y más ambiciosos empeños, como la actual Alcaldía del distrito de San Isidro, que desempeña con tanta eficacia como muy dudoso gusto afrocaribeño. Lo asesoraba en sus labores una jefa de carrera llamada Úrsula Freundt, eternamente sonriente, en quien los alumnos veían a una especie de madre Teresa de Calcuta, o algo así, muy equivocadamente, a mi entender, aunque con el tiempo también algunos alumnos abrieron los ojos y su primera reacción fue un alarido de espanto. El rector de la sociedad anónima se llamaba Luis Bustamente, alias Shylock, y el campus, ya dije, tenía más de fábrica con mucho humo que de campus, y albergaba, a pesar de su tamaño, una sucursal bancaria, sin duda destinada, entre muy pocas cosas más, a que los alumnos pudieran sacar dinero de los cajeros para que, enseguida, la universidad se los succionara. Está muy bien que una universidad –por más que entre la extensión de su campus y Liliput la diferencia sea sólo de centímetros– tenga una sucursal bancaria, pero, creo yo, que lo que no está muy bien que digamos es que no tenga también una biblioteca que merezca su nombre, y que, además, sí tenga una suerte de quiosco de viandas donde lo que se ofrece es diversos servicios de fotocopias, que, sin cesar, violan todos los derechos de autor que por ahí pasan, no se diferencian prácticamente de la piratería ambulante, y no necesariamente predican con el ejemplo de lo que se les ha enseñado sin duda a los alumnos de la Facultad de Derecho, cuando menos. Además, en la UPC succionante, existe la peligrosísima práctica, según la cual, al dejar el campus, es el estudiante quien le paga a su director de tesis e investigación. ¿Quién responde por tanta succión? ¿Y quién se beneficia con ella? Pues la sociedad anónima, claro que sí. Con lo cual –cómo no– no existe hoy ciudad en el Perú en que los centros de enseñanza S.A. no crezcan como hongos, aunque hay que reconocer, eso sí, que sin los galácticos de la UPC, por más que jueguen en zona de descenso en más de un campeonato.

Basados en que yo había dado una conferencia y dictado un cursillo ahí, en 1998, y cobrado barato y atraído potenciales clientes, el trío Bustamante-Salmón-Freundt, temible cuando insistente, me cayó de a montón, no bien aterricé en Lima, en febrero de 1999. Mi contratación fue sublime. Aconsejado por algunos amigos, les pedí una determinada cifra y hasta ahora no sé si logré hacerme entender o no, porque, al final, era tal mi mareo y hartazgo, que hubiera pagado yo millones por volverme invisible para esa gente. Lo que sí recuerdo es que fueron 5 almuerzos 5, los que me infligieron, con 5 veces 5 la misma ensalada de palta, con 5 veces 5 la misma cantidad exacta de rodajas verde Brasil de palta, y, de segundo, los mismos 5 tortellini 5, el mismo vino blanco tibión, que iba pésimo con todo, o sea que generalmente se quedaba para el próximo almuerzo, con sentido del ahorro y de la empresa, y, cómo no, mi vodka tonic, infalible en el minuto-aperitivo que precedía al almuerzo y a la correcta instalación de una pizarrita en la que mis estipendios iban siendo sometidos a una serie de cálculos matemáticos tan abrumadoramente absurdos, tan desabridos y tan pesados como el menú del rector, que así le llamaban a aquella ensalada de palta y a aquellos tortellini a lo UPC. La verdad sea dicha, yo creo que éstos fueron los mejores y más contundentes argumentos que la UPC empleó para mi contratación. Palta y más palta, tortellini Shylock y más tortellini Shylock. Así cualquiera firma, les juro.

Pero, aun así, las clases habían empezado ya, lo recuerdo, y el trío Tortellini continuaba invitándome a almorzar y yo cada vez me aturdía y me palteaba más, no sé si por el efecto bilioso de aquella ensalada verde Brasil o porque se me estaba secando el entendimiento con todo lo que, en la inefable pizarrita mecánica, los capos de aquella sociedad anónima eran capaces de hacer con mi salario, que tampoco era para lanzar cohetes, no vayan a creer. Además, oh humillación, no bien hube estampado mi firma en el contrato con la UPC, el vodka desapareció del comedor del rectorado, que volvió a su viejo Johnnie Walker etiqueta extraña, entre rojo y anaranjado. Lo que sí hice siempre, humano muy humano, fue vengarme, en cada uno de los cinco almuerzos a los que fui sometido, robándome en cada oportunidad un misterioso cubierto más, de la UPC, para someterlo luego, con los anteriormente pericoteados, a riguroso examen pericial. ¿De dónde provenían, en efecto, tan misteriosos tenedores, cuchillos y cucharitas? Porque todos eran cubiertos de compañías de aviación, de las de entonces, o sea todavía con cuchillos de metal. Y todos eran, además, cubiertos distintos de distintas compañías de aviación. O sea que, lo menos que uno podía preguntarse, cada vez que los veía, era: "¿Quién es el coleccionista?", pensando, cómo no, en que tal vez un perito...

Por fin, empecé con mi Taller de Tópicos Especiales 2, un nombre que debía sonarle mejor al Departamento de Marketing de la UPC –invisible, pero omnipresente y, cómo no, con el Shylock a la cabeza, como se verá–, pero que a mí no dejaba de sonarme a enfermedades tropicales, con ronchas y escozor nervioso incluidos. Creí que, por fin, la tranquilidad y la alegría de leer y de escribir con un grupo de estudiantes, de hablar de literatura, de entrar en contacto con gente joven de mi país, al cabo de muchos años, me harían olvidar las primeras desilusiones de mi llegada a ese campus, pero muy pronto me di cuenta de que eso no era ni sería jamás así. Los alumnos en la UPC corrían, corrían bastante más de lo que suele correr la juventud de hoy, como si la estrechez del campus los obligara a ir saliendo a la carrera, a medida que otros, en su lugar, iban entrando también a la carrera. Todo esto, en medio de un ruido infernal en los corredores en que estaban las salas de clases. Mil veces me incorporé para pedir que, incluso, interrumpieran el partido de fútbol que unos alumnos jugaban en un corredor con un trocito de madera. Mil veces interrumpí cada clase y mil veces le di mis quejas a la siempre desbordada Claudia Guillén, auxiliar de Úrsula Freundt, y sin duda la persona que más me ha visto quejarme en mi vida. Inútil. ¿Qué hacer, entonces? Pues nada. Nada, por la sencilla razón de que los alumnos sacan su dinero del banco y la universidad se los saca a ellos del bolsillo, vía succión, dentro del mejor espíritu de una sociedad demasiado anónima. "Profesores siempre hay más, siempre habrá más", me dije, entonces; "en cambio, alumnos siempre tiene que haber más y más, por insoportable que sea el ruido y por más que aquí ya nadie escuche a nadie".

Shylock y su sociedad exageradamente anónima cumplieron con los pagos, faltaría más, y con entregarme también unos recibos, junto con los cheques mensuales, pero a fin de año, al entregarle yo a un asesor fiscal aquellos recibos, que sabe Dios quién cumplimentó, y que debí revisar, por cierto, resultó, cómo no, que yo no era docente, ni siquiera profesor de aquel Taller de Tópicos Especiales 2 que sonaba a enfermedades tropicales, ni nada. ¿Qué era yo, entonces? Pues según aquellos recibos, en el mes de octubre, por ejemplo, yo había cobrado por concepto de "Servicios de coordinación en la Facultad de Ciencias de la Comunicación" y, en diciembre de ese mismo año 1999, por concepto de "Servicios de asesoría de la Facultad de Ciencias de la Comunicación". Según mi asesor fiscal, estaba expuesto a cualquier contingencia, ante Hacienda, por lo que le rogué que se pusiera en contacto con los servicios de contabilidad de la UPC, cosa que hizo, con el fin de que las aguas *fueran* a su cauce. Ojo, no digo: "Con el fin de que las aguas *volvieran* a su cauce, porque nunca habían estado en él". Digo, pues: "Para que las aguas *fueran* a su cauce".

Y, en efecto, pocos días después, Claudia Guillén, especialista en mis quejas sobre el ruido general durante mis horas de clases, me entregó el siguiente papelito *made in UPC:* "Alfredito, te estoy dejando el modelo de tu recibo por honorarios para que siempre lo llenes de la siguiente manera. *Todo debe estar escrito con tu letra para evitar confusiones:* Recibí de la Universidad Peruana de Ciencias Aplicadas la suma de (no se podía poner la misma cifra, cada mes, porque en la UPC se cobraba por horas de clase efectivamente dictadas, lo cual está muy bien, pero no en el caso en que las clases coincidían con un día de fiesta y se descontaban de la paga, muy upecemente), como honorarios profesionales por concepto de: Docencia: Dictado de la Asignatura de 'Taller de Tópicos Especiales 2'". (Las cursivas son mías).

En mi casa, en *Hillside Drive,* yo era realmente feliz, lo recuerdo claramente, releyendo a muy diversos autores italianos. Acababa de devorar *I promessi sposi (Los novios),* de Alessandro Manzoni, varios ensayos y cuentos de Leonardo Sciascia, y aquel tesoro de diario y de miscelánea que es, simultáneamente, *Eremita a Parigi,* de Italo Calvino. La relectura de este libro me había devuelto una palabra italiana largamente olvidada: *Micidiale.* En efecto, hablando de sus viajes por los Estados Unidos, en los años sesenta, Calvino se refiere a la fealdad y al aburrimiento atroces de ciertas ciudades pequeñas del medio oeste de los Estados Unidos, y emplea esta palabra, *Micidiale*, o sea colosal, para precisar aquellos conceptos. Pues colosales eran también el aburrimiento, el desencanto, y la sensación *infra dignitatem* que, dos veces a la semana, me invadían mientras bajaba en mi automóvil de *Hillside Drive* a la UPC S.A.

Aunque una vez sucedió algo sumamente divertido –muy costoso para él, sin embargo– con el escritor Edgardo Rivera Martínez, autor de muy finos relatos *jamesianos* y andinos, a un tiempo, de cuentos tan perfectos y hermosos como *Ángel de Ocongate,* y de dos de las más importantes novelas escritas en el Perú en el siglo XX, *País de Jauja* y *El libro del amor y de las profecías.* Hombre fino, hombre culto, hombre de letras, y hombre discreto y taciturno, Edgardo Rivera Martínez no era, digámoslo de entrada, la persona más indicada para ser invitada a un lugar tan fabril como la UPC S.A., donde todo, absolutamente todo, debe ser susceptible de entrar en la economía de mercado, con un valor de cambio a muy corto plazo, además.

Entonces, ¿cómo llegó ahí este buen amigo y notable escritor? Pues de la siguiente manera. Una cláusula de mi contrato con la UPC estipulaba que, al margen de las clases que debía dictar dos veces por semana, debía organizar y dictar un cursillo para un público ajeno a la universidad. Pensé, cómo no, en un título marquetero, al gusto de mi patrón, y les encantó aquello de "Tres clásicos de la literatura peruana: Julio Ramón Ribeyro, Mario Vargas Llosa, y Edgardo Rivera Martínez", aunque, cómo no, con un reparo que me llegó por fax, proveniente del Departamento de Marketing, con Shylock a la cabeza. Tesis UPC S.A.: "Edgardo Rivera Martínez no atraía tanto público ajeno al claustro (!!!) como, por ejemplo, Jaime Bayly". Antítesis UPC S.A.: "La gente pagaba por asistir". Síntesis UPC S.A.: "Borremos al excepcional Rivera Martínez y convirtamos a Bayly en clásico". Monté en cólera por esta intromisión tan descaradamente mercachifle, y tras organizarles dos cursillos alternativos ("Joven Literatura Latinoamericana" y "Joven Literatura Peruana"), que incluían a Bayly y demostraban a gritos que, por sencillas razones de edad y de solera literaria, era imposible considerarlo un clásico, tan pronto, y que él mismo se aterraría ante la mera posibilidad de un envejecimiento tan prematuro, logré que la sociedad anónima no sólo me aceptara la inclusión de Rivera Martínez en mi curso extrauniversitario sino que, además, lo invitara a estar presente en una sesión, aunque esto último fuera iniciativa de la UPC y no dejara de inquietarme seriamente.

Porque, pensándolo bien, aquello era realmente como invitar a San Juan de la Cruz a una fábrica de polos en Singapur. Y, como era de esperarse, de entrada, con toda la crueldad que se le suele atribuir al libre mercado y toda la impericia de la que puede ser capaz un narrador al volante, incluso en calidad de copiloto de su encantadora esposa, Betty, como aquella vez, Edgardo Rivera Martínez hizo su motorizado ingreso en la fabril UPC tan torpemente que su automóvil fue a dar contra las rejas que se abrían pesadamente ante la llegada de aquel no muy rentable clásico de nuestras letras. Abollado completamente, y sin seguro, según me comentó, Edgardo Rivera Martínez me acompañó en aquella clase consagrada al *Libro del amor y de las profecías,* respondió con sabiduría a las preguntas de los asistentes, soportó la irrupción e interrupción de unos periodistas radiales que lo acribillaron a gritos, más que a preguntas, y que la UPC no tuvo la cortesía de anunciarnos, por supuesto. Luego, sentado nuevamente en su automóvil y en calidad de copiloto de su esposa, el propio Edgardo Rivera Martínez como que se abolló un poco, anímicamente, cuando el rector Shylock y la jefa Calcuta de la carrera de periodismo lo sometieron a una invitación a almorzar, muy a lo UPC, o sea en una cafetería-restaurante que, como era de esperarse, mucho más tenía de lo primero que de lo segundo. Se comió, pues, y ni bien ni mal, sino más bien eficazmente, lo cual consistía en que, enterados como estaban, por fin, de la gran calidad de la obra de Edgardo Rivera Martínez, Shylock y Tere de Calcuta querían sondearlo acerca de la posibilidad de dictar unas clasecitas en la UPC S.A.

Arrancó, por fin, el sondeo, que en todo momento estuvo acompañado de una larga serie de bostezos, por parte del fino narrador sondeado, y también de una profunda indiferencia por todo lo que lo rodeaba y por todos los que lo rodeábamos. Edgardo Rivera Martínez, conjeturaba yo, debía estar pensando que la UPC no sólo le había abollado su automóvil no asegurado, sino que, con toda seguridad, acabaría arruinándole su siesta. En ésas andaría, probablemente, cuando se le preguntó si desearía trabajar en la UPC, y yo agregué: "S.A.", por elemental solidaridad gremial. La respuesta de Edgardo fue, cómo no, negativa, y además muy bien argumentada: "No, porque me canso", y punto. A lo cual, yo le agregué un breve canturreo flamenco, que incluía estas coplillas gitanas: *"De tu casa a la mía / hay tan solito un paso / Pero no voy a verte / porque me canso / Porque me canso, niña / porque me canso...".*

Comida hecha y amistad deshecha, fue aquello, inmediatamente después. La UPC S.A. no saldría con la suya, pero en cambio sus feroces rejas habían hecho mella en el automóvil de un gran escritor. Y todos habíamos perdido el tiempo inútilmente. Mi caso, por lo demás, pensaba yo, o sea mi incómoda relación laboral en la

UPC, estaba ya visto para sentencia, como suele decirse en términos jurídicos. Ya estaba harto, muy harto de la UPC, y más convencido que nunca del acierto de los estudiantes al bautizarla YA PASÉ. Me quedaban plazos por cumplir y alumnos que atender, semanas de clases por dictar, soportando el ruido y quejándome inútilmente. Los estudiantes no tenían la culpa y ante ellos intenté siempre mantener una actitud serena, aquella *gracia ante la adversidad* que aconsejaba Hemingway para los casos de presión extrema. Mi recompensa fue salir muy bien parado en las encuestas entre los estudiantes que llegaron a mis manos. El porcentaje global de mi curso fue de 19,7 sobre 20. La verdad, no sé cómo. En junio de 2000 presenté mi renuncia, alegando que deseaba viajar, viajar y viajar. Lo demás quedaba atrás, para siempre, a pesar de las cartas formales e informales de los altos mandos, que no respondí, y de un diploma de profesor honorario que nunca enmarqué.

En el polo opuesto de esta penosa experiencia, y como si la buena suerte hubiese querido recompensarme por ella con nuevas actividades académicas, fui invitado por el entonces gerente del Departamento de Relaciones Públicas de Petroperú, Pedro Vásquez Ortega, a dictar una serie de conferencias en Lima y en distintas ciudades del país. Como presentador en todas aquellas actividades tuve al crítico y catedrático de literatura Ricardo González Vigil, y creo que tanto él como Pedro Vásquez pueden dar fe de lo bien que la pasamos tanto en Lima como en nuestros viajes a Piura, Iquitos, Cusco y Trujillo. Fue una trabajo alegre, serio, bien hecho, por personas que jamás mirábamos el reloj, sobre todo en las ciudades de provincias. Y es que los estudiantes eran realmente insaciables y *perder infinitamente el tiempo* con ellos era una de las cosas más estimulantes que a uno le podían suceder, en ese Perú roído por la dictadura, sí, pero también con jóvenes que desbordaban los patios y las aulas de sus centros de estudio desde la mañana hasta la noche. Aterrizábamos en Piura, por ejemplo, temprano en la mañana, tomábamos un café, nos cambiábamos, si el clima lo exigía, y poco rato después arrancaba la interminable sesión informal con alumnos de la universidad pública y privada, reunidos para la ocasión, y también, a menudo, con escolares. Ricardo González Vigil hacía las presentaciones, Pedro Vásquez Ortega se encargaba hasta de la última minucia logística y administrativa, y jamás existió un horario para nadie. Ni hubo un tema tabú. No se rehuyó el debate político, aunque con ello nos gánáramos el odio del prefecto departamental. La prensa lo publicaba todo al día siguiente, en grandes espacios centrales, en portada, y con grandes titulares. Aún recuerdo la gran cobertura que nos dio el diario *El Tiempo*, de Piura, firme también en su oposición a la dictadura.

Por la noche, la conferencia, en algún anfiteatro universitario o en algún centro cultural. Por no fallar, no fallaban ni las autoridades eclesiásticas, aunque siempre combatí contra todas las reglas protocolares, los soporíferos discursos, los absurdos agasajos, las entregas de placas, cartones y obsequios regionales –a menudo tan caros como feos, debido a la cantidad de escuditos y banderitas pegados, incrustados o repujados–, que amenazaban con recargar aquellos actos hasta convertirlos en algo soporífero. Hui de los rectores y de los decanos, como de la peste y, gracias a las excelentes relaciones de Ricardo González Vigil con los poetas y narradores de provincias, tuve la suerte de conocer a colegas de cuya obra jamás había tenido noticia hasta entonces. Estas actividades, siempre con la misma grata y eficiente compañía, duraron hasta que salí nuevamente del Perú, a mediados de 2002, y fueron, a nivel laboral, lo más grato y positivo de aquellos años. Y humanamente fueron inolvidables.

Pero, ¿salí nuevamente del Perú, a mediados de 2002? Yo creo que, misteriosamente, el silencio de un par de amigos tuvo, en este caso, mucho que decir, mucho que ver, mucho que hacer. Y también el emperrechinamiento con que Malatesta di Rimini mantenía su calidad de amuleto de barro, mudo y estatuario. Por el lado opuesto, sin embargo, las palabras claras, pertinentes, y siempre por amor, aunque a veces duras, de Anita Chávez, en la casa del Parque Melitón Porras, acompañadas por el alegre y congénito encanto de sus hijas, tuvieron también mucho que decir, mucho que ver y mucho que hacer, en este caso difícil y confuso. En fin, silencios y palabras de unos seres muy queridos, en aquellos momentos tan complicados.

Unos seres muy queridos

Durante cuatro años preparé este difícil, este endemoniado regreso a *la patria*. Y fui un loco del método, del trabajo, del rigor. Publiqué cuatro libros: en 1996, *A trancas y barrancas,* volumen de crónicas y artículos periodísticos; en 1997 y 1998, las novelas *Reo de nocturnidad* y *La amigdalitis de Tarzán;* y en 1999, el volumen de cuentos *Guía triste de París.* Paralelamente, escribí decenas de artículos, dicté sabe Dios cuántas conferencias, sabe Dios en cuántos lugares, y viví y trabajé en dos continentes, tres países y cuatro o cinco ciudades, dándome maña para ir sacando del fondo del tintero todos aquellos proyectos nacidos de mi vida en Europa y que deseaba dejar terminados antes de aquel regreso definitivo al Perú, que para mí había empezado en el balneario de Pimentel, a más de 800 kilómetros al norte de Lima, una soleada mañana de 1995. Del viejo continente, de los países en que había vivido y amado y trabajado, de España, Francia e Italia, sobre todo, quería despedirme agradecido, sumamente agradecido. A Europa había llegado a los veinticinco años, soñando con ser escritor, y de Europa me despedía casi treinta y cinco años después, soñando con seguir escribiendo, pero en mi país, ahora. La cita era en Lima, el 19 de febrero de 1999, para cumplir en esta ciudad, ese día, los sesenta años, mirarme desnudo en un espejo y decir que, gracias a la vida, no me dolía absolutamente nada, que mi cuerpo asistiría aún a muchas citas de amor y de amistad y que en mi casa de *Hillside Drive* la fiesta de la literatura y la vida se prolongaría aún muchos muchos años más.

Este libro se ha ocupado en buena medida de contarnos que esto no fue así, de una y de mil maneras, por una y por mil razones, volando hacia atrás y hacia adelante, y haciendo del regreso uno y mil regresos, de un millón de maneras diferentes. *Todos los fuegos el fuego*, escribió el gran Julio Cortázar. Pues, modestamente, yo me he ocupado de escribir algo así como *Todos los regresos el regreso*.

¿Que ya ustedes saben cómo acabó todo eso? De acuerdo, de acuerdo. Pero créanme que, cuando de la vida se trata, siempre falta un poquito más, y muy especialmente cuando uno ha sido distinguido varias veces como *doctor doloris causa*. Créanme, sí. Y créanme, sobre todo, porque otras 2 veces 2, antes de mi regreso a *la patria*, preparé mi llegada a un país, así, inmensamente y con muchas gracias a la vida –ese generoso don de la nada–, y las 2 veces 2, también, estuve a punto de encontrar la muerte en la misma fuente que me dio esa vida. Y además con papelón.

Sí. Con tremendo papelón... Mírenme, por ejemplo, a los veintiséis años de edad, con un maletón por toda hacienda, regresando una noche de Italia y Grecia a París, donde me espera una muchacha preciosa, recién llegada de Lima, y a la cual voy a sorprender con mi primer libro de cuentos. En la Ciudad Luz voy a continuar, escribe que te escribe, para que ella me quiera cada día más, hasta que la muerte nos separe. Y un beso tras otro, asfixiándome de amor, le voy contando a esa chica que mis cuentos son así y asá, y así y asá, y *Las mil y una noches* y cojonudos, mi amor, ya vas a ver. Por fin, amanece, por fin catamos el delicioso amanecer, el nuevo día ha llegado, finalmente, y el escritor que soy sale a buscar sus cuentos. Pero resulta que un ladrón se ha robado toda mi hacienda, o sea el maletón que reposaba en el automóvil de un amigo, estacionado en una calle de París.

Después, cuando por fin atrapan al ladrón y, juntos, vamos a dar a la comisaría, éste le cuenta al comisario cómo arrojó mis cuentos al Sena, por pesados ("Yo estaba en plena fuga, señor comisario, y necesitaba agilidad"), que es cuando yo interrumpo, realmente desesperado, para alegar: "Señor comisario, para mí esos cuentos eran todo lo que contaba de mi hacienda". Motivo por el cual, **EL COLMO DE LOS COLMOS,** me hacen firmar una formulario comisarial, según el cual, además, todo ha quedado en nada. Purito cuento, como quien dice.

Esta es la primera vez. París, octubre de 1965.

En octubre de 1984, recién dado de alta en el pabellón psiquiátrico de la clínica Rech, de Montpellier –tan insomne como entré, un año antes–, renuncié a mi cargo de profesor de civilización y literatura latinoamericanas de la Universidad Paul Valéry, y con tres maletones por toda hacienda, decidí empezar una nueva vida en España, acompañado, cómo no, por un nuevo libro de cuentos. La verdad, parece que me encantara escribir un nuevo libro de cuentos cada vez que voy a empezar una nueva vida en otro país y en otra ciudad: *Huerto cerrado:* de Perugia a París, 1965: perdido y vuelto a escribir. *Magdalena peruana:* de Montpellier a Barcelona, 1984: perdido y vuelto a escribir. *Guía triste de París:* de Madrid a Lima, 1999. No perdido.

Tomé pues el tren de mi nueva vida, aquel mes de octubre de 1984, un Talgo procedente de Ginebra y con parada en Montpellier, donde subí con mis tres maletones, y destino final Barcelona. Al subir y colocar íntegra mi hacienda en el lugar destinado a los equipajes, observé detenidamente tres hermosísimas maletas de cuero de chancho, antiguas, británicas, carísimas y sumamente codiciables. Al lado de estas memorables maletas, realmente de esas de los tiempos idos, de los años de oro, de los grandes trenes transeuropeos, transalpinos, transiberianos y Orient Express, muy del estilo *Viaje con mi tía*, de Graham Greene, y qué sé yo cuántas cosas más, todas carisísimas, mis pobres maletones realmente dejaban mucho que desear, y hasta pena daban.

Pero nada de esto iba a desmoralizar a un hombre que, esa misma noche, al llegar a Barcelona, empezaba una nueva vida. Y que incluso se daba el lujo de bromear con el asunto y de afirmar que, para quien tanto tiempo ha pasado internado en pabellones de dolor y de locura, en realidad se trataba de pasar a mejor vida. Cuestión de detalle, y nada más. En la frontera, un policía simpático mira apenas un pasaporte peruano y al ciudadano que se lo extiende. Y les estampa su sello de admisión a los dos, se diría. Ya estoy en mi nueva vida y me dirijo a la cafetería del tren Talgo. Han sido veinte años en Francia. Han sido varios libros. Muchos amigos y mucho amor. Se ha estado muy enfermo, al final, pero con este aroma catalán que de pronto todo lo impregna, física y psíquicamente, hay gran satisfacción en el ambiente. O sea que pedimos un bocadillo de pan con tomate y jamón del alma mía. Y esa cerveza heladita que nos acompañará hasta Barcelona. "Realmente", pensamos, sentimos, vivimos, nos emocionamos, "realmente veinte años no han sido casi nada, Carlitos Gardel".

En la estación de Francia, los personajes de *Viaje con mi tía* y Graham Greene bajan uno tras otro con sus preciosas maletas, pero, después, de golpe, de mi tres tristes maletones sólo quedan dos en el lugar que en esos trenes Talgo se destinan a los equipajes. Contiene el maletón robado –o contenía, mejor dicho– todo el dinero ahorrado mientras estuve en la clínica, todos aquellos objetos que para mí tenían algún valor sentimental, y que no dejaban de tener también un gran valor material, en más de un caso; alguna ropa nueva hecha a medida para mi vida nueva en la sastrería Creed, *of París and London,* ahí en la mismísima *avenue George V* del súper hotel ídem, y todo eso; en fin, *une petite frivolité, je m'excuse,* y mi libro de cuentos recién acabadito. ¿Que por qué no llevaba yo una copia? Pues porque no me dio la gana de empezar una nueva vida y al mismo tiempo creer que me podían robar un libro de cuentos nuevamente. Porque esta nueva vida sencillamente no podía tener nada en común con lo peor de otra vida anterior. ¿No les parece? ¿No estoy en lo cierto?

Bueno, siempre he sido un iluso activo. Aun cuando después del robo tuviera también que ver cómo, uno tras otro, todos los empleados de aquel Talgo hacían caso omiso de mis quejas –alegaban estar muy cansados, al final de un viaje desde Ginebra–, incluso aquellos que con tanto esmero y propinas cargaban cual malabaristas de circo ruso las maletas de los que viajan con su tía, y por poco no los cargaban a ellos también.

Bueno, pero siempre he sido un iluso activo. Y punto final a todo ello para hablar de la envidia que he sentido siempre de mis tres grandes amigos y predecesores en todo esto del retorno *la patria.* De Abelardo Sánchez León he hablado ya en diversas partes y páginas de este libro. El gran Balo, para mí un verdadero hermano, con quien compartí incluso casa y comida escasa, en mi recordado departamento de la rue Amyot, en la zona más vejancona y popular del Barrio latino, siguió mis consejos de no alejarse del Perú más de cinco años, pues eso puede producir desarraigo, pero también de no abandonar Europa antes de los tres años, porque en menos tiempo no creo yo que se le pueda sacar mayor provecho a una ciudad como París, Roma, Nueva York, Barcelona, Madrid, o Londres, con todo lo que son y significan estas ciudades que he citado casi al azar. En todo caso, ver a Balo patear calles por la Lima de hoy es ver a un hombre que ha logrado reintegrarse totalmente, a pesar de ser Lima una ciudad que no cesa de cambiar y que en nada se parece a la que yo dejé en 1964 y él en 1972. Me atrevo a decir, incluso, que la caótica y anárquica ciudad de Lima que lo rodea, le jode a Balo, pero le jode porque le jode igual a todo el mundo, sencillamente. En cambio, Lima no le causa dolor al poeta Abelardo Sánchez León, como no sea por supuesto ese dolor que a cualquiera le produce la visión aterradora de la miseria de un niño, algo por lo demás frecuente en casi todas nuestras crueles ciudades de hoy.

Pero, al margen de estos amigos, como Balo Sánchez León, que dominan su ciudad, que patean bien sus latas y hasta logran sacarle notas de humor, de la más aguda y refinada ironía, existen otros dos tipos, otros dos grandes amigos, fallecidos ya ambos, cuando vivían en la Lima de los noventa, uno, y el otro incluso en la Lima de los albores de este siglo XXI, cada cual más feliz en lo suyo que el otro. Pero, ¿qué era lo suyo, en cada caso y quiénes eran ellos dos, para empezar? Pues nada menos que esos dos otros hermanos míos, mayores ambos que yo una buena década, amigos de todo tipo de penurias, de penas y de alegrías, de despilfarros y gestos reales, de grandes fracasos e inmensos éxitos, desde que nos miramos a la cara por primera vez, allá en el duro París de los sesenta, diría yo, agregando ahora el nombre de estos seres que quise con todo el corazón, siempre, que adoré y adoro ahora en el recuerdo, y que no cesaron de enseñarme cosas buenas a cualquier nivel, desde el primer día de nuestra amistad. Se llamaban Julio Ramón Ribeyro y Alfredo Ruiz Rosas y fueron ambos las personas que mayores dolores, penurias y sufrimientos soportaron en varias ciudades de Europa. Alfredo Ruiz Rosas regresó al Perú como veinte años antes que yo y Julio Ramón exactamente nueve años antes. Las noticias que de ellos me llegaban, sobre todo a Madrid, eran fabulosas. Estos seres frágiles, estos dandies aporreados por la mala salud, la mala suerte, la timidez, y la atroz enfermedad –en el caso de Julio Ramón, a los cuarenta años y con terribles, dolorosísimas, inhumanas recaídas– eran absolutamente felices en Lima. Desde el amor hasta la belleza, desde la comodidad material y espiritual, cuando no el lujo, mis adorados amigos, pintor bastante cegatón, el uno, y escritor con un "cierto permiso para vivir después de dos operaciones de un cáncer recurrente", el otro –aunque este "permiso para vivir y amar y fumar y beber", más bien parecía habérselo otorgado él mismo–, lo cierto es que Alfredo Ruiz Rosas había logrado encontrar la felicidad del hogar con Marita Sousa Moreyra, buena amiga de mi adolescencia, y gran amiga de hoy y siempre, por cuyos hijos y nietos era adorado, e incluso terminó pintando sus últimos cuadros, cuando una embolia lo había dejado mudo, más ciego que antes, creo, y con gran dificultad de movimiento, gracias a la ayuda de la enfermera Esmeralda –que, digamos, pintaba un poquito a cuatro manos con el enfermito–, una joya de persona que hoy es un miembro más de una familia en la que, durante largos años, hubo por lo menos tres personas en estado grave, prácticamente al mismo tiempo. Todos los amigos de Alfredito soñábamos con los cuidados que, tanto Marita como Esmeralda, le prestaban a ese hombre sabio y noble que pasó los años de su juventud en una ciudad de Lima que nada debía tener de la de hoy, cuando la abandonó en la década del cincuenta. Si a mi hermano menor Balo Sánchez León no le duele Lima, sólo le jode, pues a Alfredo Ruiz Rosas, ese gran hermano mayor (créanme que le debo deber la vida varias veces; así, hablando de la vida y de la muerte, a secas: de un balazo o una puñalada en una riña, por ejemplo); pues, sí, a Alfredo Ruiz Rosas no le dolía ni le jodía Lima ni nada. En su silla de ruedas, con su fina manta, sus insuperables chalecos de fantasía, sus finísimos corbatones, más la barbota quijotesca, y siempre acompañado por la bella y noble Esmeralda, en calidad de motor fuera de borda, paseó mudo pero feliz por calles, plazas, balnearios y playas.

Nunca sabré decir si el caso de regreso a *la patria* de mi otro gran hermano mayor, Julio Ramón Ribeyro, fue similar o no, si fue superior o inferior al caso de Alfredo Ruiz Rosas. Es cierto que éste logró vivir, o, más bien, sobrevivir, un buen par de décadas, en Lima, a su regreso de Europa, mientras que el pobre Julio Ramón sólo contó con cuatro años de aquel "autopermiso", que mencioné, aunque es verdad que con pasmosa intensidad y nocturnidad. Y, según cuentan los amigos que lo acompañaron siempre, no sólo no encontró nada en Lima que le doliera o que le jodiera, sino que además la propia Lima se encargó de brindarle, de mil sabias maneras, el afecto, el calor, y el sentido del disfrute de la vida que este notable narrador parecía no haber conocido jamás, al menos durante la larga etapa de su estancia en Europa que precede a la escritura de sus extraordinarias *Prosas apátridas*.

Tal vez el secreto último de Julio Ramón estuviera en aquellas palabras que me lanzó una callada tarde de domingo, en París: "En mil años en Francia lo único que he aprendido es hasta qué punto soy peruano". Es muy probable que así fuera, y que el peruano triste y sin suerte que aún quedaba en él fuera el que verdaderamente regresó a Lima, a devorarse los que serían los últimos pedazos de su peruanidad, apenas saboreada en su juventud, durante muy largos años de autoexilio en Europa. El Julio Ramón bibliófilo maniático, por ejemplo, simple y llanamente abandonó su biblioteca de París, repleta de muy bellas y costosas ediciones. ¿Era aquello un adiós a la lectura, a su propia escritura tan genuina? Nunca tuve tiempo de hacerle esta pregunta, pero en todo caso los cuatros años que le duró aquel permiso –autootorgado, repito– para vivir el día y la noche, intensa e incesantemente, ya era en sí parte de una elección, parte de una necesidad interna de empaparse de cualquier tipo de peruanidad, a cualquier precio, en vista de que lo más probable es que Julio Ramón sintiera que todo lo peruano, absolutamente todo, le había sido negado en sus otras vidas europeas. Julio Ramón vino al Perú, a Lima, más concretamente, a vivir un festín, creo yo. Y lo logró plenamente, en opinión de los buenos amigos que entonces lo acompañaron.

En mayo de 2004, Julio Ramón visitó Madrid y cenamos con otros amigos peruanos en mi casa. No había conversación posible con él. Huía de todos los temas. ¡Qué bien bebía vino y comía de todo, en cambio! Otro día, fuimos a almorzar a La Gran Tasca, donde le metió diente seriamente a un gigantesco cocido madrileño. Y fuimos a toros, además, después. Fue una pésima corrida, pero Julio Ramón permaneció inmóvil en su asiento, como que si no quisiera desprenderse de nada de este mundo, nunca. Y sólo un tema de conversación lo interesaba. La posibilidad de un regreso anticipado a Lima. Lo invitaron a dar unas conferencias en Galicia, que le permitirían entre otras cosas visitar el pueblo de sus antepasados, por primera vez, pero de un momento a otro canceló ese breve viaje para apurar el retorno a Lima. Ya no lo vi más. Falleció pocos meses después, y sufrió inmensamente, de nuevo. Le había visto muy mala cara, desde que entró aquella noche de mayo de 1994, a mi departamento madrileño. Hacía dos largas décadas que Julio Ramón era un hombre muy flaco, muy débil, muy arrugado, pero jamás le había visto yo, hasta entonces, aquel color ceniza que trajo del Perú.

Alfredo Ruiz Rosas, sin duda el más fino conversador de grupo pequeño, o de cara a cara, que he conocido, ya había perdido el habla, cuando aterricé en Lima, en febrero de 1999. Y Julio Ramón, ese gran introvertido que me lo contó todo, siempre, absolutamente todo, pagó con lo que le quedaba de vida por esos cuatro años de felicidad que vivió en Lima, sin que nada le doliera de esta ciudad y sin que nada le jodiera tampoco. Otros asuntos lo *movían*, como quien dice. Yo te entiendo, Julio Ramón Ribeyro. Y también a ti te adoro, Alfredo Ruiz Rosas, aunque son ustedes un gran par de grandes hijos la que les dije, compadres.

Déjenme que les cuente, limeños, el río y la alameda, así, muy granda y achabucadamente, que mis cuates Alfredo Ruiz Rosas y Julio Ramón Ribeyro se me empezaron a poner pésimo, en Lima, y que hubo embolias y de todo mientras yo, en mi casa de Madrid, me arruinaba en llamadas telefónicas a uno para saber del otro, allá en la maldita *patria*. También los había llamado mucho cuando estaban sanísimos y de juerga, sólo por ver si una migaja de aquella juerga me llegaba, vía auricular, y es verdad que cada uno por su lado alzó, éste, un día, una copa a mi salud, en El Señorío de Sulco, y aquél, otro día, en un cafetín de Barranco.

Pero también es verdad, verdad de Dios, que cuando uno llamaba al menos grave para que le contara algo del más grave, pues no sabía absolutamente nada éste de aquél y a mí me dolía en el alma, allá en Madrid. Y no sólo no se habían tomado el trabajo de visitarse, por orden de gravedad, ciertamente –esos dos seres que habían vivido el uno para el otro, en París, como Cervantes había vivido para Don Quijote y éste para él–, sino que ni siquiera se habían dado la molestia de interesarse, de pegar una llamadita o de mandar llamar, por ejemplo, Julio Ramón, a su hermano Juan Antonio, a su cuñada Lucy o a su exégeta Coaguila. Nada. Ni Alfredito tampoco le había indicado a Esmeralda que llamara y preguntara por la salud del señor Julio Ramón. Y tuve que ser yo, nada menos que yo, que ahora los defiendo y daría la vida por una palabra de ellos acerca de por qué nunca les dolió ni les jodió *la patria* ni nada, y punto. Créanme que era yo quien llamaba a la casa del más grave, en ese momento, me informaba detenidamente, colgaba, triste y agradecido, qué se le va a hacer, y marcaba el teléfono del otro, para informarle de la salud de otro miembro hoy más grave que tú de nuestro grupo inseparable en París... ¿Cómo? No, yo tampoco estoy en París. Estoy llamando desde Madrid y, la verdad, no encuentro nada de malo en ello.

Hacía cinco años que Julio Ramón había muerto cuando regresé a Lima y de Alfredito mejor no decir más, salvo que, gracias a Marita pintó a cuatro manos con Esmeralda y que, en mis visitas, yo me dedicaba a tomarle la mano como a un viejo amor, horas y horas mudas, y Anita me conversaba de todas las cosas animadas que se le ocurriesen en el momento. A veces, Alfredito, o Alfredo I, como lo bautizó en Bruselas el príncipe Leopoldo de Cröy y Sollre, su mecenas arruinado, durante una de nuestras temporadas más audaces y felices, corregía la conversación con los dedos, cuando sus interlocutores nos equivocábamos de fecha, por ejemplo. Conservaba su memoria de elefante. Y conservó, también, hasta su muerte, su carnet de miembro del Partido Comunista del Perú. Aunque últimamente, eso sí, estaba muy sensible y, por ejemplo, lloraba cuando veía dibujos animados en el canal de Disneylandia. El patito feo, el ratoncito, y el gato con botas, como que le tocaban íntegras las fibras sensibles al pobre Alfredito I.

Silencio.

Poco después vendí *Hillside Drive*. Y Anita, que me acompañó en todo siempre, desde que llegué a Lima, me dijo que, eso sí, de su casa no quería verme partir de vuelta a Europa para siempre, nunca. O sea que, como llegado el momento, terminé por partir de su casa, sin darle explicación alguna a nadie, y sin que me la pidieran tampoco a mí, nadie en aquella casona en que ella vive con sus tres hijas tomó mi partida muy en serio que digamos. Unas cosas se iban, otras se quedaban, eso sí, y aquello era el gran cambalache de muebles y discos y libros y qué sé yo. Pero, finalmente, en junio de 2002 viajé a Torino, para recibir un premio literario llamado Grinzane Cavour. Seguí por Italia, luego por mil ciudades de Alemania, pasé por Francia, y vine a dar a Barcelona, la única ciudad a la que he regresado a vivir en mi vida, aparte de Lima.

Y así continuaron las cosas hasta que, en abril de 2004, regresé por segunda vez a Lima, sí, a *la patria,* que en esta oportunidad ni me dolió ni me jodió, o sea mejor que al poeta Balo Sánchez León, al que no le duele pero sí le jode, y en mayo me casé con Anita, y nada menos que en la casona de Marita Sousa Moreyra, la viuda del pintor Alfredo Ruiz Rosas, o Alfredo I, el amigo muy cegatón y pintor del que les venía hablando hace un instante. Y ahora mismo, no veo las horas, aquí, en este piso barcelonés, que está ahora por fin muy bien terminado, y hasta muy lindo y perfecto, a pesar de *Las obras infames de Pancho Marambio,* según me entero más y más cada vez que hojeo este único relato de auténtico terror que he escrito en mi vida... En fin, que no veo las horas de ponerle punto final a estas antimemorias.

Y es que Anita no tarda en llegar de Lima. Viene a pasar unas semanas, antes de la Navidad. Y dentro de un par de meses seré yo quien cruce el charco para pasarme un buen semestre en la veraniega ciudad de Lima. Créanme que no he logrado superar el silencio de aquel par de seres tan queridos. Pero créanle también a esa periodista que dijo que yo, "Sin mis ires y venires, no era yo".

612